十三經注疏

傳 毛亨 箋 鄭玄 疏 孔穎達

책임번역 朴小東

공동번역 金文順 金容美 白廣寅 全哲權

譯註 毛詩正義 4

모시정의

전통문화연구회

飜譯委員

責任飜譯　朴小東
共同飜譯　金文順 金容美 白廣寅 全哲槿
企劃編輯　東洋古典飜譯編輯委員會
常任原文校閱　吳圭根
飜譯研究管理　南賢熙
潤　文　南賢熙
校　訂　李承俊
出　版　白俊哲 郭成龍
裝　幀　김진디자인

圖書管理

弘報管理　李和春
普　及　徐源英
古典情報化　東洋古典情報化研究室

東洋古典現代化와 十三經注疏 譯註

본회가 東洋古典의 飜譯과 敎育, 情報化 등 古典現代化 사업을 시작한 지 어느덧 25년이 되었다. 그간 우리나라의 고전국역 상황을 보면, 東洋古典에 대한 번역문제는 1960년 중반에 한국고전번역을 정부에서 추진하면서 우선 四書五經 등 기본고전을 모범 번역하자는 논의가 있었지만 우리 고전이 아니라고 무산되었다.

1980년대에 韓國學 연구와 한국고전번역의 先決課題는 물론, 國際政治 관계나 經濟상의 이유로도 필요하다는 논의가 제기되었다. 그 후 1988년 본회가 발족하면서 東洋古典 번역을 착수하여, 1990년대 말경 본회에서 소위 '新注'의 四書三經을 註까지 懸吐完譯함으로써 東洋學과 韓國學徒들의 袖珍本이 되고 敎育界와 文化界까지 파급되었다.

그 후 본회 창립 20주년이 되면서 다시 동양고전현대화의 과제와 목표를 논의하면서, 단순한 韓國學의 선결과제를 넘어 東洋文化에 대한 源泉的이며 體系的인 檢討의 필요성이 대두되었으니, 이제 우리는 東洋文化의 先導的 역할을 담당할 준비를 갖추고 21세기에 先進文化强國 건설로 새 歷史를 이루자는 것이었다.

일반적으로 十三經은 核心的 儒家經典의 總稱이지만, 이는 東洋文化의 뿌리라 하겠다. 우리 역사상으로 十三經은 저 멀리 삼국시대에 이미 高句麗의 太學에서 기본 교과로 채택하였고, 百濟에서는 五經博士 制度를 두었고, 新羅 薛聰은 九經을 方言으로 읽었고, 高麗에서는 國子監이나 九齋學堂에서 교육하였으며, 朝鮮朝 成均館과 鄕校, 書堂과 書院에서는 四書五經 등을 교육하여 人材 등용과 국가정책에 절대적 영향을 끼쳤다.

이 十三經의 代表的 註釋書는 漢·唐時期의 '古注'라 일컬어지는 十三經注疏와, 그 후 宋代의 朱子的 世界觀이 반영된 '集註'와 '集傳' 등의 '新注'가 두 개의 軸이라 할 수 있다.

그런데 우리는 조선조에서부터 朱子學 일변도의 學風으로 경도되어, 그 偏向性이 오늘에까지 이르렀음은 심히 不幸이라 하겠다. 中國에서는 明·淸 시기에 訓詁學, 考證學이라는 學風이 일어 十三經注疏가 經學硏究의 標準이 되었고, 日本에서는 反朱子的 見解와 陽明學의 영향을 받아 明治維新 때 이미 漢文大系 등의 古典整理 사업으로 '古注' 연구가 一般化된 사실을 간과해서는 안 되겠다.

이에 東洋文化의 核心이라 할 수 있는 十三經注疏를 譯註하고, 이를 통해 우리 文化의 傳統에 대해 體系的으로 이해하고 復元함으로써, 그간 편협했던 학술 風土를 넘어 多樣性과 客觀性을 모색하고, 아울러 古典現代化의 水準을 높이고 融合的이고 自生的인 韓國學을 진작시켜야 할 것이다.

오늘날 중국과 일본에서 번역하지 못한 십삼경주소를 본회에서 130여 책으로 10년 안에 完譯하고, 이와 아울러 韓中日 三國의 東洋古典語彙 情報網을 구축함으로써, 우리의 東洋學과 韓國學 연구에 礎石과 架橋가 되어 우리나라가 先進文化强國으로 昇華되고 世界文化 발전에까지 기여하기를 기대한다.

이 十三經注疏의 번역은 三經과 三禮와 春秋三傳과 ≪論語≫, ≪孟子≫, ≪孝經≫, ≪爾雅≫ 등의 十三經을 經은 물론이요 注와 疏까지 譯註하는 것으로, 原典의 傳統性과 번역의 現代性을 기본으로 하여 漢學元老와 新進學者의 協同硏究飜譯으로 추진하고자 한다.

또한 註釋은 宋代의 소위 '新注'와 비교하고, 明淸代의 注와 韓國 先賢의 注와 見解, 그리고 日本의 注를 가급적 반영하며, 深度 있는 硏究解題를 하기로 하였다. 한편 古典의 우리식 讀解文法인 懸吐를 經과 注에 달고 방대한 疏에는 편의상 構文을 이해할 수 있는 標點을 달며, 經·注·疏 전체에 대한 內容索引을 할 계획이다.

끝으로 오랫동안 飜譯과 校閱에 종사하여 오신 元老漢學者와 10여 년 이상 漢學을 연수한 新進學者로서, 이 십삼경주소의 연구번역에 참여하여 難解한 注疏의 譯註에 헌신하시는 모든 분들께 무한한 감사를 드린다.

또한 고전현대화에 대한 政府의 지대한 關心과 支援에 감사를 드리며, 그간 직간접으로 지도편달하여 주신 학계와 교육계 및 문화계 인사 여러분께 심심한 謝意를 표하며, 앞으로도 따뜻한 관심과 엄정한 叱正을 부탁드리며 내내 평강과 행복을 기원한다.

社團法人 傳統文化硏究會 理事長 李啓晃

凡 例

1. 본서는 十三經注疏 중 ≪譯註 毛詩正義≫의 제4책이다.
2. 본서는 원전의 傳統性과 번역의 現代性을 구현하기 위해 노력하였다.
3. 본서의 底本은 阮元 校刻本 ≪毛詩正義≫(淸 嘉慶 21년(1816) 阮元 校刻 十三經注疏, 中華書局, 2009, 이하 '阮刻本'으로 약칭)로 하되, 北京大 整理本 ≪毛詩正義≫(十三經注疏整理委員會 整理, 北京大學出版社, 2000, 이하 '北京大本'으로 약칭)를 참고하였다.
4. 原文의 經과 각 시편의 序 및 毛亨의 傳과 鄭玄의 箋은 우리나라 전통 방식으로 懸吐하고, 疏는 經에 대한 字句 해석이 중심이므로, 본서에서도 간략하게 標點만 하였다.
5. 原文은 저본의 체제에 따라 經, 序, 傳, 箋, 疏를 구분하되, 經은 大字로 표기하고, 序, 傳, 箋, 疏는 【序】, 【傳】, 【箋】, 【疏】로 표시하여 구분하였다. 陸德明의 音義는 ○로 표시하여 箋이나 傳의 원문에 병기하고, 번역문은 ○를 붙여 별행하였다.
6. 저본은 卷 단위로 별면을 하였으나, 번역서에서는 독자의 편의를 위해 卷뿐만 아니라 周南・召南 등 각각의 風, 雅, 頌 단위로도 별면하였다. 또한 별면에는 '毛詩注疏卷第○(○之○)'과 '○○○○詁訓傳第○'도 함께 표기하였다.
7. 毛詩에는 詩의 제목이 각 편의 말미에 표기되어 있으나, 독자의 편의를 위하여 각 편의 앞에도 제목을 표기하였다.
8. 原文의 分節은, 經과 序, 傳, 箋, 音義는 저본의 분절을 따르고 疏는 단락이 길 경우에 의미의 단락에 따라 역자 재량으로 분절하였다.
9. 글자의 음에 대한 저본의 反切 注는 생략하되, 문맥의 이해를 위해 필요한 경우는 살리고, 讀音이 특수하거나 僻字인 경우에는 원문의 해당 글자 뒤의 ( ) 속에 한글로 音을 달았다.
10. 疏에서 설명 대상으로 인용한 經, 序, 傳, 箋의 구절은 번역하지 않고 원문 그대로 쓰되, 뜻을 풀이하는 부분은 ' '로 묶어주었다.

    예 또 序에서 '勉之以正'이라 칭하였으니, 그렇다면 이는 庶人의 처가 아니요,……
11. 序에 대한 疏에서 범위를 지정한 부분의 편명에 붙어 있는 '몇 장 몇 구'는 편제상 편말에 기재되어 있으므로 원문에는 ( ) 안에 넣어 표기하고 번역문에서는 생략하였다.

    예 원문 - 【疏】 '葛覃(三章章六句)'至'以婦道' ○ 正義曰 : ………

    예 번역문 - 序의 〔葛覃〕에서 〔以婦道〕까지
    ○ 正義曰 : ………
12. 飜譯은 原義에 충실하게 하되, 이해가 어려운 부분은 意譯 또는 補充譯을 하였다.

13. 經文의 번역은 毛亨의 傳을 위주로 하되 소략한 경우는 鄭玄의 箋을 따랐다.
14. 飜譯文은 한글과 漢字를 혼용하였으며, 맞춤법과 띄어쓰기는 한글 맞춤법과 표준어규정을 따르는 것을 원칙으로 하였다.
15. 譯註는 校勘, 異說, 인용문의 出典, 故事, 역사적 사건, 전문용어, 難解語, 人物, 制度, 官職 등에 관한 사항을 밝혔다.
16. 원문의 誤字, 脫字, 衍字, 倒文은 저본의 교감기를 반영하여 번역하고, "교감기에 따라 '○○(바로잡은 글자)'로 번역하였다."로 간략히 譯註하였다. 그 외에도 北京大本을 비롯한 여러 原典 자료를 참고하였으며 이를 譯註에 밝혔다.
17. 疏에서 공영달이 顔師古의 定本과 교감한 사항 중에 본 번역저본에 이미 반영되어 있어 의미가 없는 부분은 번역에서 제외하였다.
18. 본서의 校勘에 사용된 符號는 다음과 같다.

( )〔 〕: (저본의 誤字)〔교감한 正字〕
〔 〕: 저본의 脫字 보충
( ): 저본의 衍字 표시

19. 본서에 사용된 주요 부호는 다음과 같다.

" ": 對話, 각종 引用
' ': " " 안의 再引用, 强調
「 」: ' ' 안의 再引用, 强調
( ): 原文에서의 讀音이 특수한 글자나 벽자의 音
번역문에서의 간단한 역주
〔 〕: 번역문과 뜻은 같으나 音이 다른 漢字나 句節
疏에서 설명 대상으로 제시한 經이나 序·傳·箋의 단어나 구절
역주에서 인용한 原文
≪ ≫: 書名, 典據
〈 〉: 篇章名, 作品名 표기, 補充譯
【 】: 序, 傳, 箋, 疏의 표시
○ : 저본에 사용된 단락 구분 표시 準用
陸德明의 音義 앞

20. 본서에서 사용된 標點符號는 다음과 같다.

. : 문장의 종결
, : 한 문장 안에서 句나 節의 구분이 필요한 곳
· : 대등한 명사나 구절의 병렬
" ": 인용
' ': " " 안의 재인용
「 」: ' ' 안의 재인용
: : '正義曰' 뒤, '箋云……'의 번역문 앞, 주석의 제시어 뒤

目 次

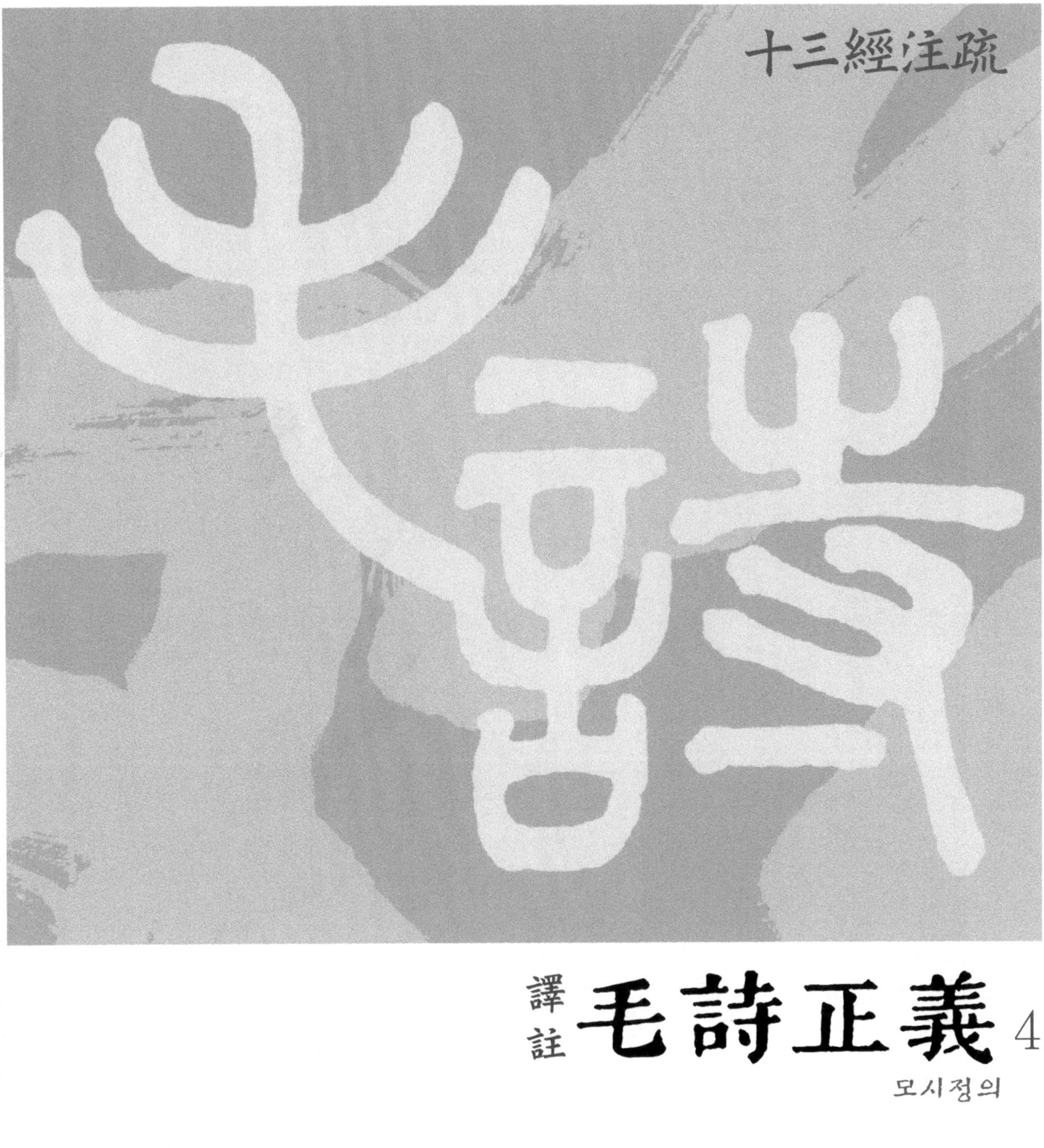

譯註 毛詩正義 4

모시정의

毛詩注疏 卷第五(五之一)

齊雞鳴詁訓傳 第八

陸曰 齊者는 太師呂望所封之國也라 其地는 少昊爽鳩氏[1]之墟니 在禹貢靑州라 岱嶺之陰이요 濰淄(치)之野로 都營丘之側하니 禮記云太公封於營丘是也라

1) 少昊爽鳩氏 : 少昊는 黃帝의 아들로 己姓 혹은 嬴姓이라 하고 이름은 摯이며 少皞로도 쓴다. 爽鳩氏는 少昊氏의 司寇로 齊나라 지역을 맨 처음 통치했다는 전설상의 인물이다.

陸德明이 "齊는 太師 呂望(姜太公)이 봉해진 나라이다. 그 땅은 少昊 때의 爽鳩氏 옛터이니 ≪尙書≫ 〈禹貢〉의 靑州에 있다. 岱嶺(泰山)의 북쪽이고 濰水와 淄水가 흐르는 지역으로 營丘의 곁에 도읍하였으니, ≪禮記≫ 〈檀弓 上〉에 '太公이 營丘에 봉해졌다.' 라고 한 것이 이것이다."라고 하였다.

毛詩國風 鄭氏箋 孔穎達疏

齊譜

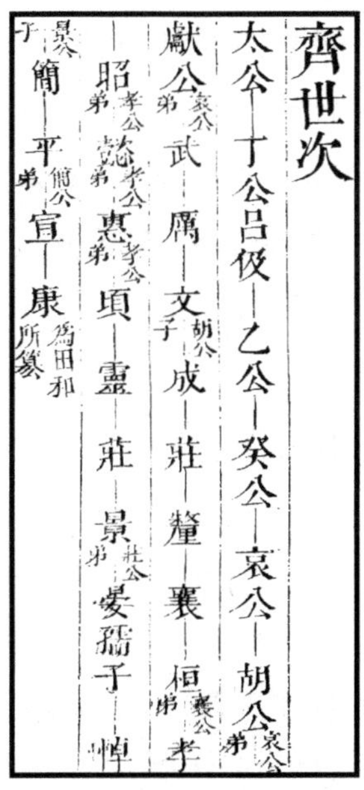
齊世次(≪六經圖考≫)

齊者는 古少皞之世의 爽鳩氏之墟라

齊는 옛날 少皞 시대의 爽鳩氏 옛터이다.

【疏】正義曰 : 昭二十年左傳云 "齊侯飮酒樂, 公曰 '古而無死, 其樂如何.' 晏子對曰 '昔爽鳩氏 始居此地, 季(蒯)〔萴(측)〕[1]因之, 有逢伯陵[2]因之, 薄姑氏[3]因之, 而後太公因之. 古若無死, 爽鳩氏之樂, 非君之所願也.'" 以爽鳩始居齊地, 故云爽鳩氏之墟, 擧其始居者, 略季萴·薄姑之時不言之也.

1) 季(蒯)〔萴(측)〕 : 저본의 교감기에 따라 '萴'으로 번역하였다. 季萴은 虞나라와 夏나라의 諸侯로 爽鳩氏의 뒤를 이은

사람이다.

2) 逢伯陵 : 殷나라의 諸侯로 姜姓이다.

3) 蒲姑氏 : 殷나라가 周나라로 바뀌던 時期에 逢公의 뒤를 이은 사람이다.

○ 正義曰 : ≪春秋左氏傳≫ 昭公 20년에 "齊侯(景公)가 술을 마시고 즐거워하여 말하기를 '예로부터 죽음이 없다면 그 즐거움이 어떠하겠소?'라고 하자, 晏子가 대답하기를 '옛날 爽鳩氏가 처음 이곳에 거주하였는데 季萴이 뒤를 잇고, 逢伯陵이 뒤를 이었으며, 薄姑氏가 뒤를 잇고, 이후에 太公이 뒤를 이었습니다. 예부터 죽음이 없었다면 상구씨만의 즐거움일터이니 君이 원할 바가 아닙니다.'"라고 하였다. 상구씨가 처음으로 齊에 거주하였으므로 '爽鳩氏之墟'라고 한 것이니, 처음 거주한 사람을 들고 계즉과 박고의 때는 생략하여 말하지 않은 것이다.

【疏】 又昭十七年左傳"郯(담)子曰 '我高祖少皥(호)摯之立也, 鳳鳥適至, 故紀於鳥, 爲鳥師而鳥名. 祝鳩氏, 司徒也, 爽鳩氏, 司寇也.'" 杜預云"爽鳩, 鷹也, 鷙(지), 故爲司寇主盜賊" 以此知爽鳩氏當少皥之世, 少皥以鳥名官, 其言爽鳩, 猶周之司寇, 故爽鳩是其官耳, 其人之名氏則未聞也.

또 ≪春秋左氏傳≫ 昭公 17년에 "郯子가 말하기를 '우리 시조인 少皥 摯가 나라를 세울 적에 봉황이 마침 이르렀기 때문에 새를 가지고 일을 기록하고 새로 관명을 삼아 鳥로 命名하였습니다. 祝鳩氏는 司徒이고 爽鳩氏는 司寇입니다.'"라고 하였는데, 杜預가 "爽鳩는 '매'이니 사나운 새이다. 그리하여 司寇로 삼아 도적을 맡게 한 것이다."라고 하였으니, 이것으로 상구씨가 소호의 시대에 해당되고, 소호가 새로 관명을 삼은 것을 알 수 있다. 거기에서 말한 상구는 周代의 사구와 같다. 그러므로 상구는 관직의 명칭일 뿐이고 그 사람의 名과 氏는 듣지 못하였다.

周武王이 伐紂하고 封太師呂望於齊하니 是謂齊太公이라 地方百里요 都營丘라

周 武王이 紂를 정벌하고 태사 呂望을 齊에 봉하였으니, 이를 齊 太公이라 한다. 영토가 사방 백리이고 營丘에 도읍하였다.

【疏】 正義曰 : 齊世家云"太公望呂尙者, 東海上人也. 其先祖世爲四岳[1], 佐禹平水土, 甚有功. 於虞·夏之際, 封於呂, 或封於申, 姓姜氏. 尙 其後苗裔也, 從其封姓, 故曰

呂尙. 西伯獵, 遇太公於渭之陽, 與語大悅曰'自吾先君太公曰「當有聖人適周, 周興.」子眞是耶. 吾太公, 望子久矣.' 故號之曰太公望, 載與俱歸, 而立爲大(태)師. 文王崩, 武王伐紂, 師尙父(보)(堪君多難)〔謀計居多〕[2]. 於是, 武王平商而王天下, 封師尙父於齊, 都營丘." 是武王封太公, 都營丘之事也.

1) 四岳 : 四岳은 堯의 臣下이다. 共工의 후예로 禹의 治水를 도와 功이 있었으며 諸侯의 우두머리가 되었다.
2) (堪君多難)〔謀計居多〕: 저본의 교감기에 따라 '謀計居多'로 번역하였다.

○ 正義曰 : ≪史記≫ 〈齊世家〉에 "太公望 呂尙은 동해 가의 사람이다. 그의 선조가 대대로 四岳이 되어 禹왕을 도와 水土를 다스려 공이 매우 많았다. 순임금과 우왕의 때에 呂에 봉해지고 申에 봉해지기도 하였으니 姓은 姜氏이다. 尙은 그 후손이니 그 봉해진 곳을 따라 姓으로 삼았다. 그리하여 呂尙이라 한 것이다. 西伯 昌(周 文王)이 사냥을 나갔다가 태공을 위수의 북쪽에서 만나 함께 대화하고는 크게 기뻐하여 '본래 우리 先君 太公이 「성인이 周에 오는 때가 있을 것이니 주가 흥할 것이다.」라고 하였는데, 그대가 참으로 그 분입니까? 우리 太公께서 그대를 기다린〔望〕 것이 오래되었습니다.'라고 하고는 그로 인해 그를 太公望이라 부르고 수레에 태우고 함께 돌아와 太師로 삼았다. 文王이 붕어하고 武王이 紂를 정벌할 때에 태사 尙父가 도모한 일이 매우 많았다. 이에 무왕이 商을 평정하여 천하의 왕이 되고나서 태사인 상보를 齊에 봉하여 營丘에 도읍하게 하였다."라고 하였으니, 이것이 무왕이 태공을 봉하고 영구에 도읍하게 한 일이다.

【疏】'太公封地方百里'者, 鄭約而知之. 以王制云 "公侯方百里, 伯七十里, 子男五十里." 有五等之爵, 則非殷制, 其言千七百七十三國, 又非夏制, 是武王時也, 故注云 "周武王初定天下, 更立五等之爵, 增以子男, 而猶因殷之地." 是武王之時, 大國百里. 太公以元勳明知, 太公封齊, 爲大國百里可知也.

'太公封地 方百里'는 鄭玄이 대략으로 안 것이다. ≪禮記≫ 〈王制〉에 "公·侯는 사방 100리이고 伯은 70리이며 子·男은 50리이다."라고 하였는데, 五等의 작위가 있었으니 곧 殷의 제도가 아니고, 〈王制〉에 1,773국을 말했으니 또 夏의 제도도 아니니, 이는 武王의 때이다. 그리하여 注에 "周 武王이 처음 천하를 평정하고 다시 五等의 작위를 두어 子와 男을 추가했으나, 그대로 은대 封地의 제도를 따랐다."라고 하였으니,

이는 무왕의 때에 大國이 100리인 것이다. 太公은 큰 공을 세운 현명한 지혜로 제에 봉해졌으니, 대국 100리를 차지했음을 알 수 있다.

【疏】 水所營繞, 故曰營丘. 釋丘云"水出其左 營丘." 孫炎曰"今齊之營丘, 淄水過其南及東." 是也. 以丘臨水, 謂之臨淄, 與營丘一地也. 故漢書地理志云"齊郡臨淄縣, 師尙父所封也." 應劭曰"齊獻公, 自營丘徙此." 臣瓚按"臨淄卽營丘也, 今齊之城內有丘, 卽營丘也." 如瓚之言, 臨淄・營丘, 卽是一地. 應劭言獻公自營丘徙臨淄, 是劭之謬也, 當云自薄姑徙臨淄耳. 齊世家云"哀公之弟胡公, 始徙都薄姑而周夷王之時, 哀公之同母少弟山, 殺胡公而立, 是爲獻公. 因徙薄姑, 都治臨淄." 據此則齊唯胡公一世居薄姑耳, 以後復都臨淄也.

물이 에워싸고 흐르는 곳이기 때문에 '營丘'라고 한 것이다. ≪爾雅≫ 〈釋丘〉에 "물이 왼쪽으로 흐르는 것이 영구이다."라고 하였는데, 孫炎이 "지금 齊의 營丘이니 淄水가 그 남쪽을 지나 동쪽으로 흐른다."라고 한 것이 이것이다. 물에 닿아있는 언덕을 '臨淄'라고 하니, 영구와 같은 곳이다. 그리하여 ≪漢書≫ 〈地理志〉에 "齊郡의 임치현이 太師인 尙父가 봉해진 곳이다."라고 하고, 應劭가 "齊 獻公이 영구에서 이곳으로 옮겨왔다."라고 하였는데, 臣瓚의 按에 "임치가 영구이니, 지금 제의 성 안에 있는 언덕이 바로 영구이다."라고 하였으니, 신찬의 말과 같다면 임치와 영구는 같은 곳이다. 그렇다면 응소가 말한 '헌공이 영구에서 임치로 옮겨왔다'는 것은 응소의 오류이니 당연히 '薄姑에서 임치로 옮겨왔다.'라고 해야 한다. ≪史記≫ 〈齊世家〉에 "哀公의 동생 胡公이 처음 박고로 옮겨 도읍했는데, 周 夷王 때에 애공의 같은 어머니 소생의 막내동생 山이 호공을 시해하고 즉위했으니 이 사람이 헌공이다. 이 때문에 박고에서 옮겨와 임치에 도읍하고 다스렸다." 하였으니, 이것에 근거해 보면 齊는 오직 호공 당대에만 박고에 도읍하였을 뿐이고 이후에는 다시 임치에 도읍한 것이다.

【疏】 烝民云"仲山甫徂齊." 傳曰"古者, 諸侯逼隘, 則王者遷其邑而定其居, 蓋去薄姑遷於臨淄." 以爲宣王之時 始遷臨淄, 與世家異者, 史記之文, 事多疏略. 夷王之時, 哀公弟山, 殺胡公而自立, 後九年而卒. 自武公九年厲王之奔[1], (止自)〔上距〕[2]胡公之所殺, 爲十八年, 而本紀云"厲王三十七年出奔." 計十九年, 不及夷王之末, 則遷說自違也. 如此則所言獻公之遷臨淄, 未可信也. 毛公在馬遷之前, 其言當有準據, 故不與馬遷同也.

1) 武公九年 厲王之奔 : ≪史記≫ 〈齊世家〉의 글이다. 武公은 獻公의 아들 壽이다.
2) (止自)〔上距〕 : 저본의 교감기에 따라 '上距'로 번역하였다.

〈大雅 烝民〉에 "仲山甫가 齊로 나가다."라고 한 구절의 傳에 "옛날에 제후가 곤액을 당하면 왕이 그 읍을 옮기고 그 거처를 정해주었으니, 이는 薄姑에서 臨淄로 옮긴 것이다."라고 하여 宣王의 때에 처음 임치로 옮겼다고 하여 ≪史記≫ 〈齊世家〉의 글과 다른 것은, ≪사기≫의 글이 소략한 것이 많기 때문이다. 周 夷王 때에 哀公의 동생 山이 胡公을 살해하고 스스로 즉위하여 9년 뒤에 죽었다. 武公 9년에 厲王이 出奔한 때부터 위로 호공이 살해된 때까지가 18년인데 ≪사기≫ 〈本紀〉에서는 "여왕이 37년에 출분했다."라고 하였으니 19년으로 계산하면 이왕의 말년에 미치지 못한다. 그렇다면 사마천의 말은 자연히 맞지 않는다. 이 말과 같다면 앞에서 말한 獻公이 임치로 옮겼다는 것은 믿을 수 없다. 毛亨은 사마천보다 앞에 살았으니 그의 말이 의당 근거가 있을 것이다. 그리하여 사마천의 말과 같지 않은 것이다.

周公致太平하여 敷定九畿하니 復夏禹之舊制라

周公이 太平盛世를 이루어 九畿를 나누어 정했으니 禹의 옛 제도를 회복한 것이다.

【疏】正義曰 : (皐陶謨)〔益稷〕[1]云 "弼成五服 至于五千." 禹貢 "五百里甸服, 百里賦納總, 二百里納銍(질), 三百里納秸(갈)服, 四百里納粟, 五百里納米[2]. 五百里侯服, 百里采, 二百里男邦, 三百里諸侯[3]. 五百里綏(수)服, 三百里揆文教, 二百里奮武衛[4]. 五百里要服, 三百里夷, 二百里蔡[5]. 五百里荒服, 三百里蠻, 二百里流[6]." 分此五服者 堯之舊制也, 五服距面至二千五百里, 四面相距而其方五千里. 禹旣敷土, 廣而弼之, 故爲殘數居其間. 今以弼成而至於五千里, 四面相距乃萬里焉.

1) (皐陶謨)〔益稷〕 : 저본에는 '皐陶謨'로 되어 있으나, ≪尙書≫ 〈益稷〉에 의거하여 '益稷'으로 바로잡았다.
2) 五百里甸服……五百里納米 : 甸服은 王城에서 밖으로 500리까지를 말하는데, 이를 다시 5등분하여 각각의 역할을 말한 것이다. '百里賦納總'의 '總'은 벼이삭과 볏짚을 말하는데 國馬를 먹이기 위해 납부한 것이다. '二百里納銍'의 '銍'은 벼이삭을 말하고, '三百里納秸服'의 '秸'은 볏짚을 말하고, '服'은 王事에 부역함을 말하는 것으로 100리와 500리의 중간인 300리에 服을 추가하여 위와 아래도 모두 부역을 바쳤음을 밝힌 것이다.

3) 五百里侯服……三百里諸侯 : 侯服은 甸服에서 밖으로 500리까지를 말하는데, 斥候를 하는 것으로 王事에 부역함을 말한다. '百里采'의 '采'는 '事'와 같은 의미로 왕사에 여러 가지의 부역을 제공함을 말하고, '二百里男邦'의 '男'은 '任'과 같은 의미로 왕사에 부역을 제공하는 일을 담당함을 말하며, '邦'은 모두 제후의 나라에 해당함을 말한 것이다. '三百里諸侯'의 '諸侯'는 모두 척후를 담당한다는 의미이다.

4) 五百里綏服……二百里奮武衛 : 綏服은 侯服에서 밖으로 500리까지를 말하는데 천자의 마음을 撫安한다는 의미를 갖는다. '三百里揆文教'는 왕의 예악과 법도를 헤아려 행한다는 의미이고, '二百里奮武衛'는 무력으로 변경을 호위한다는 뜻이다.

5) 五百里要服……二百里蔡 : 要服은 綏服에서 밖으로 500리까지를 말하는데, 文教로 통제함을 의미한다. '三百里夷'의 '夷'는 평상의 가르침을 지켜 왕을 섬긴다는 의미이고, '二百里蔡'의 '蔡'는 '法'의 의미이니 '夷'를 법으로 삼는다는 뜻이다.

6) 五百里荒服……二百里流 : 荒服은 要服에서 밖으로 500리까지를 말하는데, 왕성으로부터 멀어서 정교가 미치기 어려워 거칠고 간략하다는 의미이다. '三百里蠻'의 '蠻'은 文德으로 교화하여 오게 하고 법으로 제재하지 않는다는 의미이고, '二百里流'의 '流'는 정교를 그 풍속에 따른다는 의미이다.

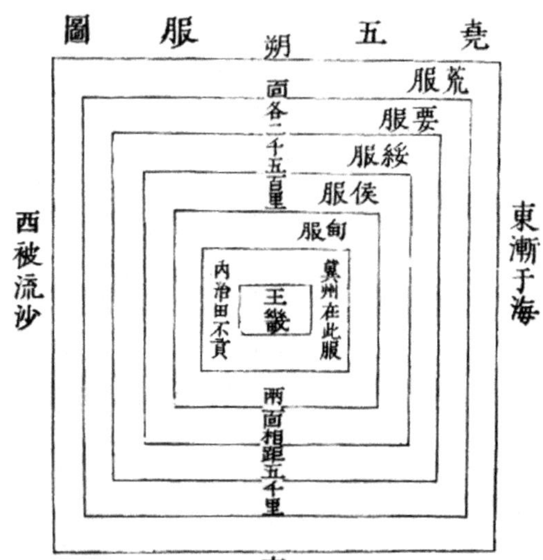

堯五服圖(≪五經圖彙≫)

○ 正義曰 : ≪尙書≫ 〈益稷〉에 "五服을 도와 이루되 5,000리까지 이르렀습니다."라고 하고, 〈禹貢〉에 "500리가 甸服이니, 100리까지는 總을 납부하고, 200리까지는 銍을 납부하며, 300리까지는 秸과 服을 제공하고, 400리까지는 粟을 납부하고, 500리까지는 米를 납부한다. 다음 500리는 侯服이니, 백리까지는 采이고 200리까지는 邦이며 〈밖의〉 300리는 諸侯이다. 다음 500리는 綏服이니, 300리는 왕의 예악과 법도를 헤아려 행하고 200리는 무력으로 변경을 호위하여 〈천자의 마음을 편하게 한다.〉 다음 500리가 要服이니, 300리는 夷이고, 200리는 蔡이다. 다음 500리가 荒服이니, 300리

는 蠻이고 200리는 流이다."라고 하였으니, 오복을 나눈 것은 堯의 옛 제도이다. 오복은 거리가 한 면으로 2,500리에 이르니 4면의 거리는 사방 5,000리가 된다. 禹임금이 땅을 구분한 뒤에 넓혀 도와 이룬 것이므로 나머지 수를 그 사이에 넣은 것이다. 지금 도와 이루어 5,000리에 이른 것이니 4면의 거리는 10,000리이다.

【疏】 大司馬職曰 "乃以九畿之籍, 施邦國之政職, 方千里曰國畿, 其外方五百里曰侯畿, 又其外方五百里曰甸畿, 又其外方五百里曰男畿, 又其外方五百里曰采畿, 又其外方五百里曰衛畿, 又其外方五百里曰蠻畿, 又其外方五百里曰夷畿, 又其外方五百里曰鎭畿, 又其外方五百里曰蕃畿." 注云 "畿, 猶限也. 自王城以外五千里爲疆, 有分限者九." 則四面相距, 其方萬里. 此, 周公致太平, 制禮所定, 故云'敷(土)〔定〕[1)]', 言其復夏禹之舊制. '弼成五服', 實是堯時, 以夏禹所定, 故云'禹制'也.

1) (土)〔定〕: 저본의 교감기에 따라 '定'으로 번역하였다.

≪周禮≫ 〈大司馬職〉에 "이에 九畿의 문서에 따라 나라의 세금을 내는 정사를 시행하니, 사방 1,000리를 國畿라 하고, 그 밖으로 사방 500리를 侯畿라 하며, 또 그 밖으로 사방 500리를 甸畿라 하고, 또 그 밖으로 사방 500리를 男畿라 하며, 또 그 밖으로 사방 500리를 采畿라 하고, 또 그 밖으로 사방 500리를 衛畿라 하며, 또 그 밖으로 사방 500리를 蠻畿라 하고, 또 그 밖으로 사방 500리를 夷畿라 하며, 또 그 밖으로 사방 500리를 鎭畿라 하고, 또 그 밖으로 사방 500리를 蕃畿라고 한다."라고 하였는데, 注에 "畿는 한계이다. 王城 밖의 5,000리를 경계로 삼아서 나눈 것이 아홉이다."라고 하였으니, 그렇다면 사면의 거리가 사방 10,000리인 것이다. 이는 주공이 태평성세를 이루어 예를 제정하여 정한 것이다. 그리하여 '敷定'이라고 한 것이니, 夏禹의 옛 제도를 회복한 것을 말한다. '弼成五服'은 사실은 堯의 시기이지만 禹가 정한 것이다. 그리하여 '禹制'라고 한 것이다.

【疏】 王者相因, 禮有損益, 雖名前後變易, 而疆域則同, 故禹貢注云 "甸服, (此)〔比〕周爲王畿, 其弼當侯服, 在千里之內. 侯服, 爲甸服, 其弼當男服, 在二千里之內. 綏服, 於周爲采服, 其弼當衛服, 在三千里之內. 要服, 於周爲蠻服, 其弼當夷服, 在四千里之內. 荒服, 於周爲鎭服, 其弼當蕃服, 在五千里之內." 王者禮法相變, 周服禹制, 故鄭解禹事而已.

王들이 서로 계승함에 禮에 줄이거나 더함이 있으니, 비록 명칭은 전후로 변경되었을지라도 영토는 같다. 그리하여 ≪尙書≫ 〈禹貢〉의 注에 "〈禹의〉 甸服은, 周代에 비하면 王畿이니 그 도와서 이룬 것이 侯服에 해당하여 1,000리의 안에 있다. 侯服은 甸服이 되니 도와서 이룬 것이 男服에 해당하여 2,000리의 안에 있다. 綏服은 주대에서는 采服이 되니 도와서 이룬 것이 衛服에 해당하여 3,000리의 안에 있다. 要服은 주대에서는 蠻服이 되니 도와서 이룬 것이 夷服에 해당하여 4,000리의 안에 있다. 荒服은 주대에서는 鎭服에 해당하니 도와서 이룬 것이 蕃服에 해당하여 5,000리의 안에 있다."라고 하였으니, 왕의 예법은 변하지만 周는 禹의 제도를 이었다. 그리하여 정현이 禹의 일을 풀이한 것이다.

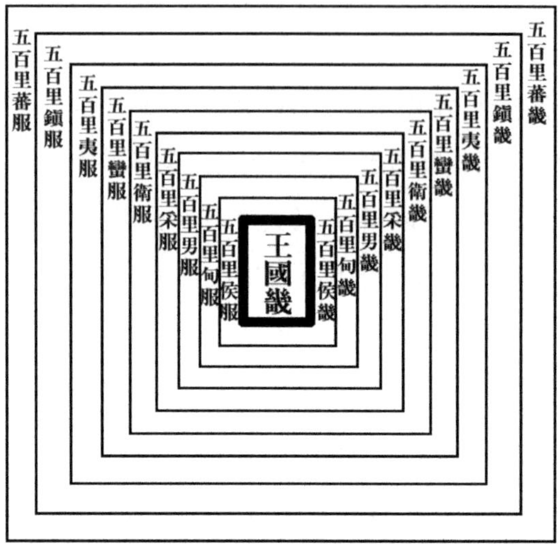

職方氏九服圖(≪六經圖考≫)

【疏】周禮擬之 成王周公封, 東至海, 南至穆陵, 齊雖侯爵, 以大功同上公[1]封也. 且齊, 武王時, 地方百里, 未得薄姑. 至周公成王時, 薄姑氏與四國作亂, 成王滅之, 以封師尙父. 是齊於成王之世, 乃得薄姑之地. 若然, 臨淄・薄姑非一邑也. 齊之所封, 在於臨淄, 而晏子云'薄姑因之'者, 以齊之封疆, 幷得薄姑之地, 擧其國境所及, 明共處齊地. 薄姑者, 是諸侯之號, 其人居齊地. 因號其所居之地爲薄姑氏. 後與四國作亂, 謂管・蔡・商・奄, 則奄外更有薄姑, 非奄君之名. 而尙書傳云"奄君薄姑", 故注云 "或疑爲薄姑齊地, 非奄君名也."[2]

1) 上公 : 周나라 제도에 八命의 三公인 太師와 太傅와 太保를 가리키는데, 이들이 봉작을 받게 되면 一命을 더하여 上公이라 하였다.

2) 周禮擬之……非奄君名也 : 저본의 교감기에 따라 '周禮擬之'에서 '非奄君名也'까지 193字를 아래 절에서 옮겨와 번역하였다.

≪周禮≫로 헤아려보면 成王과 周公이 〈齊를〉 봉할 적에 동쪽으로는 바다에 이르고 남쪽으로는 穆陵에 이르렀으니, 〈이는〉 齊가 비록 侯의 작위에 해당되었으나 큰 공이

上公의 봉지와 같았기 때문이다. 또 齊는 무왕 때에는 땅이 사방 100리로 아직 薄姑를 얻지 못했다. 그러다가 주공과 성왕 때에 이르러 薄姑氏가 네 나라와 난을 일으키자 성왕이 정벌하고 그 땅을 太師 尙父에게 봉하였으니, 바로 제가 성왕의 시대에 마침내 박고의 땅을 얻은 것이다. 만약 이와 같다면 臨淄와 박고는 같은 읍이 아니다. 齊가 봉해질 적에 임치에 있었는데 晏子가 '박고씨가 뒤를 이어 살았다.'라고 한 것은, 齊의 영토가 박고씨의 땅을 아울러 얻었으므로 그 국경이 이른 곳을 든 것이니 분명함께 제의 영토에 속한다. 박고는 제후의 호칭인데 그가 제의 땅에 거주하였다. 그리하여 거주하는 곳의 호칭에 따라 박고씨가 된 것이다. 뒤에 네 나라와 난을 일으켰다는 것은 管과 蔡와 商과 奄國을 가리키니, 그렇다면 엄국 외에 다시 박고가 있는 것이지 엄국 군주의 이름이 아니다. 그런데 ≪尙書大傳≫에 "奄君薄姑"라고 하였으므로 注에 "어떤 사람이 박고는 齊의 땅이지 엄국 군주의 이름이 아니라고 의심하였다."라고 하였다.

成王이 用周公之法하여 制廣大邦國之境에 而齊受上公之地하니 更方五百里라 其封域은 東至于海하고 西至于河하고 南至于穆陵하고 北至于无棣라

成王이 周公의 법을 적용하여 광대한 나라의 경계를 정할 때에 齊가 上公의 영토를 받았으니 조정된 영토가 사방 500리였다. 영토는 동쪽으로는 바다에 이르고 서쪽으로는 河水에 이르렀으며 남쪽으로 穆陵에 이르고 북쪽으로는 无棣에 이르렀다.

【疏】 正義曰：按大司徒職, 制諸侯之封疆, 公五百里. 齊雖侯爵, 以大功而作太師, 當與上公地等, 故知取上公地也. 其東至於海以下, 僖四年左傳, 管仲之言也.

○ 正義曰：≪周禮≫ 〈大司徒職〉의 제후의 영토를 제정함을 살펴보면 公은 500리이다. 齊는 비록 侯의 작위이지만 큰 공을 세워 太師가 되었으니 上公의 영토와 같아야 한다. 그리하여 上公의 영토를 받았음을 안 것이다. '東至於海' 이하는 ≪春秋左氏傳≫ 僖公 4년의 관중의 말이다.

在禹貢靑州니 岱山之陰이요 濰淄之野라

〈齊의 영토는〉 ≪尙書≫ 〈禹貢〉의 靑州에 있으니 岱山의 북쪽이고 濰水와 淄水가 흐르는 들판이다.

【疏】正義曰：禹貢云 "海・岱惟靑州." 注云 "州界 自海西至岱." 又曰 "濰・淄其道." 注云 "濰・淄 兩水名." 地理志云 "濰水 出今琅耶箕屋山, 淄水 出泰山萊蕪縣源山." 然則靑州, 在海・岱之間, 濰・淄, 卽靑州之水也. 又地理志云 "臨淄, 海岱之間一都會也." 桓十六年公羊傳曰 "衛朔越在岱陰齊." 居山之陰也, 都臨淄. 禹貢, 濰・淄共文, 明其相近, 故云濰・淄之野.

○ 正義曰：≪尙書≫ 〈禹貢〉의 "海와 岱가 靑州이다."의 注에 "靑州의 경계는 바다로부터 서쪽으로 岱山에 이른다."라고 하고, 또 "濰水와 淄水가 따라 흘렀다."의 注에 "濰와 淄는 두 물의 이름이다."라고 하였는데, ≪漢書≫ 〈地理志〉에 "濰水는 지금의 琅耶縣 箕屋山에서 발원하고, 淄水는 泰山 萊蕪縣 源山에서 발원한다."라고 하였으니, 그렇다면 청주는 바다와 태산의 사이에 있고 濰와 淄는 청주에 흐르는 물이다. 또 〈지리지〉에 "臨淄는 바다와 태산의 사이에 있는 하나의 도회지이다."라고 하고, ≪春秋公羊傳≫ 桓公 16년에 "衛侯 朔이 태산의 북쪽에 있는 齊로 도망하였다."라고 하였으니, 〈齊는〉 태산의 북쪽에 자리 잡고서 임치에 도읍한 것이다. 〈禹貢〉에 濰와 淄가 같이 쓰여 있으니 분명 서로 가까운 곳이다. 그리하여 '濰淄之野'라 한 것이다.

其子丁公이 嗣位於王官이라

그의 아들 丁公이 왕의 관직을 이었다.

【疏】正義曰：昭十二年左傳, 楚靈王曰 "昔我先王熊繹, 與呂伋[1]・王孫牟・燮父・禽父, 竝事康王." 又顧命云 "命仲桓・南宮毛, 俾爰齊侯呂汲, 以二干戈, 虎賁百人, 逆子釗于南門之外." 成王之崩, 職掌虎賁, 又事康王, 明爲王官也, 但未知何官耳. 以太公爲王官之伯, 丁公又在王朝, 故云'嗣位', 謂嗣王官之位耳, 不必嗣爲太師也. 孔安國顧命注云 "汲爲天子虎賁氏." 謂當時爲之耳, 亦未終於此官也.

1) 與呂伋：저본의 교감기에, '伋'이 옳지만 아래 ≪尙書≫ 〈顧命〉과 ≪史記≫ 〈齊世家〉에 '汲'으로 되어있는 것을 수정하지 않은 것은 해당 대본의 글을 그대로 따른 것임을 밝혔다.

○ 正義曰：≪春秋左氏傳≫ 昭公 12년에 楚 靈王이 "옛날 우리 선왕인 熊繹이 呂伋과 王孫牟와 燮父와 禽父와 함께 康王을 섬겼다."라고 하고, 또 ≪尙書≫ 〈顧命〉에 "仲

桓과 南宮毛에게 명하여 齊侯인 呂汲으로 하여금 두 쌍의 창과 방패와 虎賁 100명으로 남문의 밖에서 태자 釗를 맞이하게 하라."라고 하였으니, 成王이 崩御했을 때 虎賁을 담당하였고 또 康王을 섬겼으니 분명 왕의 관리가 된 것이지만 다만 어느 관직인지는 모른다. 太公을 왕의 관리의 우두머리로 삼았고 丁公도 왕의 조정에 있었다. 그리하여 '嗣位'라고 했으니 왕의 관리의 지위를 이은 것이지만 반드시 이어서 太師가 된 것은 아니다. 孔安國의 〈고명〉 注에 "汲이 天子의 虎賁氏가 되었다."라고 하였으니, 당시에 호분씨가 되었음을 말한 것일 뿐이지 또한 이 관직으로 마친 것은 아니다.

後五世哀公政衰하여 荒淫怠慢이어늘 紀侯譖之於周懿王하여 使烹焉이라 齊人變風始作이라

5대 후손인 哀公에 이르러 정사가 쇠미해져 주색에 빠져 정사를 게을리 하자 紀侯가 周 懿王에게 참소하여 烹刑에 처하게 하였다. 그리하여 齊人의 變風이 비로소 지어졌다.

【疏】 正義曰：齊世家云 "太公卒, 子丁公汲立, 卒, 子乙公得立, 卒, 子癸公慈母立, 卒, 子哀公不辰立." 是爲五世至哀公也. 莊四年公羊傳 "齊哀公, 烹於周, 紀侯譖之." 世家亦云 "紀侯譖之, 周烹哀公." 二文皆言周烹之耳, 不言懿王也.

正義曰：≪史記≫ 〈齊世家〉에 "太公이 죽자 아들 丁公 汲이 즉위하였고, 汲이 죽자 아들 乙公 得이 즉위하였으며, 得이 죽자 아들 癸公 慈母가 즉위하였고, 慈母가 죽자 아들 哀公 不辰이 즉위하였다."라고 하였으니, 이것이 5대가 되어 애공에 이른 것이다. ≪春秋公羊傳≫ 莊公 4년에 "齊 哀公이 周王에게 팽형을 당하였으니 紀侯가 참소한 것이다."라고 하고, 〈제세가〉에도 "기후가 참소하여 주왕이 哀公을 팽형에 처하였다."라고 하여, 두 글이 모두 周가 팽형을 한 것을 말하였을 뿐 懿王은 말하지 않았다.

【疏】 徐廣以爲周夷王烹之, 鄭知是懿王者, 以世家既言"烹哀公", 乃云 "而立其弟靜, 是爲胡公. 當周夷王時, 哀公之同母少弟山, 殺胡公而自立, 是爲獻公." 言夷王之時, 山殺胡公, 則胡公之立, 在夷王前矣, 受譖烹人, 則是衰闇之主. 夷王上有孝王, 書傳之文, 不言孝王(者)〔身〕有大罪(去)〔于〕[1]國, 周本紀云 "懿王立, 王室遂衰." 自懿王爲始, 明懿王受譖烹矣.

1) (者)〔身〕有大罪(去)〔于〕：저본의 교감기에 의거하여 '身'과 '于'로 번역하였다.

徐廣은 周 夷王이 팽형을 하였다고 하였는데, 鄭玄이 懿王임을 안 것은 〈齊世家〉에 이미 "哀公에게 팽행을 하였다."라고 하고, 이어서 "그 아우 靜을 세우니 이 사람이 胡公이다. 주 이왕 때에 애공의 같은 어머니 소생 아우 山이 胡公을 죽이고 스스로 즉위하였으니 이 사람이 獻公이다."라고 한 것 때문이니, 이왕의 때에 산이 호공을 살해했다면 호공이 즉위한 것은 이왕의 앞이고, 참소를 받아들여 사람에게 팽형을 하였다면 덕이 쇠하고 정사에 어두운 군주임을 말한다. 이왕의 윗대에 孝王이 있으나 ≪尙書大傳≫의 글에 효왕이 나라에 큰 죄가 있었다고 말하지 않았고, ≪史記≫ 〈周本紀〉에 "의왕이 즉위하자 왕실이 마침내 쇠미해졌다."라고 하였으니, 〈왕실의 쇠미가〉 의왕으로부터 시작된 것이니, 분명 의왕이 참소를 받아들여 팽형을 가한 것이다.

【疏】 且本紀稱 "懿王之時, 詩人作(到)〔刺〕[1]." 得不以懿王之時, 雞鳴詩作, 而言懿王時乎. 是以, 知烹之者懿王也. 然則胡公, 以懿王時立, 歷孝王至夷王之時而被殺, 以王世不長, 而齊君壽考, 故得一君當三王也. 謚法曰 "保民耆艾曰胡." 則知胡公爲君, 歷年久矣, 以此益明非是夷王烹哀公也. 世家又云 "獻公(子)[2]卒, 子武公壽立, 卒, 子厲公無忌立, 卒, 子文公赤立, 卒, 子成公說立, 卒, 子莊公購立, 卒, 子釐公祿父立, 卒, 太子諸兒立, 是爲襄公." 此其君世之次也.

1) (到)〔刺〕: 저본의 교감기에 따라 '刺'로 번역하였다.
2) (子) : 저본의 교감기에 따라 衍文으로 처리하였다.

또 〈周本紀〉에 "懿王 때에 詩人이 풍자하는 시를 지었다."라고 하였으니, 의왕 때에 〈雞鳴〉 詩가 지어진 것이 아닌데도 의왕 때라고 말할 수 있겠는가. 이로써 烹形을 한 사람이 의왕임을 안 것이다. 그렇다면 胡公은 의왕 때에 즉위하여 孝王을 거쳐 夷王 때에 이르러 살해된 것이니, 왕의 치세는 길지 않고 齊의 군주는 장수하였다. 그리하여 한 군주가 세 왕의 재위기간에 해당할 수 있었던 것이다. 謚法에 "백성을 보호하고 장수한 것을 '胡'라고 한다."라고 하니, 그렇다면 호공이 군주가 되어 재위기간이 길었음을 알 수 있다. 이로써 夷王이 哀公에게 팽형을 하지 않은 것이 더욱 분명하다. 〈齊世家〉에 또 "獻公이 죽자 아들 武公 壽가 즉위하였고, 무공이 죽자 아들 厲公 無忌가 즉위하였으며, 여공이 죽자 아들 文公 赤이 즉위하였고, 문공이 죽자 아들 成公 說이 즉위하였으며, 성공이 죽자 아들 莊公 購가 즉위하였고, 장공이 죽자 아들 釐公 祿父가 즉위하였으며, 이공이 죽자 태자 諸兒가 즉위하였으니 이 사람이 襄公이다."라고 하였으니, 이것이 제나라 군주 세계의 순서이다.

【疏】 詩雞鳴序云 "刺哀公荒淫怠慢." 還(선)序云 "刺哀公好田獵." 則皆哀公詩也. 著·東方之日·東方未明三篇, 皆云刺, 而不擧號謚, 則擧上明下, 亦爲哀公詩矣. 南山·甫田·盧令·載驅四篇, 皆云刺襄公, 則襄公詩也. 弊笱, 刺文姜, 猗(의)嗟 刺魯莊公, 皆由襄公淫妹而作, 亦襄公詩也, 故鄭於左方[1]中, 皆以此而知也. 自哀公至於襄公, 其間有八世, 皆無詩.

1) 左方 : 저본의 교감기에 따르면, 정현이 詩譜의 내용에 해당 시의 편명과 군주의 世系를 왼쪽 옆줄 상단에 비껴 기록한 것을 가리키는데, 南宋 때 자료를 병합하면서 빼버려서 지금은 없다고 한다. 아래 나오는 左方은 모두 같다.

詩〈雞鳴〉의 序에 "哀公이 주색에 빠져 정사를 게을리 한 것을 풍자하였다."라고 하고 〈還〉의 序에 "애공이 사냥을 좋아함을 풍자하였다."라고 하였으니, 그렇다면 모두 애공 때의 시이다. 〈著〉와 〈東方之日〉과 〈東方未明〉 세 편은 모두 풍자했음을 말하고 諡號를 들지 않았으나, 위의 내용을 참고하여 아래를 밝혀보면 역시 애공 때의 시이다. 〈南山〉과 〈甫田〉과 〈盧令〉과 〈載驅〉 네 편은 모두 襄公을 풍자함을 말했으니 양공 때의 시이다. 〈弊笱〉는 文姜을 풍자하고 〈猗嗟〉는 魯 莊公을 풍자한 것이지만, 모두 양공이 누이와 음란한 짓을 하였기 때문에 지어진 것이니 역시 양공 때의 시이다. 그리하여 정현이 左方에서 모두 이를 통해 안 것이다. 애공으로부터 양공에 이르기까지 그 사이에 8대가 있지만 모두 시가 없다.

【疏】 孫毓(육)以爲 "哀公, 荒淫留色, 怠慢朝政, 晏起內朝, 群臣所患, 故作雞鳴之歌. 蟲飛·月光之辭[1], 安能侵夜失節之漏, 而當早興乎. 如此何怠慢之有也, 何憎之戒也. 自哀至襄, 其間八世, 未審此詩指刺何公耳." 斯不然矣. 子夏親承聖旨, 齊之君世, 號謚未亡, 若有別責餘君, 作敍無容不悉, 何得闕其所刺, 不斥言乎.

1) 蟲飛月光之辭 : 2章의 '月出之光'과 3章의 '蟲飛薨薨'을 가리킨다.

孫毓이 말하기를 "哀公이 여색에 빠져 정사를 게을리 하여 路寢에서 늦게 일어나는 것이 신하들의 근심이기 때문에 〈雞鳴〉의 노래를 지은 것이라고 한다. 그러나 '蟲飛'와 '月光'의 말이 있으니 어떻게 늦은 밤까지 절도를 잃는 잘못이 있는데도 아침에 일찍 일어날 수 있겠는가. 이와 같다면 무슨 게으름이 있을 것이며 어떻게 미워하는 경계가 있겠는가. 哀公으로부터 襄公에 이르기까지 그 사이가 8대이니 이 시가 어느 公을 지적하여 풍자한 것인지 자세히 알 수 없다."라고 하였으나, 이는 그렇지 않다. 子夏가 공자의 뜻을 직접 이었고 齊의 군주들의 세계에 시호가 없어지지 않았으니, 만약 따로 다른 군주를 책망함이 있었다면 序를 지을 때에 자세하게 서술하지 않을 수 없으니, 무엇 때문에 그 풍자한 것을 빼놓고 지적하여 말하지 않을 리가 있었겠는가.

【疏】 夫人留色, 雞鳴作歌, 刺哀公怠慢. 非性然也, 人心之動, 物使之然. 夫人不能警戒, 切以月光之歌, 挈(설)壺氏[1]廢其所掌, 責以顚倒之詠, 各隨所失, 作詩刺之, 故曰'不能晨夜, 不夙則暮', 昭(暫)〔晳〕[2]若此, 復何所疑. 且衡門"誘僖公, 愿而無立志." 則慤(각)愿之人, 未必耽淫於色, 而東門之池, 刺其君之淫昏, 斯非一人而行反者乎. 況此前後不同, 所失各異, 何獨怪之耳.

1) 挈壺氏 : 挈壺正이라고도 하며 漏刻을 맡아 보았다.
2) (暫)〔晳〕: 저본의 교감기에 따라 '晳'으로 번역하였다.

夫人이 색정에 빠지니 〈雞鳴〉을 지어 노래하여 哀公의 게으른 것을 풍자하였다. 본성이 그런 것이 아니고 마음의 움직임은 다른 사람이 그렇게 하는 것이다. 〈雞鳴은〉 부인이 경계를 하지 못하니 月光의 노래로 질책하고, 〈東方未明은〉 挈壺氏가 자신의 직분을 제대로 수행하지 못하니 〈衣裳을〉 거꾸로 입은 것을 노래하여 책망한 것이니, 각기 잘못한 것에 따라 시를 지어 풍자하였다. 그리하여 〈東方未明에서〉 '새벽인지 밤인지도 몰라서, 너무 이르지 않으면 너무 늦네.〔不能晨夜 不夙則暮〕'라고 하여, 이와 같이 분명하게 밝혔으니 다시 무엇을 의심하겠는가. 또 〈陳風 衡門〉에 "僖公을 타일러 인도한 것이니, 착하기만 하고 의지가 없었다."라고 하였으니, 그렇다면 근신하고 성실한 사람이니 필시 여색을 탐닉하지는 않았을 것인데, 〈陳風 東門之池〉에서는 그 군주가 음란하고 용렬함을 풍자하였으니, 이는 한 사람이면서 행실이 상반된 것이 아니겠는가. 하물며 여기는 전후가 같지 않아 잘못한 것이 각기 다르니 어찌 유독 이상하게 여길 것인가.

【疏】 案襄二十九年左傳 "魯爲季札歌齊, 曰'美哉.'" 此詩皆云刺, 彼云美哉者, 以雞鳴, 有思賢妃之事, 東方未明, 雖刺無節, 尙能促遽自警. 詩人懷其舊俗, 故有箴規, 故季札美其聲, 非謂詩內皆是美事.

≪春秋左氏傳≫ 襄公 29년을 살펴보면 "魯가 季札을 위해 齊風을 노래하니, '아름답다.' 하였다."라고 하였으니, 이 시는 모두 풍자한 것인데 계찰이 '美哉'라고 한 것은, 〈雞鳴〉에는 賢妃의 일을 그리워함이 있고, 〈東方未明〉은 비록 절도가 없음을 풍자하였으나 그래도 서둘러 스스로를 경계한 것이기 때문이다. 시인이 옛 풍속을 그리워하였기 때문에 경계하고 바로잡음이 있었다. 그리하여 계찰이 그 음악을 찬미한 것이지 시의 내용이 모두 아름다운 일이라고 말한 것이 아니다.

雞鳴(계명)

【序】 雞鳴은 **思賢妃也**라 **哀公**이 **荒淫怠慢**이라 **故陳賢妃貞女 夙夜警戒**하여 **相成之道焉**이라 ○ **警**은 **本又作敬**이라

〈雞鳴〉은 賢妃를 그리워한 詩이다.

哀公이 여색에 빠지고 정사에 태만하였다. 그리하여 賢妃貞女가 밤낮으로 경계하여 올바른 군주를 이루어주는 방도를 말한 것이다.

○ 警은 '敬'으로 되어있는 본도 있다.

【疏】 '雞鳴'(三章 章四句)至'道焉' ○ 正義曰：作雞鳴詩者, 思賢妃也. 所以思之者 以哀公, 荒淫女色, 怠慢朝政, 此由內無賢妃, 以相警戒故也. 君子見其如此, 故作此詩, 陳古之賢妃貞女, 夙夜警戒於夫, 以相成益之道焉. 二章章首上二句, 陳夫婦可起之禮, 下二句, 述諸侯夫人之言, 卒章, 皆陳夫人之辭. 以哀公荒淫, (故)〔無〕[1]夫人興戒, 君子使不留色怠慢, 故陳(人君)〔夫人〕[2]早朝, 戒君子, 使不惰於政事, 皆(陳)〔是〕[3]與夫相警, 相成之事也.

1) (故)〔無〕: 저본의 교감기에 따라 '無'로 번역하였다.
2) (人君)〔夫人〕: 저본의 교감기에 따라 '夫人'으로 번역하였다.
3) (陳)〔是〕: 저본의 교감기에 따라 '是'로 번역하였다.

序의 〔雞鳴〕에서 〔道焉〕까지

○ 正義曰 : 〈雞鳴〉 詩를 지은 것은 賢妃를 그리워한 것이다.

그리워한 까닭은 哀公이 여색에 지나치게 빠져 조정의 정사를 태만하게 하였기 때문이니, 이는 안에서 賢妃가 경계함이 없었기 때문이다. 군자가 이와 같음을 알았다. 그리하여 이 시를 지어 옛날 賢妃貞女가 밤낮으로 지아비를 경계하여 서로 도와 온전함을 이루는 도를 말한 것이다. 1,2章의 처음 두 句는 부부가 일어나야 하는 예를 말하고, 아래 두 句는 제후 부인의 말을 서술하였으며, 마지막 章은 모두 부인의 말을 기술한 것이다. 哀公이 여색에 빠졌는데 부인의 일어나라는 경계가 없었다. 〈이에〉 군자가 여색에 빠져 정사에 태만하지 못하게 하였다. 그리하여 부인이 이른 아침에 군자를 경계하여 정사에 게을리 하지 못하게 한 것을 말하였으니, 모두 남편과 서로 경계하여 온전함을 이루는 일이다.

【疏】 云荒淫者, 謂廢其政事, 淫於女色, 由淫而荒, 故言荒淫也. 賢妃卽貞女也, 論其配夫則爲賢妃, 指其行事則爲貞女, 所從言之異耳. 相成者, 以夫妻爲耦, 義在交益, 妻能成夫, 則妻亦成矣, 故以相成言之. 車舝(할)'思得賢女', 乃思得其人以配王, 此思賢妃, 直思其相成之道, 不言思得其人, 作者之意異也.

'荒淫'이라 한 것은, 정사를 돌보지 않고 여인에게 빠진 것을 말하니 음란함으로 인하여 방탕한 것이기 때문에 荒淫이라 한 것이다. 賢妃가 바로 貞女이니 남편에게 배필이 된 것으로 말하면 賢妃가 되고 행실을 가리키면 貞女가 되니, 말하는 경우에 따라 다를 뿐이다. '相成'은, 부부가 짝이 되는 것이 뜻이 서로 돕는 것에 있으니, 아내가 남편을 이루어줄 수 있으면 아내도 이루어진다. 그리하여 '相成'으로 말한 것이다. 〈小雅 車舝〉의 '賢女를 얻을 것을 생각함'은 바로 그 사람을 얻어 왕에게 배필로 삼게 할 것을 생각한 것이고, 여기에서 賢妃를 생각한 것은 相成의 道만을 생각한 것이어서 그 사람을 얻을 것을 생각함을 말하지 않았으니 작자의 뜻이 다른 것이다.

雞旣鳴矣라 **朝旣盈矣**라하니

닭이 울었습니다
조정엔 가득 모였을 것이라 하니

【傳】 雞鳴而夫人作이요 朝盈而君作이라

닭이 울면 부인이 일어나고, 조정에 신하가 가득하면 군주가 일어난다.

【箋】箋云 雞鳴朝盈은 夫人也君也 可以起之니 常禮라

箋云 : '雞鳴'과 '朝盈'은 夫人과 군주가 일어나니 통상적인 예이다.

匪雞則鳴이라 蒼蠅之聲이로다

닭이 운 것이 아니라
쉬파리 떼 나는 소리였네

【傳】蒼蠅之聲이 有似遠雞之鳴이라

쉬파리의 소리가 멀리서 우는 닭의 소리와 비슷한 점이 있다.

【箋】箋云 夫人이 以蠅聲爲雞鳴이니 則起早於常禮니 敬也라

箋云 : 夫人이 쉬파리 소리를 닭의 울음소리로 여겼으니, 그렇다면 통상적인 예보다 일찍 일어난 것이니 공경함이다.

【疏】'雞鳴 思賢妃也'至'蒼蠅之聲' ○ 正義曰 : 以哀公荒淫怠慢, 無賢妃之助, 故陳賢妃貞女, 警戒其夫之辭, 言古之夫人, 與君寢宿, 至於將旦之時, 乃言曰 '雞旣爲鳴聲矣, 朝上旣以盈滿矣.' 言雞鳴 道己可起之節, 言朝盈 道君可起之節, 己以雞鳴而起, 欲令君以朝盈而起也. 作者又言夫人言雞旣鳴矣之時, 非是雞實則鳴, 乃是蒼蠅之聲耳. 夫人以蠅聲爲雞鳴, 聞其聲而卽起, 是早於常禮, 恭敬過度, 而哀公好色淹留, 夫人不戒令起, 故刺之.

序의 〔雞鳴 思賢妃也〕에서 經의 〔蒼蠅之聲〕까지

○ 正義曰 : 哀公이 여색에 빠져 정사에 태만하였지만 賢妃의 내조가 없었다. 그리하여 賢妃貞女가 그 남편을 경계한 말을 서술한 것이니, 옛날 부인이 군주와 잠을 잘 때에 동이 틀 무렵이 되면 '닭이 이미 울었고 조정에는 신하들이 가득합니다.'라고 한 것을 말한다. '雞鳴'을 말한 것은 자신이 일어나야 할 때임을 말하고, '朝盈'을 말한 것은 군주가 일어나야 할 때임을 말한 것이니, 자신이 雞鳴에 일어나 朝盈이라 하여 군주를 일어나게 하고자 한 것이다. 작자가 또 부인이 닭이 울었다고 할 때는 닭이 실제로 운

것이 아니고 쉬파리의 소리라고 말하였다. 부인이 쉬파리 소리를 닭의 울음소리로 여겨 그 소리를 듣고 바로 일어났으니, 이는 통상적인 예보다 이른 것이어서 공경이 지나친 것이다. 그러나 애공은 여색을 좋아하여 오래 지체하는데도 부인이 일어나도록 경계하지 않았다. 그리하여 풍자한 것이다.

【疏】 傳'雞鳴'至'君作' ○ 正義曰：解夫人言此二句之意, 以雞鳴而夫人可起, 朝盈而君可起, 二者, 是夫人與君, 可以起之常禮, 故言之以戒君也. 若然, 雞鳴而夫人已起, 於朝盈之時, 夫人不在君所, 而得言朝盈以戒君者, 以雞鳴之後, 未幾而朝盈, 朝盈與雞鳴, 時節相將, 以雞旣鳴, 知朝將盈, 故夫人於雞鳴之時, 幷云朝盈耳, 非是知朝盈之後, 復來告君也. 朝盈, 謂群臣辨色始入, 滿於朝上.

傳의 〔雞鳴〕에서 〔君作〕까지

○ 正義曰 : 부인이 이 두 구절을 말한 뜻을 풀이하여 "雞鳴이면 부인이 일어나야 하고 朝盈이면 군주가 일어나야 한다."라고 하니, 두 가지는 부인과 군주가 일어나야 하는 통상적인 예이다. 그리하여 이를 말하여 군주를 경계한 것이다. 만약 그렇다면 雞鳴에 부인이 이미 일어나서 朝盈의 때에는 부인이 군주의 처소에 없다. 그런데 朝盈을 말하여 군주를 경계할 수 있는 것은 雞鳴의 뒤에 이내 朝盈이기 때문이니, 朝盈과 雞鳴은 때가 엇비슷하여 雞鳴이 지나면 곧 朝盈임을 안 것이다. 그리하여 부인이 雞鳴의 때에 함께 朝盈을 말했을 뿐이지 朝盈을 알고 난 뒤에 다시 와서 군주에게 고한 것은 아니다. '朝盈'은 신하들이 동 틀 무렵에 비로소 들어와 조정에 가득 찬 것을 말한다.

【疏】 箋'夫人'至'禮敬' ○ 正義曰：常禮, 以雞實鳴而起, 今夫人之在君所, 心常驚懼, 恒恐傷晩, 故以蠅聲爲雞鳴, 則起早於常禮, 是夫人之敬也. 書傳說夫人御於君所之禮云"太師奏雞鳴於階下, 夫人鳴玉佩於房中, 告去." 則雞鳴以告, 當待太師告之. 然此夫人自聽雞鳴者, 彼言告御之正法, 有司當以時告君, 此說夫人相警戒, 不必待告方起, 故自聽之也. 上句, 雞鳴・朝盈幷言之, 此經不重述朝盈者, 欲見(현)夫人之敬, 止須述謬聽雞鳴耳, 不須重述朝盈也. 何則, 夫人以雞鳴而知朝盈, 朝盈非謬聽, 不假言之.

箋의 〔夫人〕에서 〔禮敬〕까지

○ 正義曰 : 통상적인 禮는 닭이 실제로 울면 일어나는 것인데, 지금 부인이 군주의 처소에 있을 때에는 항상 두려워하는 마음으로 언제나 늦게 일어날까 걱정하였다. 그

리하여 쉬파리 소리를 닭의 울음으로 여겼으니, 그렇다면 일어남이 통상적인 예보다 이른 것이니, 이것이 바로 부인의 공경함이다. ≪尙書大傳≫에 부인이 군주의 처소에서 모시는 예를 말하기를 "太師가 섬돌 아래에서 〈鷄鳴〉을 연주하면 부인이 방에서 佩玉을 울려 물러날 것을 알린다."라고 하였으니, 그렇다면 雞鳴을 고하는 것은 태사가 고하는 것을 기다려야 한다. 그런데 여기에서 부인이 스스로 雞鳴을 들은 것은, ≪尙書大傳≫의 글은 告하고 모시는 바른 법을 말한 것이니 有司가 마땅히 때에 맞게 군주에게 고하여야 하는 것이고, 여기에서는 부인이 경계한 것을 말한 것이니 반드시 고하기를 기다려서야 일어나는 것은 아니다. 그리하여 스스로 들은 것이다. 上句에서는 雞鳴과 朝盈을 함께 말했는데 이 경에서는 朝盈을 다시 말하지 않은 것은 부인의 공경을 드러내고자 한 것이니, 雞鳴을 잘못 들은 것만을 말하면 될 뿐이고 朝盈을 거듭 말할 필요가 없어서이다. 어째서인가. 부인이 雞鳴으로 朝盈을 안 것이고 朝盈은 잘못 듣는 것이 아니니 말할 필요가 없어서이다.

東方明矣라 朝既昌矣라하니

동쪽이 밝아옵니다
조정에 가득 모였을 것이라 하니

【傳】 東方明이면 則夫人纚笄(사계)而朝하고 朝已昌盛이면 則君聽朝라

동쪽이 밝으면 부인은 머리싸개를 하고 비녀를 꽂고서 朝禮를 하고, 조정에 신하가 가득 차면 군주는 조회를 본다.

【箋】 箋云 東方明하고 朝既昌이면 亦夫人也君也 可以朝之니 常禮라 君日出而視朝라

箋云 : 동쪽이 밝고 조정에 신하가 가득 차면 또한 부인과 군주가 朝禮하니, 통상적인 예이다. 군주는 해가 뜨면 조회를 본다.

匪東方則明이라 月出之光이로다

동쪽이 밝은 게 아니라
달빛이었네

【傳】 見月出之光하고 以爲東方明이라

날빛을 보고 동쪽이 밝은 것이라 여긴 것이다.

【箋】 箋云 夫人이 以月光爲東方明이니 則朝亦敬也리라

箋云 : 부인이 달빛을 보고 동쪽이 밝은 것으로 여긴 것이니, 그렇다면 朝禮도 공경히 하였을 것이다.

【疏】 '東方'至'之光' ○ 正義曰 : 上言夫人早起, 此又言其早朝. 夫人言'東方旣已明矣, 朝上旣已盛矣', 言東方已明, 道己可朝之節, 言朝旣昌矣, 道君可朝之節. 已以東方明而朝, 欲令君以朝昌盛而朝也. 作者又言'夫人言東方明矣之時, 非是東方則實已明, 乃是月出之光耳, 夫人以月出之光爲東方明, 見其明而卽朝', 是早於常禮, 恭敬過度. 今哀公怠慢晩朝, 而夫人不戒, 故刺之.

經의 〔東方〕에서 〔之光〕까지

○ 正義曰 : 上章에서는 부인이 일찍 일어남을 말하고 이 章에서는 또 일찍 군주를 만남을 말하였다. 부인이 '동쪽이 이미 밝았고 조정이 이미 가득 찼습니다.'라고 하였으니, 동쪽이 이미 밝았다고 말한 것은 자신이 군주에게 朝禮할 때를 말한 것이고, 조정이 가득 찼다고 말한 것은 군주가 조회하여야 할 때를 말한 것이니, 동쪽이 밝으면 자기가 군주에게 조례하여 군주로 하여금 조정이 가득 찼으니 조회하게 하고자 한 것이다. 作者가 또 '부인이 말한 동쪽이 밝았다고 한 때는 동쪽이 실제로 밝은 것이 아니고 바로 달빛이었다. 그런데 부인이 달빛을 동쪽이 밝은 것으로 여겨 그 밝음을 보고 바로 군주에게 조례하였다.'라고 하였으니, 이는 통상적인 예보다 이른 것으로 공경이 정도를 지나친 것이다. 그러나 지금 哀公은 태만하여 조회에 늦는데도 부인이 경계하지 않았기 때문에 풍자한 것이다.

【疏】 傳'東方'至'聽朝' ○ 正義曰 : 此經二句, 亦陳夫人之辭. 東方明, 故夫人朝君, 朝旣昌, 君可聽朝. 上章, 夫人因己以雞鳴而起, 卽言朝盈以戒君, 此夫人因起以東方明時朝君, 卽言朝旣昌以戒君, 故亦幷言此二句也. 士昏禮注 "纚, 縚(도)髮, 纚廣充幅, 長六尺. 笄, 今時簪." 傳言'夫人纚笄而朝', 首服纚笄以朝君. 案禮特牲饋食及士昏禮,

皆云"纚・笄・綃(초)衣." 注云"綃, 綺屬. 此衣, 染之以黑, 其繒, 本名曰綃", 則首服纚笄, 必以綃衣配之, 此以纚笄朝君, 則當身服綃衣也.

傳의 〔東方〕에서 〔聽朝〕까지

○ 正義曰 : 이 經의 두 구절도 부인의 말을 진술한 것이다. 동쪽이 밝았기 때문에 부인이 군주에게 朝禮를 하는 것이고 조정이 가득 찼기 때문에 군주가 조회를 받을 수 있는 것이다. 上章은 부인이 자신이 '雞鳴'에 일어남으로 인하여 '朝盈'을 말하여 군주를 경계하고, 이 장은 부인이 일어나 동쪽이 밝아오는 때에 군주에게 조례를 하는 것으로 인하여 바로 조정이 가득 찼음을 말하여 군주를 경계하였다. 그리하여 또한 이 두 句를 함께 말한 것이다. ≪儀禮≫ 〈士昏禮〉의 注에 "纚는 머리를 싸는 것이니 纚의 너비는 온폭이고 길이는 6척이다. 笄는 지금의 비녀이다."라고 하였으니, 傳에서 '夫人纚笄而朝'라고 한 것은 머리에 머리싸개를 하고 비녀를 꽂고 군주에게 조례를 한 것이다. ≪의례≫ 〈特牲饋食禮〉와 〈사혼례〉에 모두 "纚와 笄와 綃衣"를 말했는데, 注에 "綃는 비단의 종류이다. 이 옷은 검은 색으로 물들인 것이고 그 비단은 본래의 이름이 綃이다."라고 하였으니, 그렇다면 머리에 纚笄를 할 때 반드시 綃衣를 맞추어 입으니, 이는 纚笄로 군주에게 조례를 한다면 당연히 綃衣를 입은 것이다.

【疏】 天官內司服鄭注差次服之所用, "鞠衣[1), 黃桑之所服, 展衣, 以禮見王及賓客之服, 褖(단)衣, 御於王之服", 又追師"掌王后之首服, 爲副・編・次." 注云"副, 所以覆首, 服之以從王祭祀, 編, 編列髮爲之, 服之以告桑, 次, 次第髮長短爲之, 服之以見王. 王后之燕居, 亦纚・笄・總而已, 凡諸侯夫人, 於其國衣服與王后同." 如鄭此言, 則夫人以禮見君, 當服展衣, 御於君, 當(復)〔服〕[2)]褖衣, 皆首服次, 燕居乃服纚笄耳. 此傳言纚笄而朝者, 展衣以見君, 褖衣以御君, 鄭以周禮六服差次所用, 爲此說耳, 非有經典明文.

1) 鞠衣 : 王后의 여섯 가지 禮服의 하나로, 입고서 뽕잎을 따는 일을 고한다. ≪禮記正義≫ 〈玉藻〉 鄭玄의 注에 "鞠衣는 어린 뽕잎 색깔의 의복이다. 鞠塵의 빛깔인데 입고서 뽕잎을 따는 일을 고한다.〔鞠衣 黃桑服也 色如鞠塵 服之以告桑〕"라고 하였다.
2) (復)〔服〕: 저본의 교감기에 따라 '服'으로 번역하였다.

≪周禮≫ 〈天官 內司服〉의 의복의 용도에 따른 등급에 대하여 鄭玄은 注에서 "鞠衣는 어린 뽕잎 색깔의 옷이고, 展衣는 왕과 빈객을 만날 때의 禮服이며, 褖衣는 왕을

모실 때의 옷이다." 하고 또 ≪周禮≫ 〈天官 追師〉에 "왕후의 首服을 담당하여 副·編·次를 만든다."라고 하였는데, 注에 "副는 머리를 덮는 것이니 쓰고서 왕을 따라 제사를 지내고, 編은 늘어진 머리를 엮어 만드니 입고서 누에치는 일을 고하며, 次는 길고 짧은 머리를 차례로 정리하여 만드니 쓰고서 왕을 만난다. 王后가 평상시 거처할 때에는 또한 纚와 笄와 總을 할 뿐이니, 모든 제후의 부인이 나라에 있을 때의 의복은 왕후와 같다."라고 하였으니, 정현의 이 말과 같다면 夫人이 예로 군주를 만날 때에는 응당 展衣를 입고 군주를 모실 때는 응당 褖衣를 입되 모두 머리에는 次를 쓰고, 평상시 거처할 때에야 비로소 纚와 笄를 쓰는 것이다. 이 傳에 '纚笄而朝'라고 하였는데, 展衣로 군주를 만나고 褖衣로 군주를 모신다고 한 것은, 정현이 ≪周禮≫ 여섯 가지 예복의 용도에 따른 등급으로 이 말을 했을 뿐이지 경전에 明文이 있는 것은 아니다.

展衣(≪五經圖彙≫)

【疏】列女傳"魯師氏之母齊姜, 戒其女云'平旦, 纚笄而朝, 則有君臣之嚴.'" 莊二十四年公羊傳何休注, 其言與列女傳亦同. 然則古之書傳, 有言夫人纚笄而朝君者, 毛當有所依據而言, 未必與鄭同也. 或以爲, 夫人纚笄而朝, 謂聽治內政, 案列女傳稱'纚笄而朝, 則有君臣之嚴', 謂朝於夫, 非自聽朝也. 此傳亦云'纚笄而朝', 文與彼同, 安得聽內政乎.

≪列女傳≫에 "魯師氏의 어머니 齊姜이 그 딸에게 훈계하기를 '새벽에 纚와 笄를 하고 朝禮를 하는 것은 君臣 간과 같은 엄함이 있어서이다.' 하였다."라고 하였고, ≪春秋公羊傳≫ 莊公 24년 何休의 注도 그 말이 ≪열녀전≫과 같다. 그렇다면 전해오는 글에 '夫人纚笄而朝君'을 말한 것이 있었기 때문에 毛亨이 의당 근거로 삼은 것이 있어서 말한 것이니 반드시 정현과 같지는 않다. 어떤 이는 '夫人纚笄而朝'는 〈부인이〉 內政을 다스리는 것을 말한다고 하였지만, ≪열녀전≫에 '纚笄而朝, 則有君臣之嚴'이라 한 것을 살펴보면, 남편에게 조례를 하는 것을 말한 것이지 스스로 조회를 보는 것이 아니다. 이 傳에서도 '纚笄而朝'라고 하여 글이 ≪열녀전≫과 같으니 어찌 內政을 다스린 것이겠는가.

【疏】宮內之政, 蓋應寡耳, 君於外政, 尙日出而朝, 夫人何當先君之朝, 而聽內政. 且東方始明, 君時初起, 衆妾皆當朝君, 夫人有何可治. 而以東方旣明, 便卽聽之. 傳又言 '朝已昌盛 則君聽朝', 於君言'聽朝', 夫人言'而朝', 足知纚笄而朝君矣. 上章言'朝旣盈矣', 謂朝已有人, 君可以起, 此言'朝旣昌矣', 謂盛於盈時, 群臣畢集, 故君可以聽朝. '朝昌', 謂日出時也, 故箋云 '君日出而視朝', 玉藻文.

宮內의 정사는 응당 일이 적으니, 군주가 外政에 대해서도 오히려 해가 떠서야 조회를 하는데 부인이 어찌하여 군주가 조회를 하는 것보다 앞서서 내정을 다스리겠는가. 또 동쪽이 밝아올 때는 군주가 처음 일어나는 때로 여러 妾이 모두 군주에게 조례를 하여야 하니, 부인이 어떻게 다스릴 수 있겠는가. 동쪽이 밝고 난 뒤에 곧 조회를 하는 것이다. 傳에 또 '朝已昌盛 則君聽朝'라고 하여 군주에 대해서는 '聽朝'라고 하였으니, 부인에 대해서 '而朝'라고 한 것은 纚와 笄를 하고 군주에게 조례를 한 것임을 충분히 알 수 있다. 上章에 '朝旣盈矣'라고 한 것은 조정에 이미 신하가 있음을 말하니 군주가 일어나야 하는 것이고, 이 장에서 '朝旣昌矣'라 한 것은 '盈'보다 더 많은 때를 말한 것이니 신하들이 모두 모였기 때문에 군주가 조회를 볼 수 있는 것이다. '朝昌'은 해가 뜬 때를 말한다. 그리하여 箋에 '君日出而視朝'라고 한 것이니, ≪禮記≫ 〈玉藻〉의 글이다.

蟲飛薨(횡)薨이어늘 甘與子同夢이나

벌레가 웅웅 나는데
그대와 단꿈을 꾸고 싶지만

【傳】古之夫人이 配其君子하여 亦不忘其敬이라

옛날의 부인이 군자의 배필이 되어서도 공경하는 마음을 잊지 않은 것이다.

【箋】箋云 蟲飛薨薨은 東方且明之時라 我猶樂(요)與子臥而同夢이니 言親愛之無已라

箋云 : '蟲飛薨薨'은 동이 틀 무렵이다. 나도 오히려 그대와 누워 함께 단꿈을 꾸기를 좋아한다는 것이니, 친애하는 마음이 끝이 없음을 말한 것이다.

會且歸矣란 無庶予子憎가

저들 모였다 돌아간다면

나 때문에 당신 미움 받지 않을까

【傳】 會는 會於朝也라 卿大夫는 朝會於君朝하여 聽政하고 夕歸하여 治其家事라 無庶予子憎은 無見惡(오)於夫人이라

'會'는 조회에 모이는 것이다. 卿大夫는 군주의 조정에서 조회하여 정사를 다스리고 저녁에 돌아가 私朝의 일을 다스린다. '無庶予子憎'은 저 사람들에게 미움을 받지 말라는 것이다.

【箋】 箋云 庶는 衆也라 蟲飛薨薨에 所以當起者는 卿大夫朝者 且罷歸故也일새라 無使衆臣以我故로 憎惡於子니 戒之也라 ○ 朝會의 此一朝는 如字라 於夫音符니 或依字讀者는 非라

箋云 : '庶'는 '무리'이다. 벌레가 웅웅거릴 때에 일어나야하는 까닭은, 조회하러 온 경대부가 조회가 파하여야 돌아갈 것이기 때문이다. 衆臣들이 나 때문에 그대를 미워함이 없게 하라는 것이니 경계한 것이다.

○ '朝會'의 이 '朝'는 본 글자의 뜻이다. '於夫'에서 '夫'의 음은 '符(대명사)'이니, 글자대로 읽는 것(夫人)은 잘못이다.

【疏】 '蟲飛'至'子憎' ○ 正義曰 : 上言欲君早起, 此又述其欲早起之意. 夫人告君云 "東方欲明, 蟲飛薨薨之時, 我甘樂與君臥而同夢. 心非願欲早起也, 所以必欲令君早起朝者, 以卿大夫 會聚我君之朝, 且欲得早罷歸矣, 無使衆臣以我之故, 於子之身, 加憎惡(오)也." 子謂君也, '君若與我同臥, 不早聽朝, 則事不速訖, 罷朝必晩, 衆臣憎君, 是由我故, 故欲令君早起, 無使見惡於夫人.' 刺今不能然. 今定本作'與子憎', 據鄭云'我', 我是予之訓, 則作'與'者 非也.

經의 〔蟲飛〕에서 〔子憎〕까지

○ 正義曰 : 위에서는 군주가 일찍 일어나기를 바라는 것을 말하고 여기에서는 또

일찍 일어나기를 바라는 뜻을 말한 것이다. 夫人이 군주에게 말하기를 "동이 트려고 하여 벌레들이 웅웅거리는 때이지만 나는 당신과 누워 단꿈을 꾸고 싶습니다. 마음으로는 일찍 일어나기를 원치 않지만 반드시 군주로 하여금 일찍 일어나서 조회하게 하고자 하는 이유는, 卿大夫들이 우리 군주의 조정에 모여 조회를 일찍 마치고 돌아갈 것을 바라기 때문입니다. 그리하여 신하들로 하여금 나 때문에 당신에게 미워하는 마음을 더하게 하지 마십시오."라고 한 것이다. '子'는 군주를 말하니, "그대가 만약 나와 함께 누워 있다가 일찍 조회를 하지 않으면 정사가 빨리 끝나지 않아서 조회를 반드시 늦게 마치게 되어 신하들이 당신을 미워할 것이니, 이는 나 때문입니다. 그리하여 그대로 하여금 일찍 일어나 저 사람들에게 미움을 받는 일이 없게 하려고 합니다."라고 한 것이니, 지금은 그렇게 하지 못함을 풍자한 것이다. 지금 定本에는 '與子憎'으로 되어 있으나, 鄭玄이 '我'라고 한 것에 근거하면 '我'는 '予'의 訓이니 '與'로 되어있는 것은 잘못이다.

【疏】 傳'古之'至'其敬' ○ 正義曰：以恭敬之事, 施於疏遠, 其於至親, 可以無敬. 夫人, 樂與同夢, 相親之甚, 猶尙早起早朝, 雖親, 不敢忘敬, 故云古之夫人, 配其君子, 情雖至親, 亦不忘敬. 刺今夫人, 得與君子相配, 則忘敬, 晩興也. 以親而猶敬, 故言亦, 亦疏遠也.

傳의 〔古之〕에서 〔其敬〕까지

○ 正義曰：공경하는 것은 소원한 관계에서 행하는 것이니, 지극히 친밀한 관계에서는 공경함이 없을 수 있다. 夫人이 함께 단꿈을 꾸는 것을 좋아하니 매우 친밀한 관계인데도 오히려 일찍 일어나서 일찍 조회할 것을 바란 것이니, 비록 친밀하지만 감히 공경하는 마음을 잊지 않은 것이다. 그리하여 옛날의 부인이 군자의 배필이 되어 정이 비록 매우 친밀하지만 또한 공경함을 잊지 않았다고 한 것이니, 지금의 부인이 군자와 배필이 되면 공경함을 잊어 늦게 일어남을 풍자한 것이다. 친밀한데도 오히려 공경했기 때문에 '亦'을 말한 것이니, 역시 소원한 관계처럼 대한 것이다.

【疏】 箋'蟲飛'至'無已' ○ 正義曰：大戴禮 "羽蟲三百六十, 鳳凰爲之長." 則鳥亦稱蟲, 此蟲飛薨薨, 未必唯小蟲也. 以將曉而飛, 是東方且欲明之時, 卽上雞鳴時也.

箋의 〔蟲飛〕에서 〔無已〕까지

○ 正義曰：≪大戴禮記≫에 "날짐승〔羽蟲〕 360종 가운데 봉황이 우두머리가 된다." 하였으니, 그렇다면 새도 蟲이라고 부르니, 여기의 '蟲飛薨薨'이 반드시 작은 곤충만은 아니다. 동틀 무렵에 날았다면 이는 동쪽이 밝아지려고 할 때이니, 바로 위에서 말한 닭이 우는 때이다.

【疏】 傳'會會'至'夫人' ○ 正義曰：言會言歸, 則是會於朝, 歸於家, 故知謂卿大夫, 於朝旦之時, 會於君朝聽政, 於夕晩之時, 歸治其家事. 成十二年左傳曰 "世之治也, 百官承事 朝而不夕." 是於夕而不治公事, 故歸治家事也. 云'無見惡於夫人', 夫人, 謂卿大夫. 卿大夫欲早罷歸, 不得早罷, 則憎惡君, 是見惡於卿大夫也.

傳의 〔會會〕에서 〔夫人〕까지

○ 正義曰：'會'를 말하고 '歸'를 말했으니, 그렇다면 이는 조정에 모였다가 私朝로 돌아가는 것이다. 그리하여 경대부가 아침에 군주의 조정에서 정사를 처리하고 저녁에 돌아가 私朝의 일을 다스린 것을 말한 것임을 안 것이다. ≪春秋左氏傳≫ 成公 12년에 "세상이 잘 다스려진 때에는 百官이 일을 처리함에 아침에만 군주를 알현하고 저녁에는 알현하지 않았다."라고 하였으니, 이는 저녁에는 공무를 다스리지 않으므로 돌아가 私朝의 일을 다스린 것이다. '無見惡於夫人'의 '夫人'은 경대부를 말한다. 경대부가 일찍 파하고 돌아가고자 하여 일찍 파하지 않으면 군주를 미워하니, 이것이 경대부에게 미움을 받는 것이다.

【疏】 箋(云)[1]'庶衆' ○ 正義曰：釋詁文.

1) (云)：본서의 체제에 근거할 때 衍文인 듯하다.

箋의 〔庶衆〕

○ 正義曰：≪爾雅≫ 〈釋詁〉의 글이다.

雞鳴 三章이니 **章四句**라

〈雞鳴〉 3章이니 장마다 4句이다.

還(선)

【序】 還(선)은 刺荒也라 哀公이 好田獵하여 從禽獸而無厭하니 國人化之하여 遂成風俗하여 習於田獵을 謂之賢이요 閑於馳逐을 謂之好焉이라

〈還〉은 정사가 황폐해진 것을 풍자한 詩이다.

哀公이 사냥을 좋아하여 사냥감 쫓아다니기를 그치지 않으니, 國人이 본받아 마침내 풍속이 되어 사냥에 익숙함을 훌륭하다고 하고, 말을 달려 짐승을 쫓는 일에 익숙함을 멋있다고 하였다.

【箋】 荒은 謂政事廢亂이라 ○ 還은 韓詩作嫙(선)하니 嫙은 好貌요 厭은 本或作饜하니 止也라

荒은 정사가 폐해지고 어지러운 것을 말한다.

○ '還'은 ≪韓詩≫에는 '嫙'으로 되어 있으니, 嫙은 아름다운 모습이고, '厭'은 '饜'으로 되어 있는 본도 있으니, '그침'이다.

【疏】 '還(三章 章四句)'至'好焉' ○ 正義曰：作還詩者, 刺荒也. 所以刺之者, 以哀公好田獵, 從逐禽獸而無厭, 是, 在上旣好, 下亦化之, 遂成其國之風俗, 其有慣習於田獵之事者, 則謂之爲賢, 閑於馳逐之事者, 則謂之爲好. 君上以善田獵爲賢・好, 則下民皆慕之, 政事荒廢, 化之使然, 故作此詩以刺之. 經三章, 皆士大夫相答之辭, 是遂成風俗, 謂之賢・好之事.

序의 〔還〕에서 〔好焉〕까지

○ 正義曰：〈還〉 시를 지은 것은 정사가 황폐해진 것을 풍자한 것이다.

풍자한 까닭은 哀公이 사냥을 좋아하여 짐승을 쫓아다니기를 그치지 않았기 때문이니, 이는 위에 있는 사람이 좋아하고 아랫사람도 본받아 마침내 그 나라의 풍속이 되어 사냥에 익숙한 사람이 있으면 그를 훌륭하다고 하고, 말을 달려 짐승을 쫓는 일에 익숙한 사람을 멋있다고 한 것이다. 군주가 사냥을 잘하는 사람을 훌륭하고 멋있는 것으로 여기면 백성은 모두 부러워하는 것이니, 정사가 황폐하게 되는 것은 풍속의 변화가 그렇게 만든 것이다. 그리하여 이 시를 지어 풍자한 것이다. 經 세 章은 모두 士大夫가 주고받은 말이니, 이는 마침내 풍속을 이루어 훌륭하고 멋있는 것으로 여긴 일이다.

子之還兮 遭我乎峱(노)之間兮로다

재빠른 그대
나와 노산 골짜기에서 만났네

【傳】 還은 便捷之貌요 峱는 山名이라

還은 재빠른 모습이고 峱는 산 이름이다.

【箋】 箋云 子也我也는 皆士大夫也니 俱出田獵而相遭也라 ○ 峱는 說文云峱山在齊라하고 崔集注本作嶩(노)라 便捷은 本亦作便旋이라

箋云 : 子와 我는 모두 사대부이니, 모두 사냥에 나가서 만난 것이다.

○ '峱'는 ≪說文解字≫에 "峱山은 齊나라에 있다."라고 하였고, 崔靈恩의 ≪毛詩集注≫ 本에는 嶩로 되어있다. '便捷'은 '便旋'으로 되어있는 본도 있다.

竝驅從兩肩兮라가 **揖我謂我儇(현)兮**로다

나란히 말을 달려 두 마리 큰 돼지 쫓다가
내게 읍하며 날렵하다 하였네

【傳】 從은 逐也라 獸三歲曰肩이라 儇은 利也라

從은 '쫓음'이다. 삼년 자란 짐승을 '肩'이라 한다. 儇은 '빠름'이다.

【箋】 箋云 竝은 倂也라 子也我也 倂驅而逐(禽)〔二〕[1]獸러니 子則揖耦我하여 謂我儇이니 譽之也라 譽之者는 以報前言還也라 ○ 驅는 本又作駈(구)하니 注下同이라 肩如字니 說文云三歲豕니 肩相及者라하야늘 本亦作豜(견)이라 儇은 韓詩作婘(권)하니 好貌라

1) (禽)〔二〕: 저본의 교감기에 따라 '二'로 번역하였다.

箋云 : 竝은 '나란히'이다. 그와 내가 나란히 말을 달려 두 마리 짐승을 쫓고 있었는데, 그대 나를 향해 읍하며 내게 '날렵하다.' 한 것이니 칭찬한 것이다. 칭찬한 것은 앞에서 '재빠르다〔還〕'라고 한 것에 대한 답이다.

○ 驅는 '駈'로 되어있는 본도 있으니 注 아래도 같다. 肩은 본자의 뜻이니, ≪說文解

字≫에 “3년 자란 돼지이니 어깨의 높이가 어미 돼지에 미친다.”라고 하였는데, ‘豣’으로 되어있는 본도 있다. 儇은 ≪韓詩≫에 ‘婘’으로 되어있으니 멋진 모습이다.

【疏】‘子之’至‘儇兮’ ○ 正義曰：國人以君好田獵, 相化成俗. 士大夫在田相逢, 歸說其事, 此陳其辭也. 我本在田, 語子曰‘子之便捷, 還然兮’, 當爾之時, 遭值我於猺山之間兮. 於是, 子卽與我竝行驅馬, 逐兩肩獸兮, 子又揖耦我, 謂我甚儇利兮. 聚說田事, 以爲戲樂, 而荒廢政事, 故刺之.

經의 〔子之〕에서 〔儇兮〕까지

○ 正義曰：國人이 군주가 사냥을 좋아하였기 때문에 서로 본받아 풍속을 이루었다. 그리하여 사대부가 사냥터에서 서로 만났다가 돌아와 그 일을 말한 것이니, 이는 그 말을 서술한 것이다. “내가 본래 사냥터에서 그대에게 ‘그대 참으로 대단히 재빠릅니다.’라고 하였는데, 당시에 나와 猺山의 골짜기에서 만났었지. 이에 그대가 나와 나란히 말을 몰아가면서 두 마리의 다 큰 짐승을 쫓다가 그대가 또 나를 향해 읍하며 나에게 ‘매우 날렵합니다.’라고 하였지.”라고 한 것이다. 사냥한 일을 모여 이야기하여 즐겁게 노니 정사가 황폐하였다. 그리하여 풍자한 것이다.

【疏】傳‘還便’至‘山名’ ○ 正義曰：此還與下茂・好・昌盛, 皆是相譽之辭. 以其善於田獵, 故知還是輕便捷速之貌也. 獵之所在, 非山則澤. 下言之陽, 此言之間, 則是山之南, 山則(측), 故知‘猺 山名’.

傳의 〔還便〕에서 〔山名〕까지

○ 正義曰：이 ‘還’과 아래의 ‘茂’와 ‘好’와 ‘昌盛’은 모두 서로 칭찬하는 말이다. 사냥을 잘 하였기 때문에 ‘還’이 날래고 빠른 모습임을 안 것이다. 사냥터가 있는 곳은 산이 아니면 늪인데, 아래에 ‘之陽’을 말하고 여기에서 ‘之間’을 말했으니, 그렇다면 이는 산의 남쪽이다. 산의 곁이기 때문에 猺가 山名임을 안 것이다.

【疏】箋‘子也’至‘相遭’ ○ 正義曰：以報答相譽, 則尊卑平等, 非國君也. 然馳車逐獸, 又非庶人, 故知子也我也, 皆士大夫, 出田相遭也.

箋의 〔子也〕에서 〔相遭〕까지

○ 正義曰 : 칭찬을 서로 주고받았으니 이는 같은 신분이며 군주가 아니다. 그러나 수레를 몰고 짐승을 쫓았으니 서민도 아니다. 그리하여 '子'와 '我'가 모두 사대부로 사냥에 나가 만난 것임을 안 것이다.

【疏】 傳'從逐'至'儇利' ○ 正義曰 : 大司馬云 "大獸公之, 小禽私之." 七月云 "言私其豵(종), 獻豜(견)于公." 則肩是大獸, 故言'三歲曰肩'. '儇利', 言其便利馳逐.

傳의 〔從逐〕에서 〔儇利〕까지

○ 正義曰 : ≪周禮≫ 〈大司馬〉에 "큰 짐승은 군주에게 바치고 작은 짐승은 자신이 갖는다." 하고 〈豳風 七月〉에 "豵은 내가 갖고 豜은 군주에게 바친다." 하였으니, 그렇다면 '肩'은 큰 짐승이다. 그리하여 '三歲曰肩'이라고 한 것이다. '儇利'는 재빠르게 달리고 쫓는 것을 말한다.

子之茂兮여 **遭我乎猺之道兮**로다

아름다운 그대
나와 노산의 길에서 만났네

【傳】 茂는 美也라

茂는 '아름다움'이다.

竝驅從兩牡兮라가 **揖我謂我好兮**로다

나란히 두 마리 수컷을 몰다가
내게 읍하며 멋지다 하였네

【箋】 箋云 譽之니 言好者는 以報前言茂也라

箋云 : 칭찬한 것이니, '好'라고 말한 것은 앞에서 '茂'라고 한 것에 대한 답이다.

子之昌兮여 **遭我乎猺之陽兮**로다

힘 왕성한 그대

나와 노산의 남쪽에서 만났었네

【傳】 昌은 盛也라

昌은 '왕성함'이다.

【箋】 箋云 昌은 佼好貌라 ○ 佼는 本又作姣라

箋云 : 昌은 멋진 모습이다.
○ 佼는 '姣'로 되어있는 본도 있다.

竝驅從兩狼兮라가 揖我謂我臧兮로다

나란히 두 마리 이리를 몰다가
내게 읍하며 훌륭하다 인사하였네

【傳】 狼은 獸名이요 臧은 善也라

狼은 짐승의 이름이고 臧은 '잘함'이다.

【疏】 傳'狼 獸名 臧 善' ○ 正義曰 : 釋獸云"狼, 牡貛(환), 牝狼, 其子獥(격), 絶有力迅." 舍人曰"狼, 牡名貛, 牝〔名〕[1]狼, 其子名徼(요), 絶有力者名迅." 孫炎曰"迅, 疾也." 陸機疏云"其鳴能小能大, 善爲小兒啼聲, 以誘人. 去數十步, 其猛捷者, 雖善用兵者, 不能免也. 其膏可煎和, 其皮可爲裘, 故禮記'狼臅(촉)膏[2]', 又曰'君之右, 虎裘, 厥左, 狼裘.' 是也." '臧善', 釋詁文.

1) 〔名〕 : 저본의 교감기에 따라 '名'을 보충하여 번역하였다.
2) 狼臅(촉)膏 : 이리 배꼽 속의 기름으로, 제사의 음식을 만드는 데 쓰였다.

傳의 〔狼 獸名 臧 善〕
○ 正義曰: ≪爾雅≫ 〈釋獸〉에 "狼은 수컷은 貛이고 암컷은 狼이며, 새끼는 獥이고 힘이 빼어난 것이 迅이다."라고 하였는데, 舍人은 "狼은 수컷의 명칭은 貛이고 암컷의 명칭은 狼이며, 새끼의 명칭은 徼이고 힘이 출중한 것의 명칭은 迅이다."라고 하고 孫炎은 "迅은 빠른 것이다."라고 하였으며, 陸機의 疏에 "울음소리를 크게도 작게도 낼

수 있고 어린 아이의 울음소리를 잘 내어 사람을 유인한다. 거리가 수십 보까지 접근하면 그 사납고 재빠른 것을 비록 병기를 잘 다루는 이라도 피하지 못한다. 기름은 요리에 쓸 수 있고 가죽은 갖옷을 만들 수 있다. 그리하여 ≪禮記≫ 〈內則〉에 '狼膶膏'라고 하고, 또 〈玉藻〉에 '군주 오른쪽의 〈衛士는〉 호랑이 갖옷을 입고 왼쪽의 〈衛士는〉 이리 갖옷을 입는다.'라고 한 것이 이것이다." 하였다. '臧善'은 ≪爾雅≫ 〈釋詁〉의 글이다.

還 三章이니 **章四句**라

〈還〉 3章이니 章마다 4句이다.

著(저)

【序】 **著**(저)는 **刺時也**라 **時不親迎也**라

〈著〉는 時俗을 풍자한 詩이다.

당시에 親迎을 하지 않은 것이다.

【箋】 時不親迎이라 故로 陳親迎之禮以刺之라 ○ 著는 詩內協句라

당시에 친영을 하지 않았다. 그리하여 친영의 예를 말하여 풍자한 것이다.

○ 著는 시 안에서 〈素와〉 운을 맞춘 것이다.

【疏】 '著(三章 章三句)'至'親迎' ○ 正義曰：作著詩者, 刺時也. 所以刺之者, 以時不親迎, 故陳親迎之禮以刺之也. 毛以爲 "首章言士親迎, 二章言卿大夫親迎, 卒章言人君親迎, 俱是受女於堂, 出而至庭・至著, 各擧其一, 以相互見." 鄭以爲 "三章共述人臣親迎之禮." 雖所據有異, 俱是陳親迎之禮, 以刺今之不親迎也.

序의 〔著〕에서 〔親迎〕까지

○ 正義曰 : 〈著〉 시를 지은 것은 시속을 풍자한 것이다.

풍자한 것은 당시에 친영을 하지 않아서이다. 그리하여 친영의 예를 진술하여 풍자한

것이다. 毛亨은 "첫 장은 士의 친영을 말하고, 둘째 장은 卿大夫의 친영을 말하며, 마지막 장은 군주의 친영을 말한 것으로, 모두 堂에서 신부를 맞이한 뒤에 나가서 뜰〔庭〕에 이르고 문간〔著〕에 이른 것이니, 각각 하나씩을 들어 서로 보인 것이다."라고 여겼고, 鄭玄은 "세 장 모두 신하가 친영하는 예를 말한 것이다."라고 여겼으니, 비록 근거한 것이 다름이 있으나 모두 친영의 예를 말하여 지금 친영하지 않는 것을 풍자한 것이다.

俟我於著乎而여 充耳以素[1]乎而오

1) 素 : '素'에 대해 毛亨은 '상아로 만든 귀막이〔象瑱〕'라 하고, 鄭玄은 '귀막이를 매다는 것〔所以縣瑱者〕'라고 하여 상이하다. 여기에서는 공영달의 疏를 참고하여 箋의 내용을 취하여 '흰 끈〔紞〕'으로 해석하였다. '充耳'는 冠의 장식으로, 관의 양쪽에 잡색실(군주는 5색, 신하는 3색)로 꼬아서 만든 끈〔紞〕을 늘어뜨려 귀 부근에 이르면 솜뭉치〔纊〕를 매달고 그 아래 옥〔瑱〕을 매다는데, 이들을 모두 합쳐 充耳라 부른다.(程俊英・蔣見元 著, ≪詩經注析≫, 中華書局)

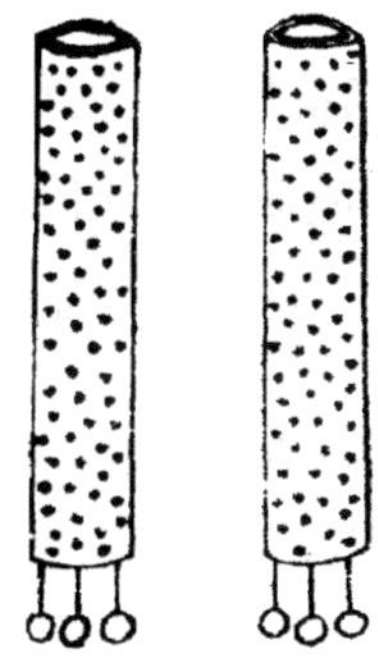

瑱(≪五經圖彙≫)

나를 문간에서 기다리는 이
흰 끈에 귀막이 달고

【傳】 俟는 待也라 門屏之間曰著요 素는 象瑱(전)이라

俟는 '기다림'이다. 正門과 屏의 사이를 著라 한다. 素는 상아로 만든 귀막이이다.

【箋】 箋云 我는 嫁者自謂也라 待我於著는 謂從君子而出至於著니 君子揖之時也라 我視君子하니 則以素爲充耳라 謂所以(懸)〔縣〕[1]瑱者니 或名爲紞(담)이니 織之라 人君五色이요 臣則三色而已라 此言素者는 目所先見而云이라

1) (懸)〔縣〕 : 저본의 교감기에 따라 '縣'으로 번역하였다.

箋云 : 我는 시집가는 여인이 스스로를 말한 것이다. '待我於著'는 군자를 따라 나가서 著에 이른 것을 말하니, 군자가 揖을 할 때이다. 내가 군자를 보니 흰 끈으로 充耳를 매고 있다는 것이다. 귀막이를 매다는 것을 말하는데 '紞'이라고도 하니 직조한 것이다. 군주는 五色이고 신하는 삼색일 뿐이다. 여기에서 '素'를 말한 것은 눈으로 먼저 본 것을 가리켜 말한 것이다.

尙之以瓊華乎而로다

瓊華옥돌을 더 하였네

【傳】 瓊華는 美石이니 士之服也라

'瓊華'는 아름다운 돌이니 士의 복식이다.

【箋】 箋云 尙猶飾也라 飾之以瓊華者는 謂懸紞之末이니 所謂瑱也니 人君은 以玉爲〔之〕[1]라 瓊華는 石色似瓊也라

1)〔之〕: 저본의 교감기에 따라 '之'를 보충하여 번역하였다.

箋云 : 尙은 '꾸밈'과 같다. 瓊華로 꾸몄다는 것은 紞의 끝에 매단 것을 말하니, 이른바 瑱으로 군주는 玉으로 만든다. '瓊華'는 돌의 색이 '瓊'과 비슷한 것이다.

【疏】'俟我'至'乎而' ○ 毛以爲 "士親迎, 夫旣受婦於堂, 導之而出, 妻見其夫衣冠之飾, 此陳其辭也. 妻言'君子待我於門內之著乎而, 我見君子塞耳之瑱, 以素象爲之乎而, 又見其身之所佩, 飾之以瓊華之石乎而.'" 言士親迎, 妻見其服飾, 今不親迎, 故擧以刺之也. ○ 鄭以爲 "摠言人臣親迎, 其妻見其冠飾. 君子待我於著之時, 我見君子充耳以素絲爲之, 其末飾之以瓊華之石." 言用素絲爲紞, 以懸瓊華之石爲瑱也.

經의 〔俟我〕에서 〔乎而〕까지

○ 毛亨은 "士가 친영할 때에, 신랑이 당에서 신부를 맞은 뒤에 인도하여 나갈 때에 신부가 신랑의 의관 장식을 본 것이니, 이는 그 말을 기술한 것이다. 그리하여 신부가 말하기를 '군자가 나를 문 안의 著에서 기다릴 때에, 내가 군자의 귀막이옥을 보니 흰 상아로 만들었고, 또 몸에 찬 패옥은 경화옥돌로 장식한 것을 보았다.'"라고 한 것으로 여겼으니, 士가 친영할 적에 신부가 그의 복식을 보았었는데 지금은 친영을 하지 않기 때문에, 이 일을 들어서 풍자한 것을 말한 것이다.

○ 鄭玄은 "신하가 친영할 적에 그 신부가 그 冠의 장식을 본 것을 총괄하여 말한 것이다. 군자가 나를 著에서 기다릴 때에 나는 군자가 充耳를 흰 끈으로 묶고, 그 끝은 瓊華의 돌로 꾸민 것을 보았다."라고 한 것으로 여겼으니, 흰 끈으로 紞을 만들고 瓊華의 돌을 달아 충이로 삼은 것임을 말한 것이다.

【疏】 傳'俟待'至'象瑱' ○ 正義曰：'俟 待', 釋詁文. 釋宮云 "門屛之間, 謂之宁." 李巡曰 "門屛之間, 謂正門內兩塾間, 名宁." 孫炎曰 "門內屛外, 人君視朝所宁立處也." 著與宁, 音義同. 楚語稱 "(曰)〔白〕[1]公子張驟諫靈王, 王病之曰 '子復語, 不穀雖不能用, 吾置之於耳.' 對曰 '賴君之用也, 故言. 不然, 巴・浦之犀・犛(리)・兕(시)・象, 其可盡乎. 其又以繩爲瑱.'" 韋昭云 "瑱所以塞耳, 言四獸之牙角, 可以爲瑱." 是象可以爲瑱. 此言充耳以素, 可以充耳而色素者 唯象骨耳, 故知素是象瑱. 毛以此章陳士, 蓋士以象爲瑱也.

1) (曰)〔白〕: 저본의 교감기에 따라 '白'으로 번역하였다.

傳의 〔俟待〕에서 〔象瑱〕까지

○ 正義曰 : '俟 待'는 ≪爾雅≫ 〈釋詁〉의 글이다. 〈釋宮〉에 "門과 屛의 사이를 '宁'라 한다."라고 하였는데, 李巡은 "門과 屛의 사이는 정문의 안쪽으로 양쪽의 방 사이이니, 명칭이 '宁'이다."라고 하고, 孫炎은 "문의 안쪽과 屛의 바깥이니 군주가 조회할 때 서 있는 곳이다."라고 하였으니, 著와 宁는 음과 뜻이 같은 것이다. ≪國語≫ 〈楚語〉에 "白公 子張이 靈王에게 여러 차례 간언하였는데, 영왕이 간언하는 것을 싫어하여 '그대가 다시 말한다면 내가 비록 쓰지 못할지라도 그 말을 귀에 담아두겠다.'라고 하였다. 자장이 대답하기를 '군주께서 받아들일 것을 믿습니다. 그리하여 간언을 합니다. 그렇지 않다면 巴郡이나 合浦에서 나는 물소와 검은소, 외뿔소와 코끼리의 〈뿔이나 이빨을〉 어찌 다 쓸 수 있겠습니까. 또 어찌 끈으로 귀막이〔瑱〕를 달겠습니까.' 하였다."라고 하였는데, 韋昭가 "瑱은 귀를 막는 것이니, 네 짐승의 이빨과 뿔로 充耳를 만들 수 있음을 말한 것이다." 하였으니, 이것이 象으로 瑱을 만들 수 있는 것이다. 이는 '充耳以素'를 말한 것이니 충이를 만들 수 있으면서 색이 흰 것은 象骨뿐이다. 그리하여 素가 '象瑱'임을 안 것이다. 毛亨은 이 장은 士를 말한 것으로 여겼으니, 이는 士가 象으로 충이를 만들기 때문이다.

【疏】 箋'我嫁'至'而云' ○ 正義曰：此說親迎之事, 而言待我, 則是夫之待妻, 故知我是嫁者自謂也. 士(婚)〔昏〕[1]禮壻親迎, 至於女(嫁)〔家〕[2], "主人揖入, 賓執鴈從, 至於廟門, 揖入. 三揖, 至於階[3], 三讓. 主人升西面, 賓升北面, 奠鴈, 再拜稽首, 降出. 婦從降自西階, 主人不降送." 是受女於堂, 導之以出, 故此婦從君子而出至著, 君子揖之.

1) (婚)〔昏〕: 저본의 교감기에 따라 '昏'으로 번역하였다.

2) (嫁)〔家〕: 저본의 교감기에 따라 '家'로 번역하였다.
3) 三揖 至於階 : 주인이 손님을 맞이하여 들어갈 적에 장소가 바뀔 때마다 서로 읍하는 것을 말한다. 여기서는 대문 밖에서 한 번, 대문을 들어가서 한 번, 뜰에서 주인은 동쪽 손님은 서쪽 계단 쪽으로 방향을 바꾸면서 한 번, 모두 세 번 읍하여 계단 앞에 이름을 말한 것이다. 그리고 계단을 올라가기 전에 주인과 손님이 서로 먼저 올라 갈 것을 세 번씩 사양한 뒤에 주인이 먼저 올라가는 절차를 말한 것이다.

箋의 〔我嫁〕에서 〔而云〕까지

○ 正義曰 : 이는 친영의 일을 말한 것이니, '待我'를 말했으면 이는 신랑이 신부를 기다린 것이다. 그리하여 '我'가 시집가는 여인이 스스로를 말한 것임을 안 것이다. ≪儀禮≫ 〈士昏禮〉에 사위〔壻〕가 친영할 적에 여자의 집에 이르면, "主人(신부의 父)이 읍하고 들어가면 신랑이 기러기를 잡고 따라 들어간다. 사당의 문 앞에 이르면 읍하고 들어간다. 세 번 읍하여 계단에 이르면 세 번 〈서로〉 사양하고 주인이 〈먼저〉 올라가 西向하면 신랑은 올라가 북쪽을 향하여 기러기를 올리고 두 번 절한 뒤 머리를 조아리고 내려와 나온다. 신부가 서쪽 계단으로 따라 내려오는데 주인은 내려와 전송하지 않는다."라고 하였으니, 이는 신부를 당에서 맞아 인도하여 나오는 것이다. 그리하여 이 신부가 신랑을 따라 나와 著에 이르면 신랑이 읍하는 것이다.

【疏】 下箋亦云'揖我於庭', 不言揖我於堂者, 昏禮"女立于房中南面, 壻於堂上待之, 拜受, 卽降禮於堂上." 無揖, 故不言之. 昏禮, 止言'以從', 不言在庭·著揖之, 箋知揖之者, 言待我, 明其住待之也. 下昏禮"婦至夫家, 主人揖婦以入, 及寢門, 揖入." 至夫家引入之時, 每門而揖, 明女家引出之時, 亦每而揖, 故知至著, 君子揖之之時也.

아래 箋에서 또한 '나에게 뜰에서 읍하네.'라고 하였는데, 나에게 堂에서 읍하는 것을 말하지 않은 것은 ≪儀禮≫ 〈士昏禮〉에 "신부가 방 가운데 서서 남쪽을 향하면 신랑이 당 위에서 기다리다가 절하고 맞이하니, 바로 당 위에서 예를 낮춘 것이다."라고 하여 읍함이 없기 때문에 말하지 않은 것이다. 〈士昏禮〉에 '以從'만을 말하고 庭과 著에서 읍한 것을 말하지 않았는데 箋에서 읍한 것을 안 것은, '待我'를 말했으니 분명 머물러 기다리기 때문이다. 〈士昏禮〉의 아래 글에 "신부가 신랑의 집에 이르면 주인이 신부에게 읍하여 들이고, 寢門에 이르면 〈신부에게〉 읍하고 들어간다."라고 하였으니, 신랑의 집에 이르러 인도하여 들일 때에 문에 이를 때마다 읍했다면, 분명 신부의 집에서 인도하여 나올 때에도 매번 읍을 하는 것이다. 그리하여 著에 이른 것이 신랑이 신부에게 읍하는 때임을 안 것이다.

【疏】'我視君子則以素爲充耳', 所謂'懸瑱', 言懸瑱之繩用素, 非爲瑱耳. 桓二年左傳云 "衡・紞(담)・紘(굉)・綖."[1] 是懸瑱之繩, 故云'或名爲紞'. 魯語, 敬姜云 "王后親織玄紞." 織線爲之, 卽今之絛(조)繩. 必用雜綵線爲之, 故言'織之 人君五色 臣則三色'. 直言人君與臣, 不辨尊卑之異, 蓋天子諸侯, 皆五色, 卿大夫士, 皆三色. 其色無文, 正以人君位尊, 備物當具五色, 臣則下之, 宜降以兩. 且此詩, 刺不親迎, 宜陳人臣親迎之事. 經有素・靑・黃三色, 故爲臣則三色.

1) 衡・紞(담)・紘(굉)・綖 : 복식의 제도를 드러내기 위해 나열한 것의 일부이다. 衡은 관이 벗겨지지 않게 머리에 꽂는 것이고, 紞은 充耳를 매단 끈이며, 紘은 아래에서 위로 올라가는 끈이고, 綖은 면류관의 덮개이다.

'我視君子則以素爲充耳'는 이른바 귀막이를 매다는 것이니 귀막이를 매다는 끈으로 흰색을 사용한 것을 말한 것이지 귀막이를 말한 것이 아니다. ≪春秋左氏傳≫ 桓公 2년에 "衡・紞・紘・綖"이라 하였으니, 이는 귀막이를 매다는 끈이다. 그리하여 '或名爲紞'이라 한 것이다. ≪國語≫ 〈魯語〉에 敬姜이 "王后가 친히 玄紞을 짠다."라고 하였으니, 실을 짜서 만든다. 바로 지금의 띠〔絲帶〕로, 반드시 여러 색의 실로 만든다. 그리하여 '織之 人君五色 臣則三色'이라 한 것이다. 군주와 신하만을 말하고 높고 낮음의 차이를 구분하지 않았으니, 아마도 천자와 제후는 모두 5색이고 경과 대부와 士는 모두 3색일 것이다. 색에 대해서는 글이 없으나 바로 군주는 지위가 높기 때문에 의식이나 제사에 쓰는 기물에 다섯 가지 색을 갖추어야 하고 신하는 낮추는 것이니 의당 2의 수로 낮춘 것이다. 또 이 시는 친영을 하지 않음을 풍자한 것이니, 의당 신하의 친영에 관한 일을 말한 것이다. 그리고 經에 素・靑・黃의 三色이 있다. 그리하여 '臣則三色'이 되는 것이다.

【疏】又解三色而獨言素者, 以其素色分明, 目所先見, 故先言之. 壻受女於堂, 從堂而後, 至庭至著, 目所先見, 當在堂見素, 而以素配著爲章者, 取其韻故耳. 或庭先見靑, 堂先見黃, 以爲章次. 王肅云 "王后織玄紞, 天子之玄紞, 一玄而已, 何云具五色乎." 王基理之云 "紞, 今之絛, 豈有一色之絛. 色不雜, 不成爲絛, 王后織玄紞者, 擧夫色尊者言之耳." 義或當然.

또 '三色'이라 풀이하면서 素만을 말한 것은, 흰색이 분명하여 눈에 먼저 보이기 때문이다. 그리하여 먼저 말한 것이다. 신랑이 신부를 堂에서 맞이하여 당에서 내려온 뒤에 庭에 이르고 著에 이르니, 먼저 보이는 것을 지목한다면 의당 堂에 있을 때에 흰색을 본 것이다. 그런데 素를 著에다 짝하여 章을 만든 것은 그 韻을 취하였기 때문이다. 아니면 庭에서는 青色을 먼저 보고 堂에서는 黃色을 먼저 보고서 章의 차서로 삼은 것이다. 王肅이 "王后는 玄紞을 짜니, 천자의 玄紞은 한 가지 검은색일 뿐인데 어찌 五色을 갖추었다고 하는가."라고 하였는데, 王基가 반론하여 "紞은 지금의 끈이니 어찌 한 가지 색으로만 된 끈이 있겠는가. 색이 섞이지 않으면 끈이 되지 않으니 '王后織玄紞'은 존귀한 색을 들어서 말한 것일 뿐이다."라고 하였으니 의리상 타당한 듯하다.

【疏】傳'瓊華'至'之服' ○ 正義曰：瓊是玉之美名, 華謂色有光華, 此石似瓊玉之色, 故云'美石'. 士之服者, 蓋謂衣服之飾, 謂爲佩也. 玉藻云 "士佩瓀(연)珉玉." 此云石者, 以石色似玉, 故禮通貴賤, 皆以玉言之. 毛以士賤, 直言美石, 故下章乃言似玉. 王肅云 "以美石飾象瑱." 案瑱之所用, 其物小耳, 不應以石飾象, 其爲一物, 王氏之說, 未必得傳旨也.

傳의 〔瓊華〕에서 〔之服〕까지

○ 正義曰 : '瓊'은 옥의 아름다운 명칭이고 '華'는 빛깔이 아름다운 것을 말하니, 이 돌이 瓊玉의 빛깔과 비슷하다. 그리하여 '美石'이라 한 것이다. '士之服'은 의복의 장식을 말하니 차는 것을 말한다. ≪禮記≫ 〈玉藻〉에 "士는 瓀珉玉을 찬다."라고 하였는데, 여기에서 '石'이라 한 것은 돌의 색이 옥과 비슷해서이다. 그리하여 禮에서 귀천을 통틀어 모두 옥으로 말한 것이다. 毛亨은 士가 미천하여 바로 '美石'이라 말하였다. 그리하여 下章에는 '似玉'이라 한 것이다. 王肅은 "美石으로 상아 귀막이를 꾸민 것이다."라고 하였으나, 생각건대 귀막이의 재료는 그 물건이 작아 돌로 상아를 꾸밀 수는 없을 것이니 그것은 하나의 물건이다. 왕숙의 말은 반드시 傳의 뜻에 부합하지는 않는다.

【疏】瓊華・瓊瑩・瓊英, 其文相類. 傳以此章爲士服, 二章爲卿大夫之服, 卒章爲人君之服者, 以序言'時不親迎', 則於貴賤皆不親迎. 此宜歷陳尊卑不親迎之事, 故以每章爲一人耳, 非以瓊華・瓊瑩・瓊英之文, 而知其異人也. 但陳尊卑不親迎之事, 以大夫居位尊於士, 其石當美於士服, 故言似玉耳, 其實三者皆美石也.

瓊華와 瓊瑩과 瓊英은 그 문채가 서로 유사하다. 傳에서 이 장을 '士의 服飾'으로 여기고 둘째 장을 '卿大夫의 服飾'으로 여기고 마지막 장을 '人君의 服飾'으로 여긴 것은 序에서 '時不親迎'이라고 하였기 때문이니, 그렇다면 귀한 사람과 천한 사람 모두가 친영을 하지 않은 것이다. 이는 의당 존귀한 사람과 비천한 사람이 친영하지 않은 일을 차례로 말한 것이다. 그리하여 장마다 〈직위가〉 다른 사람으로 여긴 것이니, 瓊華와 瓊瑩과 瓊英이라는 글자로 〈직위가〉 다른 사람임을 안 것이 아니다. 다만 귀한 사람과 천한 사람이 친영하지 않음을 말하였는데, 대부의 지위가 士보다 높으니 그 돌이 당연히 士의 服飾보다 아름다울 것이다. 그리하여 '似玉'이라고 한 것일 뿐이지 실제 세 가지는 모두 '美石'이다.

【疏】 箋'尙猶'至'似瓊也' ○ 正義曰：尙謂尊尙此物, 所爲飾也. 上言'充耳以素' 謂紞用素也, 此言'飾之瓊華', 是就紞而加飾, 故言'謂懸紞之末 所謂瑱也'. 君子偕老, 說夫人之服, 而云'玉之瑱兮', 故知人君以玉爲瑱. 君乃用玉, 臣則不可, 而瓊是玉名, 嫌臣亦用玉, 故辨之云 '瓊華 美石 色似瓊者也.', 非用瓊爲瑱也. 箋旣言人君以玉, 卽云'瓊華美石'. 二章箋云'石色 似瓊似瑩', 皆以爲似, 則鄭意, 三章同說人臣親迎, 非人君也.

箋의 〔尙猶〕에서 〔似瓊也〕까지

○ 正義曰 : '尙'은 이 물건을 귀하게 여겨 장식으로 삼은 것이다. 위에서 '充耳以素'라 한 것은 紞에 흰색을 사용한 것을 말하고 여기에서 '飾之瓊華'라 한 것은 紞에 장식을 더한 것이다. 그리하여 '紞의 끝에 매단 것을 말하니 이른바 瑱이다.'라고 한 것이다. 〈鄘風 君子偕老〉에 부인의 복식을 설명하면서 '옥 귀막이며〔玉之瑱兮〕'라고 하였다. 그리하여 군주는 옥으로 귀막이를 만드는 것을 안 것이다. 군주라야 옥을 사용하고 신하는 옥을 사용할 수 없는데, 瓊이 옥의 명칭이기 때문에 신하도 옥을 사용한 것으로 의심할 수 있다. 그리하여 구분하여 '瓊華는 아름다운 돌이니 색깔이 瓊과 유사하다.'라고 한 것이니, 瓊으로 귀막이를 만든 것이 아니다. 箋에 군주가 옥을 사용함을 말한 것은 바로 〈傳에서〉 '瓊華 美石'이라고 한 것 때문이다. 둘째 장의 箋에 '돌의 색깔이 瓊과 비슷하고 瑩과 비슷하다.〔石色 似瓊似瑩〕'라고 하여 모두 '似'라 했으니, 鄭玄의 뜻은 세 장이 모두 신하의 친영을 말한 것이지 군주의 친영이 아니라고 여긴 것이다.

【疏】 上箋, 唯言'臣則三色', 不辨臣之尊卑, 蓋三章摠言卿・大夫・士也. 以其言於著・於庭・於堂, 正是待有先後, 不宜分爲異人, 故爲摠述人臣親迎之法. 孫毓云 "案禮之名充耳, 是塞耳, 卽所謂瑱懸當耳, 故謂之塞耳. 懸之者, 別謂之紞, 不得謂之充耳, 猶瑱不得名之爲紞也, 故曰玉之瑱兮. 夫設纓以爲冠, 不得謂冠是纓之飾. 結組以懸佩, 不可謂佩所以飾組. 今獨以瑱爲紞之飾, 謬於名而失於實, 非作者之意." 以毛王爲長, 斯不然矣.

위의 箋에서 '臣則三色'만을 말하고 신하의 지위를 구분하지 않은 것은, 세 장이 卿・大夫・士를 총괄하여 말한 것이기 때문이다. '於著'와 '於庭'과 '於堂'을 말한 것은 바로 기다림에 선후가 있는 것이니 구분하여 〈직위가〉 다른 사람이라고 하는 것은 합당하지 않다. 그리하여 신하가 친영하는 법을 총괄하여 말한 것으로 여긴 것이다. 孫毓이 "禮文의 充耳라는 명칭을 살펴보면 塞耳이니, 바로 이른바 瑱을 매달아 귀에 닿게 하는 것이다. 그리하여 그것을 '塞耳'라고 한 것이다. 〈그것을〉 매다는 것을 별도로 '紞'이라고 하니, 그것을 充耳라고 할 수 없는 것이니 마치 瑱을 紞이라고 할 수 없는 것과 같다. 그리하여 '玉之瑱兮'라고 한 것이다. 冠에다 갓끈을 매단 것을 가지고 관이 갓끈의 장식이라고 할 수 없고, 끈을 묶어 패옥을 매단 것을 가지고 패옥이 끈을 장식한 것이라고 할 수 없는 것이다. 지금 유독 瑱을 紞의 장식이라고 하는 것은 명칭에 오류를 범하여 실제에서 잘못된 것이니 작자의 뜻이 아니다."라고 하여 毛亨과 王肅을 나은 것으로 여겼으나 이는 그렇지 않다.

【疏】 言充耳者, 固當謂瑱爲充耳, 非謂紞也. 但經言'充耳以素', 素絲懸之, 非卽以素爲充耳也. 旣言'充耳以素', 未言充耳之體, 又言'飾之以瓊華', 正謂以瓊華作充耳. 人臣服之以爲飾, 非言以瓊華飾紞, 何當引冠纓組佩以爲難乎. 經言'飾之', 必有所飾. 若云不得以瓊華飾紞, 則瓊華又何所飾哉. 卽如王肅之言, 以美石飾象瑱, 象骨賤於美石, 謂之飾象, 何也. 下傳, 以靑爲'靑玉', 黃爲'黃玉', 又當以石飾玉乎. 以經之文勢, 旣言'充耳以素', 卽云'飾之以瓊華', 明以瓊華爲充耳, 懸之以素絲, 故易傳以素絲爲紞, 瓊華爲瑱也.

充耳라고 하는 것은 본디 瑱을 充耳라고 한 것이지 紞을 말한 것이 아니다. 다만 경에서 '充耳以素'라고 했으니 흰 실로 충이를 매단 것이지 바로 흰 것으로 充耳를 만들었다는 것이 아니다. '充耳以素'를 말하고 充耳의 재질을 말하지 않았지만 다시 '飾之以瓊華'를 말했으니 바로 瓊華로 充耳를 만든 것을 말한 것이다. 신하가 착용하여 장식으로 삼는다는 것이지 瓊華로 紞을 장식한다는 것이 아니니, 어떻게 관과 갓끈, 끈과 패옥을 끌어다가 논란을 하여야 하겠는가. 經에서 '飾之'를 말했으면 반드시 꾸미는 것이 있을 것이다. 만약 瓊華로 紞을 장식할 수 없다고 한다면 瓊華로 또 무엇을 꾸미겠는가. 王肅의 말대로라면 아름다운 돌로 상아 귀막이를 꾸민 것이니, 상아를 美石보다 천하게 여긴 것인데 상아를 꾸몄다고 하는 것은 무엇을 말하는가. 아래 傳에서 靑을 '靑玉'으로 여기고 黃을 '黃玉'으로 여겼으니, 또 돌로 옥을 꾸민 것에 해당되겠는가. 經의 文勢에 따라 이미 '充耳以素'라고 하였으니 그렇다면 '飾之以瓊華'라고 한 것은 분명 瓊華로 充耳를 만들어 흰 실로 매단 것이다. 그리하여 傳을 바꾸어 素絲로 紞을 만들고 瓊華로 瑱을 만들었다고 한 것이다.

俟我於庭乎而여 充耳以靑乎而오

나를 뜰에서 기다리는 이
푸른 끈에 귀막이 달고

【傳】 靑은 靑玉이라

靑은 靑玉이다.

【箋】 箋云 待我於庭은 謂揖我於庭時라 靑은 紞之靑이라

箋云 : 나를 뜰에서 기다린 것은 뜰에서 나에게 읍을 할 때를 말한다. 靑은 푸른색의 紞이다.

尙之以瓊瑩乎而로다

瓊瑩 옥돌을 더 하였네

【傳】 瓊瑩은 石似玉이니 卿大夫之服也라

瓊瑩은 옥과 유사한 돌이니 卿大夫의 복식이다.

【箋】 箋云 石色이 似瓊似瑩也라

箋云 : 돌의 색이 瓊과 유사하고 瑩과 유사한 것이다.

【疏】傳'靑 靑玉' ○ 正義曰：傳意'充耳以靑', 謂以靑玉爲瑱, 故云靑謂靑玉. 此章, 說卿大夫之事, 下章, 說人君之事. 考工記玉人云 "天子用(金)〔全〕.[1]" 則公侯以下, 皆玉石雜, 言靑玉・黃玉, 亦謂玉石雜也.

1) (金)〔全〕: 저본의 교감기에 따라 '全'으로 번역하였다.

傳의 〔靑 靑玉〕

○ 正義曰：傳의 뜻은 '充耳以靑'을 靑玉으로 瑱을 만든 것으로 여겼다. 그리하여 靑을 靑玉이라 한 것이다. 이 장은 卿大夫의 일을 말한 것이고 아래 장은 군주의 일을 말한 것이다. ≪周禮≫ 〈考工記 玉人〉에 "天子는 純玉을 사용한다."라고 하였으니, 그렇다면 公侯 이하는 모두 옥과 돌이 섞인 것이니, 靑玉과 黃玉이라 한 것도 옥과 돌이 섞인 것을 말한 것이다.

俟我於堂乎而여 充耳以黃乎而요

나를 당에서 기다리는 이
황색 끈으로 귀막이 달았고

【傳】 黃은 黃玉이라

黃은 黃玉이다.

【箋】 箋云 黃은 紞之黃이라

箋云：黃은 黃色의 紞이다.

尙之以瓊英乎而로다

瓊英 옥돌을 더하였네

【傳】 瓊英은 美石似玉者이니 人君之服也라

瓊英은 옥과 유사한 아름다운 돌이니 군주의 복식이다.

【箋】 箋云 瓊英은 猶瓊華也라

箋云：瓊英은 瓊華와 같다.

【疏】箋'瓊英猶瓊華' ○ 正義曰：釋草云 "木謂之華, 草謂之榮, 榮而不實者, 謂之英." 然則英是華之別名, 故言'瓊英猶瓊華'. 二章瓊·瑩, 俱玉石名也, 故云'似瓊似瑩', 英·華, 是玉光色, 故不言似英似華耳. 今定本云 "瓊英, 猶瓊華·瓊瑩." 兼言瓊瑩者, 蓋衍字也.

箋의 〔瓊英猶瓊華〕

○ 正義曰：≪爾雅≫〈釋草〉에 "나무의 〈꽃은〉 華라고 하고, 풀의 〈꽃은〉 榮이라고 하며, 꽃만 피고 열매를 맺지 않는 것을 英이라고 한다."라고 하였으니, 그렇다면 英은 華의 別稱이다. 그리하여 '瓊英은 瓊華와 같다.'라고 한 것이다. 2장의 瓊과 瑩은 모두 玉石의 명칭이다. 그리하여 '似瓊似瑩'이라 한 것이고, 英과 華는 옥의 빛깔이다. 그리하여 英과 같고 華와 같다고 말하지 않은 것이다. 지금 定本에 "瓊英은 瓊華·瓊瑩과 같다."라고 하여 瓊瑩을 겸하여 말한 것은 아마도 衍字인 듯하다.

著 三章이니 章三句라

〈著〉 3章이니 章마다 3句이다.

東方之日(동방지일)

【序】東方之日은 刺衰也라 君臣失道하여 男女淫奔이어늘 不能以禮化也라 ○ 刺衰는 本或作刺襄公이나 非也라 南山已下 始是襄公之詩라

〈東方之日〉은 〈정사가〉 쇠퇴함을 풍자한 詩이다.

군주와 신하가 도리를 잃어 남녀가 음란한데도 예로써 교화하지 못하였다.

○ '刺衰'는 '刺襄公'으로 되어 있는 본도 있으나 잘못이다. 〈南山〉 이하가 비로소 양공에 대한 시이다.

【疏】'東方之日(二章 章五句)'至'禮化' ○ 正義曰：作東方之日詩者, 刺衰也. 哀公君臣

失道, 至使男女淫奔, 謂男女不待以禮配合, 君臣, 皆失其道, 不能以禮化之. 是其時政之衰, 故刺之也. 毛以爲“陳君臣盛明, 化民以禮之事, 以刺當時之衰.” 鄭則“指陳當時君臣, 不能化民以禮.” 雖屬(촉)意異, 皆以章首一句‘東方之日’爲君失道, ‘東方之月’爲臣失道, 下四句爲男女淫奔, 不能以禮化之之事.

序의 〔東方之日〕에서 〔禮化〕까지

○ 正義曰 : 〈東方之日〉 시를 지은 것은 〈정사가〉 쇠퇴함을 풍자한 것이다.

哀公 때에 군주와 신하가 도리를 잃어 남녀가 음란함에 이르게 하였으니, 남녀가 예를 갖추지 않고 만나는데도 군주와 신하가 모두 도리를 잃어 예로써 잘 교화하지 못했다. 이는 당시의 정사가 쇠퇴한 것이다. 그리하여 풍자한 것임을 말한 것이다. 毛亨은 “군주와 신하가 현명하여 백성을 예로써 잘 교화한 일을 말하여 당시의 쇠퇴함을 풍자한 것이다.”라고 여기고, 鄭玄은 “당시의 군주와 신하가 백성을 예로써 잘 교화하지 못함을 지적하여 진술한 것이다.”라고 여겼으니, 비록 주의를 기울인 부분은 다르지만 모두 章首 첫 구의 ‘東方之日’을 군주가 도리를 잃은 것으로 여기고, ‘東方之月’을 신하가 도리를 잃은 것으로 여겼으며, 아래 네 구를 남녀가 음란하였는데도 예로써 잘 교화하지 못한 일로 여긴 것이다.

東方之日兮여 彼姝(주)者子 在我室兮로다

동쪽의 해여
저 아름다운 사람
내 방에 있네

【傳】 興也라 日出東方이니 人君明盛하여 無不照察也라 姝者는 初昏之貌라

興이다. 해가 동쪽에서 뜬 것이니 군주가 현명하여 살피지 못한 것이 없는 것이다. ‘姝者’는 처음 혼인할 때의 모습이다.

【箋】 箋云 言東方之日者는 愬(소)之乎耳니 有姝姝〔然〕[1]美好之子 來在我室하여 欲與我爲室家나 我無如之何也라 日在東方은 其明未融이라 興者는 喩君不明이라

1) 〔然〕 : 저본의 교감기에 따라 ‘然’자를 추가하여 번역하였다.

箋云 : '東方之日'이라고 한 것은 하소연한 것이니, 아름다운 그대가 나의 방에 와서 나와 가정을 이루고자 하지만 나는 어찌할 수 없는 것이다. 해가 동방에 있는 것은 아직 완전히 밝지 않은 것이다. 興한 것은 군주가 현명하지 못함을 비유한 것이다.

在我室兮여 履我卽兮로다

내 방에 있는 그대
예로써 내게 왔네

【傳】 履는 禮也라

履는 예로써 하는 것이다.

【箋】 箋云 卽은 就也라 在我室者 以禮來我면 則就之하여 與之去也니 言今者之子 不以禮來也라

箋云 : 卽은 '나아감'이다. 나의 방에 있는 그대가 예에 맞게 나에게 왔다면 바로 그대에게 나아가 함께 가겠다는 것이니, 지금의 그대가 예로 오지 않은 것을 말한 것이다.

【疏】 '東方'至'卽兮' ○ 毛以爲"東方之日兮, 猶言明盛之君兮, 日出東方, 無不鑒照, 喩君德明盛, 無不察理. 此明德之君, 能以禮化民, 民皆依禮嫁娶, 故其時之女, 言彼姝然美好之子, 來在我之室兮, 此子在我室兮, 由其以禮而來, 故我往就之兮." 言古人君之明盛, 刺今之昏闇, 言婚姻之正禮, 以刺今之淫奔也. ○ 鄭以爲"當時男女淫奔, 假爲女拒男之辭, 以刺時之衰亂. 有女以男逼己, 乃訴之言. '東方之日兮', 以喩告不明之君兮, 由君不明, 致此强暴. 今有彼姝然美好之子, 來在我之室兮, 欲與我爲室家, 我無奈之何, 又言己不從之意, 此子在我室兮, 若以禮而來, 我則欲就之兮, 今不以禮來, 故不得從之." 不能以禮化民, 至使男淫女訴, 故刺之.

經의 〔東方〕에서 〔卽兮〕까지

○ 毛亨은 "'東方之日兮'는 현명한 군주를 말하는 것과 같으니, 해가 동쪽에 뜨면 모든 것을 비추지 않음이 없는 것으로 군주의 덕이 현명하면 살피지 못하는 이치가 없는 것을 비유한 것이다. 이는 明德의 군주가 예로써 백성을 잘 교화하여 백성들이 모

두 예에 맞게 혼인을 하였다. 그리하여 당시의 여인이 '저 아름답고 멋진 그이가 와서 내 방에 있으니, 그이가 내 방에 있는 것은 예를 지켜서 온 것이다. 그리하여 내가 그이에게 나아간 것이다.'라고 한 것"으로 여긴 것이다. 옛날의 현명한 군주를 말하여 지금 군주의 우매함을 풍자하고, 혼인의 바른 예를 말하여 지금의 음란함을 풍자한 것이다.

○ 鄭玄은 "당시에 남녀가 음란하니 여인이 남자를 거절하는 말을 가설하여 당시의 쇠퇴하고 문란함을 풍자한 것이니, 어떤 여인이 남자가 자신을 핍박하자 바로 하소연하는 말을 한 것이다. '東方之日兮'로 현명하지 못한 군주에게 고하는 것에 비유하였으니, 군주가 현명하지 못하여 이런 강포함에 이르게 되었기 때문이다. 지금 저 아름답고 멋진 그이가 와서 내 방에 있으면서 나와 가정을 이루고자 하지만 내가 어찌할 수 없다. 또 자기가 따를 수 없다는 뜻을 말하여, 이 사람이 내 방에 있으니 만약 예를 지켜 왔다면 내가 곧 그에게 나아가고 싶지만, 지금 예로써 오지 않았다. 그리하여 따를 수 없다."라고 여긴 것이다. 예로써 백성을 잘 교화하지 못하여 남자가 음란하고 여자가 하소연함에 이르게 하였다. 그리하여 풍자한 것이다.

【疏】 傳'日出'至'之貌' ○ 正義曰：日出東方，漸以明盛，照臨下土，故以喩人君明盛，無不照察，謂明照下民，察理其事，使之不敢淫奔．彼姝者女，言其就女親迎之事，故以姝爲初婚之貌，與箋云美好亦同．王肅云 "言人君之明盛，刺今之昏闇."

傳의 〔日出〕에서 〔之貌〕까지

○ 正義曰 : 해가 동쪽에 뜨면 점차 밝아져서 아래를 비춘다. 그리하여 군주가 현명하여 밝게 살피지 못함이 없는 것을 비유한 것이니, 백성을 밝게 비추어 그들의 일을 살피고 다스려 감히 음란하지 못하게 함을 말한 것이다. '저 아름다운 그이'는 그가 여인에게 나아가 親迎하는 일을 말한 것이다. 그리하여 '姝'를 '初婚之貌'라 한 것이니, 箋에서 '美好'라 한 것과 역시 같다. 王肅은 "현명한 군주를 말하여 지금의 우매한 군주를 풍자한 것이다."라고 하였다.

【疏】 箋'東方'至'不明' ○ 正義曰：箋以序言君臣失道，不言陳善刺惡，則是當時實事也，不宜爲明盛之君．故易傳以東方之日者，比君於日，以情訴之也．日之明盛，在於正南．又解不以南方之日爲興者，以日在東方，其明未融，故擧東方之日，以喩君之不明也．

箋의 〔東方〕에서 〔不明〕까지

○ 正義曰：箋은 序에서 임금과 신하가 도리를 잃었음을 말하고, 선을 말하고 악을 풍자함은 말하지 않았으니, 이는 응당 당시의 실제 일이므로 현명한 군주라고 하는 것은 마땅하지 않다. 그리하여 傳과 달리하여 '東方之日'을 군주를 해에 비유하여 사정을 하소연한 것으로 여긴 것이다. 해가 한창 밝을 때는 正南에 있을 때이다. 또 풀이하기를 남방의 해로 興을 삼지 않은 것은 해가 동쪽에 있으면 아직 완전히 밝을 때가 아니어서이다. 그리하여 동쪽의 해를 들어 군주의 현명하지 못함을 비유한 것이다.

【疏】昭五年左傳云"日上其中,""明而未融, 其當旦乎[1]." 服虔云"融, 高也." 案旣醉"昭明有融" 傳云"融, 長也." 謂日高其光照長遠. 日之旦明未高, 故以喩君不明也. 若然, 男女淫奔, 男倡女和, 何以得有拒男之女, 而訴於君者. 詩人假言女之拒男, 以見(현)男之强暴, 明其無所告訴, 終亦共爲非禮. 以此見國人之淫奔耳, 未必有女終能守禮訴男者也.

1) 日上其中……其當旦乎：해의 높이에 따라 왕과 신하의 차서를 설명하는 글로 본문에는 내용이 생략되어 있다. "〈군주는〉 해가 떠 중천에 있는 경우이다. 아침밥을 먹을 때의 해가 두 번째 〈公〉이며, 새벽의 태양이 세 번째 〈卿〉이다. 明夷卦가 謙卦가 된 것은 날이 밝았지만 아직 완전히 밝지 않았으니 아마도 새벽에 해당할 것이다.〔日上其中 食日爲二 旦日爲三 明夷之謙 明而未融 其當旦乎〕"라고 하였다.

≪春秋左氏傳≫ 昭公 5년에 "〈군주는〉 해가 중천에 있는 경우이다."라고 하고, "밝았지만 완전히 밝지 않으니 아마도 새벽에 해당할 것이다."라고 하였는데, 服虔은 "融은 '높음'이다."라고 하였고 〈大雅 旣醉〉의 "매우 밝으니〔昭明有融〕"의 傳에 "融은 長이다."라고 한 것에 의거하면, 해가 높아 그 빛이 멀리까지 비추는 것을 말한다. 새벽의 해는 아직 높지 않다. 그리하여 현명하지 못한 군주에 비유한 것이다. 만약 그렇다면 남녀가 음란하여 남자가 이끌고 여자가 화답한 것인데, 어떻게 남자를 거절하여 군주에게 하소연할 여인이 있겠는가. 시인이 여인이 남자를 거절하는 것을 가설하여 남자의 강포함을 드러낸 것이지 분명 하소연할 곳이 없어 끝내 함께 음란한 행동을 했을 것이다. 이로써 國人의 음란함을 드러낸 것이지 반드시 여인이 끝내 예를 지켜 남자를 고소한 일이 있지는 않았을 것이다.

【疏】傳'履 禮' ○ 正義曰：釋言文. 上喩人君明盛, 此必不與鄭同. 王肅云"言古婚姻之正禮, 刺今之淫奔."

傳의 〔履 禮〕

○ 正義曰 : ≪爾雅≫ 〈釋言〉의 글이다. 위에서 현명한 군주에 비유하였으니 이는 반드시 鄭玄과는 다르다. 王肅은 "옛날 혼인의 바른 예를 말하여 당시의 음란함을 풍자한 것이다."라고 하였다.

東方之月兮여 彼姝者子 在我闥(달)兮로다

東方의 달이여
저 아름다운 사람
내 방에 있네

【傳】 月盛於東方이라 君明於上은 若日也요 臣察於下는 若月也라 闥은 門內也라

달이 동쪽에서 밝은 것이다. 군주가 위에서 밝음은 해와 같고 신하가 아래에서 살핌은 달과 같다. 闥은 문의 안쪽이다.

【箋】 箋云 月以興臣이니 月在東方도 亦言不明이라 ○ 韓詩云 門屛之間曰闥이라

箋云 : 달로 신하를 흥한 것이니 달이 동쪽에 있는 것도 밝지 못함을 말한 것이다. ○ ≪韓詩≫에 "門과 屛의 사이를 闥이라 한다."라고 하였다.

【疏】 傳'月盛'至'門〔內〕[1]' ○ 正義曰 : 以序言'君臣失道', 則君臣竝責, 故知以月盛東方, 喩臣明察也. 云'闥 門內'者, 以上章'在我室兮'謂來入其家, 又闥字從門, 故知門內也.

1) 〔內〕 : 저본의 교감기에 따라 '內'를 보충하여 번역하였다.

傳의 〔月盛〕에서 〔門內〕까지

○ 正義曰 : 序에서 '君臣失道'를 말했으니, 그렇다면 군주와 신하를 모두 책망한 것이다. 그리하여 달이 동쪽에 밝은 것으로 신하가 밝게 살핌을 비유한 것임을 안 것이다. '闥 門內'라고 한 것은 上章에 '在我室兮'를 '와서 그 집에 들어온 것'이라 하였고, 또 '闥'자가 門의 부수를 따르기 때문에 '門內'임을 안 것이다.

在我闥兮여 **履我發兮**로다

내 문 안에 있는 그이
예로써 나와 함께 가네

【傳】 發은 行也라

發은 가는 것이다.

【箋】 箋云 以禮來면 則我行而與之去라

箋云 : 예를 갖추어 온다면 내가 길을 나서서 함께 가겠다는 것이다.

【疏】 傳'發 行' ○ 正義曰 : 以行必發足而去, 故以發爲行也.

傳의 〔發 行〕
○ 正義曰 : 길을 갈 때에는 반드시 발을 들어 떠난다. 그리하여 發을 行이라 한 것이다.

東方之日 二章이니 **章五句**라

〈東方之日〉 2章이니 章마다 5句이다.

東方未明(동방미명)

【序】 **東方未明**은 **刺無節也**라 **朝廷興居無節**하고 **號令不時**하니 **挈壺**(설호)**氏不能掌其職焉**이라

〈東方未明〉은 절도가 없는 것을 풍자한 詩이다.

조정의 일상이 절도가 없고 號令이 때에 맞지 않았으니, 挈壺氏가 직분을 제대로 수행하지 못한 것이다.

【箋】 號令은 猶召呼也라 挈壺氏는 掌漏刻者라 ○ 挈壺氏는 掌漏刻之官이라

號令은 소환과 같다. 挈壺氏는 물시계를 담당하는 사람이다.

○ 挈壺氏는 물시계를 담당하는 관원이다.

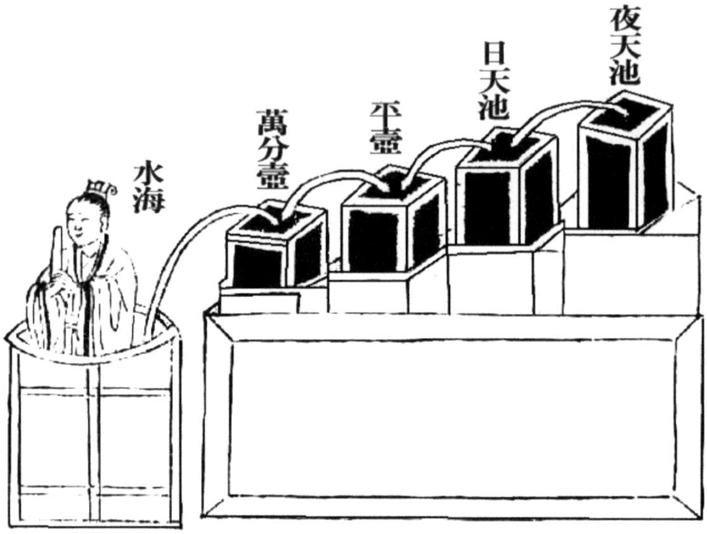

漏刻(≪六經圖考≫)

【疏】'東方未明(三章 章四句)'至'職焉' ○ 正義曰：作東方未明詩者, 刺無節也. 所以刺之者, 哀公之時, 朝廷起居, 或早或晩, 而無常節度, 號令召呼, 不以其時. 人君, 置挈壺氏之官, 使主掌漏刻, 以昏明告君, 今朝廷無節, 由挈壺氏不能掌其職事焉, 故刺君之無節, 且言置挈壺氏之官, 不得其人也. 朝廷, 是君臣之摠辭, 此則非斥言其君也. 興, 起也, 居, 安坐也, 言君之坐起, 無時節也. 由起居無節, 故號令不時, 卽經上二章是也, 挈壺氏不能掌其職, 卒章是也.

序의 〔東方未明〕에서 〔職焉〕까지

○ 正義曰：〈東方未明〉 시를 지은 것은 절도가 없는 것을 풍자한 것이다.

풍자한 것은 哀公 때에 조정의 日常이 이르거나 늦어서 정해진 절도가 없고 명을 내리고 불러들이는 것을 때에 맞게 하지 않았다. 군주는 挈壺氏의 관직을 두어 물시계를 담당하게 하여 어두워지고 밝아오는 시각을 군주에게 고하게 한다. 그런데 지금 조정에 절도가 없으니, 이는 挈壺氏가 직분을 제대로 수행하지 못하는 것에서 기인한다. 그리하여 군주가 절도가 없음을 풍자하고 또 挈壺氏의 직분을 맡은 관원에 적당한 사람을 쓰지 못한 것을 말한 것이다. 朝廷은 군주와 신하를 총괄한 말이니, 이는 군주만을 지적하여 말한 것이 아니다. '興'은 일어나는 것이고 '居'는 편안히 앉아있는 것이니, 군주의 日常이 때에 맞는 절도가 없음을 말한 것이다. 日常이 절도가 없기 때문에 호령이 때에 맞지 않은 것이니, 바로 經의 위 두 장이 그것이고, 挈壺氏가 자신의 직분을 제대로 하지 못한 것은 마지막 장이 그것이다.

【疏】 箋'號令'至'刻者' ○ 正義曰 : 以經言'自公召之', 故云'號令猶召呼也'. 挈壺氏於天子爲司馬之屬, 其官, 士也, 故夏官序云 "挈壺氏 下士六人." 注云 "挈讀如(絜)〔挈〕髮之(絜)〔挈〕[1]. 壺, 盛水器也. 世主挈壺水以爲漏." 然則挈壺者, 懸繫之名, 刻謂置箭[2]壺內, 刻以爲節而浮之水上[3], 令水漏而刻下, 以記晝夜昏明之度數也. 以序言'不能掌其職焉', 故擧其所掌之事也.

1) (絜)〔挈〕髮之(絜)〔挈〕: 저본의 교감기에 따라 앞과 뒤의 '絜'을 '挈'로 번역하였다.
2) 箭 : 통에 꽂아 놓는 살대이다. 물의 수위에 따라 시간을 나타내는 눈금을 볼 수 있도록 100刻으로 새겨놓았으며 漏箭이라고도 한다.
3) 浮之水上 : 물 위에 漏箭을 고정한 箭舟를 띄우는 것을 말한다. 箭舟는 漏箭의 시각을 읽기 위해 물의 높낮이에 따라 움직이는 것을 말한다.

○ 正義曰 : 經에서 '自公召之'라고 하였다. 그리하여 '號令은 소환과 같다.'라고 한 것이다. 挈壺氏는 天子에게는 司馬의 屬官이며 관작은 士이다. 그리하여 ≪周禮≫〈夏官〉의 序에 "挈壺氏는 下士가 여섯이다."라고 하였는데 注에 "挈은 머리를 묶는다〔挈髮〕의 '挈'과 같이 읽는다. 壺는 물을 담는 통이다. 물이 담긴 통을 매달아 물시계로 삼는 것을 대대로 담당한다."라고 하였으니 그렇다면 '挈壺'는 〈통을〉 매단다는 말이고 '刻'은 통 안에 漏箭을 둔 것을 말하니, 〈눈금을〉 새겨 마디를 만들고 물위에 이것〔箭舟〕을 띄워 물이 빠지면 눈금이 내려가게 하여 낮과 밤, 어둠과 밝음의 度數를 기록하는 것이다. 序에서 '不能掌其職焉'이라고 했기 때문에 그가 담당하는 일을 든 것이다.

東方未明이어늘 **顚倒衣裳**이라

동쪽하늘 어두운데
위아래 옷을 뒤바꾸어 입네

【傳】 上曰衣요 下曰裳이라

상의를 衣라고 하고 하의를 裳이라 한다.

【箋】箋云 挈壺氏 失漏刻之節하여 東方未明而以爲明이라 故群臣促遽하여 顚倒衣裳이라 群臣之朝는 別色始入이라

箋云：挈壺氏가 시간 관리의 절도를 잃어 동쪽하늘이 밝지도 않았는데 밝다고 하였다. 그리하여 신하들이 서두르다가 윗옷과 아래옷을 뒤바꾸어 입는 것이다. 신하들이 조회에 가는 것은 〈날이 밝아〉 색을 구분할 수 있을 때 비로소 들어간다.

顚之倒之어늘 自公召之라

위아래 옷을 뒤바꾸어 입는데
조정에서 부르러 오네

【箋】箋云 自는 從也라 群臣顚倒衣裳이어늘 而朝人又從君所來而召之니 漏刻失節하여 君又早興이라

箋云：自는 '부터'이다. 신하들이 위아래 옷을 뒤바꾸어 입고 있는데 조정 사람이 군주의 처소로부터 와서 부른 것이니, 시간 관리가 절도를 잃어 군주가 더 일찍 일어난 것이다.

【疏】'東方'至'召之' ○ 正義曰：言朝廷起居無節度, 於東方未明之時, 群臣皆顚倒衣裳而著之. 方始倒之顚之著衣, 未往, 已有使者從君而來召之. 起之早晚, 禮有常法, 而今漏刻失節, 促遽若此, 故刺之.

經의 〔東方〕에서 〔召之〕까지

○ 正義曰：조정의 日常이 절도가 없어 동쪽하늘이 아직 밝기 전에 신하들이 위아래 옷을 뒤바꾸어 입었다. 위아래 옷을 뒤바꾸어 입느라 아직 가지 못하고 있는데 이미 조정에서 使者가 와서 부른 것임을 말한 것이다. 일어나는 시각은 禮에 정해진 법이 있는데, 지금 시간 관리가 절도를 잃어 이처럼 허겁지겁 서두른 것이다. 그리하여 풍자한 것이다.

【疏】傳'上曰衣 下曰裳' ○ 正義曰：此其相對定稱, 散則通名曰衣. 曲禮曰 "兩手摳衣, 去齊(자)尺." 注云 "齊, 謂裳下緝也." 是裳亦稱衣也. 傳言此, 解其顚倒之意, 以裳爲

衣. 今上者在下, 是爲顚倒也.

傳의 〔上曰衣 下曰裳〕

○ 正義曰 : 衣와 裳은 相對하여 정한 명칭이니 별도로 사용하면 모두 '衣'라는 이름으로 통용된다. ≪禮記≫ 〈曲禮〉에 "두 손으로 옷자락을 잡아 단이 땅에서 한 자 떨어지게 한다."라고 하였는데 注에 "齊는 裳 아래의 꿰맨 단을 이른다."라고 하였으니, 이는 裳을 역시 衣라고 한 경우이다. 傳에서 이렇게 말한 것은 '顚倒'의 뜻이 裳을 衣로 여긴 것을 해석한 것이다. 지금 위에 있어야 할 것이 아래에 있는 것이니 이것이 '顚倒'이다.

【疏】 箋'挈壺'至'始入' ○ 正義曰 : 解時實未明, 而顚倒衣裳之意. 以挈壺氏失漏刻之節, 每於東方未明而爲已明, 告君使之早起. 群臣當以失晩, 復恐後期, 故於東方未明之時, 急促惶遽, 不暇整理衣服, 故顚倒著衣裳而朝君, 此則失於侵早, 故言朝之正法. 群臣別色始入, '東方未明', 〔未〕[1]當起也. '別色始入', 玉藻文.

1) 〔未〕 : 저본의 교감기에 따라 '未'를 보충하여 번역하였다.

箋의 〔挈壺〕에서 〔始入〕까지

○ 正義曰 : 당시 실제 날이 밝지 않았는데 위아래 옷을 뒤바꾸어 입는 뜻을 푼 것이다. 挈壺氏가 시간 관리의 절도를 잃어 매번 동쪽하늘이 밝지 않았는데도 이미 밝은 것으로 생각하여 군주에게 고하여 일찍 일어나게 하였다. 신하들은 시간이 늦어 다시 조회 시각에 늦을 것을 두려워하였다. 그리하여 동쪽하늘이 아직 밝지 않은 때에 허겁지겁 서두르다가 의복을 제대로 입을 겨를이 없었다. 그리하여 위아래 옷을 뒤바꾸어 입고 군주를 조회하려고 한 것이니, 이는 너무 이른 것 때문에 잘못된 것이다. 그리하여 신하들은 〈날이 밝아〉 색을 구분할 수 있을 때에 비로소 조정에 들어가는 조회의 바른 법을 말한 것이니, '東方未明'은 아직 일어날 때가 되지 않은 것이다. '別色始入'은 ≪禮記≫ 〈玉藻〉의 글이다.

【疏】 箋'群臣'至'早興' ○ 正義曰 : 群臣顚倒衣裳, 方欲朝君, 人已從君所來召之, 是君已先起矣, 故言'君又早興'. 臣起已太早, 君興又早於臣也.

箋의 〔群臣〕에서 〔早興〕까지

○ 正義曰 : 신하들이 위아래 옷을 뒤바꾸어 입고 막 군주를 조회하러 가려고 하는데 사람이 벌써 임금의 처소에서 와서 부른 것이니, 이는 군주가 이미 먼저 일어난 것

이다. 그리하여 '군주가 더 일찍 일어난 것이다.'라고 말한 것이다. 신하가 일어난 것도 너무 이른데 군주가 일어난 것이 신하보다 더 이른 것이다.

東方未晞어늘 顚倒裳衣라

동쪽하늘 아직 햇살 없는데
아래위 옷을 뒤바꾸어 입네

【傳】 晞는 明之始升이라

晞는 햇살이 처음 올라오는 것이다.

【疏】 傳'晞 明之始升' ○ 正義曰：晞是日之光氣. 湛露云"匪陽不晞", 謂見日之光而物乾(간), 故以晞爲乾, 蒹葭云"白露未晞", 言露在朝旦, 未見日氣, 故亦爲乾義. 此言東方未明, 無取於乾, 故言'明之始升', 謂將旦之時, 日之光氣始升, 與上未明爲一事也.

傳의 〔晞 明之始升〕

○ 正義曰：晞는 햇살이다. 〈小雅 湛露〉에 "햇볕이 아니면 마르지 않네."라고 하였으니, 햇볕을 만나야 사물이 마르는 것을 말한다. 그리하여 晞를 乾이라 한 것이고, 〈秦風 蒹葭〉에 "흰 이슬 마르지 않네."라고 하였으니, 이슬이 아침에 아직 햇살을 보지 않은 것을 말한다. 그리하여 또한 乾의 뜻으로 삼은 것이다. 여기에서는 동방이 아직 밝지 않음을 말했으니 乾의 뜻을 취하지 않았다. 그리하여 '햇살이 처음 올라오는 것이다.'라고 한 것이니, 아침이 되려 하는 때에 햇살이 처음으로 비치는 것을 말하니 위의 '未明'과 같은 말이다.

倒之顚之어늘 自公令之로다

허겁지겁 옷 뒤바꿔 입는데
조정에서 와 조회 알리네

【傳】 令은 告也라

令은 '알림'이다.

折柳樊(번)**圃**하니 **狂夫瞿瞿**로다

버드나무 꺾어 남새밭 울타리 치니
미치광이가 지키는 것과 같네

【傳】 柳는 柔脆(취)之木이라 樊은 藩也요 圃는 菜園也라 折柳以爲藩園은 無益於禁矣라 瞿瞿는 無守之貌라 古者에 有挈壺氏하여 以水火分日夜하여 以告時於朝라

柳는 여리고 연약한 나무이다. 樊은 울타리이고 圃는 남새밭이다. 버드나무를 꺾어 남새밭에 울타리 치는 것은 지키는 데에 도움이 되지 않는다. 瞿瞿는 지킬 의사가 없는 모습이다. 옛날에는 挈壺氏를 두어 물과 불로 낮과 밤을 구별하여 조정에 시간을 알렸다.

【箋】 箋云 柳木之不可以爲藩이 猶是狂夫不任挈壺氏之事라 ○ 樹菜蔬曰圃라

箋云 : 버드나무가 울타리가 될 수 없는 것이 미치광이가 挈壺氏의 일을 감당하지 못하는 것과 같은 것이다.

○ 채소를 심는 곳을 '圃'라고 한다.

不能辰(신)**夜**하여 **不夙則莫**(모)라

밤 시간 제대로 구별하지 못해
이르지 않으면 늦네

【傳】 辰은 時요 夙은 早요 莫는 晩也라

辰은 '시각'이고 夙은 '이름'이며 莫는 '늦음'이다.

【箋】 箋云 此言不任其事者 恒失節數也라

箋云 : 이는 그 일을 감당하지 못하는 사람이 항상 절도를 잃는 것을 말한 것이다.

【疏】 '折柳'至'則莫' ○ 正義曰 : 此言折柳木, 以爲藩菜果之圃, 則柳木柔脆, 無益於圃之禁, 以喩用狂夫以爲挈壺之官, 則狂夫瞿瞿然不任於官之職. 由不任其事, 恒失節度，不能時節此夜之漏刻，不太早則太晚，常失其宜，故令起居無節．以君任非其人，故刺之．

經의 〔折柳〕에서 〔則莫〕까지

○ 正義曰：이는 버드나무를 꺾어 남새밭의 울타리를 만들면 버드나무가 여리고 연약해 남새밭을 지키는 데 도움이 되지 못함을 말하여，미치광이를 挈壺의 관리로 삼는다면 미치광이가 무심하여 관직을 감당하지 못함을 비유한 것이다．그 일을 감당하지 못하기 때문에 항상 절도를 잃어 때에 맞게 밤의 시각을 관리하지 못하여 너무 이르지 않으면 너무 늦어 항상 그 마땅함을 잃었다．그리하여 日常에 절도가 없게 한 것이다．군주가 적임자가 아닌 사람에게 일을 맡겼기 때문에 풍자한 것이다．

【疏】 傳'柳柔'至'於朝' ○ 正義曰：言'柳 柔脆之木'者，欲取無益於禁，故以'柔脆'解之．'樊 藩也'，釋言文，孫炎曰"樊，圃之藩也．"郭璞曰"謂藩籬也．"種菜之地謂之圃，其外藩籬謂之園，故云'圃 菜園也'．太宰九職"二曰園圃，毓(육)草木．"注云"樹果蓏(라)曰圃，園，其藩也．"是圃內可以種菜，又可以樹果蓏，其外列藩籬以爲樊．柳是柔脆之物，以手折而爲藩，無益於禁，以喻狂夫不任挈壺之職也．

傳의 〔柳柔〕에서 〔於朝〕까지

○ 正義曰：'柳 柔脆之木'이라 한 것은 남새밭을 지키는데 도움이 되지 않는다는 뜻을 취하고자 한 것이다．그리하여 '柔脆'로 풀이한 것이다．'樊 藩也'는 ≪爾雅≫〈釋言〉의 글인데，孫炎은 "樊은 채소밭의 울타리이다．"라고 하고 郭璞은 "울타리를 말한다．"라고 하였으니 채소를 심는 곳을 '圃'라 하고 그 밖으로 울타리를 두른 곳을 '園'이라고 한다．그리하여 '圃 菜園也'라고 한 것이다．≪周禮≫〈太宰 九職〉에 "두 번째가 園圃이니 풀과 나무를 기른다．"의 注에 "열매가 열리는 나무와 풀을 심는 곳을 '圃'라 하고，園은 그 圃의 울타리이다．"라고 하였으니 이는 圃의 안에는 채소를 심을 수 있고，열매가 열리는 나무와 풀을 심을 수도 있으며，그 바깥에 울타리를 쳐 樊을 만드는 것이다．버드나무는 여리고 연약한 것으로 손으로 꺾어 울타리를 만들더라도 지키는데 도움이 되지 못하는 것이니，이로써 미치광이가 挈壺의 직분을 감당하지 못함을 비유한 것이다．

【疏】 蟋蟀(실솔)云"良士瞿瞿"，(瞿)〔因〕[1]爲良士貌，故傳云"瞿瞿然顧禮義．"此言'狂夫瞿瞿'，謂狂愚之夫，故言'瞿瞿 無守之貌'，爲精神不立，志無所守，故不任居官也．序

云'挈壺氏 不能掌其職', 則狂夫爲挈壺氏矣, 故又解其瞿瞿之意. '古者 有挈壺氏 以水火分日夜', 謂以水爲漏, 夜則以火照之, 冬則氷凍不下, 又當置火於傍, 故用水用火. 準晝夜共爲百刻, 分其數以爲日夜, 以告時節於朝. 職掌如此, 而今此狂夫, 瞿瞿然志無所守, 分日夜則參差(치)不齊, 告時節則早晩失度, 故責之也.

1) (瞿)〔因〕: 저본의 교감기에 따라 '因'으로 번역하였다.

〈唐風 蟋蟀〉에 "어진 선비 예의를 돌아보듯 하네.〔良士瞿瞿〕"라고 하였으니, 이 때문에 어진 선비의 모습이 된다. 그리하여 傳에 "조심하여 예의를 돌아본다."라고 하였는데, 여기에서는 '狂夫瞿瞿'라고 하였으니 분별없고 우매한 사람을 말한다. 그리하여 '瞿瞿 無守之貌'라고 한 것이니, 정신이 바르지 않기 때문에 지키고자 하는 뜻이 없다. 그리하여 관직을 감당하지 못한 것이다. 序에 '挈壺氏가 직분을 제대로 감당하지 못한 것이다.'라고 하였으니, 그렇다면 미치광이가 挈壺氏가 된 것이다. 그리하여 또 '瞿瞿'의 뜻을 풀이한 것이다. '古者 有挈壺氏 以水火分日夜'는 물로 물시계를 만들어 밤에는 불로 비추어보며, 겨울에는 물이 얼어 떨어지지 않으므로 또 불을 곁에 두어야 한다. 그리하여 물과 불을 사용하는 것을 말한 것이다. 낮과 밤을 재어 모두 百刻으로 삼고 그 수를 나누어 낮과 밤으로 삼아 조정에 시간을 고하였다. 맡은 일이 이와 같이 중한데도 지금 이 미치광이는 무심하여 지키는 데 뜻이 없었다. 낮과 밤을 구분하는 것은 어긋나 잘못되고 시간을 고하는 것은 이르거나 늦어 절도를 잃었다. 그리하여 책망한 것이다.

【疏】 挈壺氏職曰 "凡喪, 懸壺以代哭, 皆以水火守之, 分以日夜. 及冬則以火爨(찬)鼎水而沸之而沃之." 注云 "代, 更也. 禮, 未大斂, 代哭. 以水守壺者, 爲沃漏[1]也, 以火守壺者, 夜則視刻數也. 分以日夜者, 異晝夜漏也. 漏刻之箭, 晝夜共百刻, 冬夏之間則有長短焉. 太史立成法, 有四十八箭." 是其分日夜之事.

1) 沃漏 : 겨울에 얼어서 물이 떨어지지 않을 때 불을 때서 물을 끓여 주입하는 것을 말한다. (≪周禮注疏≫ 〈司馬 挈壺氏〉)

≪周禮≫ 〈司馬 挈壺氏〉의 職에 "喪에 물시계를 걸어놓고 번갈아 곡을 하니, 모두 물과 불로 관리하여 밤낮을 구분한다. 겨울이면 불로 솥의 물을 끓여 주입한다."라고 하였는데, 注에 "代는 '번갈아'이다. 禮에 大斂하기 전에는 번갈아 곡을 한다. 물로 물시계를 지킨다는 것은 沃漏이고, 불로 물시계를 지킨다는 것은 밤이 되었을 때에 시각을 보는 것이다. '分以日夜'는 낮과 밤의 시각을 〈계절에 따른 낮과 밤의 길이에 따

라〉 다르게 하는 것이다. 물시계의 漏箭은 晝夜가 모두 100각인데, 겨울과 여름 사이에는 〈밤낮이〉 길어지고 짧아짐이 있다. 이 때문에 太史가 완성된 법을 만들어 48箭을 두었다."라고 하였으니 이것이 낮과 밤을 구분한 일이다.

【疏】 言'冬夏之間有長短'者 案乾象曆[1]及諸歷法, 與今大史所候, 皆云 "冬至則晝四十五, 夜五十五, 夏至則晝六十五, 夜三十五, 春秋分則晝五十五半, 夜四十四半. 從春分至於夏至, 晝漸長增九刻半, 從夏至至於秋分, 所減亦如之. 從秋分至於冬至, 晝漸短減十刻半, 從冬至至於春分, 所加亦如之. 又於每氣之間, 加減刻數, 有多有少. 其事在於歷術, 以其算數有多有少, 不可通而爲率(률), 故太史之官立爲法, 定作四十八箭, 以一年有二十四氣, 每一氣之間又分爲二, 通率七日强半而易一箭, 故周年而用箭四十八也.

1) 乾象曆 : 算聖으로 불리던 後漢 劉洪의 著作이다.

'冬夏之間有長短'이라고 한 것은 ≪乾象曆≫ 및 여러 曆法과 지금 태사가 관측한 것을 살펴보면 모두 "동지는 낮이 45각이고 밤이 55각이며, 하지는 낮이 65각이고 밤이 35각이며, 춘분과 추분에는 낮이 55각 반이고 밤이 44각 반이다. 춘분에서 하지까지는 낮이 점차 길어져 9각 반이 증가하고, 하지에서 추분에 이를 때까지 줄어드는 것도 이와 같다. 추분에서 동지까지는 낮이 점차 짧아져 10각 반이 감소하고, 동지에서 춘분에 이를 때까지 증가하는 것도 이와 같다. 또 매 절기의 사이에도 증가하고 줄어드는 刻의 수가 많고 적음이 있다. 이 일은 역법에 있어서 계산하는 방법에 따라 많고 적음이 있기 때문에 모두 일률적으로 할 수 없다. 그리하여 太史가 법을 만들어 48개의 漏箭을 정한 것이니, 1년에 24절기가 있고 매 1기의 사이를 또 나누어 둘로 만들어 통상적으로 7일 반을 넘으면 하나의 箭을 바꾸는 것이다. 그리하여 한 해에 48개의 漏箭을 사용하는 것이다.

【疏】 歷言晝夜者, 以昏明爲限. 馬融・王肅注尙書, 以爲日永則晝漏六十刻, 夜漏四十刻, 日短則晝漏四十刻, 夜漏六十刻, 日中・宵中則晝夜各五十刻者, 以尙書有日出日入之語, 遂以日見爲限. 尙書緯, 謂刻爲商, 鄭作士昏禮目錄云 "日入三商爲昏." 擧全數以言耳. 其實日見之前, 日入之後, 距昏明各有二刻半, 減晝五刻以裨夜, 故於歷法, 皆多校五刻也.

曆法에서 말한 낮과 밤은 어둠과 밝음으로 한계를 삼은 것이다. 馬融과 王肅이 ≪尙書≫에 주석하기를 "하지〔日永〕는 낮의 시각이 60각이고 밤의 시각이 40각이며, 동지〔日短〕는 낮이 40각이고 밤이 60각이며, 춘분〔日中〕과 추분〔宵中〕은 밤과 낮이 각각 50각이다."라고 한 것은 ≪尙書≫에 해가 뜨고 해가 진다는 말이 있어서 마침내 해가 보이는 것으로 한계를 삼았기 때문이다. ≪尙書緯≫에 '刻'을 '商'이라 하였는데, 鄭玄이 지은 ≪士昏禮目錄≫에 "해가 지고 3商이 지나면 昏이 된다."라고 하였으니, 〈2각 반 대신에〉 온전한 수(3)를 들어 말한 것일 뿐이다. 그러나 사실은 해가 보이기 전과 해가 들어간 뒤에 실제로 밝아지고 어두워지는 것은 각각 2각 반의 차이가 있으니, 이는 낮의 5각을 줄여 밤에 더한 것이다. 그리하여 曆法에 대부분 5각을 補正한 것이다.

【疏】鄭於堯典注云"日中·宵中者, 日見之漏與不見者齊也, 日永者, 日見之漏五十五刻, 日不見之漏四十五刻." 又與馬·王不同者, 鄭言日中·宵中者, 其漏齊則可矣, 其言日永·日短之數, 則與歷甚錯. 馬融言晝漏六十, 夜漏四十, 減晝以裨夜矣. 鄭意謂其未減, 又減晝五刻以增之, 是鄭之妄說耳. 漏刻之數, 見在史官, 古今歷者, 莫不符合, 鄭君獨有此異, 不可强爲之辭.

鄭玄이 ≪尙書≫ 〈堯典〉의 주석에서 "춘분과 추분은 해가 보이는 시각과 보이지 않는 시각이 같고, 하지는 해가 보이는 시각이 55각이고 해가 보이지 않는 시각이 45각이다."라고 하였으니, 또 馬融·王肅과 다르다. 정현이 말한 춘분과 추분이 그 시각이 같다고 한 것은 그럴 수 있지만, 그가 말한 하지와 동지의 수는 역법과 크게 차이가 난다. 마융이 낮의 시각이 60각이고 밤의 시각은 40각이라고 한 것은 낮의 시각을 덜어 밤의 시각에 더한 것이다. 정현은 〈낮의 시각을〉 줄이지 않았다고 생각하여 또 낮의 5각을 덜어서 〈밤에〉 더한 것이니 이는 정현의 妄說일 뿐이다. 물시계의 시각의 수는 史官의 成法에 있고 古今의 역법이 다 같은데도 정현만이 이런 차이를 두었으니 억지로 말해서는 안 된다.

【疏】案挈壺之職, 唯言分以日夜, 不言告時於朝. 春官雞人云"凡國事爲期, 則告之時." 注云"象雞知時." 然則告時於朝, 乃是雞人. 此言挈壺告時者, 以序云'興居無節, 挈壺氏不能掌其職', 明是挈壺告之失時, 故令朝廷無節也. 蓋天子備官, 挈壺掌漏, 雞人告時, 諸侯兼官, 不立雞人, 故挈壺告也. 庭燎箋云"王有雞人之官." 是鄭意以爲唯王者有雞人, 諸侯則無也.

≪周禮≫ 〈司馬 挈壺氏〉의 職을 살펴보면 '分以日夜'만을 말하고 '告時於朝'는 말하지 않았다. ≪周禮≫ 〈春官 雞人〉에 "모든 國事에 시기가 되면 시간을 알린다."라고 한 것의 注에 "닭이 시간을 아는 것을 본뜬 것이다."라고 하였다. 그렇다면 조정에 시간을 알리는 자는 곧 雞人이다. 그런데 여기에서 挈壺氏가 시간을 알렸다고 한 것은 序에 "日常에 절도가 없었으니 挈壺氏가 직분을 다하지 못하였다."라고 하였기 때문이니, 분명 挈壺氏가 시간을 잘못 고한 것이다. 그리하여 조정이 절도가 없게 한 것이다. 天子는 관직을 다 갖추기 때문에 挈壺氏가 물시계를 담당하고 雞人이 시간을 알리는 것이고, 諸侯는 관직을 겸하기 때문에 雞人을 두지 않는다. 그리하여 挈壺氏가 고하는 것이다. 〈小雅 庭燎〉의 箋에 "王은 雞人의 관직을 둔다."라고 하였으니, 이는 정현의 뜻은 王만이 雞人을 두고 諸侯는 두지 않은 것으로 여긴 것이다.

【疏】 傳'辰 時 夙 早 莫 晩' ○ 正義曰：釋訓云"不辰, 不時也." 是辰爲時也. '夙 早', 釋(注)〔詁〕[1]文. 暮與早對, 故爲晩.

1) (注)〔詁〕: 저본의 교감기에 따라 '詁'로 번역하였다.

傳의 〔辰 時 夙 早 莫 晩〕

○ 正義曰：≪爾雅≫ 〈釋訓〉에 "不辰은 不時이다."라고 하였으니, 辰이 時가 되는 것이다. '夙 早'는 ≪爾雅≫ 〈釋詁〉의 글이다. 暮는 早와 상대어이다. 그리하여 晩이 되는 것이다.

東方未明 三章이니 **章四句**라

〈東方未明〉 3章이니, 章마다 4句이다.

毛詩注疏 卷第五(五之二)

毛詩國風 鄭氏箋 孔穎達疏

南山(남산)

【序】南山은 **刺襄公也**라 **鳥獸之行**으로 **淫乎其妹**하니 **大夫遇是惡**하여 **作詩而去之**라

〈南山〉은 襄公을 풍자한 것이다.

금수와 같은 행실로 제 누이와 간음하니 大夫가 이런 악행을 보고 시를 짓고 떠나간 것이다.

【箋】襄公之妹는 **魯桓公夫人文姜也**니 **襄公素與淫通**이라 **及嫁**에 **公謫之**러니 **公與夫人如齊**에 **夫人愬(소)之襄公**하니 **襄公**이 **使公子彭生**으로 **乘公而搤(액)殺之**어늘 **夫人久留於齊**라가 **莊公卽位後乃來**나 **猶復(부)會齊侯于禚(작)**하고 **于祝丘**하고 **又如齊師**라 **齊大夫見襄公行惡如是**하고 **作詩以刺之**하고 **又非魯桓公不能禁制夫人而去之**라 ○ **謫**은 **責也**라 **乘則依字讀**이라 搤은 **說文云捉也**라하고 **公羊傳云拉(납)公幹而殺之**라 禚은 **地名**이라

襄公의 누이는 魯 桓公의 부인 文姜이니 양공이 평소 그녀와 간음하였다. 〈노 환공에게〉 시집을 가자 환공이 그녀를 꾸짖었는데, 환공이 부인과 齊나라에 갔을 때에 부인이 양공에게 이를 고자질하니 양공이 公子 彭生을 시켜 환공을 수레에 태우면서 조여 죽였다. 그런데도 부인은 齊나라에 오래 머물다가 〈환공의 아들〉 莊公이 즉위한 뒤에야 비로소 돌아왔다. 그러나 다시 齊侯를 禚에서 만나고, 祝丘에서 만나고, 또 齊의 군대가 있는 곳에도 갔다. 齊의 大夫가 양공의 이러한 악행을 보고 시를 지어 풍자하고 또 노 환공이 부인을 제지하고 통제하지 못하였음을 비난하고 떠난 것이다.

○ 謫은 '꾸짖음'이다. 乘은 本字 대로 읽는다. 搤은 ≪說文解字≫에는 "'조임'이다."라고 하고, ≪春秋公羊傳≫에는 "公의 늑골을 부러뜨려 죽인 것이다."라고 하였다. 禚은 地名이다.

【疏】'南山(四章章六句)'至'去之' ○ 正義曰：作南山詩者，刺襄公也. 以襄公爲鳥獸之行. 鳥獸淫不避親，襄公行如之，乃淫於己之親妹，人行之惡，莫甚於此. 齊國大夫逢遇君有如是之惡，故作詩以刺君，其人恥事無道之主，既作此詩，遂棄而去之. 此妹既嫁於魯，襄公猶尙淫之，亦猶魯桓不禁，使之至齊，故作者既刺襄公，又非魯桓，經上二章，刺襄公淫乎其妹，下〔二〕[1]章，責魯桓縱恣文姜. 序以主刺襄公，故不言魯桓. '大夫遇是惡 作詩而去之'，言作詩之意，以見(현)君惡之甚，於經無所當也.

1)〔二〕: 저본의 교감기에 따라 보충하여 번역하였다.

序의 〔南山〕에서 〔去之〕까지

○ 正義曰：〈南山〉 詩를 지은 것은 襄公을 풍자한 것이니, 襄公이 금수와 같은 행실을 하였기 때문이다.

금수는 육친도 가리지 않고 음란한 짓을 하는데 襄公의 행실이 이와 같아서 마침내 자기의 친누이와 간음하였으니 사람의 악행이 이보다 심한 것은 없다. 齊나라의 大夫가 군주의 이와 같은 악행을 보았기 때문에 이 시를 지어 군주를 풍자한 것이다. 그가 무도한 군주 섬기는 것을 부끄러워하여 이 시를 짓고 마침내 버리고 떠난 것이다. 제 누이가 이미 魯나라에 시집갔는데도 양공은 여전히 그녀와 간음하고, 또 魯 桓公도 이를 제지하지 못하여 그녀로 하여금 齊에 가게 하였다. 그리하여 지은이가 양공을 풍자하고 나서 또 노 환공을 비난한 것이니, 經의 위 두 章은 양공이 제 누이와 간음함을 풍자한 것이고, 아래 두 章은 노 환공이 文姜을 내버려 둔 것을 책망한 것이다. 序는 양공을 풍자한 것을 위주로 하였다. 그리하여 노 환공은 말하지 않은 것이다. '大夫遇是惡 作詩而去之'는 시를 지은 뜻을 말하여 군주의 악행이 심함을 나타낸 것인데, 經에는 해당되는 곳이 없다.

【疏】箋'襄公'至'去之' ○ 正義曰：以弊笱・猗(의)嗟之序，知襄公所淫之妹，文姜是也. 桓十八年左傳云"公與夫人姜氏如齊，齊侯通焉. 公謫之，以告. 夏四月丙子，享公，使公子彭生乘公，公薨於車." 莊元年公羊傳云"夫人譖公於齊侯，公曰'同非吾子，齊侯之子也.' 齊侯怒，與之飮酒，於其出焉，使公子彭生送之，於其乘焉，拉幹而殺之." 是公謫文姜，彭生搚殺公之事也.

箋의 〔襄公〕에서 〔去之〕까지

○ 正義曰：〈齊風 弊笱〉와 〈猗嗟〉의 序로 襄公이 간음한 누이를 알수가 있으니 바로 文姜이다. 《春秋左氏傳》 桓公 18년에 "公이 부인 姜氏와 齊나라에 갔는데 齊侯가 그

녀와 간통하였다. 公이 姜氏를 꾸짖자 〈그녀가〉 고자질하였다. 여름 4월 丙子일에 〈襄公이〉 桓公에게 잔치를 베풀고 〈주연이 끝나자〉 公子 彭生을 시켜 환공을 수레에 태우게 하였는데 환공이 수레 안에서 죽었다."라고 하고, ≪春秋公羊傳≫ 莊公 원년에 "夫人이 齊侯에게 환공을 참소하면서, 공이 '同(莊公)은 내 아들이 아니라 齊侯의 아들이다.'라고 하였다고 하자 齊侯가 노하여 환공과 술을 마시고 그가 나갈 때에 공자 팽생으로 하여금 전송하게 하였는데, 환공이 수레에 탈 때에 늑골을 부러뜨려 죽였다." 하였으니 이것이 公이 문강을 꾸짖어 彭生이 公을 조여 죽인 일이다.

【疏】 春秋經桓三年"秋, 公子翬(휘)如齊逆女." 九月, "夫人姜氏至自齊." 是文姜, 以桓三年歸魯也. 左傳於桓十八年, '如齊'之下, 始云"齊侯通焉", 箋知'素與淫通'者, 以姦淫之事, 生於聚居, 不宜既嫁始然, 故知未嫁之前, 素與淫通也. 且桓六年九月, 經書"丁卯, 子同生." 卽莊公也. 猗嗟序稱'人以莊公爲齊侯之子', 公羊傳稱'桓公云同非吾子', 明非如齊之後, 始與齊侯通也. 但左傳爲'公謫'張本, 故於如齊之下, 始言齊侯通耳.

≪春秋≫ 桓公 3년 經文에 "가을에 公子 翬가 齊나라에 가서 여인을 맞이하였다."라고 하고 九月에 "夫人 姜氏가 齊나라에서 왔다."라고 하였으니 이것이 文姜이 환공 3년에 魯나라에 시집온 것이다. ≪春秋左氏傳≫ 환공 18년 "〈환공이 부인과〉 齊나라에 갔다."의 아래에 처음 "齊侯가 그녀와 간통하였다."라 하였는데, 箋에서 '평소 그녀와 간음하였음〔素與淫通〕'을 안 것은 姦淫하는 일은 함께 지낼 때 발생하는 것이지 시집간 뒤에 비로소 발생할 리가 없기 때문이다. 그리하여 시집가기 전에도 평소에 간음한 것임을 안 것이다. 또 환공 6년 9월 經에 "丁卯일에 아들 同이 태어났다."라고 하였으니, 그가 바로 莊公이다. 〈齊風 猗嗟〉의 序에서 '사람들이, 장공이 齊侯의 아들이라고 한다는 것〔人以莊公爲齊侯之子〕'을 말하고 ≪春秋公羊傳≫에 '환공이 同은 내 아들이 아니라고 한 것'을 말하였으니, 분명 齊나라에 간 뒤에야 비로소 齊侯와 간통한 것이 아니다. 다만 ≪춘추좌씨전≫은 〈간통이〉 '公謫'의 원인이라고 여겼다. 그리하여 '如齊'의 뒤에 비로소 齊侯가 간통한 것을 말한 것이다.

【疏】 公羊"拉幹而殺之", 史記稱"使公子彭生, 抱魯桓公上車, 摺(납)其脇, 公死於車." 摺與拉, 音義同. 彼皆言拉殺, 此言搤殺者, 說文云"搤, 捉也." 何休云"幹脇拉折聲", 正謂手捉其脇而折, 拉然爲聲, 此指言殺狀, 故言搤也.

≪春秋公羊傳≫의 "늑골을 부러뜨려 죽였다."라고 한 말과 ≪史記≫에서 "公子 彭生으로 하여금 魯 桓公을 안아 수레에 태우면서 늑골을 부러뜨리게 하여 환공이 수레에서 죽었다."라고 한 말의 '摺'과 '拉'은 音과 義가 같다. ≪춘추공양전≫과 ≪사기≫에 모두 부러뜨려 죽였다고 하였는데 여기서는 조여서 죽였다고 한 것은 ≪說文解字≫에 "搚은 '조임'이다."라고 해서이다. 何休는 "늑골이 부러지며 나는 뚝 소리이다."라 하였으니, 바로 손으로 그의 늑골을 조여 부러뜨리면서 뚝 소리가 난 것을 말한 것이다. 그런데 여기서는 죽이는 모습을 가리켜 말하였다. 그리하여 '搚'이라 한 것이다.

【疏】夫人以桓十八年, 與公如齊, 經書"公之喪至自齊", 傳不言文姜來歸, 莊元年傳云"不書卽位, 文姜出故也." 莊公卽位之時, 猶在齊未來, 故言'夫人久留於齊, 莊公卽位後乃來.'也 其來年月, 三傳無文, 莊元年, 經書"三月, 夫人遜于齊." 公羊傳云"夫人固在齊矣, 其言遜, 何? 念母也. 正月以存君, 念母以首事[1]." 何休及賈逵・服虔, 皆以爲 "桓公之薨, 至是年三月朞而小祥, 公憂思少殺(쇄), 念及於母, 以其罪重, 不可以反之, 故書'遜于齊'耳." 其實先在於齊, 本未歸也.

1) 正月以存君 念母以首事 : 해가 바뀌어 정월이 되니 莊公이 예법대로 아비가 생존한 듯이 여기며 제사를 준비하는데, 이 제사는 어미가 주관하기 때문에 그녀를 맞이할 것을 생각한 것이다.(≪春秋公羊傳注疏≫)

부인이 桓公 18년 〈봄〉에 公과 齊에 갔는데, 〈같은 해 여름〉 經에 "公의 喪柩가 齊나라에서 왔다."라 하였는데 傳에는 文姜이 돌아온 것은 말하지 않았으며, 莊公 원년 傳에 "즉위한 것을 쓰지 않은 것은 문강이 나가 있었기 때문이다."라고 하였으니 장공이 즉위한 때에는 그대로 齊나라에 있고 돌아오지 않은 것이다. 그리하여 '夫人久留於齊 莊公卽位後乃來'라고 한 것이다. 그녀가 돌아온 해와 달은 ≪春秋≫의 세 傳에 기록된 글이 없고, 莊公 원년 經에 "3월에 부인이 齊나라로 도망갔다." 하였는데, ≪春秋公羊傳≫에 "부인은 그대로 齊나라에 있었는데 經에 '도망갔다'고 한 것은 어째서인가? 어머니를 생각해서이다. 장공이 정월이 됨에 아비가 살아있는 듯이 여기며 練祭를 주관해야 할 어머니를 생각하였다."라고 하고, 何休와 賈逵 및 服虔은 모두 "桓公이 죽은 때로부터 1주년인 이 해 3월 小祥祭를 지낼 때가 됨에 장공의 슬픔이 다소 가라앉아 생각이 어머니에게 미쳤으나 그녀의 죄가 무거워 돌아오게 할 수 없었다. 그리하여 '遜于齊'라고 쓴 것일 뿐이다."라고 여겼으니, 실제로는 앞서 齊나라에 있던 채로 돌아오지 않은 것이다.

【疏】至二年, 夫人會齊侯於禚(작), 是從魯往之, 則於會之前, 已反魯矣. 服虔云"蓋魯桓公之喪, 從齊來, 以文美爲二年始來." 杜預以莊元年歲首卽位之時, 文姜來, 公以母出之故, 不忍卽位, 文姜, 於時, 感公意而來. 旣至, 爲魯人所尤, 故三月又遜於齊, 謂文姜來而復去, 非先在齊. 二者說雖不同, 皆是莊公卽位之後, 乃來也. 杜預創爲其說, 前儒盡不然也.

그러나 莊公 2년에 부인이 齊侯를 禚에서 만났으니, 이는 魯나라에서 간 것이다. 그렇다면 만나기 이전에 이미 魯나라로 돌아간 것이다. 服虔은 "魯 桓公의 喪柩가 齊나라에서 돌아왔으니 文姜이 장공 2년에야 비로소 온 것이다."라고 하고, 杜預는 '莊公 원년 정월 즉위하던 때에 문강이 돌아왔으니, 장공이 어머니가 나가 있었기 때문에 차마 즉위하지 못하자, 문강이 이때에 장공의 뜻에 감동하여 온 것이다. 그러나 그녀가 오자 魯나라 사람들에게 지탄을 받았다. 그리하여 3월에 다시 齊나라로 도망간 것'으로 여겼으니, 문강이 왔다가 다시 나간 것이지 줄곧 齊나라에 있었던 것이 아님을 말한 것이다. 두 사람의 말이 비록 같지 않지만 모두 장공이 즉위한 뒤에야 돌아온 것이다. 그러나 두예가 제창한 이 설은 前儒들이 모두 옳게 여기지 않았다.

【疏】鄭於喪服小記之注, 引公羊正月存親之事, 則亦同於賈・服, 至二年乃歸也. 春秋經莊二年"夫人姜氏會齊侯於禚", 四年"夫人姜氏, 享齊侯於祝丘", 五年"夫人姜氏, 如齊師", 是夫人'復會齊侯', '如齊師'也. 以言齊侯淫於其妹, 終說其淫之事. 若然, 按經莊七年"春, 夫人姜氏會齊侯於防." "冬, 夫人姜氏會齊侯於穀." 亦是淫事, 此不言者, 略擧其先三會, 以包其後二會也.

鄭玄은 ≪禮記≫ 〈喪服小記〉의 注에서 ≪春秋公羊傳≫의 '정월에 부친이 살아계신 듯이 여긴' 일을 인용하였으니, 역시 賈逵와 服虔이 2년에 이르러서야 돌아온 것으로 여긴 것과 같다. ≪春秋≫ 莊公 2년 經의 "부인 姜氏가 齊侯와 禚에서 만났다."라고 한 것과, 4년의 "부인 姜氏가 祝丘에서 齊侯에게 연향을 베풀었다."라고 한 것과, 5년의 "부인 姜氏가 齊의 군대가 있는 곳에 갔다."라고 한 것이, 바로 '부인이 齊侯를 다시 만난 것〔復會齊侯〕'이고 '齊師에 간 것〔如齊師〕'이다. 이로써 齊侯가 그 누이와 간음한 것을 말하여 그들이 간음한 일에 대해 말하는 것을 끝마쳤다. 만약 그렇다면 살펴보건대, 莊公 7년 經文에 "봄에 부인 강씨가 齊侯를 防에서 만났다.라고" 한 것과, "겨울에 부인 강씨가 齊侯와 穀에서 만났다."라고 한 것 역시 간음한 일인데 여기서 말하지 않은 것은, 앞에 세 번 만난 것을 대략 들어 뒤에 두 번 만난 것을 포괄한 것이다.

【疏】以左傳於'會禚'之下, '書姦也', 於'會防'之(正)〔下〕[1], 言'齊志也', 杜預以爲 "意出於夫人, 則云書姦, 意出於齊侯, 則云齊志." 傳擧二端[2], 其餘皆從之, 則'祝丘'與'如齊師', 姦由從夫人, 防·穀, 姦發於齊侯, 鄭意或亦當然. 今此箋又以經有非魯桓之事, 而序不言之, 據夫人發文, 故申其意, 言大夫見襄公行惡如是, 作詩以刺之, 又非魯桓公不能禁制文姜, 言詩經有此二意也. 而云去之者, 疊序去之文, 謂棄齊而去.

1) (正)〔下〕: 저본의 교감기에 따라 '下'로 번역하였다.
2) 二端 : 장공 2년에 禚에서 만나고 장공 7년에 防에서 만난 두 가지 일을 말한다.

≪春秋左氏傳≫에는 "禚에서 만났다."의 아래에 "기록한 것은 간통하였기 때문이다."라고 하고, "防에서 만났다."의 아래에 "齊侯의 뜻이었다."라고 하였으니, 杜預는 "의지가 부인에게서 나온 경우에는 '書姦'이라 하고, 의지가 齊侯에게서 나온 경우에는 '齊志'라고 한 것"으로 여겼다. ≪춘추좌씨전≫에서 이 두 가지를 들어 말하였지만 그 나머지도 모두 그와 같으니, '祝丘'와 '如齊師'는 간음함이 부인에게서 말미암고, 防과 穀에서의 〈만남은〉 간음함이 齊侯에게서 비롯된 것이다. 鄭玄의 뜻도 혹 그러하였을 것이다. 지금 이 箋은 또 經文에 魯 桓公을 비난한 사실이 있는데 序에서 말하지 않은 것은, 夫人에 근거하여 글을 시작했기 때문이라고 여겼다. 그리하여 그 의미를 살려, '大夫가 襄公의 이와 같은 악행을 보고서 시를 지어 풍자하고, 또 노 환공이 文姜을 제지하고 통제하지 못함을 비난하였다.'라고 하였으니, 詩의 經文에 이 두 뜻이 들어 있음을 말한 것이다. 그리고 '去之'라 한 것은 序의 '去之'라는 글을 중복 사용한 것이니, 〈대부가〉 齊나라를 버리고 떠남을 말한다.

南山崔崔어늘 雄狐綏(수)綏로다

남산 크고 높은데
숫여우 어슬렁 짝을 찾네

【傳】興也라 南山은 齊南山也라 崔崔는 高大也라 國君尊嚴은 如南山崔崔然이어늘 雄狐相隨하여 綏綏然無別하니 失陰陽之匹이라

興이다. 南山은 齊나라의 南山이다. 崔崔는 높고 큰 모습이다. 國君은 존엄함이 남산처럼 크고 높은데 숫여우끼리 서로 좇아 어슬렁거리며 구별이 없으니 음양이 짝하는 이치를 잃은 것이다.

【箋】 箋云 雄狐行求匹耦於南山之上하니 形貌綏綏然이라 興者는 喩襄公居人君之尊이어늘 而爲淫泆之行하니 其威儀可恥惡(오)如狐라

箋云 : 숫여우가 남산 위에서 짝을 찾아 다니니 그 모습이 어슬렁거린 것이다. 興한 것은 襄公이 존엄한 군주 자리에 있는데도 음란한 행실을 하니 그 威儀가 숫여우와 같아 부끄러워하고 미워할 만함을 비유한 것이다.

魯道有蕩이어늘 齊子由歸로다

魯나라 가는 길 평탄한데
齊나라 여인 이 길로 시집갔네

【傳】 蕩은 平易(이)也라 齊子는 文姜也라

蕩은 '평탄함'이다. 齊子는 文姜이다.

【箋】 箋云 婦人謂嫁曰歸라하니 言文姜이 旣以禮從此道하여 嫁于魯侯也라

箋云 : 婦人이 시집가는 것을 일러 歸라 하니, 文姜이 예에 맞게 이 길을 따라 魯侯에게 시집간 것을 말한다.

旣曰歸止어늘 曷又懷止아

이미 시집갔는데
어이 또 그리워 하는가

【傳】 懷는 思也라

懷는 '그리워함'이다.

【箋】 箋云 懷는 來也니 言文姜旣曰嫁于魯侯矣어늘 何復來爲乎아하니 非其來也라

箋云 : 懷는 '오다'이니 '文姜이 이미 魯侯에게 시집갔는데 어찌 다시 왔는가.'라고 한 것이니 그녀가 온 것을 비난한 것이다.

【疏】 '南山'至'懷止' ○〈正義曰〉[1] 毛以爲"'南山'·'雄狐', 各自爲喩, 言'南山高大崔崔然, 以喩國君之位尊高如山也, 雄狐相隨綏綏然, 雄當配雌, 理亦當然也, 今二雄無別, 失陰陽之匹, 以喩夫當配妻, 今襄公兄與妹淫, 亦失陰陽之匹.' 以襄公居尊位, 而失匹配, 故擧淫事以責之. 言'魯之道路有蕩然平易, 齊侯之子女文姜, 用此道, 而歸嫁於魯, 旣曰歸於魯止, 自有夫矣, 襄公何爲復思之止, 而與之會爲此淫乎.'"

1) 〈正義曰〉: 편집 체제에 따라 보충하여 번역하였다.

經의 〔南山〕에서 〔懷止〕까지

○ 正義曰 : 毛亨은, "'南山'과 '雄狐'로 각각 비유를 삼아서, '南山이 높디높은 것으로 國君의 지위가 산처럼 높은 것에 비유하고, 숫여우가 서로 뒤따라 어슬렁거리니 수컷은 응당 암컷과 짝하는 것이 이치상 당연한 것인데 지금 두 숫여우는 구별이 없어 음양이 짝하는 이치를 잃은 것으로, 남편은 아내와 짝해야 하는데 지금 오빠인 양공이 누이와 간음하여 또한 음양이 잘못 짝한 것을 비유하였음을 말한 것이다. 양공이 존엄한 지위에 있으면서 음양이 짝하는 이치를 잃었으므로 간음한 일을 들어 책망하여, '魯나라의 도로가 넓고 평탄하여 齊侯의 딸 文姜이 그 길을 따라 魯나라에 시집갔다. 이미 노나라에 시집갔으면 남편이 있는데, 양공은 어찌하여 다시 그녀를 그리워하여 그녀와 만나 이런 음행을 하는가.'라고 한 것"으로 여겼다.

【疏】 ○ 鄭以爲"狐在山上爲喩, 言南山高大崔崔然, 有雄狐在此山上, 以求配耦, 形貌綏綏然, 其狀可恥惡也." 喩說在箋. 旣言公淫可惡, 又責文姜會公, 言魯之道路, 有蕩然而平易, 齊子文姜, 從此道而歸於魯, 旣曰歸於魯止, 當專意事夫, 何爲又復來止, 責文姜之來會襄公也.

○ 鄭玄은, "숫여우가 산 위에 있는 것으로 비유를 삼아, 남산이 크고 높은데 숫여우가 이 산 위에 있으면서 짝을 구하는데 그 꼴이 어슬렁거리니 그 모습이 부끄러워하고 미워할 만함을 말한 것이다."라고 여겼으니, 비유에 대한 해설은 箋에 있다. 襄公

이 간음한 것이 미워할 만함을 말하고 나서 또 文姜이 양공을 만난 것을 꾸짖으면서, '魯나라의 도로가 넓고 평탄한데 齊나라 여인 문강이 이 길을 따라 노나라에 시집갔다. 노나라에 시집갔으면 남편을 일편단심 섬겨야 하는데 어찌하여 다시 왔는가.'라고 하였으니, 문강이 와서 양공을 만난 것을 책망한 것이다.

【疏】 傳'南山'至'之匹' ○ 正義曰：詩人自歌土風, 山川不出其境, 故云'南山 齊南山'. 擧南山形貌高大崔崔然, 故知喩國君之位尊嚴, 言其高大如南山也. 綏綏, 是匹行之貌, 今言雄狐相隨綏綏然, 明是二雄狐相匹, 故云'雄狐綏綏然'. 是二狐俱雄, 無有別異, 失陰陽之匹, 以喩兄與妹淫, 亦失陰陽之匹也. 檢此傳文, 無狐在山上之意, 則各自爲喩, 異於鄭也. 對文則飛曰雌雄, 走曰牝牡(빈모), 散則可以相通. 牧誓曰 "牝鷄之晨[1]", 飛得稱牝, 明走得稱雄. 僖十五年左傳稱"秦伯伐晉, 筮之遇蠱." 其繇曰"獲其雄狐", 亦謂牡爲雄, 與此同也.

1) 牝鷄之晨：≪尙書≫〈牧誓〉에서 암탉이 새벽에 울면 집안이 망한다는 옛말을 인용하여 商의 紂가 부인의 말만 따른 것을 비판한 구절의 일부이다.

傳의 〔南山〕에서 〔之匹〕까지

○ 正義曰：시인이 지역의 풍습을 노래할 때에 〈등장하는〉 山川은 자기가 사는 지역의 경계를 벗어나지 않는다. 그리하여 '南山 齊南山'이라고 한 것이다. 〈經文에서〉 南山의 모습이 높고 큰 것을 들어 말하였다. 그리하여 國君의 지위가 존엄함을 비유한 것임을 안 것이니, 군주의 높고 위대함이 남산과 같다고 말한 것이다. 綏綏는 짝을 지어 가는 모습이니, 지금 '숫여우끼리 서로 좇아 어슬렁거리며〔雄狐相隨 綏綏然〕'라고 하였으니 분명 두 숫여우가 서로 짝한 것이다. 그리하여 〈經〉에 '숫여우가 어슬렁 짝을 찾네〔雄狐綏綏然〕'라고 한 것이다. 그러나 두 여우는 모두 수컷으로 성의 구별이 없어 음양이 짝하는 이치를 잃은 것으로 오라비와 누이가 간음하는 것 역시 음양이 〈옳게〉 짝하는 이치를 잃은 것임을 비유한 것이다. 여기의 傳文을 검토해보면, 산 위에 숫여우가 있다는 뜻은 없으니 〈'南山'과 '雄狐'를〉 각각의 비유로 여긴 것이므로 정현과는 다르다. 상대하여 말하면 날짐승은 '雌雄'이라고 하고 길짐승은 '牝牡'라 하며, 범범하게 말하면 통용할 수 있다. ≪尙書≫〈牧誓〉에 "암탉〔牝雞〕이 새벽에 울면"이라고 하여 날짐승에 '牝'이라 하였으니 분명 길짐승에 '雄'이라고 할 수가 있는 것이다. ≪春秋左氏傳≫ 僖公 15년에 "秦伯이 晉을 정벌하려 할 때에 시초점을 쳐서 蠱卦가 나왔다."라

고 하였는데 그 점사에 "숫여우〔雄狐〕를 잡는다."라고 하였으니, 역시 길짐승 수컷〔牡〕을 '雄'이라고 한 것이 여기와 같다.

【疏】 箋'雄狐'至'如狐' ○ 正義曰：箋以南山・雄狐, 文勢相連, 則是狐在山上, 不宜別以爲喩, 又狐必雄雌相從, 無二雄相隨之理, 故以爲狐求匹耦於南山之上, 喩襄公淫泆於人君之位, 其可恥惡如狐貌. 以狐比之, 有狐之傳, 以綏綏匹行之貌, 則此言綏綏, 亦匹行之貌. 言求匹耦者, 正謂無雌相隨, 是求匹耦也. 在高顯之處, 使人見之, 是謂可惡也.

箋의 〔雄狐〕에서 〔如狐〕까지

○ 正義曰：箋은, '南山'과 '雄狐'의 문세가 이어져 있고보면 여우가 산에 있는 것이니 별개의 비유로 삼는 것은 합당하지 않고, 또 여우는 반드시 암수가 서로 어울리고 두 마리 수컷이 서로 어울리는 이치가 없으므로 여우가 남산 위에서 짝을 찾는 것으로, 양공이 군주의 지위에 있으면서 간음하여 그 부끄럽고 미워할 만함이 여우의 모습과 같음을 비유한 것이라고 여겼다. 여우로 비유한 시로서, 〈衛風 有狐〉의 傳에서 '綏綏'를 짝지어 가는 모양이라고 하였으니, 그렇다면 여기서 말한 '綏綏'도 짝지어 가는 모양이다. '求匹耦'라 한 것은 바로 서로 어울릴 암컷이 없음을 말하니, 이것이 '求匹耦'이다. 높고 드러난 곳에 있어 남이 보게 한 것이니, 이는 미워할 만함을 말한다.

【疏】 傳'蕩平'至'文姜' ○ 正義曰：以其說道路之貌, 故以蕩爲平易, 言地平而易, 無險難也. 文姜, 齊女, 故謂之齊子. 傳於詩由多訓爲用, 此當言用此道以歸魯也.

傳의 〔蕩平〕에서 〔文姜〕까지

○ 正義曰：道路의 모양을 말하였기 때문에 蕩을 '平易'라고 하였으니, 땅이 평평하고 가기 쉬워 험난함이 없음을 말한 것이다. 文姜은 제나라 여인이므로 '齊子'라고 한 것이다. 傳은 시에서의 '由'를 대부분 '用'으로 訓하였으니, 여기도 응당 이 길을 따라 魯나라에 시집간 것을 말한 것이다.

【疏】 傳'懷 思' ○ 正義曰：釋詁文. 王肅云 "文姜旣嫁於魯, 適人矣, 何爲復思與之會而淫乎."

傳의 〔懷 思〕

○ 正義曰：≪爾雅≫ 〈釋詁〉의 글이다. 王肅은 "文姜이 이미 魯나라에 시집갔으니

출가한 여인인데 어찌하여 다시 그녀와 만나 간음할 생각을 하는가."라고 하였다.

【疏】 箋'懷 來'至'其來' ○ 正義曰：'懷 來', 釋言文. 以'歸止'謂文姜歸, 則'懷止'亦謂文姜懷, 不宜謂襄公思, 故易傳以爲非責文姜之來也.

箋〔懷 來〕至〔其來〕

○ 正義曰：'懷 來'는 ≪爾雅≫ 〈釋言〉의 글이다. '歸止'가 文姜이 시집감〔歸〕을 말한 것이라면 '懷止' 또한 문강이 그리워함〔懷〕을 말한 것이니, 襄公이 그리워한 것이라고 함은 합당하지 않다. 그리하여 傳을 바꾸어 문강이 온 것을 비난하고 책망한 것이라 한 것이다.

葛屨五兩이어늘 冠緌(유)雙止로다

칡신은 다섯 켤레인데
관끈은 한 쌍이로다

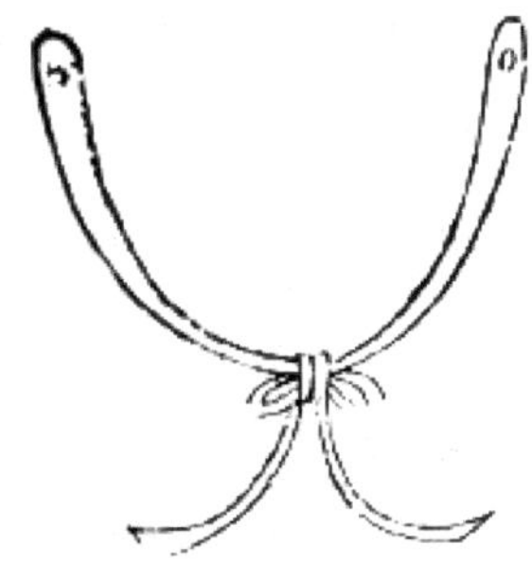

冠緌(≪三才圖會≫)

【傳】 葛屨는 服之賤者요 冠緌(유)는 服之尊者라

葛屨는 복장 중에 천한 것이고 冠緌는 복장 중에 존귀한 것이다.

【箋】 箋云 葛屨五兩은 喩文姜與姪娣及傅姆(무)[1]同處하고 冠緌는 喩襄公也라 五人(爲)[2]奇어늘 而襄公往하여 從而雙之하니 冠屨不宜同處 猶襄公文姜不宜爲夫婦之道라

1) 姪娣及傅姆(무)：姪・娣는 제후국 부인이 시집올 때, 잉첩으로 따라온 조카딸과 여동생이고, 傅・姆는 부인에게 마전하고 길쌈하는 법과 여인의 법도를 가르치는 덕망 있고 나이 지긋한 여자 스승이다. 姆에 대하여 ≪儀禮≫ 〈士昏禮〉 鄭玄의 注에 "부인이 50이 되도록 자식이 없거나, 한 번 출가했다가 〈혼자가 되었어도〉 재가하지 않은 여인으로서 부인의 도리를 가르칠 수 있는 사람이다. 지금의 乳母와 같다.〔婦人五十無子 出而不復嫁 能以婦道教人者 若今時乳母矣〕"라고 하였다.

2) (爲)：저본의 교감기에 따라 衍文으로 처리하였다.

箋云：'葛屨五兩'은 文姜이 姪과 娣 및 傅와 姆와 함께 살던 것을 비유하고 冠緌는 襄公을 비유한 것이다. 五人은 홀수인데 襄公이 가서 어울려 쌍을 이루었으니, 冠과

屨가 함께 어울려서는 안 됨이 양공과 문강이 부부가 되어서는 안 되는 도리와 같다는 것이다.

魯道有蕩이어늘 齊子庸止로다

魯나라 가는 길 평탄한데
齊나라 여인 이 길로 시집갔네

【傳】 庸은 用也라

庸은 '이용함'이다.

旣曰庸止어늘 曷又從止아

이 길 따라 가버렸는데
어이하여 또 따라가 어울리는가

【箋】 箋云 此는 言文姜旣用此道하여 嫁於魯侯어늘 襄公何復送而從之하여 爲淫泆之行고하다

箋云 : 이는 '文姜이 이 길을 따라서 魯侯에게 시집갔는데 襄公은 어찌하여 다시 전송하며 따라가 음란한 행실을 하는가.'라고 한 것이다.

【疏】'葛屨'至'從止' ○ 正義曰 : 屨, 以兩隻爲具, 五, 爲數之奇, 言葛屨服之賤, 雖有五兩, 其數雖奇, 以冠緌往配而雙止, 則非其宜, 以喩文姜是襄公之妹, 雖與姪・娣・傅・姆有五人矣, 其數雖奇, 以襄公往配而雙之, 亦非其宜. 襄公兄也, 文姜妹也, 兄妹相配, 是非其宜, 旣云不宜相配, 又責非理爲淫. 魯之道路有蕩然平易, 齊子文姜, 用此道以歸魯止, 旣曰用此道以歸魯止, 彼自有夫, 襄公何爲復從雙止, 責其復從文姜, 爲淫泆之行.

經의 〔葛屨〕에서 〔從止〕까지

○ 正義曰 : 屨는 두 짝으로 한 켤레가 되는 것이고 五는 홀수이니, 복장 중에 賤한 葛屨가 비록 다섯 켤레가 있으니 그 수가 홀수이지만 관끈을 매고 가서 짝하여 쌍을 이룬다면 합당하지 않음을 말하여, 文姜이 襄公의 누이로 姪과 娣와 傅와 姆와 더불어

다섯이 되니 그 수가 홀수이지만 양공이 가서 짝하여 쌍을 이룸은 역시 합당하지 않음을 비유한 것이다. 양공은 오빠이고 문강은 누이이니 오빠와 누이가 짝함은 합당하지 않으니, 서로 짝함이 합당치 않음을 말하고 나서 다시 이치에 어긋나게 간음한 것을 책망한 것이다. '魯나라의 도로는 넓고 평탄한데 齊나라 문강이 이 길을 따라 노나라에 시집갔으니 이미 이 길을 따라 노나라에 시집갔다면 그녀에게는 남편이 있기 마련인데, 양공은 어찌하여 다시 따라가서 쌍을 이루었는가.'라고 한 것이니, 다시 문강을 따라가서 음란한 행동을 한 것을 책망한 것이다.

【疏】 傳'葛屨'至'尊者' ○ 正義曰：賤宜對貴, 尊當對卑, 在身之服, 上尊下卑. 葛屨服之於足, 葛又物之賤者, 故以賤言之, 冠緌服之於首, 是服之最尊, 所用之物貴, 故以尊言之, 亦令其貴賤尊卑, 互相見也.

傳의 〔葛屨〕에서 〔尊者〕까지

○ 正義曰：賤은 응당 貴의 상대이고 尊은 응당 卑의 상대이다. 몸에 착용하는 복식은 위가 尊이고 아래가 卑이다. 葛屨는 발에 신는 것이고 葛은 또한 흔한 물건이다. 그리하여 賤으로 말하고, 冠緌는 머리에 쓰는 것이니 이는 복식 중에 가장 위에 있고 사용되는 재료도 귀한 것이다. 그리하여 尊으로 말하였으니, 역시 貴賤과 尊卑가 서로 드러나게 한 것이다.

【疏】 箋'葛屨'至'之道' ○ 正義曰：屨, 必兩隻相配, 故以一兩爲一物, 緌, 必屬(촉)之於冠, 故冠緌其爲一同. 葛屨言五, 冠緌言雙, 由是五爲奇, 故欲雙之, 使耦也. 奇, (天)〔大〕[1]數矣, 獨擧五而言, 明五必有象, 故以喩文姜與姪・娣・傅・姆五人俱是婦人, 不宜以襄公往雙之. (云)〔六〕[2]其數奇, 以經有五兩, 故以五人解之.

1) (天)〔大〕: 저본의 교감기에 따라 '大'로 번역하였다. 阮元은, 奇數에는 五만 있는 것이 아니고 一・三・七・九가 더 있으므로 '大數'가 되어야 한다고 보았다.
2) (云)〔六〕: 저본의 교감기에 따라 '六'으로 번역하였다. 阮元은, 홀수〔奇數〕인 5에 襄公이 가서 6인이 됨으로써 기수를 짝수〔偶數〕로 만들었음을 말한 것이라고 하였다.

箋의 〔葛屨〕에서 〔之道〕까지

○ 正義曰：屨는 반드시 두 짝이 서로 짝을 이루므로 한 쌍이 한 켤레가 되고, 緌는 반드시 冠에 붙이므로 冠과 緌가 일체가 되는 것이다. 葛屨에는 五를 말하고 冠緌에는

雙을 말한 것은, 五가 奇數이기 때문에 쌍을 이루어 짝이 되게 하려 해서이다. 奇는 여러 수〔大數〕인데 五만을 들어 말한 것은 분명 五에는 반드시 상징하는 것이 있어서이다. 그리하여 文姜과 姪과 娣와 傅와 姆 다섯 사람이 모두 부인이니 襄公이 가서 쌍을 이루는 것이 합당하지 않음을 비유한 것이다. 六을 奇數라 한 것은 經文에 '五兩'이 있기 때문이다. 그리하여 다섯 사람으로 해석한 것이다.

【疏】 莊十九年公羊傳曰 "諸侯一娶九女, 二國往媵(잉)之, 皆有姪娣從. 姪者, 何? 兄之子. 娣者, 何. 女弟也." 是諸侯夫人有姪有娣也. 襄三十年公羊傳曰 "宋災, 伯姬存焉. 有司請出, 伯姬曰'吾聞之, 婦人夜出, 不見傅姆, 不下堂.' 傅至, 姆未至, 逮火而死." 是諸侯夫人有傅姆也. 士昏禮云 "姆在其右", 注云 "姆, 婦人年五十無子, 出而不復嫁, 能以婦道教人者, 若今時乳母矣." 士妻之姆如此, 則諸侯夫人其姆, 亦當然也. 內則云 "女子十年不出, 傅・姆教之執麻枲(시)治絲繭(견)." 則傅是姆類, 亦當以婦人老者爲之矣. 何休云 "選老大夫爲傅, 大夫妻爲姆." 以男子爲傅, 書傳未有云焉, 且大夫之妻當自處家, 無由從女而嫁, 使夫人動輒待之, 何休之言, 非禮意也.

≪春秋公羊傳≫ 莊公 19년에 "諸侯가 한 번 장가들 때에 아홉 여인을 맞이하니, 〈同姓인〉 두 나라에서 媵妾을 보내고 〈세 나라가〉 모두 姪과 娣를 딸려 보낸다. 姪은 누구인가? 형제의 딸이다. 娣는 누구인가? 여동생이다."라고 하였으니, 이것이 諸侯의 夫人에게 姪과 娣가 있는 것이다. ≪춘추공양전≫ 襄公 30년에 "宋나라에 화재가 발생하였는데 伯姬가 그곳에 있었다. 有司가 나가기를 청하자 伯姬가 '내가 들으니, 婦人이 밤에 외출할 때에는 傅와 姆를 뵙지 않으면 堂을 내려가지 않는다고 하였다.'라고 하였다. 〈마침내〉 傅는 왔으나 姆가 오지 않아 불에 타서 죽었다."라고 하였으니 이것이 諸侯의 夫人에게 傅와 姆가 있는 것이다. ≪儀禮≫ 〈士昏禮〉에 "姆는 그 오른쪽에 있다."라고 하였는데, 注에 "姆는 50이 되도록 자식이 없는 부인으로서 쫓겨나 다시 시집가지 않고 부인의 도리로 남을 가르칠 수 있는 자이니 지금의 乳母와 같다."라고 하였다. 士妻의 姆가 그러하다면 諸侯夫人의 姆도 당연히 그러할 것이다. ≪禮記≫ 〈內則〉에 "女子는 10살이 되면 〈규문 밖에〉 나가지 않고 傅와 姆가 삼베와 모시를 손질하고 누에치는 것을 가르친다."라고 하였으니, 傅도 姆의 부류 역시 응당 늙은 부인으로 삼는 것이다. 〈그런데〉 何休는 "늙은 大夫 중에서 골라 傅를 삼고 大夫의 妻로 姆를 삼는다."라고 하였는데, 남자로 傅를 삼는다는 것은 전해오는 말(禮書의 傳)에 그렇게 말한 것이 없고 또 大夫의 妻이면 당

연히 자기 집에서 살 것이니 시집가는 여인을 따라가서 부인으로 하여금 거동할 때마다 자신을 기다리게 할 까닭이 없으니, 하휴의 말은 禮의 뜻과 다르다.

【疏】 冠屨貴賤, 不宜同處, 由襄公與文姜, 兄之與妹, 不宜爲夫婦之道. 又襄公止(復)〔從〕[1]文姜耳, 傳不言淫其姪娣, 又傅・姆老人, 非襄公儔(주)類, 而云襄公雙之者, 正以姪・娣・傅・姆與文姜同是婦人, 聚居一處, 襄公乃以男子厠入其中, 不宜與妹相耦. 作者指言其不宜雙文姜耳, 非謂襄公於五人皆淫之.

1) (復)〔從〕: 저본의 교감기에 따라 '從'으로 번역하였다.

貴한 冠과 賤한 屨가 한 곳에 있어서는 안 됨은, 襄公과 文姜이 오빠와 누이 사이로 부부가 되는 도리에 합당하지 않은 것과 같다. 또 양공은 문강을 따라갔을 뿐이고 傳에 姪・娣와 간음하였다고 말하지 않았으며 또 傅와 姆는 노인이니 양공이 짝할만한 부류가 아닌데도 〈箋에서〉 양공이 가서 짝하였다고 말한 것은, 바로 姪과 娣, 傅와 姆가 문강과 같은 婦人으로서 한 곳에 모여 살고 있는데 양공이 남자이면서 도리어 그 가운데 끼어들었으니, 누이와 서로 짝이 되는 것이 합당하지 않기 때문이다. 지은이는 문강과 짝이 되어서는 안 됨을 가리켜 말한 것일 뿐이지 양공이 다섯 여인 모두와 간음했음을 말한 것이 아니다.

【疏】 箋'此言'至'之行' ○ 正義曰: 上言'曷又懷止', 箋謂責文姜之來, 此言'曷又從止', 以爲責襄公從之者, 以懷止與歸止文連, 歸是文姜歸魯, 故知懷是文姜來齊, 此與'庸止'文連, 庸是用道而往, 則從是逐後從之, 故知責襄公從之, 言以意從送與之爲淫耳, 非謂從之至魯也.

箋의 〔此言〕에서 〔之行〕까지

○ 正義曰: 위 〈經에서〉 말한 '曷又懷止'에 대하여 箋에서 文姜이 온 것을 책망한 것이라 하고, 여기서 말한 '曷又從止'에 대하여 襄公이 따라간 것을 책망한 것으로 여긴 것은, '懷止'가 '歸止'와 글이 이어져 있고, 歸는 문강이 魯나라에 시집간 것이므로 懷는 문강이 齊나라에 온 것임을 안 것이고, 여기의 〈'從止'는〉 '庸止'와 글이 이어져 있고 庸은 길을 따라 간 것이니 從은 뒤좇아 따라간 것이므로 양공이 따라간 것을 책망한 것임을 안 것이다. 의도적으로 따라가 전송하며 그녀와 간음한 것을 말한 것이지 따라가서 魯나라에 이르렀음을 말한 것이 아니다.

蓺(예)**麻如之何**오 **衡**(횡)**從其畝**라네

삼을 심을 땐 어떻게 하는가
가로세로 이랑을 낸다네

【傳】 蓺는 樹也라 衡獵之하고 從獵之하여 種之然後에 得麻라

蓺는 '심음'이다. 가로로 고르고 세로로 고르고서 씨를 심은 뒤에 삼을 얻는 것이다.

【箋】 箋云 樹麻者는 必先耕治其田然後樹之니 以言人君取妻에 必先議於父母라 ○ 蓺는 本或作藝니 技藝字耳라 衡은 音橫이니 注同이요 亦作橫字라 又一音如字니 衡卽訓爲橫이라 韓詩云 東西耕曰橫이라 從은 韓詩作由하니 云南北耕曰由라

箋云 : 삼을 심는 것은 반드시 먼저 그 밭을 갈고 고른 뒤에 심으니, 이것으로 군주가 아내를 얻을 때에는 반드시 먼저 부모에게 의논함을 말한 것이다.

○ 蓺는 藝로 되어 있는 本도 있으니 '技藝'의 藝字이다. 衡은 音이 橫이니 注도 같고 또한 橫字로 되어 있기도 하다. 또 本音대로 읽기도 하는데, 衡의 訓이 곧 橫이다. ≪韓詩≫에는 "동서로 밭가는 것을 橫이라 한다."라고 하였다. 從은 ≪韓詩≫에는 由로 되어 있는데 "남북으로 밭가는 것을 由라 한다."라고 하였다.

取妻如之何오 **必告父母**니라

아내 얻을 땐 어떻게 하는가
반드시 부모에게 고하지

【傳】 必告父母廟라

반드시 부모와 사당에 고하는 것이다.

【箋】 箋云 取妻之禮는 議於生者하고 卜於死者니 此之謂告라

箋云 : 아내를 얻는 예는 살아 있는 이에게 의논하고 죽은 이의 〈사당에서〉 거북점을 치니 이것을 告라고 한 것이다.

既曰告止어늘 曷又鞠止오

고하고 얻었는데

어찌 또 끝없이 방종케 하나

【傳】 鞠은 窮也라

鞠은 '다함'이다.

【箋】 箋云 鞠은 盈也라 魯侯女既告父母而取어늘 何復盈從하여 令至于齊乎아하니 (又)[1]非魯桓이라

1) (又) : 저본의 교감기에 따라 衍文으로 처리하였다.

箋云 : 鞠은 '가득 참'이다. '魯侯가 부모에게 고하고 아내를 얻었는데 어찌하여 다시 마음껏 방종하게 두어 齊나라에 가게 하는가.'라고 한 것이니 魯 桓公을 비난한 것이다.

【疏】 '蓺麻'至'鞠止' ○〈正義曰〉[1] : 毛以爲 "種麻之法, 如之何乎? 必橫縱獵其田畝, 種之然後得麻, 以興娶妻之法如之何乎? 必告廟, 啓其父母, 娶之然後得妻. 魯桓既曰告廟, 而娶得之止, 宜以婦道禁之, 何爲又使窮極邪意而至齊乎, 止責魯桓不禁制文姜." 鄭唯以鞠爲盈爲異, 餘同.

1) 〈正義曰〉 : 편집체제에 따라 보충하여 번역하였다.

經의 〔蓺麻〕에서 〔鞠止〕까지

○ 正義曰 : 毛亨은, "'삼을 심는 법은 어떤 것인가? 반드시 밭이랑을 가로세로 고르고서 씨뿌린 뒤에 삼을 얻는다.'는 것을 가지고 '아내를 얻는 법은 어떤 것인가? 반드시 사당에 고하고 부모에게 아뢰어 혼인한 뒤에 아내를 얻는다.'는 것을 興한 것이다. 魯 桓公은 사당에 고하고 나서 장가들어 아내를 얻었으니 마땅히 부인의 도리로써 그녀를 제재했어야 하는데 어찌하여 다시 사특한 생각을 끝까지 다하게 하여 齊나라에 가게 하였는가라고 하였으니, 다만 魯 환공이 文姜을 금지하고 제재하지 않은 것을 책망한 것이다."라고 여겼다. 정현은 鞠을 盈으로 여긴 것만 다르고 나머지는 같다.

【疏】 傳'藝樹' 至'得麻' ○ 正義曰：此云藝麻，后稷生民云"藝之荏菽"，大司徒云"教稼穡樹藝"，則樹藝皆種之別名，故云'藝猶樹也.' 在田逐禽，謂之獵，則獵，是行步踐履之名. 衡，古橫字也，'衡獵之'·'縱獵之'，謂旣耕而東西踐躡(섭)槩摩之也. 古者推耒耜(뇌사)而耕，不宜縱橫耕田，且書傳未有謂耕爲獵者，故知是摩獵之也.

傳의 〔藝樹〕에서 〔得麻〕까지

○ 正義曰：여기에서는 '麻를 심음'을 말하였는데，后稷을 〈높여 노래한〉〈大雅 生民〉에는 "콩을 심으시니〔藝之荏菽〕"라고 하였고，≪周禮≫〈地官 司徒〉大司徒에 "稼穡과 樹藝를 가르치니"라고 하였으니 樹와 藝는 모두 '種(심다)'의 별칭이다. 그리하여 '藝는 樹와 같다.'라고 한 것이다. 사냥에서 짐승 쫓는 것을 獵이라고 하니 그렇다면 獵은 걸으며 〈땅을〉 밟는 것의 명칭이다. 衡은 옛날의 橫字이니 '衡獵之'와 '縱獵之'는 밭을 간 뒤에 東西로 〈갈아놓은 이랑을〉 밟아가며 고무래로 밀어 고르는 것을 말한다. 옛날에 쟁기를 밀어 밭을 갈 적에 응당 종으로 횡으로 밭을 갈지 않았을 것이고 또 전해오는 글에 耕을 獵이라고 한 것이 없다. 그리하여 '獵'이 〈간 뒤에〉 밀어 고르는 것임을 안 것이다.

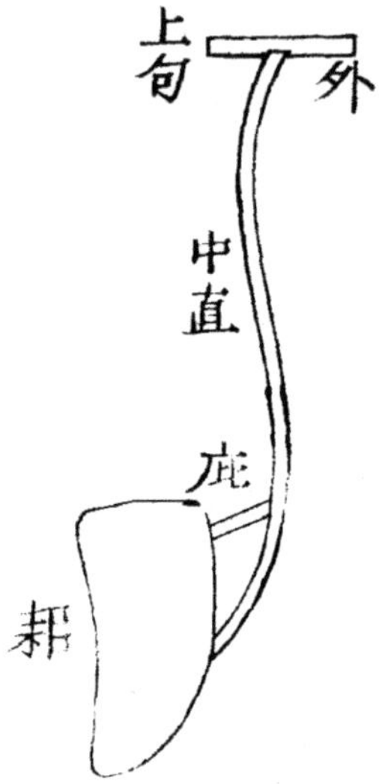

耒耜(≪五經圖彙≫)

【疏】 箋'取妻' 至'謂告' ○ 正義曰：傳以經云'必告父母'，嫌其唯告生者，故云'必告父母之廟'，箋又嫌其唯告於廟，故云'議於生者，卜於死者'，以足(주)之. 婚有納吉之禮，卜而得吉，使(시)告女家，是娶妻必卜之，士冠禮云"筮於廟門"，明卜亦在廟也. 曲禮云"男女非有行媒，不相知名." 故齊戒以告鬼神. 昭元年左傳說楚公子圍，將娶妻於鄭，其辭[1)]云"圍布几筵，告於莊恭之廟而來." 是娶妻自有告廟之法. 而箋必以爲卜者，以納吉爲六禮之一，故擧卜言之. 案婚禮受納采之禮云"主人筵於戶西"，注云"主人，女父也，筵，爲神布席也. 將以先祖之遺體許人，故受其禮於廟也." 其後諸禮皆轉以相似，則禮法皆告廟矣. 女家尙每事告廟，則夫家將行六禮，皆告於廟，非徒一卜而已. 明以卜爲大事，故特言之.

1) 其辭：公子 圍가 군대를 거느리고 와서 鄭나라 客館으로 들어가 신부를 맞이하겠다고 청하자 鄭人이 공격당할 것을 두려워하여 거절하였다. 이에 楚의 令尹이 太宰 伯州犁를 시켜 혼인하러 온 뜻으로 대답하게 한 내용이다.(≪春秋左氏傳≫ 昭公 원년)

箋의 〔取妻〕에서 〔謂告〕 까지

○ 正義曰 : 傳은 經文에서 말한 '반드시 부모에게 고하지〔必告父母〕'에 대하여 생존해 있는 부모에게만 고하는 것으로 여길까 염려하였다. 그리하여 '반드시 부모의 사당에 고하는 것이다.'라고 하였고 箋은 또 사당에만 고하는 것으로 여길까 염려하였다. 그리하여 '살아 있는 이에게 의논하고 죽은 이의 〈사당에서〉 거북점을 치니〔議於生者卜於死者〕'를 말하여 보충한 것이다. 혼례에는 納吉하는 예가 있는데 거북점을 쳐서 吉한 점괘를 얻으면 집사를 시켜 여인의 집에 고하게 하니 이것이 아내를 얻을 때에 반드시 거북점을 치는 것인데, ≪儀禮≫ 〈士冠禮〉에 "廟門에서 시초점을 친다."라고 하였으니 분명 거북점 또한 사당에서 치는 것이다.

≪禮記≫ 〈曲禮〉에 "사내와 여인은 중매를 보내지 않으면 서로 이름을 알지 못한다."라고 하였다. 그리하여 재계하고 귀신에게 고하는 것이다. ≪春秋左氏傳≫ 昭公 원년에 楚 公子 圍가 鄭나라 여인(公孫 段氏의 딸)에게 장가 들려 하던 일을 기술하였는데 〈楚의 太宰가 한 말에〉 "圍는 几筵을 설치하고 〈祖父인〉 莊王과 〈父인〉 恭王의 사당에 고하고 왔습니다."라고 하였으니, 이것이 아내를 맞이할 때에는 본래 사당에 고하는 법이 있는 것이다. 그런데 箋에서 굳이 卜으로 여긴 것은 納吉이 六禮 중의 하나이기 때문이다. 그리하여 卜을 들어 말한 것이다. ≪의례≫ 〈士昏禮〉의 納采를 받는 禮를 살펴보니 "主人은 문의 서쪽에 자리를 마련한다."라고 하였는데 그 注에 "主人은 여인의 아비이고 筵은 귀신을 위해 자리를 설치하는 것이다. 선조가 물려준 몸을 다른 이에게 허락하려 하므로 사당에서 그 예를 받는 것이다."라고 하였다. 그 뒤의 여러 예가 모두 서로 비슷하니 예법상 모두 사당에 고한다. 여인의 집에서도 오히려 매사에 사당에 고한다. 그렇다면 사내의 집에서 六禮를 행하려 할 때마다 매번 사당에 고하는 것이니, 한 번만 거북점을 치고 마는 것이 아니다. 여기에서는 분명 거북점을 치는 것을 大事를 위한 것으로 여겼다. 그리하여 특별히 말한 것이다.

【疏】 傳'鞫窮' ○ 正義曰 : 釋言文. 傳意當謂魯桓縱恣文姜, 使窮極邪意也.

傳의 〔鞫窮〕

○ 正義曰 : ≪爾雅≫ 〈釋言〉의 글이다. 傳의 뜻은 魯 桓公이 文姜을 방종하게 내버려 두어 사특한 생각을 마음껏 행하게 한 것을 말한 것으로 여긴 것이다.

【疏】箋'鞠盈'至'魯桓' ○ 正義曰：釋詁文. 箋以此責魯桓之辭, 不宜唯言文姜之窮極邪意, 故易傳以爲盈, 責魯桓之盈縱文姜, 不禁制之.

箋의 〔鞠盈〕에서 〔魯桓〕까지

○ 正義曰：≪爾雅≫ 〈釋詁〉의 글이다. 箋은 이 〈經文〉이 魯 桓公을 책망한 말이니 文姜이 사특한 생각을 마음껏 실행한 것만을 말하는 것은 마땅하지 않다고 여겼다. 그리하여 傳을 바꾸어 〈鞠을〉 '盈'이라 하여 노 환공이 문강을 마음껏 방종하게 하고 금하지 않은 것을 책망한 것으로 여긴 것이다.

析薪如之何오 匪斧不克이니라

장작을 패려면 어찌해야 하는가

도끼가 아니면 할 수 없다네

【傳】克은 能也라

克은 '가능함'이다.

【箋】箋云 此言析薪必待斧라야 乃能也라

箋云：이는 장작을 패려면 반드시 도끼가 있어야 가능함을 말한 것이다.

取妻如之何오 匪媒不得이니라

아내를 얻으려면 어찌해야 하는가

중매가 아니면 얻을 수 없다네

【箋】箋云 此는 言取妻必待媒라야 乃得也라

箋云：이는 아내를 얻으려면 반드시 중매를 통해야 마침내 얻을 수 있음을 말한 것이다.

旣曰得止어늘 曷又極止오

아내로 얻었는데

어찌 또 齊나라에 오게 하였는가

【傳】 極은 至也라

極은 '이름'이다.

【箋】 箋云 女既以媒得之矣어늘 何不禁制하여 而恣極其邪意하여 令至齊乎아하니 又非魯桓이라

箋云 : '여인을 이미 중매를 통해 얻었는데 어찌 또 금지하지 않아서 사특한 생각을 마음껏 하게 하여 齊나라에 오게 하였는가.'라고 하였으니, 또 魯 桓公을 비난한 것이다.

【疏】 '析薪' 至'極止' ○ 正義曰 : 言析薪之法如之何乎. 非用斧, 不能斫之, 以興娶妻之法如之何乎. 非使媒, 不能得之. 魯桓既曰使媒得之止, 宜以婦道禁之, 何爲窮極邪意, 而至齊止, 又責魯桓不禁制文姜也.

經의 〔析薪〕에서 〔極止〕까지

○ 正義曰 : '장작을 패는 방법은 어떤 것인가. 도끼를 쓰지 않으면 쪼갤 수 없음'을 말하여 '아내를 얻는 법은 어떤 것인가. 중매를 통하지 않으면 얻을 수 없음'을 興한 것이다. '魯 桓公이 이미 중매를 통해 아내를 얻었으면 마땅히 아내의 도리로 금지했어야 하는데 어찌하여 사특한 생각을 마음껏 실행하여 齊나라에 오게 하였는가.'라고 한 것이니, 또 노 환공이 文姜을 금지하지 않은 것을 책망한 것이다.

【疏】 傳'極 至' ○ 正義曰 : 釋詁文. 箋言'恣極邪意 令至齊'者, 申說極爲至之義, 恣解義之言, 非經中極也.

傳의 〔極至〕

○ 正義曰 : 《爾雅》 〈釋詁〉의 글이다. 箋에서 '恣極邪意 令至齊'라 한 것은 極이 '지극함〔至〕'의 뜻이 됨을 다시 설명한 것이고 〈'恣極'의〉 '恣'는 의미를 해석한 말이니 經文 속의 極이 아니다.

南山 四章이니 **章六句**라

〈南山〉 4章이니 章마다 6句이다.

甫田(보전)

【序】甫田은 **大夫刺襄公也**라 **無禮義而求大功**하고 **不脩德而求諸侯**하여 **志大心勞**하니 **所以求者 非其道也**라

〈甫田〉은 大夫가 襄公을 풍자한 것이다.

〈襄公〉이 禮와 義가 없으면서 큰 공을 바라고 덕을 닦지 않으면서 제후들의 지지를 요구하여 뜻만 커서 마음이 고달프니 〈이는〉 구하는 방법이 도리에 맞지 않았기 때문이다.

【疏】'甫田(三章章四句)' 至'其道' ○ 正義曰 : 甫田詩者, 齊之大夫所作, 以刺襄公也. 所以刺之者, 以襄公身無禮義而求己有大功, 不能自脩其德而求諸侯從己. 有義而後功立, 惟德可以來人, 今襄公無禮義・無德, 諸侯必不從之. 其志望大, 徒使心勞, 而公之所求者, 非其道也, 大夫以公求非其道, 故作詩以刺之. '求大功', 與'求諸侯', 一也, 若諸侯從之, 則大功克立, 所從言之異耳. '求大功'者, 欲求爲霸主也, 天子衰諸侯興, 故曰霸. 中候霸免注云 "霸, 猶把也, 把天子之事." 於時王室微弱, 諸侯無主, 齊是大國, 故欲求之.

〔甫田〕에서 〔其道〕까지

○ 正義曰 : 〈甫田〉의 詩는 齊의 대부가 지어 襄公을 풍자한 것이다.

풍자한 까닭은 양공이 자신은 禮와 義가 없으면서 큰 공을 세우기를 구하고 스스로의 덕을 닦지 못하면서 제후들이 자기를 따라주기를 요구하였다. 의리가 있은 후에 공이 세워지고 덕 있는 이만이 남을 오게 하는 것인데 지금 양공은 예와 의가 없고 덕도 없어 諸侯들이 필시 따르지 않을 것이다. 그런데 그의 뜻은 큰 것을 바라서 마음만 고달플 뿐이니 公이 추구하는 것이 올바른 도리가 아니었다. 〈이에〉 大夫가 公이 구하는 것이 올바른 도리가 아니기 때문에 시를 지어 풍자한 것이다. '求大功'과 '求諸侯'는 같은 뜻이니, 제후들이 따른다면 큰 공을 세우는 것인데 〈전제조건에〉 따라 말이 다른 것일 뿐이다. '求大功'은 霸主가 되기를 구함이니, 천자가 쇠미해지고 제후들이 강성해진 것이다. 그리하여 〈그런 제후를〉 霸라고 하는 것이다. ≪尙書中候≫ 〈霸免〉의

注에 "霸는 把와 같으니, 天子의 일을 장악하는 것이다."라고 하였으니, 당시에 왕실은 미약하고 제후들 중에는 맹주가 없어 齊가 大國이었기 때문에 제후들의 지지를 구하려 한 것이다.

【疏】 鄭以[1]國語云 "齊莊・僖, 於是乎小伯(패)." 韋昭曰 "小伯主諸侯盟會", 襄卽莊孫僖子, 以父祖已作盟會之長, 可以爲霸業之基, 又自以國大民衆, 負恃强力, 故欲求爲霸也, 至其弟桓公, 卽求而得之. 是齊國可以爲霸, 但襄公無德而不可求耳. 上二章, 刺其求大功, 卒章, 刺其不能脩德, 皆言其所求非道之事. 勞心忉(도)忉, 是志大心勞.

1) 鄭以 : 아래 경문의 箋에서 '덕이 없으면서 제후들의 지지를 구하여 마음만 수고롭고 애탈 뿐이다.'라고 한 鄭玄의 주석에 대하여 孔穎達이 여기에 ≪國語≫를 인용하여 해설을 붙인 것으로 보인다.

鄭玄은, "≪國語≫ 〈鄭語〉에 '齊의 莊公과 僖公이 이때 小伯가 되었다.'라고 하였는데 韋昭는 注에서 '小伯가 諸侯들의 회맹을 주관하였다.'라고 하였다. 襄公은 곧 莊公의 손자이고 僖公의 아들로서 父와 祖가 회맹의 우두머리가 되었으니, 이는 霸業을 이룰 만한 기반이고 게다가 나라가 크고 백성이 많기 때문에 그 강력함을 자부하였다. 그리하여 패자가 되고자 한 것이다. 그의 아우 桓公 때에 이르러서 〈패자 되기를〉 구하여 될 수 있었으니, 이는 齊나라가 패자가 될 수 있었는데 다만 양공이 덕이 없어서 구할 수가 없었을 뿐이다."라고 한 것으로 여겼다. 위 두 章은 큰 공을 추구함을 풍자한 것이고 마지막 章은 그가 덕을 닦지 못함을 풍자한 것이니 모두 구하는 것이 도리에 맞지 않음을 말한 것이다. 〈아래의〉 '마음만 수고롭고 애가 타리라〔勞心忉忉〕'는 '뜻만 커서 마음이 고달픈 것〔志大心勞〕'이다.

無田甫田이어다 維莠驕驕리라

큰 밭 일구지 말지어다
잡초만 우북하리라

【傳】 興也라 甫는 大也라 大田過度而無人功이면 終不能獲이라

興이다. 甫는 '큼'이다. 한도를 넘는 큰 밭에 사람의 공력이 없으면 끝내 수확할 수 없는 것이다.

莠(≪毛詩品物圖攷≫)

【箋】 箋云 興者는 喩人君欲立功致治면 必勤身脩德이니 積小以成高大라

箋云 : 興한 것은 人君이 공을 세우고 잘 다스리고자 한다면 반드시 몸을 수고롭게 하고 덕을 길러야 하니 작은 공을 쌓아 큰 것을 이룸을 비유한 것이다.

無思遠人이어다 勞心怛怛리라

먼 데 사람 그리워하지 말지어다
마음만 수고롭고 애가 타리라

【傳】 怛怛는 憂勞也라

怛怛는 근심하고 수고로운 것이다.

【箋】 〈箋云〉[1] 言無德而求諸侯니 徒勞其心怛怛耳라

1) 〈箋云〉 : 저본의 교감기에 따라 보충하여 번역하였다.

덕이 없으면서 제후들의 지지를 구하니 마음만 수고롭고 애탈 뿐임을 말한 것이다.

【疏】 '無田' 至'怛怛' ○ 正義曰 : 上田, 謂墾耕, 下田, 謂土地. 以襄公所求, 非道, 故設辭以戒之, 言人治田, 無得田此大田. 若大田過度, 力不充給, 田必蕪穢, 維有莠草驕驕然, 以喩公無霸德, 思念遠人, 若思彼遠人, 德不致物, 人必不至, 維勞其心怛怛然. 言人之欲種田求穀, 必準功治田, 穀乃可獲, 喩人君欲立功致治, 必勤身脩德, 功乃可立, 無德而求諸侯, 徒勞其心也, 責襄公之妄求諸侯也.

經의 〔無田〕에서 〔怛怛〕까지

○ 正義曰 : 앞의 田字는 '경작함'이고 뒤의 田字는 '토지'이다. 襄公이 구하는 것이 올바른 도가 아니었다. 그리하여 가설하여 경계해서 '사람이 밭을 일굴 때 〈감당키 어려운〉 이런 큰 밭은 일구지 말아라. 만약 지나치게 큰 밭이라면 힘이 충분하지 않아서 밭은 필시 묵어 잡초들만 무성하게 자라게 될 것'임을 말하여 '양공이 패자의 덕이 없는데 먼 데 있는 사람을 그리워하니 먼 데 사람을 그리워하면서 덕이 미치지 않으면 필시 인물들은 오지 않고 마음만 수고롭고 애탈 뿐'임을 비유한 것이다. 사람이 밭에 농사를 지어 곡식을 구하려 한다면 반드시 공력에 맞는 밭을 경작해야 마침내 곡식을

수확할 수 있음을 말하여 人君이 공을 세우고 나라를 다스리려면 반드시 그 몸을 부지런히 움직이고 덕을 길러야 공을 세울 수 있는데 덕이 없으면서 제후들의 지지를 구하여 마음만 수고롭게 함을 비유하였으니 양공이 헛되이 제후들의 지지를 구함을 책망한 것이다.

【疏】 傳'甫田' 至'能獲' ○ 正義曰 : '甫 大', 釋詁文. 言'無田甫田', 猶多方云 "宅爾宅, 田爾田[1]." 今人謂佃食, 古之遺語也. 禁人言 "無田甫田", 猶下句云 "無思遠人", 無田與無思, 相對爲喩. 周禮授民田 "上地, 家百畝, 中地, 家二百畝, 下地, 家三百畝.[2]" 謂其人力堪治, 故禮以此爲度. 過度, 謂過此數而廣治田也.

1) 田爾田 : '無田甫田'에서 앞의 田이 '경작하다'는 의미로 쓰인 것의 예로 든 것이다. ≪尙書≫ 〈多方〉에는 "畋爾田"으로 되어 있다. 周에 반란한 나라에게 법에 의거하여 그 집에 못을 파고 토지를 환수하게 하였는데 복종하지 않고 여전히 그 집에 살고 그 토지를 경작하는 것에 대하여 어찌 왕실에 순종하지 않는지를 꾸짖는 내용의 일부이다.

2) 上地……家三百畝 : 백성에게 땅을 제공할 때 한 집의 식구가 7인(노동인구는 3人)이면 上地를, 6인(노동인구는 2.5人)이면 中地를, 5인(노동인구는 2人)이면 下地를 나누어 주었다. 토지에 9등급이 있는데 여기의 상·중·하는 중급 안에서의 상·중·하이다.(≪周禮≫ 〈地官 司徒〉)

傳의 〔甫田〕에서 〔能獲〕까지

○ 正義曰 : '甫 大'는 ≪爾雅≫ 〈釋詁〉의 글이다. '無田甫田'이라 한 것은 ≪尙書≫ 〈多方〉의 "〈아직도〉 너희 집에 살며 너희 토지를 경작하니〔田爾田〕"의 田과 같다. 지금 사람들은 〈'경작하다'의 田을〉 '佃食'이라 하니 예로부터 전해오는 말이다. 남에게 금지하는 말로 '無田甫田'이라 한 것이 아래 구에 '無思遠人'이라 한 것과 같으니 '無田'과 '無思'는 상대하여 비유한 것이다. ≪周禮≫ 〈地官 司徒〉에 民田을 제공하되 "上地는 가구당 百畝이고 中地는 가구당 2百畝이고 下地는 가구당 3百畝이다."라고 한 것은 〈각 가구의〉 인력이 경작해낼 수 있는 〈토질에 따른 넓이를〉 말한 것이다. 그리하여 禮에서 이로써 한도를 정한 것이다. '過度'는 이 수치를 넘어 더 넓게 토지를 경작하는 것이다.

【疏】 傳'忉忉憂勞' ○ 正義曰 : 釋訓云 "忉忉, 憂也." 以言勞心, 故云憂勞也.

傳의 〔忉忉憂勞〕

○ 正義曰 : ≪爾雅≫ 〈釋訓〉에 "忉忉는 근심하는 것이다."라고 하였으니 마음을 수

고롭게 하는 것을 말한다. 그리하여 '憂勞'라고 한 것이다.

無田甫田이어다 維莠桀桀하리라

큰 밭 일구지 말지어다
잡초만 무성하리라

【傳】 桀桀은 猶驕驕也라

桀桀은 驕驕와 같다.

無思遠人이어다 勞心怛(달)怛하리라

먼 데 사람 그리워하지 말지어다
마음만 수고롭고 애가 타리라

【傳】 怛怛은 猶忉忉也라

怛怛은 忉忉와 같다.

婉兮孌兮여 總角丱(관)兮를

앳되고 어여쁘던
총각머리 동자를

未幾見兮면 突而弁兮로다

얼마 지나지 않아 만나보면
돌연 冠을 쓰고 있다네

【傳】 婉孌은 少好貌라 總角은 聚兩髦(모)也라 丱은 幼穉(치)也요 弁은 冠也라

婉孌은 앳되고 어여쁜 모습이다. 總角은 양 갈래로 머리를 묶어 〈상투를 튼〉 것이다. 丱은 어린 것이고 弁은 冠이다.

【箋】 箋云 人君內善其身하고 外修其德하면 居無幾何에 可以立功이니 猶是婉孌之童子 少自脩飾하여 丱然而稚러니 見之無幾何엔 突耳加冠爲成人也라 ○ 總은 本又作摠이라 見兮는 一本作見之라 突은 方言云 凡卒相見謂之突이라

箋云 : 人君이 안으로 자신을 선하게 하고 밖으로 덕을 쌓으면 얼마 지나지 않아 공을 세울 수 있는 것이니, 마치 앳되고 어여쁜 동자가 어려서 스스로를 꾸며 쌍상투를 틀고 앳되더니 얼마 되지 않아 만나보면 돌연 冠을 쓴 성인이 되어 있는 것과 같은 것이다.

○ 總은 摠으로 되어 있는 본도 있다. '見兮'는 '見之'로 되어 있는 본이 있다. 突은 ≪方言≫에 "갑자기 만나보는 것을 突이라 한다."라고 하였다.

【疏】 '婉兮' 至'弁兮' ○ 正義曰 : 言有童子婉然而少, 孌然而好兮, 總聚其髮, 以爲兩角丱然兮, 幼稚如此. 與別, 未經幾時而更見之, 突然已加冠弁爲成人兮. 言童子少自脩飾, 未幾時而卽得成人, 以喩人君能善身修德, 未幾時而可以立功. 今君不修其德, 欲求有功, 故刺之.

經의 〔婉兮〕에서 〔弁兮〕까지

○ 正義曰 : 앳되고 어여쁜 동자가 있었는데 머리카락을 묶어 〈머리〉 양쪽으로 상투를 틀어 어린 모습이 이와 같았다. 그와 헤어지고 얼마 되지 않아 다시 만나보면 돌연 이미 冠弁을 쓴 성인이 되어 있는 것을 말한 것이다. 동자가 어려서 자신을 〈쌍상투로〉 꾸몄었는데 얼마 지나지 않아 바로 성인이 되어 있는 것을 말하여 人君이 자신을 잘 수양하고 덕을 기르면 얼마 지나지 않아 공을 세울 수 있음을 비유한 것이다. 지금 군주가 덕은 기르지 않고 공 세우기를 구하였다. 그리하여 풍자한 것이다.

【疏】 傳'婉孌' 至'弁 冠' ○ 正義曰 : 候人傳曰 "婉, 少貌, 孌, 好貌." 此幷訓之, 故言少好貌. 內則云 "男女未冠笄(계)者, 總角, 衿纓." 冠所以覆髮, 未冠則總角, 故知'總角 聚兩髦', 言總聚其髦, 以爲兩角也. 丱兮與總角, 共文, 故爲幼稚. 周禮, 掌冠冕者, 其職謂之弁師, 則弁者, 冠之大號, 故爲'弁冠也'. 士冠禮及冠義記士之冠云 "始加緇布冠, 次加皮弁, 次加爵弁, 三加而後字之, 成人之道也." 然則士有三加冠, 此言'突若弁兮', 指言童子成人加冠而已, 不主斥其一冠也. 若猶耳也, 故箋言'突耳[1]加冠爲成人', 猗嗟'頎若[2]', 言若者, 皆然耳之義, 古人語之異耳.

1) 突耳 : 經文의 '突而'는 정현이 본 本에는 '突若'으로 되어 있었던 듯하다. 若과 耳가 통용되므로 經의 '突若'을 '突耳'로 箋한 것을 말한다.
2) 頎若 : 저본의 〈猗嗟〉편에는 '頎而'로 되어 있다.

傳의 〔婉孌〕에서 〔弁冠〕까지

○ 正義曰 : 〈曹風 候人〉의 傳에 "婉은 어린 모습이고 孌은 어여쁜 모습이다."라고 하였는데 여기는 〈婉과 孌을〉 아울러서 訓하였다. 그리하여 '少好貌'라 한 것이다. ≪禮記≫ 〈內則〉에 "아직 冠禮나 笄禮를 치루지 않은 남녀는 총각머리를 하고 纓을 찬다."라고 하였는데 冠은 머리를 덮는 것이니 冠을 하기 전에는 總角을 한다. 그리하여 '總角이 양갈래로 머리를 묶어 〈상투를 튼 것〉'임을 안 것이니, 머리를 묶어서 양쪽에 뿔처럼 뾰족하게 만드는 것을 말한다. '丱兮'와 '總角'은 같은 뜻의 글이다. 그리하여 〈'丱'〉을 '어리다'로 여긴 것이다. ≪周禮≫에서 冠冕을 담당하는 자는 그 직책을 弁師라 한다. 그렇다면 弁은 冠의 〈종류를〉 아우르는 명칭이다. 그리하여 '弁은 冠이다.〔弁冠也〕'라고 한 것이다. ≪儀禮≫ 〈士冠禮〉 및 ≪禮記≫ 〈冠義〉에서 士의 冠禮에 대해 기술하면서 "처음에는 緇布冠을, 두 번째는 皮弁을, 그 다음에는 爵弁을 씌어 준다. 三加禮를 한 후에 字를 지어주니 성인이 되는 절차이다."라고 하였으니, 그렇다면 士에게는 세 번 加冠하는 예가 있는데 여기에서 '돌연 冠을 썼네'라고 한 것은 동자가 성인으로 加冠한 일을 가리켜 말한 것일 뿐이지 하나의 冠을 위주로 지적한 것이 아니다. 〈'突若弁兮'의〉 '若'은 耳와 같다. 그리하여 箋에서 '돌연 관을 쓴 성인이 되어 있다.〔突耳加冠爲成人〕'라 하고 〈齊風 猗嗟〉에서 '頎若'에 若을 말한 것은 모두 '그러한 모습〔然耳〕'의 뜻이니 옛사람들의 어투의 차이일 뿐이다.

皮弁(≪三才圖會≫)

甫田 三章이니 章四句라

〈甫田〉 3章이니 章마다 4句이다.

盧令(노령)

【序】盧令은 **刺荒也**라 **襄公**이 **好田獵**하여 **畢弋**(익)**而不脩民事**하니 **百姓苦之**라 **故陳古以風焉**이라

〈盧令〉은 〈정사가〉 황폐해짐을 풍자한 시이다.

襄公이 사냥하기를 좋아하여 그물 치고 주살질만 하고 민생을 돌보지 않으니 백성들이 괴로워 하였다. 그리하여 옛날 일을 말하여 풍자한 것이다.

【箋】畢은 **噣**(독)[1]**也**라 **弋**은 **繳射**(작석)**也**라 ○ **噣**은 **本亦作濁**이라 **畢**은 **星名**이라

1) 噣(독) : 畢星의 별칭이다. 또 다른 뜻으로 '새가 먹이를 쪼는 것〔鳥啄食〕'이라고 할 때는 음이 '작〔直角反〕'이다.

畢은 噣이다. 弋은 주살로 쏘는 것이다.

○ 噣은 濁으로 되어 있는 본도 있다. 畢은 별자리 이름이다.

【疏】'盧令(三章章二句)' 至'風焉' ○ 正義曰 : 作盧令詩者, 刺荒也. 所以刺之者, 以襄公性好田獵, 用畢以掩兎, 用弋以射雁, 好此遊田逐禽, 而不脩治民之事, 國內百姓, 皆患苦之, 故作是詩, 陳古者田獵之事, 以風刺襄公焉. 經三章, 皆言有德之君, 順時田獵, 與百姓共樂之事.

序의 〔盧令〕에서 〔風焉〕까지

○ 正義曰 : 〈盧令〉 詩를 지은 것은 〈정사가〉 황폐해진 것을 풍자한 것이다.

풍자한 까닭은 襄公의 천성이 사냥을 좋아하여 그물로 토끼를 잡고 주살로 기러기를 잡았으니 이와 같이 짐승 사냥을 좋아하고 민생을 돌보지 않자 나라 안의 백성들이 모두 걱정하고 괴로워하였기 때문이다. 그리하여 이 시를 지어 옛날에 사냥하던 일을 기술하여 양공을 풍자한 것이다. 經文 세 장은 모두 덕이 있는 군주가 때에 맞게 사냥하여 백성과 즐거움을 함께 하던 일을 말한 것이다.

【疏】箋'畢 噣 弋 繳射' ○ 正義曰 : 釋天云 "噣, 謂之畢." 李巡曰 "噣, 陰氣獨起, 陽氣必止, 故曰畢, 畢, 止也." 孫炎曰 "掩兎之畢, 或謂之噣, 因名星云." 郭璞曰 "掩兎之畢,

或呼爲噣, 因星形以名之." 月令注云 "網小而柄長, 謂之畢." 然則此器形似畢星, 孫謂以網名畢, 郭謂以畢名網, 郭說是也. (出)〔用〕[1]繩繫矢而射鳥, 謂之繳射(작석)也.

1) (出)〔用〕: 북경대본과 문맥에 따라 '用'으로 번역하였다.

箋의 〔畢 噣 弋 繳射〕

○ 正義曰 : ≪爾雅≫ 〈釋天〉에 "噣은 畢이라고 한다."라고 하였는데 李巡은 "噣은, 陰氣가 단독으로 일어나면 陽氣가 반드시 그치기 때문에 畢이라고 한 것이니 畢은 '그침'이다."라고 하고 孫炎은 "토끼 잡는 그물이니 혹 噣이라고도 하는데 이로써 별자리 이름을 지은 것이다."라고 하고 郭璞은 "토끼 잡는 그물이니 혹 噣이라고도 하는데 별자리 모양이므로 별자리 이름으로 그물 이름을 지은 것이다."라고 하고 ≪禮記≫ 〈月令〉의 注에서 "그물의 망이 작고 자루가 긴 것을 畢이라고 한다."라고 하였다. 그렇다면 이 도구의 모양이 畢星과 비슷하다. 그런데 손염은 그물로 畢星을 이름한 것이라 하고, 곽박은 畢星으로 그물을 이름한 것이라고 한 것이니 곽박의 말이 옳다. 끈을 화살에 매어 새를 쏘는 것을 '繳射'이라고 한다.

盧令令하니 其人美且仁이로다

사냥개 목줄 고리 소리 짤랑짤랑
그이는 아름답고도 인자하였네

【傳】 盧는 田犬이라 令令은 纓環聲이라 言人君能有美德하여 盡其仁愛하니 百姓欣而奉之하여 愛而樂(요)之라 順時遊田하여 與百姓共其樂하고 同其獲이라 故百姓聞하고 而說(열)之其聲令令然이라

盧는 사냥개이다. 令令은 '목줄의 고리 소리'이다. 군주가 아름다운 덕을 지녀 인자함을 다하니 백성들이 기뻐하여 그를 받들어 사랑하고 좋아한 것을 말한 것이다. 그가 때에 맞게 사냥하여 백성과 더불어 그 즐거움을 함께하고 잡은 것을 같이 나누었다. 그리하여 백성들이 듣고 그 소리가 짤랑거리는 것을 좋아한 것이다.

【疏】 '盧令'至'且仁' ○ 正義曰 : 言古者, 有德之君, 順時田獵, 與百姓共樂同獲, 百姓聞而悅之, 言吾君之盧犬, 其環鈴鈴然爲聲, 又美其君, 言吾君其爲人也, 美好且有仁恩. 言古者, 賢君田獵, 百姓愛之, 刺今君田獵, 則百姓苦之.

經의 〔盧令〕에서 〔且仁〕까지

○ 正義曰 : 옛날에 덕 있는 군주가 때에 맞게 사냥하여 백성과 즐거움을 함께 하고 사냥한 짐승을 나누니, 백성이 〈사냥하는 소리를〉 듣고 기뻐하여 우리 임금의 사냥개는 그 목에 건 방울이 짤랑짤랑 소리가 난다고 하고 또 그 군주를 찬미하여 우리 임금의 사람됨은 아름답고도 인자하다고 한 것을 말한 것이다. 옛날에 어진 군주가 사냥을 하면 백성들이 좋아하던 것을 말하여 지금은 군주가 사냥을 하면 백성들이 괴로워하는 것을 풍자한 것이다.

【疏】傳'盧田' 至'令令然' ○ 正義曰 : 犬有田犬・守犬. 戰國策云 "韓國盧, 天下之駿犬也, 東郭逡, 海內之狡兎. 韓盧逐東郭, 遶山三, 越岡五, 兎極於前, 犬疲於後, 俱爲田父之所獲." 是盧爲田犬也. 此言鈴鈴, 下言環鋂(매), 鈴鈴, 卽是環鋂聲之狀. 環在犬之頷(함)下, 如人之冠纓然, 故云'纓環聲'也.

傳의 〔盧田〕에서 〔令令然〕까지

○ 正義曰 : 개에는 사냥하는 개와 집 지키는 개가 있다. ≪戰國策≫에 "韓나라의 盧는 천하에서 뛰어난 개이고 東郭의 逡은 海內에서 영리한 토끼이다. 韓나라의 盧가 東郭의 逡을 좇아 산을 세 번 돌고 산등성이를 다섯 번 넘으니, 토끼는 앞에서 쓰러지고 개는 뒤에서 지쳐 〈결국〉 모두 사냥꾼의 포획물이 되고 말았다."라고 하였으니 이 盧가 사냥개이다. 여기에서는 '鈴鈴'을 말하고 아래에서는 '環'과 '鋂'를 말하였으니 鈴鈴은 곧 목줄의 고리에서 나는 소리를 형상한 것이다. 고리가 개의 턱 아래에 있어 마치 사람의 갓끈과 같다. 그리하여 '목줄의 고리 소리이다.'라고 한 것이다.

【疏】'言人君有美德'以下, 言百姓所以悅君之意, 孟子(謂)[1]梁惠王曰 "今王田獵於此, 百姓聞王車馬之音, 見羽旄之美, 擧疾首蹙頞(축알)而相告曰 '吾王好田獵, 夫何使我至於此極也, 父子不相見, 兄弟妻子離散.' 此, 無他, 不與民同樂也, 今王田獵於此, 百姓聞王車馬之音, 見羽旄之美, 擧忻忻然有喜色而相告曰 '吾王, 庶幾無疾病與. 何能田獵也.' 此, 無他, 與民同樂也." 則百姓悅之也.

1) (謂) : 저본의 교감기에 따라 衍字로 처리하였다.

'言人君有美德'으로부터 아래는 백성들이 군주를 좋아하는 뜻을 말한 것이니, ≪孟子≫ 〈梁惠王〉에 "지금 王께서 여기에서 사냥을 하는데 백성들이 왕의 수레 소리를 듣고 깃털 달린 깃발의 아름다움을 보고는 모두 머리 아파하고 이마를 찡그리며 서로 말하기를 '우리 왕이 사냥을 좋아하심이여. 어찌 우리로 하여금 이런 곤궁함에 이르러 부자간이 서로 만나지 못하고 형제와 처자가 뿔뿔이 흩어지게 하는가.'라고 한다면 이는 다름이 아니라 〈왕께서〉 백성과 즐거움을 함께하지 않기 때문이고, 지금 왕께서 여기에서 사냥을 하는데 백성들이 수레 소리를 듣고 깃털 달린 깃발의 아름다움을 보고는 모두 흐뭇하게 기뻐하는 기색을 띠면서 서로 말하기를 '우리 왕이 병이 없으시구나. 어쩌면 저리도 사냥을 잘하실꼬.'라고 한다면 이는 다름이 아니라 왕께서 백성과 즐거움을 함께하기 때문입니다."라고 하였으니, 이는 곧 백성이 그를 좋아하는 것이다.

盧重環이요

사냥개는 겹 고리

【傳】 重環은 子母環也라

重環은 큰 고리와 작은 고리이다.

其人美且鬈(권)이로다

그이는 아름답고 씩씩하였네

【傳】 鬈은 好貌라

鬈은 멋진 모습이다.

【箋】 箋云 鬈은 讀當爲(權)〔拳〕[1]이니 (權)〔拳〕은 勇壯也라 ○ 鬈은 說文云 髮好貌라

1) (權)〔拳〕: 저본의 교감기에 따라 拳으로 번역하였다. 아래도 같다.

箋云: 鬈은 拳으로 읽어야 하니 拳은 씩씩한 모습이다. ○ 鬈은 ≪說文解字≫에는 "머리카락이 멋진 모습이다."라고 하였다.

【疏】 箋'鬈讀'至'勇壯' ○ 正義曰：箋以"諸言且者, 皆辭兼二事, 若鬈是好貌, 則與美是一也. 且仁且偲, 既美而復有仁才, 則且鬈不得爲好貌." 故易之. 巧言云 '無拳無勇', 其文相連, 是鬈爲勇壯也. 以君能盡其仁愛, 與百姓同樂, 故美其且仁, 以君身有勇壯, 能捕取猛獸, 故美其且鬈, 以君善於射御, 多有才能, 故美其且偲, 皆是獵時之事, 故歷言之. 大叔于田敍云 "叔多才而好勇", 亦謂獵時有才勇也.

箋의 〔鬈讀〕에서 〔勇壯〕까지

○ 正義曰：箋은 "且를 말하는 대부분의 경우는 모두 말이 두 가지 일을 겸하니 만약 鬈이 〈傳에서 말한〉 '멋진 모습'이라면 앞의 '美'와 같은 뜻이다. 그런데 〈經文의〉 '且仁'과 '且偲'는 아름다운데다 또 어질고 재주가 있다는 것이니 그렇다면 '且鬈'은 멋진 모습이 될 수 없다."라고 여겼다. 그리하여 〈씩씩한 모습으로〉 바꾼 것이다. 〈小雅 巧言〉에서 말한 '힘도 없고〔無拳〕'와 '용맹도 없다〔無勇〕'는 글이 서로 이어져 있으니 이것이 鬈이 '씩씩한 모습'이 되는 것이다. 군주가 仁愛를 다하여 백성과 즐거움을 함께 하였다. 그리하여 그가 인자하기도 함을 찬미하고, 군주 자신이 용맹한 덕이 있어 맹수를 잘 잡았다. 그리하여 그가 씩씩하기도 함을 찬미하고, 군주가 활쏘기와 말타기를 잘하여 재능이 많았다. 그리하여 재주도 있음을 찬미한 것이니 이는 모두 사냥할 때의 일이므로 〈經文에서〉 차례로 말한 것이다. 〈鄭風 大叔于田〉의 序에서 "共叔이 재주가 많고 용맹을 좋아하였다.〔叔多才而好勇〕"라고 하였으니 이 또한 사냥할 때에 재주와 용맹이 있음을 말한 것이다.

盧重鋂요

사냥개는 이중 고리

【傳】 鋂는 一環에 貫二也라

鋂는 고리 하나에 〈다른 고리〉 두 개를 끼운 것이다.

其人美且偲(시)로다

그이는 아름답고 재주 있었네

【傳】偲는 才也라

偲는 '재능'이다.

【箋】箋云 才는 多才也라 ○ 偲는 說文云强也라

箋云 : 才는 재능이 많은 것이다.

○ 偲는 ≪說文解字≫에는 "강함이다."라고 하였다.

【疏】傳'鋂 一環貫二' ○ 正義曰： 上言重環, 謂環相重, 故知謂'子母環', 謂大環貫一小環也. 重鋂與重環別, 則與子母之環文當異, 故知'一環貫二', 謂一大環貫二小環也. 說文亦云 "鋂, 環也, 一環貫二."

傳의 〔鋂 一環貫二〕

○ 正義曰： 위에서 말한 '重環'은 고리가 서로 겹친 것을 말한다. 그래서 '子母環'을 말한 것임을 안 것이니, 큰 고리에 작은 고리 하나를 끼운 것을 말한다. '重鋂'와 '重環'을 구별하여 썼으니 그렇다면 '큰 고리와 작은 고리〔子母之環〕'와는 글이 당연히 다르다. 그리하여 '一環貫二'임을 안 것이니, 하나의 큰 고리에 작은 고리 두 개를 끼운 것을 말한 것이다. ≪說文解字≫에도 "鋂는 고리인데, 하나의 고리에 두 개의 고리를 끼운 것이다."라고 하였다.

盧令 三章이니 章二句라

〈盧令〉 3章이니 章마다 2句이다.

敝笱(폐구)

【序】敝笱는 刺文姜也라 齊人이 惡(오)魯桓公微弱하여 不能防閑文姜하여 使至淫亂하여 爲二國患焉이라 ○ 敝는 本又作弊니 敗也라 笱는 取魚器也라

〈敝笱〉는 文姜을 풍자한 시이다.

齊나라 사람들이 魯 桓公이 미약하여 문강을 막지 못하여 음란한 행실을 하여 두

나라의 근심이 되게 한 것을 미워한 것이다.

○ 敝는 弊로 되어 있는 본도 있으니 '해짐'이다. 통발〔笱〕은 물고기 잡는 도구이다.

【疏】'敝笱'(三章章四句)至'患焉' ○ 正義曰：作敝笱詩者, 刺文姜也. 所以刺之者, 文姜 是魯桓夫人, 齊人惡魯桓公爲夫微弱, 不能防閑文姜, 使至於齊, 與兄淫亂, 爲二國之患焉, 故刺之也. 文姜淫亂, 由魯桓微弱, 使然, 經三章, 皆是惡魯桓, 以刺文姜之辭. 夏官虎賁氏云"舍, 則守王閑." 注云"舍, 王出所止宿處也, 閑, 梐枑(폐호)也." 天官掌舍, "掌王之會同之舍, 設梐枑再重." "杜子春云 '梐枑[1]謂行馬.' 玄謂行馬再重者, 以周衛有外內列." 周衛, 防守之物, 名之曰閑, 則閑亦防禁之名, 故此及猗嗟之序, 皆防閑竝言之也. 齊則襄公通妹, 魯則夫人外淫, 桓公見殺於齊襄公, 惡名不滅, 是'爲二國患'也. 文姜旣嫁於魯, 齊人不當刺之, 由其兄與妹淫, 齊人惡君而復惡文姜, 亦所以刺君, 故編之爲襄公詩也.

1) 杜子春云梐枑：≪周禮注疏≫에는 '杜子春讀爲梐枑'로 되어 있다.

序의 〔敝笱〕에서 〔患焉〕까지

○ 正義曰：〈敝笱〉 詩를 지은 것은 文姜을 풍자한 것이다.

풍자한 까닭은 문강이 魯 桓公의 부인인데도, 노 환공이 남편으로서 미약하여 문강을 막지 못하여 齊나라에 가서 오라비와 음란한 행실을 하여 두 나라의 근심이 되게 한 것을 齊나라 사람들이 미워하였기 때문이다. 그리하여 풍자한 것이다. 문강이 음란한 것은 노 환공이 미약하여 그렇게 되게 한 것이니, 經文 세 章은 모두 노 환공을 미워하여 문강을 풍자한 말이다. ≪周禮≫ 〈夏官 司馬〉 虎賁氏에 "舍는 왕을 지키는 목책이다."라고 하였는데 注에 "舍는 왕이 〈會同할 때에〉 나가 유숙하는 곳이고, 閑은 울로 친 목책이다."라고 하고, ≪周禮≫ 〈天官 冢宰〉 掌舍에 "왕이 회동할 때의 막사를 담당하니 목책을 이중으

行馬(≪三才圖會≫)

로 설치한다.”라고 하였는데 〈鄭玄의 注에〉 “杜子春이 ‘梐枑는 行馬(사람과 말의 통행을 막는 목책)이다.’라고 하였으니 내가 생각건대 行馬를 이중으로 친다는 것은 周衛(주변을 호위하는 사물)가 안쪽 열과 바깥쪽 열이 있는 것이다.”라고 하였다. 周衛는 차단하여 지키는 물건이므로 閑이라고 한 것이니, 곧 閑도 막고 금하는 것을 가리키는 말이다. 그리하여 이곳과 〈齊風 猗嗟〉의 序에서 모두 ‘防’과 ‘閑’을 나란히 말한 것이다. 齊나라는 襄公이 누이와 간통하고 魯나라는 부인이 밖으로 음란하여 결국 환공이 齊 襄公에게 살해되어 악명이 없어지지 않게 되었으니, 이것이 ‘두 나라 모두의 근심거리가 된 것’이다. 문강이 魯나라에 시집갔으니 齊나라 사람들은 그녀를 풍자해서는 안되는데 오라비와 누이가 간통하였으므로 齊나라 사람들이 군주를 미워하고 다시 문강을 미워하였으니 이 역시 군주를 풍자한 것이다. 그리하여 양공을 풍자한 詩에 편차한 것이다.

敝笱在梁하니 **其魚魴鰥**(방환)이로다

어량에 있는 해진 통발에
고기는 魴魚와 鰥魚로세

【傳】 興也라 鰥은 大魚라

興이다. 鰥은 큰 물고기이다.

魴魚(≪毛詩名物圖說≫)

鰥魚(≪毛詩名物圖說≫)

【箋】 箋云 鰥(환)은 魚子也니 魴也와 鰥也는 魚之易(이)制者라 然而敝敗之笱로 不能制라 興者는 喩魯桓微弱하여 不能防閑文姜하여 終其初時之婉順이라

箋云 : 鰥은 물고기 새끼이니, 魴과 鰥은 잡기 쉬운 물고기이다. 그러나 해진 통발로는 잡을 수 없다. 興한 것은 魯 桓公이 미약하여 文姜을 막아 처음 시집왔을 때의 온순함을 끝까지 지키게 하지 못한 것을 비유한 것이다.

齊子歸止에 **其從如雲**이로다

齊나라 여인 시집가던 때에
따르는 이들 구름같았네

【傳】 如雲은 言盛也라

如雲은 많음을 말한다.

【箋】 箋云 其從은 姪娣之屬이라 言文姜初嫁于魯桓之時에 其從者之心意如雲然이라 雲之行順風耳니 後知魯桓微弱하여 文姜遂淫恣하여 從者亦隨之爲惡이라

箋云：따르는 이는 姪娣의 무리들이다. '文姜이 처음 魯 桓公에게 시집갈 때에 따르는 이들의 마음이 구름과 같았다. 구름은 바람에 순응하여 흘러갈 뿐이니 뒤에 노 환공이 미약하여 文姜이 마침내 음란하고 방탕한 것을 알고서 따르는 이들도 그녀를 따라 악행을 한 것'을 말한 것이다.

【疏】 '敝笱'至'如雲' ○〔正義曰〕[1]：毛以爲 "笱者, 捕魚之器. 弊敗之笱, 在於魚梁, 其魚乃是魴鰥之大魚, 非弊敗之笱所能制, 以喩微弱之君, 爲其夫婿, 其妻乃是强盛之齊女, 非微弱之夫所能制, 刺魯桓之微弱, 不能制文姜也. 又言文姜難制之意, 齊子文姜初歸於魯國止, 其從者庶姜庶士, 其數衆多如雲然, 以此强盛, 故魯桓不能禁也."

1)〔正義曰〕：편집체제에 따라 보충하여 번역하였다.

經의 〔敝笱〕에서 〔如雲〕까지

○ 正義曰：毛亨은 "통발은 고기를 잡는 도구이다. 해진 통발이 어량에 있는데 고기는 魴魚와 鰥魚 등의 큰 물고기들이니 해진 통발로 잡을 수 있는 것이 아니라는 것으로, 미약한 군주가 남편이 되었는데 그 처는 강성한 齊나라의 여인이니 미약한 남편이 제재할 수 있는 상대가 아님을 비유하였으니, 魯 桓公이 미약하여 문강을 제재하지 못하였음을 풍자한 것이다. 또 문강을 제재하기 어려운 뜻을 말하였으니, 齊나라 딸인 文姜이 처음 魯나라에 시집가던 때에 從者들은 여러 姜氏와 庶士들로서 그 수가 구름처럼 많아 이 때문에 강성하였으므로 노 환공이 제지하지 못한 것이다."라고 여겼다.

【疏】 鄭以爲 "弊敗之笱, 在於魚梁, 其魚乃是魴鰥之小魚. 魴鰥自是魚之易制者, 但笱以弊敗, 不能制, 以喩文姜是婦人之易制者, 但由魯桓以微弱, 不能制. 由其不制文姜, 故令從者亦惡. 齊子文姜初歸於魯國止, 其從者之心如雲然. 雲行順風東西, 從者隨嫡善惡, 由文姜淫泆, 故從者亦淫.

鄭玄은 "해진 통발이 어량에 있는데 그 물고기는 魴魚나 鰥魚 등의 작은 고기이다. 魴魚나 鰥魚는 본래 잡기 쉬운 고기이지만 통발이 해져서 잡을 수 없다는 것으로, 文姜은 제재하기 쉬운 부인이지만 다만 魯 桓公이 미약하여 제재하지 못한 것을 비유한 것이다. 문강을 제재하지 못하였기 때문에 從者들로 하여금 역시 악행을 하게 하였다. 齊나라 여인 문강이 처음 魯나라에 시집오던 때에 그녀를 따라온 이들의 마음은 〈바람을 따르는〉 구름과 같았다. 구름은 바람을 따라 동으로 가고 서로 가며 從者들의 마음은 정실 부인의 선악을 따르는 것인데, 문강이 음란하였기 때문에 從者들도 음란한 것이다."라고 여겼다.

【疏】傳'鰥 大魚' ○ 正義曰 : 孔叢子云 "衛人釣於河, 得鰥魚焉, 其大盈車. 子思問曰 '如何得之?' 對曰 '吾下釣垂一魴之餌, 鰥過而不視, 又以豚之半, 鰥則呑矣.' 子思歎曰 '魚貪餌以死, 士貪祿以亡.'" 是鰥爲大魚也. 傳以鰥爲大魚, 則以大爲喩, 王肅言 "魯桓之不能制文姜, 若弊笱之不能制大魚也."

傳의 〔鰥 大魚〕

○ 正義曰 : ≪孔叢子≫에 "衛人이 河水에서 낚시하여 鰥魚를 잡았는데 그 수레에 가득 찰 만큼 컸다. 子思가 '어떻게 그것을 잡았습니까?'라고 하니 대답하기를 '내가 낚시할 때에 魴魚 한 마리를 미끼로 달아놓자 鰥魚가 지나가며 쳐다보지도 않더니, 다시 돼지 반 마리를 달아놓자 鰥魚가 그것을 삼켰습니다.'라고 하자 子思가 탄식하며 '물고기는 미끼를 탐하다 죽고 士는 녹을 탐하다 망한다.'라고 하였다."라고 하였으니 이는 鰥魚가 大魚인 것이다. 傳은 鰥을 大魚로 여겼으니 크다는 점을 비유로 삼은 것이니, 王肅은 "魯 桓公이 文姜을 제재하지 못한 것이 해진 통발이 큰 물고기를 잡을 수 없는 것과 같다."라고 하였다.

【疏】箋'鰥 魚'至'婉順' ○ 正義曰 : '(鰥)〔鯤〕[1] 魚子' 釋魚文. 李巡曰 "凡魚之子總名鯤也. 鯤·鰥字異, 蓋古字通用, 或鄭本作(鯤)〔鰥〕[2]也. 魯語云 '宣公夏濫於泗淵, 里革斷其罟(고)而棄之, 曰「魚禁鯤鮞(유), 鳥翼鷇(구)卵, 蕃庶物也.」'" 是亦以鯤爲魚子也. 毛以鯤爲大魚, 鄭以鯤爲魚子, 而與魴相配, 則魴之爲魚, 中魚也, 故可以爲大, 亦可以爲小. 陸機疏云 "魴, 今伊·洛·濟·潁魴魚也, 廣而薄, 肥恬而少力, 細鱗, 魚之美

者. 遼東梁水魴, 特肥而厚, 尤美於中國魴, 故其鄕語曰'居就粮, 梁水魴.' 是也." 箋以一鰥若大魚, 則强笱亦不能制, 不當以弊敗爲喩, 且魴・鯤非極大之魚, 與鰥不類, 故易傳, 以爲小魚易制, 喩文姜易制, 但魯桓微弱, 不能防閑文姜, 使終其初時之婉順. 文姜素與兄淫, 而云初時婉順者, 在齊, 雖則先淫, 至魯, 必將改矣, 但知桓公微弱, 後復(부)更爲淫耳.

1) (鰥)〔鯤〕: 저본의 교감기에 따라 '鯤'으로 번역하였다.
2) (鯤)〔鰥〕: 저본의 교감기에 따라 '鰥'으로 번역하였다.

箋의 〔鰥 魚至婉順〕

○ 正義曰 : '鯤 魚子'는 ≪爾雅≫ 〈釋魚〉의 글이다. 李巡은 "모든 물고기의 새끼를 총칭하는 이름이 鯤이다. 鯤은 鰥과 글자가 다르지만 古字에 통용되었을 것이고, 어쩌면 鄭玄이 본 ≪爾雅≫ 本에는 鰥으로 되어 있었을 것이다. ≪國語≫ 〈魯語〉에는 '宣公이 여름에 泗水의 못에 그물을 쳤는데 里革이 그 그물을 잘라서 버리고는 「〈옛날에〉 물고기는 어린 것〔鯤鮞〕을 잡지 못하게 하고, 새는 새끼와 알을 키워준 것은 만물을 번성케 하는 법입니다.」라고 하였다.'"라고 하였으니 이 역시 鯤을 새끼 물고기로 여긴 것이다. 毛亨은 鯤을 大魚로 여기고 鄭玄은 鯤을 새끼 물고기로 여겼다. 魴魚와 서로 짝하여 썼으니 魴魚는 물고기 중에 중간 크기이기 때문에 〈상대적으로 鯤을〉 큰 것으로도 작은 것으로도 여길 수도 있다. 陸機의 ≪毛詩草木鳥獸蟲魚疏≫에서 "魴은 지금의 伊水・洛水・濟水・潁水의 魴魚이니 넓적하면서 얇고 살지고 힘이 약하며 비늘이 가늘고 맛좋은 물고기이다. 遼東 梁水의 魴魚는 특히 살지고 두꺼워 중국의 방어보다 더욱 맛이 좋다. 그리하여 그 지방의 속어에 '居就縣의 곡식, 梁水의 魴漁'라고 하는 것이 이것이다."라고 하였다. 箋은 "한 마리 鰥魚가 만약 큰 물고기라면 튼튼한 통발로도 잡을 수 없으니 해진 통발로 비유를 삼는 것은 합당치 않고, 또 魴魚와 鯤魚는 아주 큰 물고기도 아니고 〈그렇다고〉 鰥魚〔魚子〕와 같은 것도 아니다."라고 여겼다. 그리하여 傳을 바꾸어 잡기 쉬운 작은 물고기라는 것으로, '文姜은 제재하기 쉬운데 다만 魯 桓公이 미약하여 문강을 막지 못하여 끝내 처음 시집오던 때의 온순함을 지키지 못하게 한 것을 비유한 것이라 한 것이다. 문강이 평소 오라비와 음란한 짓을 하였는데도 '처음 시집오던 때의 온순함'이라 한 것은 齊나라에서는 비록 이전에 음란하였더라도 魯나라에 와서 반드시 고칠 수 있었을 것인데 다만 환공이 미약함을 알고 난 후에 다시 음란하였기 때문이다.

【疏】傳'如雲 言盛' ○ 正義曰：傳以'如雲 言盛'，謂其從者多，强盛而難制. 孫毓云"齊爲大國，初嫁寵妹，庶姜・庶士盛如雲雨，故妹來自由，桓公不能禁制." 言從者之盛，傳意當然，文姜歸魯之日，襄公未爲君，言寵妹，則非也.

傳의〔如雲 言盛〕

○ 正義曰：傳의 '如雲 言盛'은 따르는 이가 많아 강성하여 제재하기 어려움을 말한다. 孫毓은 "齊나라는 대국이므로 총애하던 누이를 처음 시집보내던 때에 여러 강씨 여인들과 士가 구름과 비처럼 많았다. 그리하여 누이가 〈襄公을 보러〉 오기를 자유롭게 하는데도 桓公이 금지하지 못하였다."라고 하였으니, 從者가 많음을 말한 것은 傳의 뜻에 부합하지만 文姜이 魯나라에 시집가던 때에 양공이 아직 君主가 아니었으니 '寵妹'라고 말한 것은 잘못이다.

【疏】箋'其從'至'爲惡' ○ 正義曰：姪娣之外，更當有侍御・賤妾，故云其從姪娣之屬. 箋以作詩者，主刺文姜之惡，而言其從如雲，明以文姜惡甚，疾其敗損族類，故易傳，以爲從者亦隨文姜爲惡.

箋의〔其從〕에서〔爲惡〕까지

○ 正義曰：姪娣 외에 또 응당 侍御와 賤妾이 있다. 그리하여 '其從姪娣之屬'이라고 한 것이다. 箋은 '시를 지은 이가 주로 文姜의 악행을 풍자하면서 따르는 이가 〈바람을 따르는〉 구름과 같음을 말하였으니 이는 분명 문강의 악행이 심하므로 그 종족들까지 망치게 한 것을 미워한 것'으로 여겼다. 그리하여 傳을 바꾸어서 '따르는 자들도 문강을 따라 악행을 하였다.'라고 한 것이다.

敝笱在梁하니 **其魚魴鱮**(서)로다

어량에 있는 해진 통발에

고기는 魴魚와 鱮魚라네

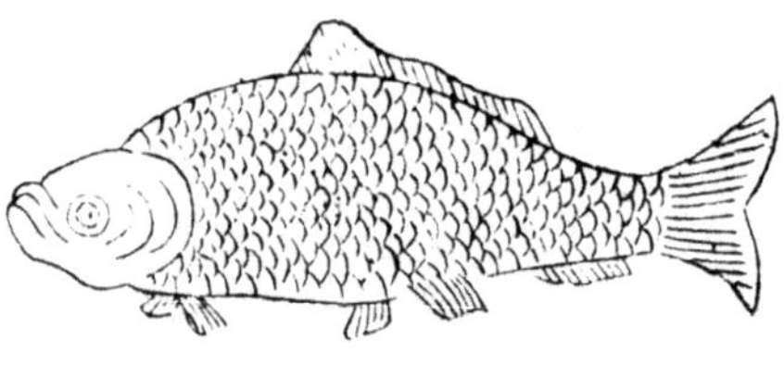

鱮魚(≪毛詩名物圖說≫)

【傳】魴鱮는 大魚라

魴과 鱮는 큰 물고기이다.

【箋】 箋云 鱮는 似魴而弱鱗이라 ○ 鱮는 廣雅云 鰱(연)也라

箋云：鱮는 魴魚와 비슷한데 비늘이 柔弱하다. ○ 鱮는 ≪廣雅≫에 "鰱魚이다."라고 하였다.

【疏】 箋'鱮 似魴而弱鱗' ○ 正義曰：陸機疏云 "鱮似魴, 厚而頭大, 魚之不美者, 故里語曰 '網魚得鱮, 不如啗(담)茹.' 其頭尤大而肥者, 徐州人謂之鰱, 或謂之鱅, 幽州人謂之鴞(호)鷂, 或謂之胡鱅."

箋의 〔鱮 似魴而弱鱗〕

○ 正義曰：陸機의 ≪毛詩草木鳥獸蟲魚疏≫에 "鱮는 魴魚와 비슷한데 두껍고 머리가 크며 맛없는 고기이다. 그리하여 俗語에 '그물질하여 鱮魚를 잡았는데 채소맛보다도 못하다.'라고 한다. 머리가 더 크고 살진 놈을 徐州 사람들은 鰱이라 하거나 鱅이라고 하고, 幽州 사람들은 鴞鷂라고 하거나 胡鱅이라고도 한다."라고 하였다.

齊子歸止에 其從如雨로다

제나라 여인 시집갈 때에
따르는 이들 비와 같았네

【傳】 如雨는 言多也라

如雨는 '많음'을 말한다.

【箋】 箋云 如雨는 言無常하여 天下之則下하고 天不下則止하여 以言姪娣之善惡 亦文姜所使止라

箋云：如雨는 일정함이 없어 하늘이 내려주면 내리고 하늘이 내려주지 않으면 그치는 것을 말하여 姪娣의 善行이나 惡行도 文姜이 행하게도 하고 그치게도 하는 것을 말한 것이다.

【疏】 箋'如雨'至'使止' ○ 正義曰：姪娣之善惡, 亦文姜所使.

箋의 〔如雨〕에서 〔使止〕까지

○ 正義曰：姪娣의 善行이나 惡行도 文姜이 하게 한 것이다.

敝笱在梁하니 **其魚唯唯**로다

어량에 있는 해진 통발에

고기는 맘대로 들락날락

【傳】 唯唯는 出入不制라

唯唯는 드나드는 것을 통제하지 못하는 것이다.

【箋】 箋云 唯唯는 行相隨順之貌라 ○ 唯唯는 韓詩作遺遺니 言不能制也라

箋云：唯唯는 서로 어울려 다니는 모습이다.

○ '唯唯'는 ≪韓詩≫에 '遺遺'로 되어 있으니 통제하지 못하는 것을 말한다.

【疏】 傳'唯唯 出入不制' ○ 正義曰：上二章, 言魚名, 此章言魚貌, (今)〔令〕[1]其上下相充也. 唯唯, 正是魚行相隨之貌耳, 傳以弊笱不能制大魚, 故云 '出入不制', 箋以爲小魚, 故行相隨順之貌, 各從其義, 故爲辭異耳, 其於唯唯, 義亦同也.

1) (今)〔令〕：저본의 교감기에 따라 '令'으로 번역하였다.

傳의 〔唯唯〕에서 〔出入不制〕까지

○ 正義曰：위의 두 章에서는 고기의 이름을 말하고 이 章에서는 고기의 모습을 말하였으니, 上下가 서로 보완이 되게 한 것이다. '唯唯'는 바로 고기가 다니며 서로 따르는 모습일 뿐인데 傳은 해진 통발로는 큰 물고기를 잡을 수 없다고 여겼으므로 '드나드는 것을 통제하지 못하는 것이다.〔出入不制〕'라고 하고, 箋은 작은 고기로 여겼으므로 '다니며 서로 따르는 모습이다.'라고 하였으니, 각자 〈시를 해석한〉 뜻을 따른 것이다. 그리하여 말이 다를 뿐이지만 唯唯에 대하여는 뜻이 또한 같다.

齊子歸止에 **其從如水**로다

齊나라 여인 시집가던 때에

따르는 이들 강물과 같았네

【傳】 水는 喻衆也라

水는 많음을 비유한 것이다.

【箋】 箋云 水之性은 可停可行이니 亦言姪娣之善惡在文姜也라

箋云 : 물의 성질은 멈추게 할 수도 흘러가게 할 수도 있으니, 이 역시 姪娣의 善行이나 惡行이 文姜에게 달려 있음을 말한 것이다.

敝笱 三章이니 章四句라

〈敝笱〉 3章이니 章마다 4句이다.

載驅(재구)

【序】 載驅는 齊人刺襄公也라 無禮義故라 盛其車服하여 疾驅於通道大都하여 與文姜淫하여 播其惡於萬民焉이라

〈載驅〉는 齊人이 襄公을 풍자한 시이다.

〈襄公이〉 禮義의 기초가 없기 때문에 성대하게 꾸민 수레와 복장으로 큰 도읍의 길거리를 질주하면서 文姜과 음란한 행실을 하여 만민에게 그 악을 퍼뜨렸다.

【箋】 故는 猶端也라 ○ 驅는 又如字하니 下皆同이라 本亦作駈라

故는 端(기본)과 같다.

○ 驅는 또한 본음대로 읽는데 아래도 모두 같다. 駈로 되어 있는 本도 있다.

【疏】 '載驅(四章章四句)'至'民焉' ○ 正義曰 : 載驅詩者, 齊人所作, 以刺襄公也. 刺之者, 襄公身無禮義之故, 乃盛飾其所乘之車與所衣之服, 疾行驅馳於通達之道廣大之都, 與其妹文姜淫通, 播揚其惡於萬民焉, 使萬民盡知, 情無慙恥, 故刺之也. 國人刺君, 乃是常事, 諸序未有擧國之名, 言其民刺君, 此獨云 '齊人刺襄公'者, 以文姜, 魯之

夫人, 襄公往入魯境, 以其齊魯交錯, 須言齊以辨嫌. '無禮義 盛其車服'者, 首章次句與次章上二句, 是也, 疾驅, 首章上句, 是也, 於通道大都, 下二章上二句, 是也. 經因駈車而言車飾, 故先言載驅, 序以美其車服然後驅之, 且欲見(현)其驅車所往之處, 故令疾驅與通道大都爲句而後言之. 經有車馬之飾而已, 無盛服之事, 旣美其車, 明亦美其服, 故協句言之. 四章下二句, 皆言文姜來會齊侯, 是'與文姜淫'之事. 大都通道, 人皆見之, 是'播其惡於萬民'也.

序의 〔載驅〕에서 〔民焉〕까지

○ 正義曰 : 〈載驅〉의 詩는 齊人이 지어서 襄公을 풍자한 것이다.

풍자한 까닭은 襄公이 禮義의 기본이 없어서 마침내 타는 수레와 입는 의복을 성대하게 꾸미고서 큰 도읍의 대로에서 수레를 급히 몰아 누이인 文姜과 사통하여 만민에게 악을 퍼뜨려 만민으로 하여금 실정을 다 알게 하면서도 마음에 부끄러움이 없었기 때문이다. 그리하여 풍자한 것이다. 백성이 군주를 풍자하는 것은 일상적인 일이니, 여러 시의 序에 나라 이름을 〈굳이〉 들지 않고 '그 백성이 군주를 풍자하였다.'라고 하였는데, 이 시에서만 '齊人刺襄公'이라 한 것은 문강이 魯나라의 夫人인데 양공이 가서 魯나라의 국경에 들어갔으니 齊나라와 魯나라가 뒤엉켜 있어 굳이 齊를 언급하여 〈풍자한 이가 魯人인가 하는〉 의심점을 분명히 밝힌 것이다. '無禮義 盛其車服'은 첫 章의 두 번째 句와 둘째 장의 처음 두 句가 이것이고 '疾驅'는 첫 장의 첫 句가 이것이고 '於通道大都'는 3章, 4章의 1,2句가 이것이다. 經文에서는 수레 모는 것으로 인하여 수레 장식을 언급하였기 때문에 '載驅'를 먼저 말하였고, 序에서는 수레와 복식을 아름답게 꾸민 뒤에 몰았다는 것으로 수레를 몰아서 가려는 곳을 우선 나타내려 하였기 때문에 '疾驅'를 '通道大都'와 한 句로 삼은 뒤에 말한 것이다. 經文에는 수레와 말의 장식만 있고 복식을 성대히 한 것은 없지만 수레를 아름답게 장식했다면 분명 복식도 아름답게 꾸몄을 것이다. 그리하여 句를 맞추어 말한 것이다. 네 章의 아래 두 句(3, 4구)는 모두 문강이 와서 齊侯를 만난 것을 말한 것이니 이것이 '문강과 간음한 일〔與文姜淫〕'이다. 큰 도읍의 대로는 남들이 모두 보는 곳이니 이것이 '그 악을 만민에게 퍼트린 것〔播其惡於萬民〕'이다.

【疏】 箋'故猶端' ○ 正義曰 : 諸言故者, 多是因上文以生下事, 此故, 乃與上爲句, 非生下之辭. 是以箋特釋之. '無禮義故', 猶言無禮義端, 端謂頭緒也. 論語"叩其兩端", 謂動發本末兩頭也, 標有梅箋云 "女年二十而無嫁端", 爲無嫁之頭緒. 此亦謂無禮義之頭緒也, 故盛服而與妹淫通也.

箋의 〔故猶端〕

○ 正義曰 : '故'를 언급하는 여러 경우는 대부분 앞의 글로 인하여 뒤의 결과가 생긴 것을 표현하는 것인데 여기의 故는 곧 앞의 글과 한 句가 되는 것이지 뒤의 결과를 표현하는 말이 아니다. 이 때문에 箋에서 특별히 이를 해석한 것이다. '無禮義故'는 '禮義의 기본이 없다〔無禮義端〕'고 하는 것과 같으니, 端은 頭緒를 말한다. ≪論語≫ 〈子罕〉의 "그 양쪽 실마리를 들어서〔叩其兩端〕"는 언제나 本末의 양 끝을 알려 주는 것을 말하고 〈召南 標有梅〉의 箋에서 '여인이 20살이 되었는데 시집갈 실마리가 없다.'라고 한 것은 시집갈 단초가 없는 것이다. 여기 역시 禮義의 기초가 없었기 때문에 성대한 복장으로 누이와 간음한 것임을 말한 것이다.

載驅薄薄하니 簟(점)茀朱鞹(곽)이로다

덜컹덜컹 달리는 수레

방문석 가리개에 붉은 가죽 장식이로세

【傳】 薄薄은 疾驅聲也라 簟은 方文蓆也라 車之蔽曰茀이라 諸侯之路車는 有朱革之質而羽飾이라

'薄薄'은 급히 달리는 〈수레〉 소리이다. 簟은 方文蓆이다. 수레 가리개를 茀이라 한다. 諸侯의 路車는 붉은 가죽 바탕에 깃털 장식이 달려 있다.

【箋】 箋云 此車를 襄公乃乘焉而來하여 與文姜會라 ○ 鞹은 革也라

箋云 : 이 수레를 襄公이 타고 와서 文姜과 만난 것이다.

○ 鞹은 가죽이다.

魯道有蕩하니 齊子發夕이로다

魯나라 길 평탄하니

齊나라 여인 저녁에 출발하여 왔네

【傳】 發夕은 自夕發至旦이라

發夕은 저녁에 출발하여 이른 아침에 도착한 것이다.

【箋】 箋云 襄公이 旣無禮義하여 乃疾驅其乘車하여 以入魯竟하고 魯之道路平易어늘 文姜發夕하여 由之往會焉하니 曾無慙恥之色이라 ○ 發은 韓詩云 發은 旦也라 竟은 本亦作境이라

箋云：襄公이 禮義가 없어 마침내 수레를 급히 몰아 魯나라 국경에 들어갔고 魯나라의 도로가 평탄하니 文姜이 저녁에 출발하여 그 길을 따라가서 양공을 만났으니 조금도 부끄러워하는 기색이 없는 것이다.

○ 發은 ≪韓詩≫에 "發은 이른 아침이다."라고 하였다. 竟은 境으로 되어 있는 본도 있다.

【疏】'載驅'至'發夕' ○ 正義曰：言襄公將與妹淫, 則驅馳其馬, 使之疾行, 其車之聲薄薄然. 用方文竹簟, 以爲車蔽, 又有朱色之革, 爲車之飾, 公乘此車馬, 往就文姜, 魯之道路有蕩然平易, 齊子文姜 乃由此道, 發夕至旦, 來與公會. 公與妹淫, 曾無愧色, 故刺之.

經의〔載驅〕에서〔發夕〕

○ 正義曰：'襄公이 누이와 간음하려고 곧바로 말을 급히 몰아 질주하게 하니 그 수레 소리가 덜컹덜컹하였다. 方文蓆을 사용하여 수레 가리개를 하고 붉은색 가죽으로 수레를 장식하였는데 양공이 이 수레를 타고 文姜에게 달려갔고, 魯나라 도로는 넓고 평탄하니 齊나라 여인 文姜이 바로 이 길을 따라 저녁에 출발해서 이른 아침에 도착하여 와서 공과 만난 것'을 말한 것이다. 공은 누이와 간음하고도 조금도 부끄러운 기색이 없었다. 그리하여 풍자한 것이다.

【疏】傳'薄薄'至'羽飾' ○ 正義曰：薄薄, 車聲狀. 序言疾駈[1], 故云疾驅, 駈與驅, 音義同, 皆謂駈馬疾行也. 斯干說鋪席燕樂之事云 "下莞上簟", 簟字從竹, 用竹爲席, 其文必方, 故云'方文蓆也.' 車之蔽曰茀, 謂車之後戶也. 說文, "鞹, 革也." 獸皮治去毛曰革, 鞹, 是革之別名. 此說齊君之車, 而云朱鞹, 故云 '諸侯之路車 有朱革之質而羽飾', 謂以皮革爲本質, 其上又以翟羽爲之飾也.

1) 序言疾駈：본 번역서의 저본인 阮校 본의 序에는 '疾驅'로 되어있다. 다만 이 疏에서 '駈'로 된 것으로 언급한 것은 阮校에 따르면 "唐나라 때에는 대체로 경문의 序에 驅

字가 駈字로 되어 있는 본이 있었다. 正義本에는 이 驅 한 글자만 駈로 되어 있었다."라고 하였다.

傳의 〔薄薄〕에서 〔羽飾〕까지

○ 正義曰：薄薄은 수레 소리의 형상이다. 序에서 '疾駈〔驅〕'를 말하였다. 그리하여 '疾驅'라고 한 것이다. 駈와 驅는 音과 뜻이 같으니 모두 말을 몰아 빨리 가는 것을 말한다. 〈小雅 斯干〉에 자리를 깔고 燕樂하는 일을 말하면서 "아래에는 부들자리 위에는 대자리"라고 하였는데, 簟字는 竹 아래에 쓰니 대나무로 자리를 만들되 반드시 네모난 문양이다. 그리하여 方文蓆이라고 한 것이다. 수레의 가리개를 茀이라 하니 수레 뒤쪽에 문으로 치는 것을 말한다. ≪說文解字≫에 "鞹은 革이다."라고 하였는데 짐승 가죽에서 털을 제거한 것을 革이라 하니, 鞹은 바로 革의 별칭이다. 여기는 齊나라 군주의 수레를 말하면서 '朱鞹'을 말하였다. 그리하여 '諸侯의 路車는 붉은색 가죽 바탕에 깃털 장식이 있다.〔諸侯之路車 有朱革之質而羽飾〕'라고 하였으니, 이는 가죽으로 바탕을 삼고 그 위를 또 꿩 깃으로 장식한 것을 말한다.

【疏】 釋器云 "輿革, 前謂之(艱)〔報(흔)〕[1], 後謂之茀." 李巡曰 "輿革前, 謂輿前以革爲車飾, 曰報, 茀, 車後戶名也." 郭璞曰 "報, 以韋靶(파)車軾也, 茀, 以韋靶後戶也." 又云 "竹前謂之禦, 後謂之蔽." 李巡曰 "竹前, 謂編竹當車前以擁蔽, 名之曰禦, 禦 止也." 孫炎曰 "禦, 以簟爲車飾也." 郭璞曰 "蔽, 以簟衣後戶也." 如爾雅之文, 車前後之飾, 皆有革有簟, 故此說車飾云 '簟茀朱鞹'也. 彼文, 革飾後戶, 謂之〔茀, 竹飾後戶, 謂之〕[2] 蔽, 則茀・蔽異矣, 此言 '車之蔽曰茀.' 茀・ 蔽爲一者, 彼因革與竹別, 而異其文耳, 其實革竹同飾後戶, 俱爲車之蔽塞, 故此傳茀・蔽通言之.

1) (艱)〔報(흔)〕: 저본의 교감기에 따라 '報'으로 번역하였다.
2) 〔茀……謂之〕: 저본의 교감기에 따라 보충하여 번역하였다.

≪爾雅≫ 〈釋器〉에 "수레의 가죽 가리개는 앞에 있는 것을 報이라 하고 뒤에 있는 것을 茀이라 한다."라고 하였는데, 李巡은 "수레의 가죽 가리개 중에 앞에 있는 것은 수레 앞쪽을 가죽으로 꾸민 것을 말하니 報이라 하고 茀은 수레의 뒷문을 꾸민 것의 명칭이다."라고 하고 郭璞은 "報은 가죽으로 수레의 軾에 묶어 꾸민 것이고 茀은 가죽으로 뒷문에 묶어 꾸민 것이다."라고 하였다. 또 ≪이아≫ 〈석기〉에 "대자리로 만든 가리개는 앞에 있는 것을 禦라 하고 뒤에 있는 것을 蔽라 한다."라고 하였는데, 이순은 "'竹前'은

대를 엮어 수레 앞에 대서 가린 것을 말하니 禦라고 하는데 禦는 막음이다."라고 하고, 孫炎은 "禦는 대자리로 수레를 꾸민 것이다."라고 하고, 곽박은 "蔽는 대자리로 뒷문을 가린 것이다."라고 하였으니 ≪이아≫의 글과 같다면 수레 앞뒤의 꾸밈에는 모두 가죽으로 된 것도 있고 대자리로 된 것도 있다. 그리하여 여기에서 수레의 꾸밈을 말하면서 "방문석 가리개에 붉은색 가죽이로세."라고 한 것이다. ≪이아≫의 글은 가죽으로 뒷문을 꾸민 것을 茀이라고 하고 대자리로 뒷문을 꾸민 것을 蔽라고 한다고 하였으니, 茀과 蔽를 다르게 여긴 것일 뿐이고, 여기에서는 수레의 가리개를 茀이라 한다고 하여 茀과 蔽를 하나로 여긴 것이니, ≪이아≫는 가죽과 대가 다른 것으로 인하여 글을 달리 쓴 것일 뿐이다. 그러나 실제로는 가죽이든 대자리든 똑같이 수레 뒷문을 꾸미는 것이니 모두 수레의 가리개이다. 그리하여 이 傳에서 茀과 蔽를 통합하여 말한 것이다.

【疏】春官巾車, "掌王后之車輅, 有重翟厭翟." 碩人說衛侯夫人云 "翟茀以朝." 是婦人之車有翟羽飾矣. 經・傳不言諸侯路車有翟飾者, 今傳言羽飾, 必當有所案據, 不知出何書也.

≪周禮≫ 〈春官 宗伯〉 巾車에 "王后의 수레를 담당하는데, 〈수레에는〉 重翟과 厭翟이 있다."라고 하고, 〈衛風 碩人〉에서 衛侯의 부인을 말하면서 "翟車를 타고 조회에 가니"라고 하였으니 이는 부인의 수레에 꿩 깃 장식이 있는 것이다. 그 곳의 經과 傳에서는 諸侯의 路車에 꿩 깃 장식이 있는 것을 말하지 않았는데 여기의 傳에서 '羽飾'을 말한 것은 필시 근거한 데가 있었을 것이나 출처가 어떤 책인지는 알지 못하겠다.

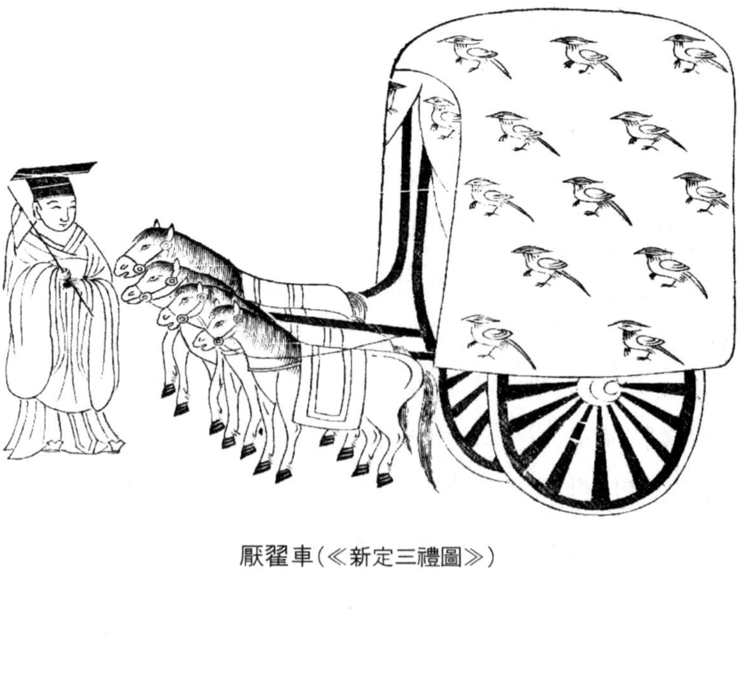

厭翟車(≪新定三禮圖≫)

【疏】 傳'發夕'至'至旦' ○ 正義曰：此言發夕，謂夕時發行，故爲"發夕至旦"．小宛云 "明發不寐"，謂此至明之開發，未嘗寢寐，故爲"發夕至明"，所以立文不同，皆爲夕發至旦．

傳의 〔發夕〕에서 〔至旦〕까지

○ 正義曰：여기에서 말한 '發夕'은 저녁에 출발한 것을 말한다. 그리하여 "저녁에 출발하여 아침에 도착한 것"이라고 여긴 것이다. 〈小雅 小宛〉에 "날이 새도록 잠 못 이루네."라고 하였으니, 이는 날이 밝아올 때까지 잠들지 못함을 말한 것이다. 그리하여 "저녁에 출발하여 아침에 도착한 것이다."라고 한 것이니 글을 쓰는 방식은 다르지만 모두 저녁부터 시작하여 아침에 이른 것이다.

【疏】 箋'襄公'至'之色' ○ 正義曰：知'入魯境'者，以下言'汶水湯(상)湯'，則會在汶側．齊在魯北，水北曰陽．僖元年左傳稱 "公賜季友汶陽之田．" 當齊襄公之時，汶水之北，尙是魯地，故知襄公乘車入魯境也．於'魯道'之下，卽言'發夕'，是則夜行在道，言其疾趨齊侯之意，故言文姜發夕而往會焉．兄則盛飾而往，妹則疾行會之，是其無慙恥之色．

箋의 〔襄公〕에서 〔之色〕까지

○ 正義曰：'魯나라 국경에 들어간 것'을 안 것은, 아래에서 '넘실넘실 汶水〔汶水湯湯〕'를 말하였으니, 곧 汶水 가에서 만났기 때문이다. 齊나라는 魯나라 북쪽에 있는데 강의 북쪽을 陽이라 한다. ≪春秋左氏傳≫ 僖公 원년에 "僖公이 季友에게 汶水 북쪽의 땅을 주었다."라고 하였으니 齊 襄公 때에는 汶水의 북쪽이 아직 魯나라 땅이었다. 그리하여 양공이 수레를 타고 魯나라 국경에 들어간 것을 안 것이다. '魯道' 아래에 바로 '發夕'을 말하였으니 이는 밤길을 가는 도중이니, 수레를 급히 몰아서 齊侯에게 달려간 뜻을 말한 것이다. 그리하여 文姜이 저녁에 출발하여 가서 만났다고 한 것이다. 오라비는 성대하게 꾸미고서 가고, 누이는 급히 가서 그를 만났으니 이것이 부끄러운 기색이 없다는 것이다.

四驪(리)濟濟하니 **垂轡濔(미)濔**로다

네 마리 검은 말 아름다우니

치렁치렁 드리운 고삐 많기도 하네

【傳】 四驪는 言物色盛也라 濟濟는 美貌요 垂轡는 轡之垂者요 濔濔는 衆也라

四驪는 〈말의〉 힘과 색깔이 매우 좋은 것을 말한 것이다. 濟濟는 아름다운 모습이고, 垂轡는 드리워진 고삐이며 瀰瀰는 많은 것이다.

【箋】 箋云 此又刺襄公乘是四驪而來하여 徒爲淫亂之行이라 ○ 徒는 一本作從하니 兩通이라

箋云 : 여기는 또 襄公이 네 필의 건장한 검은 말이 〈끄는 수레를〉 타고 와서 한갓 음란한 행실만 한 것을 풍자한 것이다. ○ 徒는 從으로 되어 있는 本이 있는데 둘 다 의미는 통한다.

魯道有蕩하니 齊子豈(개)弟로다

魯나라 길 평탄하니
齊나라 여인 즐거웁네

【傳】 言文姜於是樂易(이)然이라

文姜이 이 때 즐거워한 것을 말한 것이다.

【箋】 箋云 此豈弟는 猶言發夕也라 豈는 讀當爲闓(개)라 弟는 古文尙書에 以弟爲圛(역)하니 圛은 明也라 ○ 豈는 樂也요 弟는 如字라

箋云 : 여기의 '豈弟'는 '저녁에 출발하여 왔네〔發夕〕'라고 한 것과 같다. 豈는 闓로 해석해야 한다. 弟는 ≪古文尙書≫에서는 弟〔悌〕를 圛으로 여겼는데 圛은 '밝음'이다.

○ 豈는 즐거워하는 것이고 弟는 본음대로 읽는다.

【疏】'四驪'至'豈弟' ○〔正義曰〕[1] : 毛以爲"襄公將與妹淫, 乘其一駟之馬, 皆是鐵驪之色, 其馬濟濟然而美, 又四馬垂其六轡, 瀰瀰然而衆. 爲此盛飾, 往就文姜, 魯之道路有蕩然平易, 齊子文姜, 於是樂易然來, 與兄會, 曾無慙色, 故刺之." ○ 鄭唯愷悌爲異, 言文姜開明而往會之, 餘同.

1)〔正義曰〕: 편집체제에 따라 보충하여 번역하였다.

經의 〔四驪〕에서 〔豈弟〕까지

○ 正義曰 : 毛亨은 "襄公이 누이와 간음하려고 네 필 말이 끄는 수레를 타고 가니

말이 모두 검은색이고 단정하고 아름다우며 또 네 마리 말에 드리운 여섯 고삐가 치렁치렁 많기도 하였다. 이처럼 성대하게 꾸미고 文姜에게 갔고, 魯나라의 도로가 넓고 평탄하니 齊나라 여인 문강이 이에 즐거워하며 와서 제 오라비와 만났으니 조금도 부끄러운 기색이 없는 것이다. 그리하여 풍자한 것이다."라고 여겼다.

○ 鄭玄은 '愷悌'만을 달리 여겨, 문강이 〈저녁에 출발하여〉 날이 밝을 무렵에 가서 만났다고 한 것이고, 나머지는 같다.

【疏】 傳'四驪 言物色盛也' ○ 正義曰：夏官校人云 "凡軍事物馬而頒之." 注云 "物馬, 齊其力." 言四言驪, 道其物色俱盛也.

傳의 〔四驪 言物色盛也〕

○ 正義曰：≪周禮≫ 〈夏官 司馬〉 校人에 "모든 軍事에 말을 골라 배정한다."라고 하였는데 注에 "말을 고른다〔物馬〕는 것은 그 힘이 같은 말끼리 배정하는 것이다."라고 하였으니, '四'를 말하고 '驪'를 말한 것은 말의 힘과 색깔이 모두 아주 좋은 것을 말한 것이다.

【疏】 箋'此豈'至'明也' ○ 正義曰：箋以爲 "'齊子愷悌'文, 在魯道之下, 則愷悌爲在道之事, 若是其心樂易, 非獨在道爲然. 且上云 '發夕', 此當爲發夕之類." 故云 '此愷悌 猶發夕', 言與其餘愷悌不同也. 愷悌之義, 與發夕不類, 故讀愷爲闓, 易稱"闓物成務", 說文云 "闓, 開也." 古文尙書, 卽今鄭注尙書是也, 無以悌爲圛之字, 唯洪範稽疑論卜兆有"五曰圛", 注云 "圛者, 色澤光明." 蓋古文作悌, 今文作圛, 賈逵以今文校之, 定以爲圛, 故鄭依賈氏所奏, 從定爲圛, 於古文則爲悌, 故云'古文尙書 以悌爲圛 圛 明也.' 上言發夕, 謂初夜卽行, 此言闓明, 謂侵明而行, 與上(古)〔句〕[1)]文相通也. 釋言云 "愷悌, 發也." 舍人・李巡・孫炎・郭璞皆云 "闓, 明, 發, 行." 郭璞又引此詩云 "齊子愷悌", 是闓, 亦爲行之義也. 今定本云 "此愷悌, 發也, 猶言發夕." 又云 "悌, 古文尙書以爲圛" 更無悌字, 義亦得通.

1) (古)〔句〕: 저본의 교감기에 따라 '句'로 번역하였다.

箋의 〔此豈〕에서 〔明也〕까지

○ 正義曰：箋은 "'齊子愷悌'라는 글이 '魯道' 아래에 있으니 '愷悌'는 가는 도중의 일이다. 그러나 만약 그녀 마음이 즐거워한 것으로 말하면 가는 도중에만 그러한 것이 아니

다. 또 위에서 '發夕'을 말하였으니 여기의 〈'愷悌'〉는 응당 저녁에 출발하는 일이 된다." 라고 여겼다. 그리하여 "여기의 '豈弟'는 '發夕'과 같다."라고 한 것이니 그 밖의 다른 '愷悌(즐거움)'와는 다름을 말한 것이다. 대체로 '愷悌'의 뜻은 '發夕'과는 같지 않다. 그리하여 愷를 闓(열다)로 읽은 것이니, ≪周易≫ 〈繫辭傳 上〉에서 "〈易은〉 만물의 이치를 열어 일을 이루어지게 한다.〔闓物成務〕"라고 하고 ≪說文解字≫에 "闓는 開이다."라고 하였다. ≪古文尙書≫는 지금 鄭玄이 주석을 단 ≪尙書≫가 이것인데 '以悌爲圛'이라는 글자가 없고 오직 〈洪範〉의 稽疑에서 조짐을 점치는 방법을 설명한 것 중에 "다섯 번째는 圛이다."라고 한 것이 있는데 그 注에 "圛은 날이 밝아짐이다."라고 하였으니, 古文에는 悌로 되어 있고 今文에 圛으로 되어 있는데, 賈逵가 今文을 가지고 교정하여 圛으로 확정하였다. 그리하여 정현이 賈氏가 말한 것을 따라 교정된 대로 圛이라고 한 것인데, 古文에는 悌로 되어 있었기 때문에 '≪고문상서≫에서 弟〔悌〕는 圛이니 圛은 明(밝음)이다.'라고 한 것이다. 위에서 말한 '發夕'은 초저녁에 바로 간 것을 말하고 여기에서 말한 '闓明'은 새벽에 간 것을 말하니 上句('發夕')의 글과 서로 통한다. ≪爾雅≫ 〈釋言〉에 "愷悌는 출발함이다."라고 하였는데 舍人·李巡·孫炎·郭璞은 모두 "闓는 '밝음'이고 發은 '감'이다."라고 하고, 곽박은 또 이 詩에서 "齊子愷悌"라고 한 것을 〈≪爾雅≫ 愷悌의 주석에서〉 인용하였으니, 여기의 闓 역시 '간다'는 뜻이다. 지금 定本에는 "여기의 愷悌는 發이니 '發夕'이라고 한 것과 같다."라고 하고 또 "悌는 ≪古文尙書≫에서는 圛이라고 하였다."라고 하였으니 다시 悌字가 없더라도 뜻은 모두 통한다.

汶水湯(상)湯이요 行人彭(방)彭이로다

汶水는 넘실넘실 흐르고
행인은 많고 많다네

【傳】 湯湯은 大貌요 彭彭은 多貌라

湯湯은 크게 일렁이는 모양이고 彭彭은 많은 모양이다.

【箋】 箋云 汶水之上에 蓋有都焉하니 襄公與文姜時所會라 ○ 汶은 水名이라

箋云 : 汶水 가에 도읍이 있었는데 襄公과 文姜이 당시에 만난 곳이다.
○ 汶은 강 이름이다.

【疏】 箋'汶水'至'所會' ○ 正義曰：序言疾驅於通道大都, 行人彭彭, 是爲通道, 汶水湯湯, 傍有大都, 可知. 若其不然, 不應輒言汶水, 故云'汶水之上 蓋有都焉 襄公與文姜時所會處也'. 此襄公入於魯境, 往會文姜, 若是魯桓尙存, 不應公然如此. 此篇所陳, 蓋是莊公時事, 亦不知大都爲何邑, 故箋不言之.

箋의 〔汶水〕에서 〔所會〕까지

○ 正義曰：序에서 '큰 도읍의 길거리를 질주하면서'라고 말하였으니 〈여기의〉 '行人彭彭'은 바로 '通道'이고 '汶水湯湯'은 곁에 '大都'가 있음을 알 수 있다. 만약 그렇지 않다면 새삼스레 汶水를 말하지 않았을 것이다. 그리하여 '汶水 가에 도읍이 있었으니, 襄公과 文姜이 당시에 만난 곳이다.〔汶水之上 蓋有都焉 襄公與文姜 時所會處也〕'라고 한 것이다. 이는 양공이 魯나라 국경에 들어가 문강을 만난 것이니, 만약 魯 桓公이 아직 살아 있었다면 공공연히 이와 같이 하지는 못했을 것이다. 이 편에서 말한 것은 魯 莊公 때의 일일 것이다. 그러나 大都가 어느 邑인지는 알지 못하였다. 그리하여 箋에서 말하지 않은 것이다.

魯道有蕩하니 齊子翶翔(고상)이로다

魯나라 도로 평탄도 하니
齊나라 여인 맘껏 노니네

【傳】 翶翔은 猶彷徉也라

'翶翔'은 '자유롭게 노닐다〔彷徉〕'와 같다.

汶水滔滔하고 行人儦(표)儦로다

汶水는 흘러흘러 가고
행인은 많기도 하네

【傳】 滔滔는 流貌요 儦儦는 衆貌라 ○ 儦는 說文云 行貌라

滔滔는 흐르는 모양이고 儦儦는 많은 모양이다.

○ 儦는 ≪說文解字≫에 "다니는 모습이다."라고 하였다.

魯道有蕩하니 **齊子遊敖**로다

魯나라 도로 평탄도 하니

齊나라 여인 제멋대로 노니네

載驅四章이니 **章四句**라

〈載驅〉 4章이니 章마다 4句이다.

猗嗟(의차)

【序】 猗嗟는 **刺魯莊公也**라 **齊人傷魯莊公有威儀技藝**로되 **然而不能以禮防閑其母**하여 **失子之道**하여 **人以爲齊侯之子焉**이라 ○ 猗는 **字或作**欹(의)라

猗嗟는 魯 莊公을 풍자한 詩이다.

齊나라 사람들이 노 장공이 威儀와 技藝를 지니고 있으면서도 禮로써 제 어미의 잘못을 막지 못하여 자식 된 도리를 잃어서, 남들이 齊侯의 아들이라고 한 것을 안타까워한 것이다.

○ 猗는 欹자로 되어 있기도 하다.

【疏】 '猗嗟(三章章六句)'至'子焉' ○ 正義曰：見其母與齊淫, 謂爲齊侯種胤, 是其可恥之甚, 故齊人作此詩, 以刺之也. 禮, 婦人夫死從子, 子當防母姦淫, 莊公不能防禁, 是失爲人子之道. 經言猗嗟, 是歎傷之言也. 言其形貌之長, 面目之美, 善於趨步, 是有威儀也, 言其善舞善射, 是有技藝也, 言'展我甥兮', 拒時人以爲齊侯之子也. 以其齊人所作, 故繫之於齊, 襄公淫之, 故爲襄公之詩也.

序의 〔猗嗟〕에서 〔子焉〕까지

○ 正義曰：그의 어미가 齊侯와 간음하는 것을 보고 齊侯의 자식이라고 하니 이는 매우 수치스러워할 만한 일이다. 그리하여 齊나라 사람들이 이 시를 지어 풍자한 것

이다. 禮에 부인은 남편이 죽으면 자식을 따르니, 자식은 응당 어미의 간음을 막아야 한다. 그런데 莊公은 막지 못하였으니 이것이 자식 된 도리를 잃은 것이다. 經文에 말한 '猗嗟'는 탄식하고 슬퍼하는 말이다. 풍채가 크고 얼굴이 잘생겼으며 거동이 훌륭한 것을 말하였으니 이는 威儀가 있는 것이고, 춤 잘 추고 활 잘 쏨을 말하였으니 이는 재주가 있는 것이다. '참으로 우리 조카로다'라고 하였으니 당시 사람들이 齊侯의 아들이라고 한 것을 부인한 것이다. 齊나라 사람이 지었으므로 齊風으로 분류되었고, 襄公이 장공의 어미(文姜)와 간음하였으므로 襄公을 풍자한 시가 되는 것이다.

猗嗟昌兮여 頎(기)而長兮며

아 훌륭하도다
훤칠하게 크며

【傳】猗嗟는 歎辭라 昌은 盛也라 頎는 長貌라

猗嗟는 탄식하는 말이다. 昌은 '훌륭함'이다. 頎는 '큰 모습'이다.

【箋】箋云 昌은 佼好貌라 ○ 佼는 本又作姣라

箋云 : 昌은 멋진 모습이다.
○ 佼는 姣로 되어 있는 본도 있다.

抑若揚兮며

잘생기고 시원한 이마이며

【傳】抑은 美色이요 揚은 廣揚이라

抑은 잘생긴 것이고 揚은 넓은 이마이다.

美目揚兮로다

고운 눈에 눈썹도 선명하도다

【傳】好目揚眉라

고운 눈과 선명한 눈썹이다.

巧趨蹌兮며 **射則臧兮**로다

맵시 있게 걸으며
활쏘기도 잘 하도다

【傳】 蹌은 巧趨貌라

蹌은 맵시 있게 걷는 모습이다.

【箋】 箋云 臧은 善也라 ○ 趨는 本又作趍(추)라

箋云 : 臧은 '잘함'이다.
○ 趨는 趍로 되어 있는 본도 있다.

【疏】 '猗嗟'至'臧兮' ○ 正義曰 : 齊人傷魯莊公. 猗嗟此莊公之貌甚昌盛兮. 其形狀頎然而長好兮, 〔抑〕[1]然而美者其額上揚廣兮, 又有美目揚眉兮, 巧爲趨步, 其擧動蹌然兮, 射則大善兮. 威儀技藝, 其美如此, 而不能防閑其母, 使之淫亂, 是其可嗟傷也.

1) 〔抑〕 : 저본의 교감기에 따라 보충하여 번역하였다.

〔猗嗟〕에서 〔臧兮〕까지

○ 正義曰 : 齊나라 사람들이 魯 莊公을 가슴아파한 것이다. 아, 이 莊公의 외모가 매우 훌륭하였다. 키는 훤칠하게 크고 장대하며 잘생긴 저 이마는 시원하게 넓고 또 눈은 곱고 눈썹은 선명하며, 맵시 있게 걸어 거동이 훌륭하고 활쏘기도 참 잘하였다. 거동과 재주의 훌륭함이 이와 같은데 제 어미를 막지 못하여 음란하게 하였으니 이것이 한탄하고 가슴아파할 만한 것이다.

【疏】 傳'猗嗟'至'長貌' ○ 正義曰 : 猗, 是心內不平, 嗟, 是口之喑(咀)〔啞〕[1], 皆傷歎之聲, 故爲'歎辭'. 若, 猶然也, 此言'頎若長兮.' 史記孔子世家稱 "孔子說文王之狀云 '黯然而黑, 頎然而長.'" 是之爲長貌也.

1) (咀)〔啞〕 : 저본의 교감기에 따라 '啞'로 번역하였다.

傳의 〔猗嗟〕에서 〔長貌〕까지

○ 正義曰 : 猗는 마음속이 평온하지 않은 것이고 嗟는 입에서 나는 신음소리이니 모두 가슴아파하고 탄식하는 소리이다. 그리하여 '탄식하는 말'이라고 한 것이다. 若은 然과 같다. 여기에서는 '훤칠하게 크며〔頎若長兮〕'라고 말하고 ≪史記≫ 〈孔子世家〉에서는 "공자가 文王의 모습에 대해 말하기를 '거무스름하게 검고 훤칠하게 크다.〔黯然而黑 頎然而長〕.'라고 하였다." 하였으니, 이는 큰 모습이다.

【疏】 箋'昌 佼好貌' ○ 正義曰 : 傳昌爲盛, 不言爲其貌, 故申足(주)之云 佼好貌.

箋의 〔昌 佼好貌〕

○ 正義曰 : 傳에서 昌을 '훌륭함'이라고 하고 그 모습이 어떤지는 말하지 않았다. 그리하여 거듭 보완하여 '멋진 모습〔佼好貌〕'이라고 한 것이다.

【疏】 傳'抑 美色 揚 廣揚' ○ 正義曰 : 揚, 是顙(상)之別名. 抑, 爲揚之貌, 故知抑爲美色. 顙貴闊, 故言'揚 廣揚'.

傳의 〔抑 美色 揚 廣揚〕

○ 正義曰 : 揚은 이마의 별칭이다. 抑은 이마의 모습이다. 그리하여 抑이 '잘생긴 것'임을 안 것이다. 이마는 넓은 것을 아름답게 여긴다. 그리하여 '揚은 넓은 이마이다.〔揚 廣揚〕'라고 한 것이다.

【疏】 傳'好目揚眉' ○ 正義曰 : '美目揚兮', 目揚俱美, 傳欲辨揚是眉, 故省(생)其文, 言'好目揚眉', 旣言目揚皆好, 又傳解揚爲眉, 蓋以眉毛揚起, 故名眉爲揚.

傳의 〔好目揚眉〕

○ 正義曰 : '美目揚兮'는 눈과 눈썹이 다 아름다운 것이다. 傳은 揚이 눈썹인 것을 구분하고자 하였다. 그리하여 〈經에 眉가〉 생략된 것으로 여겨 '고운 눈과 선명한 눈썹이다.〔好目揚眉〕'라고 하였다. 이미 눈과 눈썹이 다 아름다움을 말하였는데 또 傳에서 揚을 眉라고 풀었으니 이는 눈썹이 선명하게 난 것이다. 그리하여 눈썹을 揚이라고 이름한 것이다.

【疏】 傳'蹌 巧趨貌' ○ 正義曰 : 曲禮云 "士蹌蹌." 今與趍連文, 故知蹌巧趨貌. 曲禮注又

云“行而張足曰趨.” 趨, 今之(吏)〔捷(첩)〕[1)]步, 則趨, 疾行也. 禮有徐趨·疾趨[2)], 爲之有巧有拙, 故美其巧趨蹌兮.

1) (吏)〔捷(첩)〕: 저본의 교감기에 따라 '捷'으로 번역하였다.

2) 徐趨疾趨 : ≪禮記≫ 〈玉藻〉의 내용이다. ≪禮記≫ 〈玉藻〉에 "임금은 尸와 함께 갈 때에 반걸음씩 걷고, 대부는 앞뒤의 발이 서로 닿도록 걸으며, 士는 앞뒤의 사이에 발 하나가 들어갈 만큼 띄어 걷는다. 徐趨에는 모두 이와 같이 하고 疾趨에는 발을 자주 떼고자 하면서도 손과 발을 심하게 흔들지 않는다.〔君與尸行接武 大夫繼武 士中武 徐趨皆用是 疾趨則欲發而手足毋移〕"라고 하였다.

傳의 〔蹌巧趨貌〕

○ 正義曰 : ≪禮記≫ 〈曲禮〉에 "士는 절도 있게 걷는다."라고 하였는데 지금 〈經文의 蹌이〉 趍〔趨〕와 이어져 있다. 그리하여 蹌이 맵시 있게 걷는 모습임을 안 것이다. 〈곡례〉의 注에서 또 "보폭을 넓게 하여 걷는 것을 趨라고 한다."라고 하였으니 趨는 지금의 '민첩한 걸음걸이〔捷步〕'이다. 그렇다면 趨는 빨리 걷는 것이다. 禮에는 徐趨와 疾趨가 있으니 맵시 있는 걸음과 맵시가 부족한 걸음이 있음을 말한 것이다. 그리하여 맵시 있는 걸음이 훌륭함을 찬미한 것이다.

猗嗟名兮요 美目淸兮며

아 눈두덩이 넓고
눈매 고우며

【傳】 目上爲名이요 目下爲淸이라

눈의 윗부분이 名이고 눈의 아래 부분이 淸이다.

儀旣成兮로다

몸가짐이 의젓하도다

終日射(석)侯하되

종일 활을 쏘아도

不出正兮하니 **展我甥兮**로다

정곡을 벗어나지 않으니

진실로 우리 外孫이로다

【傳】 二尺曰正[1]이요 外孫曰甥이라

1) 二尺曰正 : ≪周禮注疏≫에 인용된 鄭司農의 "〈과녁의〉 사방이 10尺인 것을 侯라 하고, 4척인 것을 鵠이라 하고, 2척인 것을 正이라 하고, 4촌인 것을 質이라 한다.〔方十尺曰侯 四尺曰鵠 二尺曰正 四寸曰質〕"라고 한 말을 보면 毛亨은 정사농의 의견을 따른 것으로 보이나 鄭玄이 말하는 正은 이와는 다르다. 정현의 正은 천자의 조정에 제후국들이 빙문오면 설행하는 賓射禮의 正인데, 正은 侯의 중앙에 朱色으로 2尺을 그리고 白, 靑, 黃, 黑 순으로 채색을 그린 것이다. 단, 각 색의 폭은 과녁〔侯中〕 폭의 크기에 따라 다르다. 5색 다 그린 5正과 朱, 白, 靑을 그린 3正과 朱, 綠을 그린 2正이 있고, 모든 正은 侯中의 삼분의 1이다. 侯中의 폭도 射者로부터 侯까지의 步數가 몇 보인가에 따라 정해지므로 일정한 것이 아니다.

二尺을 正이라 하고 外孫을 甥이라고 한다.

【箋】 箋云 成은 猶備也라 正은 所以射於侯中[1]者라 天子五正이요 諸侯三正이며 大夫二正이요 士一正이며 外皆居其侯中參分之一焉이라 展은 誠也라 姊妹之子曰甥이라 容貌技藝如此하니 誠我齊之甥이라 言誠者는 拒時人言齊侯之子라 ○ 畫五采曰正이라

1) 侯中 : ≪周禮注疏≫에 "과녁의 높이와 너비가 같은 것을 侯中이라 한다."라고 하였으니 과녁의 폭을 가리키는 말이다. ≪儀禮≫ <鄕射記>에 "侯까지의 거리를 6尺 크기의 弓으로 계산하고 이에 비례하여 侯中의 크기를 정한다. 侯까지의 거리가 50弓인 경우는 1弓에 二寸씩을 계산하면 侯中의 크기는 100寸(1丈)이 된다."라고 하였다.

箋云 : 成은 備와 같다. 正은 侯中에 화살이 맞는 부분이다. 天子는 5正이고 諸侯는 3正이며 大夫는 2正이고 士는 1正인데 正의 바깥쪽은 모두 侯中의 3분의 1이다. 展은 '진실로'이다. 姊妹의 아들을 甥이라고 한다. 용모와 기예가 이와 같으니 진실로 우리 齊나라의 조카라는 것이다. '진실로'라고 말한 것은 당시 사람들이 齊侯의 아들이라고 한 것을 부인한 것이다.

○ 〈과녁에〉 다섯 가지 채색으로 그린 것을 正이라고 한다.

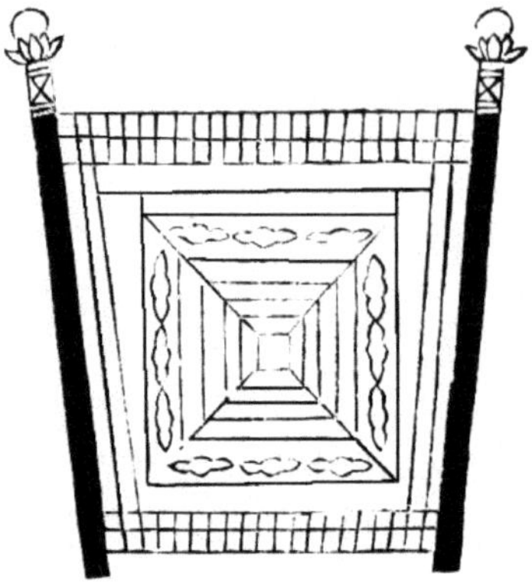

五正侯(≪三禮圖≫)

三正侯(≪三禮圖≫)

二正侯(≪三禮圖≫)

【疏】'猗嗟'至'甥兮' ○ 正義曰：齊人傷魯莊公，猗嗟此莊公目上之名，甚平博兮，又有美目及目下之清，亦美兮，威儀容貌旣備足兮. 又善於爲射，終日射侯，其矢不出正之內兮，此又誠是我齊之外甥兮. 威儀技藝如此，又實是齊之外甥，不能使母不淫，令人以爲齊侯之子，是其可嗟傷也.

經의 〔猗嗟〕에서 〔甥兮〕까지

○ 正義曰：齊나라 사람들이 魯 莊公을 가슴아파하였다. 아, 이 장공은 눈두덩이가 매우 평평하고 넓으며 또 고운 눈에 눈밑 살도 아름다워서 威儀와 容貌가 충분히 갖춰졌다. 또 활쏘기를 잘하여 과녁에 종일토록 쏘아도 화살이 正을 벗어나지 않으니, 이는 역시 진실로 우리 齊나라의 外甥이다. 威儀와 技藝가 이와 같고 또 진실로 齊나라의 外甥인데 어미가 간음하지 않도록 하지 못하여 사람들이 齊侯의 아들로 여기게 하였으니 이것이 한탄하고 가슴아파할 만한 것이다.

【疏】傳'目上'至'爲淸' ○ 正義曰：釋訓云 "猗嗟名兮，目上爲名." 孫炎云 "目上平博." 郭璞曰 "眉眼之閒." 爾雅旣釋如此，淸又與目共文，名旣目上，則淸爲目下.

傳의 〔目上〕에서 〔爲淸〕까지

○ 正義曰：≪爾雅≫ 〈釋訓〉에 "'아 名이여'라고 하였으니 눈두덩이가 名이 된다."라고 하였는데 孫炎은 "눈의 위가 평평하고 넓은 것이다."라고 하고 郭璞은 "눈썹과 눈의 사이이다."라고 하였다. ≪이아≫에서 해석한 것이 이와 같고, 淸도 目과 함께 쓰였으니, '名'이 눈의 위이고 보면 '淸'은 눈의 아래가 된다.

【疏】傳'二尺'至'曰甥' ○ 正義曰：正者，侯中所射之處．經典雖多言正鵠，其正之廣狹則無文．鄭於周禮考之，以爲"大射則張皮侯而設鵠，賓射則張布侯而畫正．正大如鵠，三分侯廣而正居一焉，侯身長一丈八尺者，正方六尺，侯身一丈四尺者，正方四尺六寸大半寸[1)]，侯身一丈者，正方三尺三寸少半寸．正以綵畫爲之．其外之廣，雖則不同，其內皆方二尺．" 尾於正鵠之事，唯此言二尺曰正耳，旣無明說可以同之鄭焉．鄭言正之內方二尺者，亦更無明文，蓋應顧此傳耳．

1) 大半寸：1寸보다 작지만 半寸(0.5寸)보다 조금 더 큰 수를 의미한다. 侯의 길이가 1丈 4尺이면 侯의 3분의 1을 차지하는 正은 4尺 6寸 하고도 0.66…寸이 더 큰 수이므로 반올림하면 대략 4.6 하고도 0.7寸 가량이 더 큰 것을 뜻한다. 아래의 少半寸도 侯의 길이가 1丈이면 그 侯의 3분의 1을 차지하는 正은 3尺 3寸 하고도 半寸보다 조금 작은 수인 0.33…寸만큼 큰 것을 뜻한다.

傳의 〔二尺〕에서 〔曰甥〕까지

○ 正義曰：正은 侯中에서 화살이 맞는 곳이다. 經典에 비록 正과 鵠에 대하여 말한 것이 많지만 正의 너비를 언급한 글은 없다. 鄭玄이 ≪周禮≫를 고찰하여, "大射에는 가죽 과녁을 펼쳐서 鵠을 설치하고, 賓射에는 베 과녁을 펼쳐서 正을 그려 넣는다. 正의 규격은 鵠과 같은데 侯의 너비를 삼분하면 正이 그중 1에 해당하니 侯의 길이가 1丈 8尺인 것은 正이 사방 6尺이고, 侯의 길이가 1丈 4尺인 것은 正이 사방 4尺 6寸에 大半寸이고 侯의 길이가 一丈인 것은 正이 사방 3尺 3寸에 小半寸이다. 正은 채색으로 그려 만든다. 正의 바깥부분의 너비는 비록 각각 같지 않지만 안(중앙) 부분은 모두 사방이 2尺이다."라고 하였다. 正鵠에 대하여 끝에 '2尺을 正이라 한다.'라고만 하였을 뿐이니 정현의 말과 같은 것이라고 할 만한 분명한 說이 없다. 정현이 '正의 안쪽은 사방이 2尺이다.'라고 한 것 역시 분명한 글이 더 없으니 여기의 傳을 살펴봐야 할 뿐이다.

【疏】姊妹之子，名之曰甥，傳言外孫曰甥者，王肅云"據外祖以言也．" 謂不指襄公之身，摠據齊國爲信．外孫得稱甥者，案左傳云"以肥之得備彌甥[1)]．" 孫毓云"姊妹之子曰甥，謂吾舅者，吾謂之甥．此爾雅之明義，(未)〔末〕[2)]學者之所及，豈毛公之博物，王氏之通識，而當亂於此哉．抑者以襄公雖舅，而鳥獸其行，犯親亂類，使時人皆以爲齊侯之子，故絶其相名之倫，更本於外祖以言也．" 凡異族之親，皆稱甥．然此是毛傳之言，不應代詩人爲絶其相名之倫，孫毓之言非也．

1) 以肥之得備彌甥 : 宋나라 景曹(景公의 母)가 죽었는데 그녀는 季康子의 부친인 季桓子의 외조모였다. 季康子가 사직의 제사 때문에 직접 가지 못하고 冉有를 대신 보내 부의를 바치게 하면서 고하게 한 말이다.
2) (未)〔末〕: 저본의 교감기에 따라 '末'로 번역하였다.

姊妹의 아들을 甥이라 하는데 傳에서 '外孫을 甥이라 한다.'라고 한 것에 대하여 王肅은 "外祖에 근거하여 말한 것이다."라고 하였으니, 襄公 자신을 가리킨 것이 아니고 齊國 전체를 근거한 것이 맞다. 外孫이 甥이라고 일컬어진 경우는 ≪春秋左氏傳≫ 哀公 23년에 "肥(季康子)는 宋나라의 외손이기 때문에……."라고 한 것이다. 孫毓은 "姊妹의 아들을 甥이라고 하는데 나를 舅라고 하는 이를 내가 甥이라고 하는 것이다. 이 ≪爾雅≫의 분명한 뜻은 初學者들도 아는 것인데, 毛公과 같이 박학하고 왕숙과 같이 다식한 이가 어찌 이에 대해 혼동하였겠는가. 어쩌면 양공이 비록 외삼촌이지만 짐승 같은 행동으로 근친을 범하고 족류를 문란케 하여 당시 사람들로 하여금 모두 〈莊公을〉 齊侯의 아들이라 여기게 하였기 때문에 서로 〈삼촌, 조카라고〉 부르는 천륜을 끊고 새로 外祖에 근본하여 말한 것일 것이다."라고 하였다. 대체로 姓이 다른 친척을 모두 甥이라고 호칭한다. 그러나 〈'外孫曰甥'이라는〉 이 말은 毛傳의 말로 응당 詩人을 대신하여 서로 〈삼촌, 조카라고〉 호칭하는 천륜을 끊고자 한 뜻이 아니니 孫毓의 말은 잘못이다.

【疏】 箋'正所'至'之子' ○ 正義曰 : 夏官射人 "以射法治射(義)〔儀〕[1], 王以六耦射三侯[2], 樂以騶虞, 九節[3]五正, 諸侯以四耦射二侯, 樂以貍(이)首[4], 七節三正, 孤卿大夫以三耦射一侯, 樂以采蘋(빈), 五節二正, 士以三耦射豻(간)侯, 樂以采蘩(번), 五節二正." 是天子以下所射之正數也. 彼文大夫士同射二正, 今定本云 "大夫二正士一正." 誤耳.

1) (義)〔儀〕: 저본의 교감기에 따라 '儀'로 번역하였다.
2) 三侯 : 鄭司農은 곰가죽, 호랑이가죽, 표범가죽으로 만든 세 가지의 과녁이라고 하고, 鄭玄은 5正과 3正과 2正의 과녁이라고 하였다.(≪周禮注疏≫)
3) 節 : 射禮에 연주되는 음악 길이의 단위이다. 9節은 앞의 5절을 먼저 듣고 뒤의 4절이 연주될 때 활을 쏘고, 7절은 앞의 3절을 먼저 듣고 쏘고, 5절은 앞의 1절을 먼저 듣고 쏘니, 모두 뒤의 4절에 네 발의 화살을 차례로 쏜다.(≪禮記正義≫ 〈射儀〉) 조선조 영조 19년(1743)에 거행된 ≪大射禮儀軌≫에서는 詩의 1句를 1節로 이해하여 진행하였다. 그러나 鄭玄은 ≪周禮≫의 注에서 節을 射臺에서 과녁까지의 步數를 나

타내는 단위로 여겼다.

4) 貍(이)首 : 천자국에 來朝하지 않은 諸侯가 있으면 그의 머리를 쏘겠다는 내용의 逸詩로, 제후들이 활을 쏠 때 부르던 노래이다.

箋의 〔正所〕에서 〔之子〕까지

○ 正義曰 : ≪周禮≫ 〈夏官 司馬〉 射人에 "〈射人은〉 王射의 예법으로 射儀를 익히니 王은 6쌍의 射手로 3侯에 쏘되 음악은 〈召南 騶虞〉이고 〈樂節은〉 9節이고 侯는 5正이며, 諸侯는 4쌍의 사수로 2侯에 쏘되 음악은 〈貍首〉이고 〈樂節은〉 7節이고 侯는 3正이며, 孤卿이나 大夫는 3쌍의 사수로 1侯에 쏘되 음악은 〈召南 采蘋〉이고 〈樂節은〉 5節이고 侯는 2正이며, 士는 3쌍의 사수로 개가죽 과녁에 쏘되 음악은 〈召南 采蘩〉이고 〈樂節은〉 5節이고 侯는 2正이다."라고 하였으니, 이는 天子 이하가 활을 쏘는 正數이다. ≪周禮≫ 〈夏官 司馬〉 射人의 글에 大夫와 士가 똑같이 2正에 쏘는 것으로 되어 있으니 지금 定本에서 "大夫는 2正이고 士는 1正이다."라고 한 것은 잘못이다.

【疏】'外皆居其侯中三分之一'者, 其外畔準侯廣狹, 各居其侯三分之一, 其內皆方二尺, 故彼注云"九節・七節・五節者, 奏樂以爲射節之差. 三侯者, 五正・三正・二正之侯也, 二侯者, 三正二正之侯也, 一侯者, 二正而已. 畫五正之侯者, 中朱, 次白, 次蒼, 次黃, 玄居外. 三正者, 損玄黃, 二正者, 去白蒼, 而畫以朱綠. 其外之廣, 皆居侯中三分之一." 鄭言中二尺, 是中央之采方二尺以外, 準其采之多少, 正之廣狹, 均布之以至於外畔也. 言居侯三分之一, 侯之廣狹, 則有三等不同, 五正之侯則方一丈八尺, 三正之侯, 方一丈四尺, 二正之侯, 則方一丈. 知者, 以大射之鵠・賓射之正, 雖其侯正鵠不同, 侯道遠近一也.

'〈正의〉 바깥쪽은 모두 侯中의 3분의 1이다.'라고 한 것은 正의 바깥 부분이 과녁의 너비를 기준하여 따져보면 각각 해당 과녁의 3분의 1인 것이고 그 안쪽부분은 모두 사방 2尺이다. 그리하여 鄭玄의 注에 "9節・7節・5節이라는 것은 연주하는 음악으로 활쏘는 악절의 차등을 삼은 것이다. 3侯는 5正과 3正과 2正의 侯이며 2侯는 3正과 2正의 侯이고 1侯는 2正의 侯이다. 侯에 5正을 그리는 방법은 가운데는 주(朱)색이고 다음은 백색이며, 다음은 청색이고 다음은 황색이며, 흑색을 맨 바깥쪽에 그린다. 3正은 〈5正에서〉 흑색과 황색을 뺀 것이고 2正은 〈3正에서〉 백색과 청색을 빼고 주색과 녹색으로 그린 것이다. 正의 바깥쪽의 너비는 侯中의 3분의 1이다."라고 하였다.

정현이 '중앙이 2尺이다.'라고 하였으니 중앙에 채색된 사방 2척(朱色)의 바깥쪽 너비는 채색된 부분의 많고 적음에 준하여 정해지고 正의 廣狹(朱色 외의 나머지 색)은 일정하게 분포하여 바깥부분에 이른다. 〈바깥쪽 너비가〉 侯의 3분의 1이라 하였는데, 侯의 너비에는 3등급의 구분이 있으니, 5正의 侯는 사방 1丈 8尺이고 3正의 侯는 사방 1丈 4尺이고 2正의 侯는 사방 1丈이다. 이를 안 것은 大射禮의 鵠과 賓射禮의 正은 비록 侯에 正을 설치하거나 鵠을 설치하는 경우가 같지 않지만 〈활 쏘는 이로부터〉 侯까지의 절대거리는 같기 때문이다.

【疏】儀禮大射禮者, 諸侯射禮, 經曰 "司馬命量人, 量侯道以貍(리)步[1], 大侯九十, 糝(삼)[2]七十, 豻五十." 鄉射記記射之侯云 "侯道五十弓." 則大射所云 '九十・七十・五十', 皆謂弓也. 諸侯大射三侯之道, 旣有九十・七十・五十, 則王射 亦張三侯, 其道之數, 亦當然, 故射人注云 "量侯道者, 以弓爲度, 九節者, 九十弓, 七節者, 七十弓, 五節者, 五十弓, 弓之下制, 長六尺[3]." 是侯道遠近有三等不同也.

1) 貍(리)步 : 大射禮 때에 사수와 과녁 사이의 거리를 재는 기구의 명칭으로 길이는 6尺이다. 貍(삵)의 명칭을 취한 것에 대하여 ≪周禮≫ 〈夏官 司馬〉 射人의 注에서 "貍는 사냥감을 잘 잡는 짐승이니 〈먹이를 잡으려 할 때에는〉 가다가 멈추어 거리를 헤아리고서 뛰면 반드시 잡는다. 이 때문에 과녁과의 거리를 헤아리는 일에 〈貍를〉 본따 〈명칭을〉 삼은 것이다.〔貍 善搏者也 行則止而擬度焉 其發必獲 是以量侯道法之也〕"라고 하였다.

2) 糝(삼) : 雜侯이니 표범 가죽으로 만든 鵠의 아래를 사슴 가죽으로 장식한 것이다. (≪儀禮注疏≫)

3) 弓之下制 長六尺 : 弓은 길이에 따라 上制, 中制, 下制로 나뉘는데 上制는 길이가 6尺 6寸이고, 中制는 6尺 3寸이고, 下制는 6尺이다. 弓의 下制인 6尺이 步와 상응하므로 6尺의 弓으로 거리를 헤아리고 節數를 표기한 것이다.

≪儀禮≫의 〈大射禮〉는 諸侯의 射禮인데 經에서 "司馬가 量人에게 명하여 侯까지의 거리를 貍步로 재게 하니 大侯는 90이고 糝(삼)은 70이고 豻은 50이다."라고 하고 ≪儀禮≫ 〈鄕射禮〉에 대한 記에서 활쏘기의 과녁에 대해 기록하기를 "侯道는 50弓이다."라고 하였으니 〈大射禮〉에서 말한 '90・70・50'은 모두 弓의 수를 말한 것이다. 諸侯의 大射禮에 3侯를 설치하는 道에 90・70・50이 있으니, 그렇다면 王의 활쏘기에도 역시 三侯를 설치하고 그 과녁까지 거리의 步數도 당연히 그러하다. 그리하여

≪周禮≫ 〈夏官 司馬〉 射人의 注에 "侯까지의 거리를 계산하는 것은 弓으로 헤아리니, 9節은 90弓이고 7節은 70弓이고 5節은 50弓인데 弓의 下制는 길이가 6尺이다." 라고 하였으니 이것이 侯道의 遠近에 3등급의 구분이 있는 것이다.

【疏】鄕射記又云"弓二寸以爲侯中[1]." 侯中, 謂侯身也. 鄕射之侯, 旣弓取二寸, 則餘侯亦當然. 天官司裘注說大射之侯, 引鄕射記曰"弓二寸以爲侯中", 則九十弓者, 侯中廣丈八尺, 七十弓者, 侯中廣丈四尺, 五十弓者, 侯中廣一丈. 大射旣然, 則賓射亦爾.

1) 弓二寸以爲侯中 : 侯까지의 거리를 弓(6尺)으로 계산하고 이에 비례하여 侯身의 크기를 정하는 방법을 말한다. 예컨대 侯까지의 거리가 50弓인 경우는 1弓에 二寸씩을 계산하면 侯의 크기는 100寸(1丈)이 된다.

≪儀禮≫ 〈鄕射禮〉에 대한 記에 또 "弓마다 2寸씩 〈계산하여〉 侯中을 만든다."라고 하였으니 侯中은 과녁(侯身)이다. 鄕射禮의 侯가 매 弓마다 2寸을 취하였으니 나머지 예의 侯도 응당 그러하다. ≪周禮≫ 〈天官 宗伯〉 司裘의 注에서 大射禮의 侯를 설명하면서 ≪儀禮≫ 〈鄕射禮〉에 대한 記의 "매 弓마다 2寸씩 〈계산하여〉 侯中을 만든다."라고 한 것을 인용하였으니, 그렇다면 〈侯까지 거리가〉 90弓인 것은 侯中의 너비가 1丈 8尺이고, 70弓인 것은 侯中의 너비가 1丈 4尺이고, 50弓인 것은 侯中의 너비가 1丈이다. 大射禮의 제도가 이미 그러하니 賓射禮의 제도 역시 그러하다.

【疏】 考工記云 "梓人爲侯, 廣與崇方, 三分其廣, 而鵠居一焉." 司(衣)〔裘〕[1]掌大射之禮云"設其鵠", 射人治賓射之儀, 則云 "五正・三正・二正." 有正者, 無鵠, 〔有鵠〕[2]者, 無正, 則正與鵠大小同矣, 故射人注云"鵠乃用皮, 其大如正." 鵠居侯中三分之一, 則知正亦在侯三分之一, 各準其侯之廣狹, 而畫之耳.

1) (衣)〔裘〕: 저본의 교감기에 따라 '裘'로 번역하였다.
2) 〔有鵠〕: 저본의 교감기에 따라 보충하여 번역하였다.

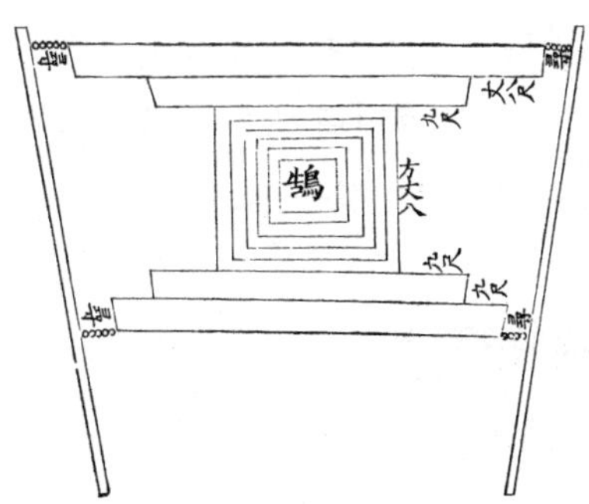

侯(≪欽定周官義疏≫)

≪周禮≫ 〈冬官 考工記〉에 "梓人이 侯를 만들되 너비와 높이를 같게 하고 侯의 너비를 3등분하여 鵠이 〈侯의〉 3분의 1이 되게 한다."라고 하였다. 司裘가 大射禮를 관장하는데 〈〈司裘〉에서〉 "鵠을 설치한다."

라고 하고 射人이 賓射禮의 의식을 익히는데 〈《射人》에서〉 "〈3侯는〉 5正·3正·2正이다."라고 하였으니 正이 있는 경우엔 鵠이 없고 鵠이 있는 경우엔 正이 없다. 그렇다면 正과 鵠의 크기는 같다. 그리하여 〈射人〉의 注에서 "鵠은 가죽을 쓰는데 크기는 正과 같다."라고 한 것이다. 鵠이 侯中의 3분의 1이면 正도 侯中의 3분의 1임을 알 수 있으니 각각 해당하는 侯의 너비를 기준하여 그리는 것이다.

【疏】 謂之正者, 射人注云 "正之言正也. 射者內志正, 則能中." 大射注云 "正者, 正也, 亦鳥名. 齊魯之間, 名題肩爲正, 正, 鳥之捷黠者, 射之難中, 以中爲儁, 故射取名焉." 大射, 射鵠, 賓射, 射正, 此言'不出正兮', 據賓射爲文也. '展 誠' 釋詁文, '姊妹之子爲甥', 釋親文. 上說容貌技藝, 下言展我甥兮, 縱令无技藝, 亦是其甥. 但作者旣美其身業技藝, 又言實是其甥, 傷不防閑其母而令人以爲齊侯之子, 故言誠我齊之外甥, 爲齊之甥信不虛矣, 而云誠實是者, 拒時人言是齊侯之子耳.

正이라고 하는 것은 ≪周禮≫ 〈夏官 射人〉의 注에 "正의 뜻은 '바름'이다. 활을 쏘는 자가 마음이 바르면 명중시킬 수 있다."라고 하고 ≪儀禮≫ 〈大射〉의 注에 "正은 '바름'이고 또 새 이름이다. 齊나라와 魯나라 등지에서는 題肩이라는 새를 正이라고 하니 正은 새 중에서 재빠르고 영리한 놈으로 활로 명중시키기 어려워서 그 새를 명중시킴을 재주가 뛰어난 것으로 여겼다. 그리하여 射禮에 그 이름을 취한 것이다."라고 하였다. 大射에는 鵠에 쏘고 賓射에는 正에 쏘니 여기서 '正을 벗어나지 않는다.'라고 한 것은 賓射에 근거한 글이다. '展 誠'은 ≪爾雅≫ 〈釋詁〉의 글이고, '姊妹之子爲甥'은 ≪爾雅≫ 〈釋親〉의 글이다. 위에서는 容貌와 技藝를 말하고 아래에서는 '진실로 우리 外孫이로다.'라고 하였으니 비록 기예가 없더라도 이는 역시 齊나라의 외손이다. 다만 지은이가 그 몸가짐과 기예를 찬미하고 또 〈이가〉 진실로 제나라의 외손임을 말한 것은 제 어미의 〈간음을〉 막지 못하여 사람들이 齊侯의 자식이라고 여기게 한 것을 가슴아파해서이다. 그리하여 진실로 우리 齊나라의 外甥이라고 한 것이다. 齊나라의 外甥임이 실제로 거짓이 아닌데 '진실로'라고 한 것은 당시 사람들이 이가 齊侯의 아들이라고 한 것을 부인한 것이다.

猗嗟孌兮여

아 멋지도다

【傳】 孌은 壯好貌라

孌은 멋진 모습이다.

清揚婉兮며

눈매 아름다우며

【傳】 婉은 好眉目也라

婉은 아름다운 눈매이다.

舞則選兮하고 **射則貫兮**로다

춤을 추면 가락에 맞고
활을 쏘면 명중시키네

【傳】 選은 齊요 貫은 中也라

選은 '맞음'이고 貫은 '명중함'이다.

【箋】 箋云 選者는 謂於倫等最上이요 貫은 習也라

箋云 : 選은 무리에서 가장 잘하는 것을 말한다. 貫은 익숙한 것이다.

四矢反兮하니 **以禦亂兮**로다

네 발 화살 한 곳을 맞추니
난리를 막을 수 있겠네

【傳】 四矢는 乘矢라

四矢는 네 발의 화살이다.

【箋】 箋云 反은 復也라 禮에 射三而止라 每射四矢에 皆得其故處니 此之謂復이라 射必四矢者는 象其能禦四方之亂也라 ○ 反은 如字라 韓詩作變하니 變은 易이라

箋云：反은 반복함이다. 禮에 활은 세 번 쏘고 그치는데, 매번 네 발씩을 쏠 때에 모두 먼저 맞힌 곳을 명중시킨 것이니 이를 復이라고 한다. 반드시 네 발 씩을 쏘는 것은 사방의 난리를 막을 수 있음을 상징한 것이다.

○ 反은 본음대로 읽는다. ≪韓詩≫에는 變으로 되어 있으니 變은 '바꿈'이다.

【疏】'猗嗟'至'亂兮' ○〔正義曰〕[1]：毛以爲 "齊人傷魯莊公, 猗嗟此莊公容貌孌然而好兮, 其淸揚眉目之閒婉然而美兮, 其舞則齊於樂節兮, 其射則中於正鵠兮, 非徒能中而已, 每番重射四矢, 皆反復其故處兮. 善射如此, 足以捍(한)禦四方之亂兮. 威儀·技藝如此, 而不能防閑其母故刺之." ○ 鄭唯舞則選兮二句爲異, 言舞則倫等之中上選兮, 其射卽貫習爲之兮, 餘同.

1)〔正義曰〕：편집체제에 따라 보충하여 번역하였다.

經의〔猗嗟〕에서〔亂兮〕까지

○ 正義曰：毛亨은 "齊나라 사람들이 魯 莊公을 안타깝게 여겨, 아 이 莊公은 용모가 수려하고 아름답고 이마와 눈매가 婉然히 고우며 춤을 추면 악절에 맞고 활을 쏘면 정곡에 명중하였다. 명중할뿐만 아니라 매번 거듭 네 발을 쏘아 모두 먼저 쏜 화살을 반복하여 꿰뚫었다. 활을 이처럼 잘 쏘니 사방의 난을 막기에 충분하다. 威儀와 技藝가 이와 같은데도 자기 어미의 간음을 막지 못하였기 때문에 풍자한 것"으로 여겼다.

○ 鄭玄은 '舞則選兮'〈이하〉 두 句만을 달리 여겨 "춤으로 말하면 무리 중에 으뜸이고 활로 말하면 익숙하게 쏜다고 한 것"으로 여기고, 나머지는 〈毛亨과〉 같다.

【疏】傳'選 齊 貫 中' ○ 正義曰：傳選之爲齊, 其訓未聞, 當謂其善舞齊於樂節也. 貫, 謂穿侯, 故爲中也.

傳의〔選 齊 貫 中〕

○ 正義曰：傳에서 選을 '맞음'이라고 하였는데 그렇게 풀이하는 것은 들어보지 못하였지만, 응당 춤을 잘 추어 악절에 맞음을 말한 것이다. 貫은 과녁을 뚫는 것을 말한다. 그리하여 中이라고 한 것이다.

【疏】箋'選者'至'貫 習' ○ 正義曰：箋以美其善舞, 當謂舞能勝人, 故易傳以爲倫等之中上選也. '貫 習', 釋詁文.

箋의 〔選者〕에서 〔貫習〕까지

○ 正義曰 : 箋은 그가 춤을 잘 추는 것을 찬미하였으니 응당 춤이 남보다 월등한 것을 말한 것이라고 여겼다. 그리하여 傳을 바꾸어서 무리 중에 으뜸이라고 한 것이다. '貫 習'은 ≪爾雅≫ 〈釋詁〉의 글이다.

【疏】 傳'四矢 乘矢' ○ 正義曰 : 乘車必駕四馬, 因卽謂四馬爲乘, 大射・鄕射 皆以四矢爲乘矢, 故傳依用之.

傳의 〔四矢 乘矢〕

○ 正義曰 : 乘車는 반드시 네 마리 말이 끄는 것이므로 인하여 네 마리 말을 乘이라고 하니, ≪儀禮≫ 〈大射禮〉와 〈鄕射禮〉에서 모두 네 발의 화살을 '乘矢'라고 하였다. 그리하여 傳에서 이를 따라 쓴 것이다.

【疏】 箋'禮射'至'之亂' ○ 正義曰 : 大射, 皆三番, 射訖, 止而不復射, 是禮射三而止也. 必三而止者, 案儀禮大射, 初使三耦[1]射之, 而未釋獲, 射訖, 取矢以復, 君與卿大夫等射, 釋獲, 飮(임)不中者, 訖, 君與卿大夫等又射, 取中於樂節. 注云"君子之於事也, 始取苟能, 中課有功, 終用成法, 敎化之漸也." 然則初射惟三耦, 其後兩番, 君始與卿大夫等射, 此言'禮射三而止', 通三耦等爲言. 射法三而止, 而云'終日射侯'者, 美其久射而常中, 非禮射終一日也. 每射四矢皆復故處, 言常中正鵠也. 又解射禮必用四矢者, 象其能禦四方之亂, 故詩人以莊公四矢皆中, 卽云以禦亂兮, 美莊公善射, 言其堪禦亂也. 內則云 "男子生, 以桑弧(호)蓬矢六, 射天地四方." 注云 "天地四方, 男子所有事." 彼於初生之時, 以上下四方, 男子皆當有事, 故用六矢以示意. 射禮則象能禦亂, 上下無亂, 不復須象之故也.

1) 三耦 : 두 사람씩 짝이 되어 활쏘기 하는 세 개의 조를 말하는 것으로 모두 6인이다. (≪儀禮≫ 〈鄕射禮〉)

箋의 〔禮射〕에서 〔之亂〕까지

○ 正義曰 : 大射禮는 모두 3번 활을 쏘는데 쏘는 것이 끝나면 그치고 다시 쏘지 않으니 이것이 '禮에 활은 세 번 쏘고 그치는데〔禮 射三而止〕'이다. 반드시 세 번 쏘고 그친다는 것은 ≪儀禮≫ 〈大射〉를 살펴보면 처음에는 三耦로 하여금 쏘게 하되 맞힌 수를 세지 않고 활쏘기를 마치면 화살을 거두어 제 위치로 돌아가고, 〈다음으로〉 군주

와 卿大夫가 활을 쏘되 맞힌 수를 세어 맞히지 못한 이에게 벌주를 마시게 하고, 〈이를〉 마치면 군주와 경대부 등이 또 화살을 쏘니, 樂節에 맞추어 쏘는 것이다. 그 注에 "君子는 활쏘는 일에 있어 처음엔 할 수 있음만을 취하고 중간에는 맞춘 것이 있는가를 헤아리고 마지막에 정해진 예법〔樂節〕을 따르니 〈이는〉 교화의 점진적 〈과정〉이다."라고 하였다. 그렇다면 처음 활쏘기는 三耦만이 하고 그 뒤 두 번은 군주가 비로소 卿大夫 등과 쏘는 것이니, 여기에서 '禮에 활쏘기는 세 번 쏘고 그친다.'라고 한 것은 三耦까지 포함하여 말한 것이다. 射法은 세 번 쏘고 그치는데 經文에서 '종일 활을 쏘아도〔終日射侯〕'라고 한 것은 오래 활을 쏘아도 항상 명중함을 찬미한 것이지 禮射를 종일 한다는 것이 아니다. '매번 쏠때마다 네 발을 쏘아 모두 먼저 맞힌 곳을 다시 맞힌다는 것'은 항상 정곡에 명중함을 말한 것이다. 또 射禮에 반드시 4矢를 쏘는 것은 '사방의 난리를 막을 수 있음을 상징한 것'이라고 풀이하였다. 그리하여 곧 시인이 莊公이 네 발 모두 명중시킨다는 것으로 바로 '난리를 막을 수 있겠네'라고 하여 장공이 활을 잘 쏘는 것을 찬미한 것이니, 그가 난을 막아낼 수 있음을 말한 것이다. ≪禮記≫ 〈內則〉에 "〈왕실에〉 사내아이가 태어나면 뽕나무 활과 쑥대화살 여섯 대로 天地와 四方에 쏜다."라고 하였는데 注에 "天地와 四方에 남자가 할 일이 있어서이다."라고 하였으니, 이는 사내아이가 처음 태어나는 때부터 上下(천지)와 四方에 모두 응당 할 일이 있기 때문에 여섯 대의 화살로 그 뜻을 나타낸 것이다. 射禮는 난을 막을 수 있음을 상징하는 것이다. 〈그런데 '四方의 亂'만을 말한 것은〉 천지에는 亂이 없어 다시 형상할 필요가 없기 때문이다.

猗嗟三章이니 章六句라

〈猗嗟〉 3章이니 章마다 6句이다.

齊國 十一篇이니 **三十四章**이요 **百四十三句**라

齊國 11篇이니 34章이고 143句이다.

毛詩注疏 卷第五(五之三)

魏葛屨詁訓傳 第九

陸曰：案魏世家及左氏傳云 姬姓國也라하고 詩譜云 周以封同姓하니 其地虞舜夏禹所都之域이라 地在古冀州雷首之北과 析城之西하니 南枕河曲하고 北涉汾水라하다

陸德明이 말하기를 "살펴 보건데 ≪史記≫ 〈魏世家〉와 ≪春秋左氏傳≫ 襄公 29년에는 '姬姓의 나라이다.'라고 하고, ≪詩譜≫에는 '周가 同姓을 봉하였으니, 그 곳은 虞舜과 夏禹가 도읍하였던 지역이다. 봉지는 옛 冀州의 雷首山 북쪽과 析城山 서쪽에 있으니 남으로는 河曲縣에 이르고 북으로는 汾水를 넘는다.' 하였다."라고 하였다.

毛詩國風 鄭氏箋 孔穎達疏

魏譜

魏者는 虞舜夏禹所都之地니

魏는 虞舜과 夏禹가 도읍하였던 지역이니,

【疏】正義曰：地理志云"河東郡, 有河北縣, 詩魏國也. 晉獻公滅之, 封大夫畢萬." 皇甫謐(밀)云"舜所營都." 或云"蒲(포)坂, 卽河東縣." 是也. 禹受禪, 都平陽或安邑, 皆屬河東. 五子之歌, 怨太康失邦, 其歌云"惟彼陶唐, 有此冀方, 今失厥道, 乃厎滅亡." 左傳引其文, 服虔云"堯居冀州, 虞夏因之, 不遷居, 不易民, 其陶唐虞夏之都, 大率(솔)相近, 不出河東之界, 故書責太康亡失." 然則魏都河北蒲坂, 故安邑皆偪近之, 故云'魏者舜禹所都之地', 謂境內有其都耳, 魏不居其墟也.

正義曰：≪漢書≫ 〈地理志〉에 "河東郡에 河北縣이 있으니, ≪詩經≫의 魏國이다. 晉獻公이 멸망시키고 대부 畢萬을 봉하였다."라고 하고, 皇甫謐은 "舜임금이 도읍한 곳이다."라고 하고, 혹자는 "蒲坂이 바로 河東縣이다."라고 한 곳이 이곳이다. 禹임금이

禪讓을 받아 平陽 혹은 安邑에 도읍하였으니, 〈두 곳〉 모두 河東에 속한다. ≪尙書≫ 〈五子之歌〉는 〈夏나라〉 太康이 나라를 잃음을 원망한 것이데, 그 가사에 "저 陶唐이여 이 冀州 땅 소유하였었는데, 이제 그 道 잃어 마침내 멸망에 이르렀네.〔惟彼陶唐 有此冀方 今失厥道 乃厎滅亡〕"라고 하였다. ≪春秋左氏傳≫ 哀公 6년에 이 글을 인용하였는데, 服虔이 "堯임금이 冀州에 거처하였는데, 虞夏가 이를 이어 거처를 옮기지 않고 백성을 바꾸지 않았다. 그러니 陶唐과 虞夏가 도읍한 곳은 대체로 서로 가깝고 河東의 경계를 벗어나지 않는다. 그리하여 ≪상서≫ 〈오자지가〉에서 태강이 나라를 亡失한 것을 책망한 것이다."라고 하였다. 그렇다면 魏나라가 도읍한 곳은 河北의 蒲坂이다. 그리하여 安邑 등이 모두 이곳과 매우 가까운 것이다. 그리하여 魏는 '虞舜과 夏禹가 도읍하였던 지역이다.〔魏者 舜禹所都之地〕'라고 한 것이니, 〈魏나라의〉 境內에 그 도읍지가 있음을 말한 것이지 魏나라가 그 옛 도읍지에 도읍한 것은 아니다.

在禹貢冀州雷首之北과 析城之西라

≪尙書≫ 〈禹貢〉에는 冀州의 雷首山 북쪽과 析城山 서쪽에 있다.

【疏】 正義曰：禹貢云"壺口·雷首至于太岳, 厎(지)柱·析城至于王屋." 地理志云"雷首在蒲坂南, 析城在濩(확)澤西南." 皆在河東界內, 是其屬冀州也.

正義曰：〈禹貢〉에 "壺口山과 雷首山에서 太岳에 이르고, 厎柱山과 析城山에서 王屋山에 이른다."라고 하고, ≪漢書≫ 〈地理志〉에 "雷首山은 蒲坂縣의 남쪽에 있고, 析城山은 濩澤縣의 서남쪽에 있다."라고 하였으니, 모두 河東의 경계 안에 있으니 바로 冀州에 속한 것이다.

周以封同姓焉하니

周나라가 그 곳에 同姓을 봉하였으니,

【疏】 正義曰：襄二十九年左傳曰"虞·虢(괵)·焦·滑·霍·楊·韓·魏皆姬姓." 是與周同姓也, 魏世家絶, 不知所封爲誰, 故言'周以封同姓'(子)〔云〕[1].

1) (子)〔云〕: 저본의 교감기에 따라 '云'으로 번역하였다.

正義曰：≪春秋左氏傳≫ 襄公 29년에 "虞·虢·焦·滑·霍·楊·韓·魏는 모두 姬

姓이다."라고 하였으니 바로 周나라와 同姓이다. 그러나 魏의 世家가 끊겨 봉해준 자가 누구인지를 알지 못하였다. 그리하여 '周나라가 그 곳에 同姓을 봉하였다.〔周以封同姓〕'라고 한 것이다.

其封域은 南枕河曲하고 北涉汾水라

봉해진 지역은 南으로 河曲縣에 이르고 北으로 汾水를 넘는다.

【疏】 正義曰：地理志云"魏國, 姬姓也, 在晉之南河曲." 故其詩曰"彼汾一曲", "寘諸(치저)河之干兮." 是南枕河曲也, 汾沮洳曰"彼汾沮洳, 言采其莫(모)." 刺君采其菜於汾, 明其境踰汾矣, 故知北涉汾水.

正義曰：≪漢書≫ 〈地理志〉에 "魏國은 姬姓이니 晉나라의 남쪽 河曲縣에 있었다."라고 하였다. 그리하여 그 詩 〈魏風 汾沮洳〉에 "저 汾水 한 굽이에서〔彼汾一曲〕"라고 하고, 〈伐檀〉에 "河水 가 언덕에 두니〔寘諸河之干兮〕"라고 하였으니, 이것이 南으로 河曲縣에 이르는 것이고, 〈汾沮洳〉에 "낮고 습한 저 汾水 가에서 수영 나물을 캐네〔彼汾沮洳 言采其莫〕"라고 하여, 〈魏나라의〉 군주가 汾水 가에서 나물 캔 것을 풍자하였으니, 분명 그 경계가 汾水를 넘는다. 그리하여 北으로 汾水를 넘음을 안 것이다.

昔에 舜耕於歷山하고 陶於河濱이러니

옛날에 舜임금이 歷山에서 밭 갈고 河水 가에서 질그릇을 구웠는데,

【疏】 正義曰：尙書傳文也, 彼注云"歷山在河東." 是舜耕之處在魏境也. 言'陶於河濱', 則在河北之濱, 蓋以歷山相近, 同爲魏地, 故連言之. 皇甫謐云"言陶於河濱, 卽禹貢所謂陶丘, 今濟陰定陶之西南陶丘亭, 是也." 言河濱, 明近河, 不宜在濟陰, 謐之言謬耳.

正義曰：≪尙書大傳≫의 글인데, 그 注에 "歷山은 河東에 있다."라고 하였으니, 이것이 舜임금이 밭 갈았던 곳이 魏나라의 국경 안에 있는 것이다. '河水 가에서 질그릇을 구웠다.〔陶於河濱〕'라고 하였다. 그렇다면 河水의 북쪽 물가에 있는 것이니, 이는 歷山과 가깝고 같은 魏나라의 땅이다. 그리하여 이어서 말한 것이다. 皇甫謐은 "陶於河濱이라고 한 것은 바로 ≪尙書≫ 〈禹貢〉에서 말한 '陶丘'이니, 지금 濟陰郡 定陶縣의 서남쪽에 있는 陶丘亭이 이것이다."라고 하였다. 그러나 '河濱'이라고 말하였으면 분명

河水와 가까운 것이니, 의당 濟陰郡에 있는 것이 아니니 황보밀의 말은 오류이다.

禹非飮食而致孝乎鬼神하고 惡衣服而致美乎黻冕(불면)하고 卑宮室而盡力乎溝洫(혁)하니 此一帝一王의 儉約之化 於時猶存이러니 及今魏君하여는 嗇且褊急하여 不務廣脩德於民하고 教以義方이라

禹임금이 음식은 소박하게 먹으면서 선조의 神에게는 孝를 다하고, 옷은 검소하게 입으면서 黻冕에는 아름다움을 다하고, 궁실은 낮게 하면서 농지의 물길을 만드는 데는 온 힘을 다하였으니, 이는 한 제왕의 검약한 교화가 그 당시에 그대로 남아 있었던 것이다. 그러나 지금 魏나라의 군주에 이르러서는 인색하고 또 편협하고 조급하여, 백성에게 덕을 널리 베풀고 올바른 도리로 가르치는데 힘쓰지 않았다.

【疏】 正義曰 : '教以義方', 隱三年左傳石碏(작)辭也. 感舜禹之化, 則應皆儉約, 而碩鼠・伐檀, 又以刺君貪鄙者, 雖遺風尙在, 人性不同, 不能使貪者, 皆儉. 因葛屨(구)等刺儉者多, 又其詩在先, 故言'儉約之化'耳. 晉有唐之遺風, 詩稱唐國, 此有舜禹舊化, 其詩不稱虞夏者, 晉初唐叔封爲唐侯, 又能憂深思遠, 有堯之遺風, 故謂之唐, 魏初無虞夏之名, 虞夏又非諸侯之國, 徒感儉約之化, 嗇且褊急, 故譜本於舜禹耳, 無義言虞夏也. 堯舜道同而感有深淺者, 時君政異故也.

正義曰 : '教以義方'은 ≪春秋左氏傳≫ 隱公 3년 石碏의 말이다. 舜임금과 禹임금의 교화에 감화하였으면 응당 모두 검약하였어야 하는데 〈魏風 碩鼠〉와 〈伐檀〉에서 또 군주가 탐욕스럽고 비루함을 풍자한 것은, 비록 〈舜임금과 禹임금의〉 遺風이 아직 남아있긴 했으나 인간의 품성이 같지 않아 탐욕을 부리는 자들을 모두 검약하게 하지 못해서이다. 〈魏風 葛屨〉 등에는 검약함을 풍자한 것이 많고 또 이 詩가 맨 앞에 있다. 그래서 '검약한 교화〔儉約之化〕'라고 한 것이다. 晉나라에는 '陶唐'의 유풍이 남아 있어 詩를 '唐國'이라고 칭하였는데, 여기의 〈魏나라에도〉 舜임금과 禹임금의 옛 교화가 남아 있는데도 그 詩를 '虞夏'라고 칭하지 않은 것은, 晉나라는 애초에 '唐叔'을 봉하여 唐侯로 삼았고 또 깊이 걱정하고 원대하게 생각하여 堯임금의 유풍이 남아 있었다. 그리하여 '唐'이라고 한 것이다. 그러나 魏나라는 애초부터 '虞夏'의 명칭이 없었고 虞夏가 또 제후의 나라가 아닌데, 한갓 〈虞夏의〉 검약한 교화에만 감화되어 인색하고 또 편협하였다. 그래서 〈魏譜〉를 舜임금과 禹임금에 근본을 둔 것일 뿐이지, 뜻에 '虞

夏'를 말한 것이 없다. 堯임금과 舜임금은 道가 같은데 감화의 깊이에 차이가 있는 것은 당시 군주의 정사가 달랐기 때문이다.

其與秦晉隣國하여 日見侵削하니 國人憂之라

〈魏나라가〉 秦·晉나라와 국경이 인접하여 날로 침략을 당하여 땅을 빼앗기니 백성이 걱정하였다.

【疏】 正義曰：魏國, 西接於秦, 北隣於晉. 桓四年左傳曰"秦師圍魏." 是秦數(삭)伐之, 終爲晉所滅, 明晉亦侵之.

正義曰：魏나라의 국경은 서쪽으로 秦나라와 접하고 북쪽으로 晉나라와 이웃하였다. ≪春秋左氏傳≫ 桓公 4년에 "秦나라의 군사가 魏나라를 포위하였다."라고 하였으니 이는 秦나라가 자주 침범한 것이고, 끝내 晉나라에게 멸망되었으니 분명 晉나라도 침략한 것이다.

當周平桓之世하여 魏之變風이 始作이라

周 平王과 桓王 때에 魏나라의 變風이 비로소 지어졌다.

【疏】 正義曰：周自幽王以上, 諸侯未敢專征, 平·桓之後, 以强凌弱, 今云"日見侵削." 明是諸侯專恣, 故以爲平·桓之時, 變風始作.

正義曰：周 幽王 이전까지는 제후가 감히 정벌을 마음대로 하지 못하고, 平王과 桓王 이후에야 강대국이 약소국을 능멸하였다. 그런데 지금 "날로 침략을 당하여 땅을 빼앗겼다.〔日見侵削〕"라고 하였으니, 분명 이는 제후가 마음대로 자행한 것이다. 그리하여 '平王과 桓王 때에 變風이 처음으로 지어졌다.'라고 한 것이다.

至春秋魯閔公元年하여 晉獻公竟滅之하여 以其地賜大夫畢萬하니 自爾而後로 晉有魏氏라

≪春秋≫ 魯 閔公 원년에 이르러 晉 獻公이 마침내 멸망시켜 그 땅을 대부 畢萬에게 하사하였으니, 이후로부터 晉나라가 魏氏 땅을 차지하였다.

【疏】 正義曰：鄭言此者, 見(현)閔公已前, 魏國尚存, 故平·桓之世, 得作詩也. 魏無世

家, 而鄭於左方中云"葛屨至十畝之間爲一君, 伐檀・碩鼠爲一君." 知者, 以上五篇刺儉, 下二篇刺貪, 其事相反, 故分爲異君, 或父祖或子孫, 不可知(凡)〔也〕[1]. 案襄二十九年左傳, 魯爲季札歌魏, 曰"美哉, 大而婉, 儉而易行, 以德輔此則爲明主." (止)〔但〕[2]此詩竝刺君, 而季札美之者, 美其有儉約之餘風, 而無德以將之, 失於太儉, 故詩人刺之.

1) (凡)〔也〕: 저본의 교감기에 따라 '也'로 번역하였다.
2) (止)〔但〕: 저본의 교감기에 따라 '但'으로 번역하였다.

正義曰 : 鄭玄이 이를 말한 것은, 閔公 이전까지는 魏國이 남아있었으므로 平王과 桓王 때에는 시를 지을 수 있었음을 보인 것이다. 魏나라는 世家가 없는데 鄭玄이 左方에서 "〈葛屨〉에서 〈十畝之間〉까지는 동일한 군주 〈때에 지어진 것〉이고, 〈伐檀〉과 〈碩鼠〉는 동일한 군주 〈때에 지어진 것〉 이다."라고 하였다. 〈이를〉 안 것은 위의 다섯 편은 검약을 풍자하고 아래 두 편은 탐욕을 부린 것을 풍자하여 일이 서로 반대가 되기 때문이다. 그리하여 나누어 다른 군주로 삼은 것이니, 父祖인지 子孫인지는 알 수 없다. ≪春秋左氏傳≫ 襄公 29년을 살펴보니, 魯나라가 季札을 위하여 〈魏風〉을 노래하자, 계찰이 "아름답도다. 관대하고 간소하며 검약하여 〈정사를〉 행하기 쉽게 하였으니, 덕으로 이를 도왔다면 현명한 군주가 되었을 것이다."라고 하였다. 다만 이 詩들이 모두 군주를 풍자한 것인데 계찰이 찬미한 것은, 〈魏나라의 군주가〉 검약한 유풍을 지녔음을 찬미한 것이다. 그러나 덕으로 돕는 이가 없어 지나치게 검약하는 잘못을 범하였다. 그리하여 시인이 이를 풍자한 것이다.

葛屨(갈구)

【序】葛屨는 刺褊也라 魏地陿(협)隘하여 其民機巧趨利하고 其君儉嗇褊急이어늘 而無德以將之라

〈葛屨〉는 조급한 것을 풍자한 詩이다.

魏나라는 땅이 좁아 백성들은 교활하고 이익을 좇으며 군주는 인색하고 조급한데도 덕으로 도와줌이 없었다.

【箋】儉嗇而無德하니 是其所以見侵削이라 ○ 陿은 本或作狹하니 依字應作陜이라 巧는 如字라

인색하고 덕이 없었으니, 이것이 魏나라가 침략 당하여 땅을 빼앗긴 이유이다.

○ 陿은 狹으로 된 본이 있는데, 글자대로 陜으로 써야 한다. 巧는 本音대로 읽는다.

【疏】'葛屨(二章上章六句下章五句)'至'將之' ○ 正義曰：作'葛屨'詩者, 刺褊也. 所以刺之者, 魏之土地, 旣以陿隘, 故其民機心巧僞, 以趨於利, 其君又儉嗇且褊急, 而無德敎以將撫之, 令魏俗彌趨於利, 故刺之也. 言'魏地陿隘'者, 若地廣民稀, 則情不趨利, 地陿民稠, 耕稼無所, 衣食不給, 機巧易生, 人君不知其非, 反(覆)〔復(부)〕[1]儉嗇褊急, 德敎不加於民, 所以日見侵削, 故擧其民俗君情以刺之. '機巧趨利', (者)〔首〕[2]章上四句是也. '儉嗇', 言愛物, '褊急', 言性躁, 二者大同, 故直云'刺褊', 卒章下二句是也. 上章下二句, 下章上三句, 皆申說未三月之婦, 不可縫裳, 亦是趨利之(士)〔事〕[3]也.

1) (覆)〔復(부)〕: 저본의 교감기에 따라 '復'로 번역하였다.

2) (者)〔首〕: 저본의 교감기에 따라 '首'로 번역하였다.

3) (士)〔事〕: 저본의 교감기에 따라 '事'로 번역하였다.

序의 〔葛屨〕에서 〔將之〕까지

○ 正義曰 :〈葛屨〉 詩를 지은 것은 조급함을 풍자한 것이다.

풍자한 이유는, 魏나라가 국토가 좁았기 때문에 백성들이 사특한 마음으로 교묘하게 거짓을 행하여 이로움을 좇고 있는데, 군주가 또 인색할 뿐만 아니라 성정이 조급하여 德敎로 돕고 어루만져 줌이 없어 魏나라의 풍속이 더욱 이로움을 좇게 하였다. 그리하여 풍자한 것이다. '魏地陿隘'라고 한 것은, 국토가 넓고 백성이 적으면 人情이 이로움을 좇지 않지만 국토가 좁은데 백성이 많으면 경작할 곳이 없어 衣食을 자급할 수 없어 사특하고 간교한 마음이 쉽게 생기는데도 군주가 그 잘못을 알지 못하고 도리어 다시 인색하고 성정이 조급하여 백성에게 德敎를 베풀지 못하였다. 이 때문에 날로 침략을 당하여 국토를 빼앗긴 것이다. 그리하여 백성의 풍속과 군주의 성정을 들어 풍자한 것이다. '機巧趨利'는 첫 장의 위 네 句가 이것이다. '儉嗇'은 물건을 아낌을 말하고 '褊急'은 性情이 조급함을 말하니 두 가지는 대체로 같다. 그리하여 '조급함을 풍자한 것이다.〔刺褊〕'라고만 한 것이니, 마지막 장의 아래 두 구가 이것이다. 윗장의 아래 두 句와 아래 장의 위 세 句는 모두 〈시집온 지〉 3개월이 되지 않은 부인은 '裳'을 바느질해서는 안 됨을 거듭 말한 것이니, 이 역시 이로움을 좇는 일이다.

【疏】 箋'儉嗇'至'侵削' ○ 正義曰 : 以下園有桃, 及陟岵序, 皆云"國小而迫, 日以侵削." 故箋(採)〔探〕[1]下章, 而言其刺之意.

1) (採)〔探〕: 저본의 교감기에 따라 '探'으로 번역하였다.

箋의 〔儉嗇〕에서 〔侵削〕까지

○ 正義曰 : 아래 〈園有桃〉와 〈陟岵〉의 序에 모두 "나라가 작아 핍박을 받아 날로 침략을 당하여 땅을 빼앗겼다.〔國小而迫 日以侵削〕"라고 하였다. 그래서 箋에서 아래 장을 취하여 풍자한 뜻을 말한 것이다.

糾糾葛屨여 可以履(리)霜가

얼기설기 엮은 칡덩굴 신
서리를 밟을 수 있나

【傳】 糾糾는 猶繚繚也라 夏葛屨요 冬皮屨니 葛屨는 非所以履霜이라

糾糾는 '얼기설기 엮음'과 같다. 여름에는 葛屨를 신고 겨울에는 皮屨를 신으니, 葛屨는 서리를 밟는 신이 아니다.

【箋】 箋云 葛屨賤하고 皮屨貴라 魏俗이 至冬猶謂葛屨可以履霜하니 利其賤也라

箋云 : 葛屨는 값이 싼 것이고 皮屨는 비싼 것이다. 魏나라의 풍속이 겨울에도 오히려 葛屨로 서리를 밟을 수 있다고 여겼으니, 값이 싼 것을 이롭게 여긴 것이다.

摻(섬)摻女手여 可以縫裳가

가늘고 고운 여인의 손
바지를 꿰매게 할 수 있나

【傳】 摻摻은 猶纖(섬)纖也라 婦人은 三月廟見(현)然後에 執婦功이라

摻摻은 '纖纖'과 같다. 신부는 〈시집온 지〉 3개월에 사당에 알현하고 나서야 부인의 일을 한다.

【箋】 箋云 言女手者는 未三月하여 未成爲婦라 裳은 男子之下服으로 賤이니 又未可使縫이라 魏俗使未三月婦縫裳者는 利其事也일새라 ○ 摻은 說文作(獵)〔攕(섬)〕[1]하고 云好手貌라

1) (獵)〔攕(섬)〕: 北京大本의 교감기에 따라 '攕'으로 번역하였다.

箋云 : '女手'라고 한 것은 3개월이 지나지 않아 아직 부인이 되지 못한 것을 말한다. '裳'은 남자의 下服으로 위치가 낮은 것이니 더욱 〈신부에게〉 바느질을 하게 하여서는 안 되는 것이다. 魏나라의 풍속이 3개월이 안된 신부에게 下服을 바느질하게 한 것은 그 일을 이롭게 여겼기 때문이다.

○ 摻은 ≪說文解字≫에 '攕'으로 쓰고, "고운 손의 모습이다."라고 하였다.

要之襋(극)之하니 好人服之로다

허리 달고 깃을 다니
고운 손 여인이 하네

【傳】 要는 褼也요 襋은 〔衣〕[1]領也라 好人은 好女手之人이라

1) 〔衣〕: 저본의 교감기에 따라 '衣'를 보충하여 번역하였다.

要는 '허리주름'이고, 襋은 '저고리의 깃'이다. '好人'은 손이 고운 여인이다.

【箋】 箋云 服은 整也라 褼也領也在上하여 好人尙可使整治之니 謂屬著(촉착)之라

箋云 : 服은 '손질함'이다. 褼와 領은 〈衣와 裳의〉 윗부분에 있어 손이 고운 사람이어야 손질하게 할 수 있으니, 옷에 붙이는 것을 말한다.

【疏】'糾糾'至'服之' ○ 正義曰 : 魏俗趨利, 言糾糾然夏日所服之葛屨, 魏俗利其賤, 至冬日猶謂之可以履寒霜. 摻摻然未成婦之女手, 魏俗利其(士)〔事〕[1], 新來嫁猶謂之可以縫衣・裳. 又深譏魏俗, 言褼之也, 領之也, 在上之衣尊, 好人可使整治之, 裳乃服之褻者, 亦使女手縫之, 是其趨利之甚.

1) (士)〔事〕: 저본의 교감기에 따라 '事'로 번역하였다.

經의 〔糾糾〕에서 〔服之〕까지

○ 正義曰 : 魏나라의 풍속이 이익만을 좇는다는 것은, 얼기설기 엮어 여름에 신는

칡신인데 魏나라 풍속이 값이 싼 것을 이익으로 여겨 겨울이 되었는데도 오히려 차가운 서리를 밟을 수 있다고 여기고, 아직 부인이 되지 못한 가녀린 손의 여인인데 魏나라의 풍속이 그녀가 일하는 것을 이익으로 여겨 막 시집왔을 때에도 오히려 衣와 裳을 바느질할 수 있다고 여긴 것을 말한다. 또 魏나라 풍속을 심히 기롱하여 허리 달고 깃 단다고 하였으니, 위에 입는 衣는 존귀하여 손이 고운 여인에게 손질하게 할 수 있지만 裳은 바로 옷 중에 정갈하지 못한 것인데도 역시 손이 고운 여인에게 바느질하게 한 것이니, 이것이 심하게 이익만을 좇는 것이다.

【疏】 傳'糾糾'至'屨霜' ○ 正義曰：糾糾, 爲葛屨之狀, 當爲稀疏之貌, 故云'猶繚繚'也. 士冠禮云"屨, 夏用葛, 冬皮屨可也." 士喪禮云"夏葛屨, 冬白屨." 注云"冬皮屨, 變言白者, 明夏時用葛, 亦白也." 是衣服之宜, 當夏葛屨, 冬皮屨也.

傳의 〔糾糾〕에서 〔屨霜〕까지

○ 正義曰 : '糾糾'는 葛屨의 모습이니 당연히 엉성한 모습이다. 그리하여 '繚繚와 같다.〔猶繚繚〕'라고 한 것이다. ≪儀禮≫ 〈士冠禮〉에는 "屨는 여름에는 칡신을 신고 겨울에는 가죽신을 신는 것이 옳다."라고 하고, ≪儀禮≫ 〈士喪禮〉에는 "여름에는 칡신을 신고 겨울에는 흰색 신을 신는다."라고 하였는데, 注에 "겨울에는 가죽신을 신는데 '흰색'이라고 바꾸어 말한 것은 여름철에 신는 칡신도 흰 색임을 밝힌 것이다."라고 하였으니, 이는 衣服에 맞춘 것이니 마땅히 여름에는 칡신을 신고 겨울에는 가죽신을 신는 것이다.

【疏】 月令"季秋霜始降." 則履霜, 自秋始, 言冬者, 以履霜爲寒, 而言冬爲寒甚, 故傳據儀禮而擧冬以言之也. 凡屨, 冬皮夏葛, 則無用絲之時, 而少儀云"國家靡(幣)〔弊〕[1], 君子不履絲屨者[2]." 謂皮屨以絲爲飾也, 天官屨人說"屨・舃(석)之飾有絇・繶・純(준)." 是屨用絲爲飾. 夏日之有葛屨, 猶絺綌所以當暑, 特爲便於時耳, 非行禮之服, 若行禮之服, 雖夏, 猶當用皮. 鄭於周禮注及志言"朝祭屨・舃, 各從其裳之色." 明其不用葛也.

1) (幣)〔弊〕: 저본의 교감기에 따라 '弊'로 번역하였다.

2) 國家靡(幣)〔弊〕 君子不履絲屨者 : 國家가 사치를 하여 세금을 過重하게 거두어 백성의 재물이 피폐해지면 군자가 禮物을 줄이는 것 중의 하나이다. ≪禮記≫ 〈少儀〉에 "國家의 재정이 피폐해지면 수레는 새기거나 칠하여 장식하지 않고, 갑옷은 비단 끈으로 장식하여 묶지 않고, 식기는 조각하여 꾸미지 않고, 君子는 비단실로 장식한 신

〔絲屨〕을 신지 않고, 말은 평상시에 곡식을 먹이지 않는다.〔國家靡敝 則車不雕幾 甲不組縢 食器不刻鏤 君子不履絲屨 馬不常秣〕"라고 하였다.

≪禮記≫ 〈月令〉에 "늦가을에 서리가 비로소 내린다."라고 하였으니, 그렇다면 서리를 밟는 것이 가을부터 시작되는데 '冬'을 말한 것은, 서리를 밟는 것은 추움이 되지만 겨울을 말하면 매우 추움이 되기 때문이다. 그리하여 傳에서 ≪儀禮≫를 근거하여 겨울을 들어 말한 것이다. 대체로 신은 겨울에는 가죽을 사용하고 여름은 칡덩굴을 사용한다. 그렇다면 실끈을 사용하는 때는 없다. 〈그런데〉 ≪禮記≫ 〈少儀〉에 "國家의 재정이 피폐해지면 君子는 絲屨를 신지 않는다."라고 하였으니, 이는 가죽신을 비단실끈으로 장식하는 것을 말하고, ≪周禮≫ 〈天官 屨人〉에 "屨와 舃의 장식에는 신코 장식〔絇〕과 신 가장자리 장식〔繶〕과 신목둘레 장식〔純〕이 있다."라고 하였으니, 이는 신을 비단실끈으로 장식하는 것이다. 여름철에 葛屨를 신는 것은 그래도 갈포〔絺綌〕가 더위에 합당하기 때문이니, 다만 계절에 편리해서이지 禮를 행할 때의 복식이 아니다. 만약 예를 행할 때의 복식이라면 비록 여름일지라도 당연히 가죽신을 신어야 한다. 鄭玄이 ≪周禮≫의 注와 ≪鄭志≫에서 "朝會할 때와 祭禮할 때의 屨와 舃은 각각 그 裳의 색을 따른다."라고 하였으니, 분명 〈禮를 행할 때에는〉 칡덩굴 신을 신지 않는 것이다.

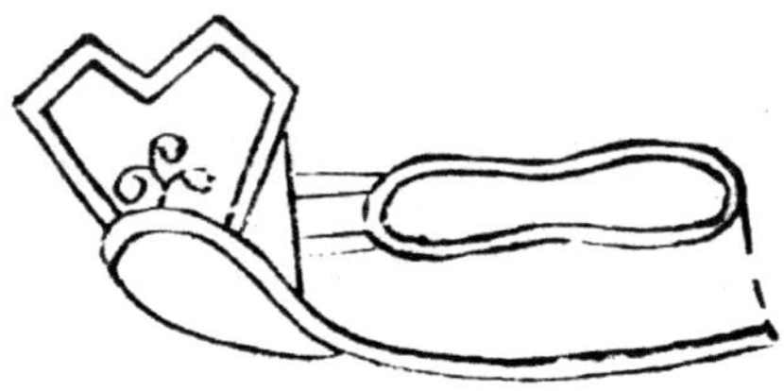

屨(≪欽定周官義疏≫)

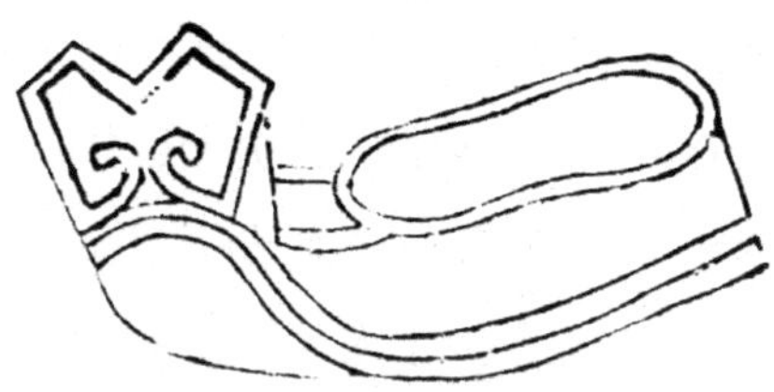

舃(≪欽定周官義疏≫)

【疏】傳'摻摻'至'婦功' ○ 正義曰：摻摻爲女手之狀，則爲纖細之貌，故云'猶纖纖'. 說文云"纖，好手." 古詩[1]云"纖纖出素手." 是也. 下云"宛然左辟(피)." 是已入夫家，旣入夫家，仍云'女手'，明是未成婦也. 曾子問云"三月而廟見(현)，稱來婦." 又云"女未廟見而死，歸葬於女氏之黨，示未成婦也." 則知旣廟見者爲成婦矣. 旣成爲婦，則當家(士)〔事〕盡爲. 此譏使之縫裳，明是未可縫裳，故云'三月廟見然後執婦功'.

1) 古詩：無名氏의 작품인 〈祝枝山古詩眞蹟〉을 말한다.

傳의 〔摻摻〕에서 〔婦功〕까지

○ 正義曰：摻摻은 여인의 고운 손의 모습이니 바로 섬세한 모양이다. 그리하여 '纖

纖과 같다.〔猶纖纖〕'라고 한 것이니, ≪說文解字≫에 "纖은 고운 손이다."라고 하고, 〈古詩〉에 "곱고 가녀린 하얀 손 내미네."라고 한 것이 이것이다. 아래 〈經文〉에서 "공손히 왼편으로 피하는데〔宛然左辟〕"라고 하였으니, 이는 이미 남편의 집에 들어간 것이다. 이미 남편의 집에 들어갔는데도 여전히 '가녀린 손의 여인〔女手〕'이라고 하였으니, 이는 아직 부인이 되지 못한 것을 밝힌 것이다. ≪禮記≫ 〈曾子問〉에 "3개월이 되어 사당에 알현하면 〈祝官이〉 '맞이해 온 신부입니다.'라고 칭한다."라고 하고, 또 "여인이 아직 사당에 알현하지 못하고 죽으면 〈친정으로〉 돌려보내 그녀의 가족에게서 장례를 치르니 이는 아직 부인이 되지 못함을 보인 것이다."라고 하였으니, 그렇다면 사당에 알현하여야 부인이 됨을 알 수 있다. 부인이 되었으면 당연히 가정의 일을 모두 하여야 한다. 그러나 여기서는 〈아직 부인이 되지 못한 신부에게〉 裳을 바느질하게 한 것을 기롱하였으니, 분명 이는 아직 裳을 바느질할 수 없는 것이다. 그래서 '〈신부는 시집온 지〉 3개월에 사당에 알현하고 나서야 부인의 일을 한다.〔三月廟見然後執婦功〕'라고 한 것이다.

【疏】'三月廟見', 謂無舅姑者, 婦入三月, 乃見於舅姑之廟. 若有舅姑, 則士婚禮所云質明, 讚見婦於舅姑, 不待三月也. 雖於昏之明旦, 卽見舅姑也, 亦三月乃助祭行, 故易歸妹注, 鄭箴膏肓, 皆引士昏禮云"婦入三月而後祭行." 然則雖見舅姑, 猶未祭行, 亦未成婦也. 成婦, 雖待三月, 其婚, 則當夕成矣, 士昏禮云"其夕, 衽席於奧, 良席在東, 皆有枕, 北趾. 主人入, 親脫婦纓, 燭出." 注云"婚禮畢, 將臥息." 又駁異義云"昏禮之暮, 枕席相連." 是其當夕成昏也.

'三月廟見'은 시부모〔舅姑〕가 없는 경우를 말하니, 부인이 시댁에 들어온 지 3개월 만에 비로소 舅姑의 사당에 알현을 한다. 舅姑가 살아 있는 경우에는 ≪儀禮≫ 〈士婚禮〉에 말한 '먼동이 틀 무렵에 돕는 이가 부인을 舅姑에게 알현 시키는 것'이니, 3개월을 기다리지 않는다. 그러나 비록 혼인한 다음날 새벽에 곧바로 舅姑를 알현하였더라도 마찬가지로 3개월이 되어야 비로소 제사 일을 돕는다. 그리하여 ≪周易≫ 歸妹卦의 注와 鄭玄의 ≪周易緯≫ 〈箴膏盲〉에서 모두 ≪의례≫ 〈사혼례〉에서 "부인은 시집온 지 3개월이 지난 후에야 제사 일을 돕는다."라고 한 것을 인용하였다. 그렇다면 비록 舅姑를 알현하였더라도 아직 제사 일을 돕지 않았으면 마찬가지로 아직 부인이 되지 않은 것이다. 부인이 됨은 비록 3개월을 기다려야 하지만 婚姻은 당일 저녁에 이루어진다. 〈사혼례〉에 "이날 저녁에 〈신랑편의 모시는 자가〉 아랫목에 부인의 이부자리를 깔고 〈신부편의 媵妾이〉 신랑의 이부자리를 동편에 깔고 모두 베개를 두되 발이 북쪽을 향하도록 한다. 신랑이 방에 들어가 친히 신부의 머리에 매어 있는 5색의 띠를 풀면 촛불을 내간다."라고 하였는데, 注에 "婚禮를 마치고 누워 쉬려는 것이다."라고 하고, 또 ≪駮五經異義≫에 "昏禮를 치른 날 저녁에는 베개와 이부자리를 서로 나란히 한다."라고 하였으니, 이것이 당일 저녁에 혼사가 이루어지는 것이다.

【疏】 箋'言女'至'其事' ○ 正義曰：以婦人之服, 不殊裳, 故知所言裳者, 指男子之下服也. 曲禮曰"諸母[1]不漱(수)裳." 唯擧裳不漱, 則衣可漱, 明裳爲賤.

1) 諸母 : 아버지의 여러 첩으로 자식이 있는 자를 말한다.

箋의 〔言女〕에서 〔其事〕까지

○ 正義曰 : 부인의 복식은 裳이 붙어 있다. 그리하여 '裳'이라 한 것이 男子의 下服을 가리킴을 안 것이다. ≪禮記≫ 〈曲禮〉에 "諸母는 裳을 빨지 않는다."라고 하여 裳을 빨지 않는 것만 들었다. 그렇다면 衣는 빨 수 있는 것이니 분명 裳이 천한 것이다.

【疏】 傳'要襋'至'之人' ○ 正義曰：士喪禮云"襚者左執領, 右執要." 又曰"襚者以褶(겹)必有裳, 執衣如初." 注云"帛爲褶, 無絮, 雖(復)〔複〕[1]與禪同, 有裳乃成稱." 然則襚服有衣有裳, 而左右執之, 則左執衣領, 右執裳要. 此要, 謂裳要, 字宜從衣, 故云'要 褸'也. 要是裳褸, 則(襋)〔䙰(극)〕[2]爲衣領. 說文亦云"䙰, 衣領也." 二者於衣於裳, 各在其上, 且又功少, 故好人可使整治屬著(촉착)之. 上云'女手', 此云'好人', 故云'好人 女手之人[3]'. 今定本云'好人 好女手之人'者, 義亦通.

1) (復)〔複〕: 저본의 교감기에 따라 '複'으로 번역하였다.
2) (襋)〔䙰(극)〕: 저본의 교감기에 따라 '䙰'으로 번역하였다.
3) 好人 女手之人 : 저본에는 孔穎達이 定本에 되어 있다고 한 '好人 好女手之人'으로 되어 있는바 '好人 女手之人'은 공영달이 他本을 가지고 설명한 듯하다.

傳의 〔要褸〕에서 〔之人〕까지

○ 正義曰 : ≪儀禮≫ 〈士喪禮〉에 "〈군주의 命으로 禮物인〉 襚衣를 가지고 온 자는 왼손으로 衣의 옷깃을 잡고 오른손으로 裳의 허리를 잡는다."라고 하고, 또 "수의를 가지고 온 자는 겹옷을 가지고 오되 반드시 裳이 있다. 衣를 잡기를 처음 〈왼손으로

옷의 領을 잡는 것〉과 같이 한다."라고 하였는데, 注에 "비단으로 겹옷을 만들되 솜을 넣지 않으니 〈이렇게 함은〉 비록 겹옷일지라도 홑옷과 같이 한다. 그러나 裳이 있어야 한 벌을 이룬다."라고 하였으니, 그렇다면 襚服에는 衣도 있고 裳도 있어 좌우의 손으로 잡는 것이니, 바로 왼손으로는 衣의 깃을 잡고 오른손으로는 裳의 허리를 잡는 것이다. 여기의 要는 裳의 要이니 '要'字는 衣변에 써야 한다. 그래서 '要는 허리주름이다.〔要 褸也〕'라고 한 것이다. 要가 裳의 褸라면 襋은 衣의 領이다. ≪說文解字≫에도 "襋은 衣의 領이다."라고 하였으니, 〈褸와 領〉 두 가지는 衣와 裳에 있어서 각각 윗부분에 위치하고 또 〈다는데〉 공력이 적게 든다. 그리하여 손이 고운 사람이라야 손질하여 옷에 부착하게 할 수 있는 것이다. 위에서는 '女手'라고 하고 여기에서는 '好人'이라고 하였다. 그리하여 '好人은 손이 고운 여인이다.〔好人 女手之人〕'라고 한 것이다. 지금 定本에는 '好人 好女手之人'이라고 하였으니, 이 또한 뜻이 통한다.

好人提提하여 宛然左辟(피)하니 佩其象揥(체)로다

손이 고운 여인 얌전하여
공손히 왼편으로 피하는데
상아 빗치개 찼네

揥
(≪三才圖會≫)

【傳】 提提는 安諦(체)也라 宛은 辟貌라 婦至門하여 夫揖而入할새 不敢當尊하여 宛然而左辟라 象揥는 所以爲飾이라

提提는 '얌전함'이다. 宛은 '피하는 모습'이다. 신부가 대문에 이르러 신랑이 읍하고 맞이하여 들어갈 때에 〈신랑의〉 존귀함에 맞대면하지 못하여 공손히 왼편으로 피한 것이다. '象揥'는 장식하는 것이다.

【箋】 箋云 婦新至에 愼於威儀어늘 如是使之하니 非禮라

箋云 : 신부가 처음 왔을 때에 몸가짐을 신중히 하여야 하는데, 이처럼 〈일〉하게 하였으니 禮가 아니다.

維是褊心이라 是以爲刺로다

그대 조급한 마음뿐이니

이에 풍자하는 거라오

【箋】 箋云 魏俗所以然者는 是君心褊急하고 無德教하여 使之耳니 我是以刺之라

箋云 : 魏나라의 풍속이 그렇게 된 것은 군주의 마음이 조급하고 덕으로 가르침이 없어 그렇게 만든 것이니, 내가 이 때문에 풍자한다는 것이다.

【疏】'好人'至'爲刺' ○ 正義曰 : 言好人初至, 容貌安詳, 審諦提提然, 至門之時, 其夫揖之, 不敢當夫之揖, 宛然而左辟之, 又佩其象骨之揥以爲飾, 敬愼威儀如是, 何故使之縫裳. 魏俗所以然者, 維是魏君褊心, 無德教使然, 我是以爲此刺也.

經의 〔好人〕에서 〔爲刺〕까지

○ 正義曰 : "손이 고운 여인이 처음 왔을 적에 용모가 얌전하고 침착하여 문에 이르렀을 때에 남편이 자기에게 읍을 하는데 신랑의 읍에 맞대면할 수 없어 공손히 왼편으로 피하고, 또 상아로 만든 빗치개를 차 장식하였다. 몸가짐이 이처럼 공경하고 조심스러웠는데 무슨 까닭으로 그녀로 하여금 〈천한〉 裳을 바느질 하게 하였는가. 魏나라의 풍속이 이와 같이 된 까닭은 오직 魏나라 군주가 마음이 조급하고 덕으로 가르침이 없어 그렇게 만든 것이다. 내가 이 때문에 이 풍자를 한다."라고 한 것이다.

【疏】傳'提提'至'爲飾' ○ 正義曰 : 釋訓云"提提, 安也." 孫炎曰"提提, 行步之安也." 言'安諦', 謂行步安舒而審諦也. 士昏禮云"婦至, 主人揖婦以入, 及寢門揖入." 是'婦至門夫揖而入'也. 此好人, 不敢當夫之尊, 故宛然而左還辟之, 不敢當主, 故就客位.

傳의 〔提提〕에서 〔爲飾〕까지

○ 正義曰 : ≪爾雅≫ 〈釋訓〉에 "提提는 안정됨이다."라고 하였는데, 孫炎은 "提提는 걸음걸이가 안정된 것이다."라고 하였으니, '安諦'라고 한 것은 걸음걸이가 안정되고 느긋하여 침착한 것을 말한다. ≪儀禮≫ 〈士昏禮〉에 "신부가 이르면 신랑은 신부에게 읍하고 맞이하여 들어가고, 寢門에 이르면 읍하고 〈안으로〉 들어간다."라고 하였으니, 이것이 '부인이 대문에 이르러 신랑이 읍하고 들어간다.〔婦至門 夫揖而入〕'라는 것이다. 여기는 손이 고운 여인이 신랑의 존귀함에 감히 맞대면하지 못한 것이다. 그리하여 공손히 왼편으로 돌아 피한 것이니, 주인을 감히 맞대면하지 못하기 때문에 客의 자리로 나아가는 것이다.

【疏】箋'魏俗'至'刺之' ○ 正義曰：如此箋，則魏俗之趨利，由君也，序云'魏地陜隘 其民機巧趨利'，則似魏俗先然與．此反者，魏俗趨利，實由地陜使然，人君當知其不可，而以政反之，今君乃儉嗇且褊急而無德教，至使民俗益復趨利，故刺之．

箋의 〔魏俗〕에서 〔刺之〕까지

○ 正義曰：이 箋의 말과 같다면 魏나라 풍속이 이로움을 좇는 것은 군주 때문이다. 그런데 序에서 '魏나라는 땅이 좁아 백성이 교활하고 이익을 좇았다.〔魏地陜隘 其民機巧趨利〕'라고 하였으니, 그렇다면 魏나라 풍속은 이전부터 그러했던 듯하다. 〈그런데〉 여기에서 반대로 풀이한 것은, 魏나라 풍속이 이익을 좇는 것이 실제로 땅이 좁아 그렇게 된 것이기는 하지만 군주는 그래서는 안 됨을 알아 정치로 회복시켜야 하는데도, 지금의 군주가 도리어 인색하면서 조급하고 덕으로 가르침이 없어 백성의 풍속을 더욱 이익을 좇도록 하는 데에 이르렀다. 그리하여 풍자한 것이다.

葛屨 二章이니 **一章六句**요 **一章五句**라

〈葛屨〉 2章이니 한 章은 6句이고, 한 章은 5句이다.

汾沮洳(분저여)

【序】**汾沮洳**는 **刺儉也**라 **其君儉以能勤**이로되 **刺不得禮也**라

〈汾沮洳〉는 검소함을 풍자한 詩이다.

군주가 검소하고 부지런하였으나, 〈그것이〉 禮에 맞지 않음을 풍자한 것이다.

【疏】'汾沮洳(三章章六句)'至'得禮' ○ 正義曰：作汾沮洳詩者，刺儉也．其君好儉而能勤，躬自采菜，刺其不得禮也．

序의 〔汾沮洳〕에서 〔得禮〕까지

○ 正義曰：〈汾沮洳〉 詩를 지은 것은 검소함을 풍자한 것이다.

군주가 검소함을 좋아하고 부지런하여 몸소 나물을 캤으니, 禮에 맞지 않음을 풍자한 것이다.

彼汾沮洳에 言采其莫(모)로다

낮고 습한 저 汾水 가에서
수영 나물을 캐네

莫(≪毛詩名物圖說≫)

【傳】 汾은 水也요 沮洳는 其漸洳者라 莫는 菜也라

汾은 강 이름이고 沮洳는 낮고 습한 곳이다. 莫는 '나물'이다.

【箋】 箋云 言은 我也라 於彼汾水漸洳之中에 我采其莫하여 以爲菜하니 是儉以能勤이라 ○ 漸은 如字라

箋云 : 言은 '나'이다. 저 汾水의 낮고 습한 곳에서 우리 〈군주가〉 수영 나물을 캐서 요리하였으니, 이것이 검소하고 부지런한 것이다.

○ 漸은 本音으로 읽는다.

彼其之子여 美無度로다

저기 저 그이
훌륭하기 그지없네

【箋】 箋云 之子는 是子也라 是子之德이 美無有度니 言不可尺寸이라

箋云 : 之子는 '그대'이다. 그대의 德이 훌륭하여 한량이 없다는 것이니, 측량할 수 없음을 말한다.

美無度나 殊異乎公路로다

훌륭하기 그지없지만
公路와는 너무 다르네

【傳】 路는 車也라

路는 '수레'이다.

【箋】 箋云 是子之德은 美信無度矣라 雖然이나 其采莫之(士)〔事〕[1]는 則非公路之禮也라 公路는 主君之輅車로 庶子爲之하니 晉趙盾(돈)爲輅車之族[2]이 是也라 ○ 輅는 本作旄니 音毛라

1) (士)〔事〕: 저본의 교감기에 따라 '事'로 번역하였다. 아래 正義의 '其采莫之士'도 같다.
2) 趙盾(돈)爲輅車之族 : ≪春秋左氏傳≫ 宣公 2년에 의하면 晉 成公 때 趙盾은 본래 狄의 외손으로 庶子였는데, 晉君 姬氏가 嫡子로 삼아 그의 자손이 대대로 公族이 될 수 있었다. 그런데도 〈나라를 위하여 君姬가 총애하는〉 이복동생인 趙括(屛季)을 피하여 輅車의 族이 되었으니, 이는 자신을 庶子로 여긴 것이다. 그리하여 자기 子를 妾의 아들 관속인 輅車의 氏族이 되게 한 것을 말한다.

箋云 : 그대의 德은 진실로 한량없이 훌륭하다. 비록 그렇지만 수영 나물을 캐는 일은 公路도 할 禮가 아니다. '公路'는 군주의 輅車(兵車)를 주관하는 관직으로 庶子가 담당하니, 晉나라의 趙盾이 輅車의 氏族이 된 것이 이것이다.

○ 輅는 旄로 된 本이 있으니 音은 '毛'이다.

【疏】 '彼汾'至'公路' ○ 正義曰 : 由魏君儉以能勤, 於彼汾水漸洳之中, 我魏君, 親往采其莫, 以爲菜, 是儉而能勤也. 彼其采莫之子, 能勤儉如是, 其美信無限度矣, 非尺寸可量也. 美雖無度, 其采莫之(士)〔事〕, 殊異於公路. 賤官尚不爲之, 君何故親采莫乎, 刺其不得禮也.

經의 〔彼汾〕에서 〔公路〕까지

○ 正義曰 : "魏나라 군주가 검소하고 부지런하였다. 이 때문에 저 汾水 가의 낮고 습한 곳에 우리 魏나라 군주가 몸소 가서 수영 나물을 캐서 요리를 하였으니, 이것이 검소하고 부지런한 것이다. 저 수영 나물을 캐는 그대 부지런하고 검소함이 이와 같으니, 그 훌륭함은 진실로 한량이 없어 측량할 수 있는 것이 아니다. 비록 한량없이 훌륭하지만 수영 나물을 캐는 일은 公路〈도 하지 않는 것〉과는 매우 다르다. 천한 관리(公路)도 하지 않는 것인데 군주가 어찌하여 몸소 수영 나물을 캔다 말인가."라고 한 것이니, 禮에 맞지 않음을 풍자한 것이다.

【疏】 傳'汾水'至'莫菜' ○ 正義曰 : 汾, 是水名, 沮洳, 潤澤之處, 故爲'漸洳'. '莫 菜'者, 陸機疏云"莫, 莖大如箸, 赤節, 節一葉, 似柳. 葉, 厚而長, 有毛刺. 今人繅(소)以取繭(견)緖. 其味酢而滑. 始生可以爲羹, 又可生食. 五方通謂之酸迷, 冀州人謂之乾(간)絳, 河・

汾之間謂之莫.” 案王肅・孫毓皆以爲大夫采菜, 其集注序云“君子儉以能勤.”

傳〔汾水〕에서 〔莫菜〕까지

○ 正義曰 : 汾은 강의 이름이고, 沮洳는 젖어 촉촉한 곳이다. 그리하여 ‘낮고 습한 곳이다.〔漸洳〕’라고 한 것이다. ‘莫 菜’는 陸機의 ≪毛詩草木鳥獸蟲魚疏≫에 “莫는 줄기의 크기가 젓가락만하고 마디는 붉으며 마디마다 잎 하나가 있는데 버드나무와 비슷하다. 잎은 두껍고 길며 잔털이 붙어있다. 지금 사람들이 누에고치를 켤 때에 이것을 이용하여 명주실의 끝을 찾는다. 맛은 시고 미끄럽다. 갓 나온 것은 국을 끓일 수 있고 또 생으로 먹을 수 있다. 五方通에는 ‘酸迷’라고 하고, 冀州 사람들은 ‘乾絳’이라고 하고, 河水와 汾水 사이에서는 ‘莫’라고 한다.”라고 하였다. 살펴보니 王肅과 孫毓은 모두 大夫가 나물을 캔 것으로 여기고, 崔靈恩의 ≪毛詩集注≫ 序에는 “君子가 검소하고 부지런한 것이다.”라고 하였다.

【疏】 箋‘之子’至‘尺寸’ ○ 正義曰 : ‘之子 是子’, 釋訓文. 宛丘云“游蕩無度.” 賓之初筵云“飮酒無度.” 皆謂無節度也, 此不得爲美無節度, 故爲無復度限, 言不可以尺寸量也.

箋의 〔之子〕에서 〔尺寸〕까지

○ 正義曰 : ‘之子 是子’는 ≪爾雅≫ 〈釋訓〉의 글이다. 〈陳風 宛丘〉의 序에는 “방탕하여 절도가 없었다.”라고 하고, 〈小雅 賓之初筵〉의 序에는 “술을 마시는 절도가 없었다.”라고 하였으니, 〈두 詩의 無度는〉 모두 절도가 없음을 말한다. 그러나 여기는 훌륭함에 절도가 없다고 할 수 없다. 그리하여 더 이상 한량이 없는 것이 되니, 측량할 수 없음을 말한다.

【疏】 箋‘是子’至‘是也’ ○ 正義曰 : 公路, 與公行(항)一也. 以其主君路車, 謂之公路, 主兵車之行列者, 則謂之公行, 正是一官也. 宣二年左傳云“晉成公立, 乃宦卿之適, 以爲公族, 又宦其餘子, 亦爲餘子, 其庶子爲公行, 趙盾請以括爲公族, 公許之, 冬, 趙盾爲旄車之族.” 是其事也. 趙盾, 自以爲庶子, 讓公族而爲公行. 言爲旄車之族, 明公行掌旄車, 服虔云“旄車, 戎車之倅(쉬)[1].” 杜預云“公行之官.” 是也.

1) 旄車 戎車之倅(쉬) : 旄車는 본래 전쟁 때에 國君이 타는 兵車인데, 여기서는 戎車를 뒤 따르는 命士 이상의 작위를 가진 자가 타는 副車를 말한다.

箋의 〔是子〕에서 〔是也〕까지

○ 正義曰 : 公路는 公行과 같은 관직이다. 군주의 路車를 주관하는 경우에는 公路라고 하고, 兵車의 行列을 주관하는 경우에는 公行이라고 하니, 바로 같은 관직이다. ≪春秋左氏傳≫ 宣公 2년에 "晉 成公이 즉위하고 나서 卿의 適子는 벼슬을 주어 '公族'으로 삼고, 또 그의 나머지 아들은 벼슬을 주어 역시 '餘子'로 삼고, 庶子는 '公行'으로 삼았다. 이에 趙盾이 〈이복동생〉 括을 公族으로 삼아 줄 것을 청하자 成公이 허락하고, 冬에 趙盾을 旄車의 氏族으로 삼았다."라고 하였으니, 이것이 그 일이다. 조돈이 자신을 庶子라 하여 公族을 사양하고 公行이 된 것이다. 旄車의 씨족이 되었다고 하였으니 분명 公行이 旄車를 담당하는 것이다. 服虔이 "旄車는 戎車의 副車이다."라고 하고, 杜預가 "公行의 관직이다."라고 한 것이 이것이다.

【疏】 其公族則適子爲之, 掌君宗族. 成十八年左傳曰"晉荀會・欒黶(난염)・韓無忌爲公族大夫, 使訓卿之子弟, 恭儉孝悌." 是公族, 主君之同姓, 故下箋云'公族 主君同姓昭穆.' 是也. 傳有公族・餘子・公行, 此有公路・公行・公族, 知公路非餘子者. 餘子, 自掌餘子之政, 不掌公車, 不得謂之公路, 明公路卽公行, 變文以韻句耳. 此公族・公行, 諸侯之官, 故魏・晉有之. 天子則巾車掌王之五路, 車僕掌戎車之倅. 周禮六官, 皆無公族・公行之官, 是天子諸侯異禮也.

公族은 適子가 하니, 군주의 宗族에 관한 업무를 담당한다. ≪春秋左氏傳≫ 成公 18년에 "晉이 荀會와 欒黶과 韓無忌를 公族大夫로 삼아, 卿의 자제들을 공손하고 검소하고 효도하고 공경하도록 가르치게 하였다."라고 하였으니, 이것이 公族이 군주의 同姓〈에 관한 업무〉를 주관하는 것이다. 그리하여 아래 箋에서 "公族은 군주와 동성인 자의 昭와 穆〈에 관한 업무〉를 주관한다.〔公族 主君同姓昭穆〕"라고 한 것이 이것이다. ≪춘추좌씨전≫에는 公族・餘子・公行의 〈관직 명칭이〉 있고 여기에 公路・公行・公族의 〈관직 명칭이〉 있으니, 公路가 餘子〈의 관직〉이 아님을 알 수 있다. 餘子는 본래 餘子에 관한 정사를 담당하고 公車를 담당하지 않으니, 公路라고 부를 수 없다. 〈그렇다면〉 분명 公路는 바로 公行이니 글자를 바꾸어 韻을 맞춘 것일 뿐이다. 여기의 公族과 公行은 제후의 관직이다. 그리하여 魏나라와 晉나라에 이 관직이 있는 것이다. 천자에 있어서는 巾車가 왕의 五路를 담당하는데, 〈五路에〉 戎車(戎路)를 담당하는 부관은 車僕이다. ≪周禮≫의 六官에는 모두 公族과 公行의 관직이 없으니, 이는 천자와 제후의 禮가 다른 것이다.

彼汾一方에 **言采其桑**이로다

저 汾水 한 쪽에서

뽕잎을 따네

【箋】 箋云 采桑은 親蠶事也라

箋云 : 采桑은 누에치는 일을 몸소 한 것이다.

彼其之子여 **美如英**이로다

저 뽕잎 따는 그대

남보다 만 배나 훌륭하네

【傳】 萬人爲英이라

남보다 만 배나 뛰어난 것이 '英'이다.

美如英이나 **殊異乎公行**(항)이로다

남보다 만 배나 훌륭하지만

公行과는 너무 다르네

【傳】 公行은 從公之行也라

公行은 公의 〈수레〉 항렬을 따르는 자이다.

【箋】 箋云 從公之行者는 主君兵車之行列이라

箋云 : '從公之行'은 군주의 兵車 항렬〈에 관한 업무〉를 주관한다.

【疏】 傳'萬人爲英' ○ 正義曰 : 禮運注云"英, 俊選之尤者." 則英是賢才絶異之稱. 此傳及尹文子[1]皆萬人爲英, 大載禮辨名記云"千人爲英[2]." 異人之說殊也.

1) 尹文子 : 戰國時代 齊나라의 尹文이 지은 책으로, '大道'를 上下 두 篇으로 나누어 上篇은 주로 形名의 理論을 논하고 下篇은 治國의 道를 강설하였다.

2) 大戴禮……千人爲英 : ≪大戴禮辨名記≫에서 英을 남보다 천 배나 뛰어난 사람이라고 한 것을 말한다. ≪禮記正義≫에 의하면 "≪禮辨名記≫에 '남보다 배인 사람을 茂, 남보다 열배인 사람을 選, 選보다 배인 사람을 俊, 남보다 천 배인 사람을 英, 英보다 배인 사람을 賢, 남보다 만 배인 사람을 傑, 傑보다 배인 사람을 聖이라고 한다.〔辨名記云 倍人曰茂 十人曰選 倍選曰俊 千人曰英 倍英曰賢 萬人曰傑 倍傑曰聖〕"라고 하였다. '大戴禮辨名記'는 蔡氏의 ≪禮辨名記≫로 '名'의 잘못된 부분을 분변한 것이나 佚傳되었다.

傳의 〔萬人爲英〕

○ 正義曰 : ≪禮記≫ 〈禮運〉의 注에 "英은 俊士와 選士 중에 더욱 빼어난 사람이다." 라고 하였다. 그렇다면 英은 賢者의 재질이 현격하게 뛰어난 자의 호칭이다. 여기의 傳과 ≪尹文子≫에는 모두 남보다 만 배가 뛰어난 사람을 英이라고 하고, ≪大戴禮辨名記≫에는 "남보다 천 배가 가 뛰어난 사람이 英이다."라고 하였으니, 〈이는〉 남보다 뛰어난 사람에 대한 설명이 다른 것이다.

彼汾一曲에 言采其藚(속)이로다

저 汾水 한 굽이에서
벗풀 나물 캐내

藚(≪毛詩名物圖說≫)

【傳】 藚은 水舃(석)也라 ○ 藚은 一名牛脣이라

藚은 '벗풀 나물'이다.

○ 藚은 一名 '牛脣'이다.

【疏】 傳'藚水舃' ○ 正義曰 : 釋草云"藚, 牛脣." 李巡曰 "別二名." 郭璞引毛詩傳曰"水蕮(석)也, 如續斷寸寸有節, 拔之可復(복)." 陸機疏云"今澤蕮(사)也, 其葉如車(차)前草大, 其味亦相似, 徐州廣陵人食之."

傳의 〔藚 水潟〕

○ 正義曰 : ≪爾雅≫ 〈釋草〉에 "藚은 牛脣이다."라고 하였는데, 李巡은 "별개의 두 이름이다."라고 하고, 郭璞은 毛詩의 傳을 인용하여 "水蕮인데 산토끼 풀꽃〔續斷〕처럼

한 치마다 마디가 있으며 뽑아내도 다시 난다."라고 하고, 陸機의 ≪毛詩草木鳥獸蟲魚疏≫에는 "지금의 澤蕮인데, 잎이 질경이〔車前草〕와 같이 크고 맛도 서로 비슷하다. 徐州와 廣陵 사람들은 이를 먹는다."라고 하였다.

彼其之子여 **美如玉**이로다 **美如玉**이나 **殊異乎公族**이로다

저 벗풀 나물 캐는 그대
옥처럼 아름답네
옥처럼 아름답지만
公族과는 너무 다르네

【傳】 公族은 公屬이라

公族은 公의 親屬이다.

【箋】 箋云 公族은 主君同姓昭穆也라 ○ 昭는 說文作佋라

箋云 : 公族은 군주와 同姓인 자의 昭와 穆〈에 관한 업무〉를 주관한다.

○ 昭는 ≪說文解字≫에는 佋로 되어 있다.

汾沮洳 **三章**이니 **章六句**라

〈汾沮洳〉 3章이니 章마다 6句이다.

園有桃(원유도)

【序】 **園有桃**는 **刺時也**라 **大夫憂其君**이 **國小而迫**이어늘 **而儉以嗇**하여 **不能用其民**하고 **而無德教**하여 **日以侵削**이라 **故作是詩也**라

〈園有桃〉는 시대를 풍자한 詩이다.

대부가 나라가 작아 〈큰 나라에〉 핍박당하고 있는데도, 군주가 〈지나치게〉 검소하고 인색하여 백성의 힘을 제대로 쓰지 못하고, 또 德으로 교화함이 없어 날로 침탈당하는 것을 걱정하였다. 그리하여 이 詩를 지은 것이다.

【疏】'園有桃(二章章十二句)'至'是詩' ○ 正義曰：儉嗇不用其民, 章首二句是也, 大夫憂之, 下十句是也. 由無德教, 數(삭)被攻伐, 故連言'國小而迫' '日以侵削', 於經無所當也.

序의 〔園有桃〕에서 〔是詩〕까지

○ 正義曰 : 검소하고 인색하며 백성의 힘을 쓰지 못한 것은 章의 첫 두 句가 이것이고, 대부가 걱정하는 것은 아래 열 句가 이것이다. 德으로 교화함이 없어 자주 공격과 침벌을 받았다. 그리하여 '나라가 작아 〈큰 나라에〉 핍박당하고 있음〔國小而迫〕'과 '날로 침탈당함〔日以侵削〕'을 연이어 말한 것이니, 經文에는 해당되는 곳이 없다.

園有桃하니 其實之殽(효)로다

정원에 복숭아나무
그 열매를 먹네

【傳】興也라 園有桃하여 其實之(殽)〔食〕[1)]이니 國有民하여 得其力이라

1) (殽)〔食〕: 저본의 교감기에 따라 '食'으로 번역하였다.

興이다. 동산에 복숭아나무 있어 그 열매를 먹은 것이니, 〈이는〉 나라에 백성이 있어 그들의 힘을 얻을 수 있다는 것이다.

【箋】箋云 魏君이 薄公稅하고 省(생)國用하여 不取於民하고 食園桃而已로되 不施德教하여 民無以戰하니 其侵削之由 由是也라 ○ 殽는 本又作肴라

箋云 : 魏나라 군주가 세금을 가볍게 하고 나라의 비용을 줄여 백성에게 징수하지 않고 정원의 복숭아를 먹을 뿐이었다. 그러나 덕으로 교화를 베풀지 않아 백성들이 전쟁에 참여함이 없었으니, 나라가 침탈당한 이유가 이것 때문이었다.

○ 殽는 肴로 되어있는 본도 있다.

心之憂矣여 我歌且謠로다

마음속 근심에
노래하고 읊조리네

【傳】 曲合樂曰歌요 徒歌曰謠라

악기의 곡조에 맞추어 부르는 것을 '歌'라고 하고, 노래만 부르는 것을 '謠'라고 한다.

【箋】 箋云 我心憂君之行如此라 故歌謠以寫我憂矣라

箋云 : 내 마음은 군주의 행실이 이와 같음을 걱정하였다. 그리하여 노래하고 흥얼거려 내 걱정을 씻어 낸 것이다.

不我知者는 謂我士也驕로다

나를 알지 못하는 자
나더러 임금 하는 일에 교만 부린다 하네

【箋】 箋云 士는 事也라 不知我所爲歌謠之意者는 反謂我於君事驕逸故라

箋云 : 士는 '일'이다. 내가 노래하는 뜻을 모르는 자는 도리어 내가 군주의 일에 대하여 교만하고 방자하기 때문이라고 한 것이다.

彼人是哉어늘 子曰何其오하니

군주 하는 일 옳은데
그대 어찌 그러나 하니

【傳】 夫人이 謂我欲何爲乎아하다

저 사람이 나더러 무엇을 하고자 하느냐고 따진 것이다.

【箋】 箋云 彼人은 謂君也라 曰은 於也라 不知我所爲憂者 旣非責我하고 又曰 君儉而嗇하여 所行是其道哉어늘 子於此憂之는 何乎오 ○ 何爲는 如字라

箋云 : 彼人은 '군주'를 말한다. 曰은 於이다. 내가 걱정하는 〈이유를〉 알지 못하는 사람이 나를 비난하고 책망하였으며, 또 "군주가 검소하고 아껴 하는 일이 도에 알맞은데 그대가 〈군주 하는〉 일에 걱정하는 것은 무엇 때문인가."라고 한 것이다.
○ '何爲'의 '爲'는 본음대로 읽는다.

心之憂矣여 **其誰知之**리오

마음속 이 근심을
그 누가 알리오

【箋】 箋云 (知)〔如〕[1]是則衆臣無知我憂所爲也라

1) (知)〔如〕: 저본의 교감기에 따라 '如'로 번역하였다.

箋云 : 이와 같으니 여러 신하들이 내가 걱정하여 〈이렇게〉 하는 것임을 알아주는 사람이 없다는 것이다.

其誰知之리오 **蓋亦勿思**로다

그 누가 알리오
역시 생각하지 말아야지

【箋】 箋云 無知我憂所爲者하니 則宜無復思念之하여 以自止也라 衆不信我하여 或時謂我謗君하여 使我得罪也라

箋云 : 내가 걱정하여 하는 것임을 아는 자가 없으니, 그렇다면 다시 생각하지 말고 스스로 그만두어야 한다. 여러 〈신하들이〉 나를 믿지 못하여 때로는 나더러 군주를 비방해 죄를 자초할 것이라고까지 한 것이다.

【疏】 '園有'至'勿思' ○ 毛以爲"園有桃, 得其實, 爲之殽, 以興國有民, 得其力爲君用. 今魏君不用民力, 又不施德敎, 使國日以侵削, 故大夫憂之, 言己心之憂矣, 我遂歌而且謠, 以寫中心之憂, 不知我者, 見我無故歌謠, 謂我於君事也驕逸然, 故彼人, 又言云'君之行是哉, 子之歌謠, 欲何其爲乎.' 彼人旣不知我, 而責我矣, 而我心之憂矣, 其誰能知之. 旣無知我者, 或謗我使我得罪, 其有誰能知之, 我蓋欲亦自止, 勿復思念之." 彼人正謂不知我者. '曰'·'其', 竝爲辭.

經의 〔園有〕에서 〔勿思〕까지

○ 毛亨은 "동산에 복숭아나무 있어 그 열매를 따서 먹는 것으로, 나라에 백성이 있어 그 힘을 얻어 군주의 쓰임이 됨을 興한 것이다. 지금의 魏君이 백성의 힘을 쓰지

못하고 또 德으로 敎化를 베풀지 아니하여 나라가 날로 침탈되게 하였다. 그리하여 대부가 걱정하여, '내 마음 속 근심에 마침내 노래하고 읊조려 내 마음의 걱정을 씻어낸 것인데, 나를 알지 못하는 자는 내가 까닭 없이 노래하는 것을 보고는 내가 군주의 일에 교만하다고 생각한다. 그리하여 그들이 또 군주 행하는 일 옳은데 그대가 노래하고 읊조림은 무엇을 하고자 하는 것인가라고 한다. 그들이 나를 알지 못하면서 나를 책망하니, 내 마음의 걱정을 그 누가 알 수 있으리오. 나를 알지 못하는 자는 내가 죄를 자초한다고 비방하기도 하니 누가 있어 나를 알겠는가. 나 또한 스스로 그치고 다시 생각하지 말고자 한다.'라고 한 것이다."라고 여겼다. 彼人은 바로 나를 알지 못하는 자를 말한다. '曰'과 '其'는 모두 어조사이다.

【疏】 鄭以爲"園有桃, 魏君取其實, 爲之殽", 不興爲異. 又以彼人爲君, 曰爲於, 言不知我者, 謂我於君事驕逸, 又言(從)〔彼〕[1]君之行儉而嗇, 是其道哉, 子於此憂之何. 餘同.

1) (從)〔彼〕: 저본의 교감기에 따라 '彼'로 번역하였다.

鄭玄은 "동산에 복숭아나무 있는데 魏君이 그 열매를 따서 먹는 것이다."라고 여겼으니, 興으로 보지 않은 것이 〈傳과〉 다르다. 또 彼人을 '君主'로 여기고 曰을 '於'字로 여겨 "'나를 알지 못하는 자가 나더러 君主의 일에 교만하고 함부로 한다.'라고 하고, 또 '저 君主가 검소하고 절약하는 것이 바로 도리에 합당한 것인데 그대는 이를 걱정하니 무엇 때문이냐.'라고 한 것이다."라고 여겼다. 나머지는 〈傳과〉 같다.

【疏】 箋'魏君'至'由是' ○ 正義曰 : 魏君薄於公稅, 乃是人君美事, 而刺之者, 公家稅民有常, 不得過度, 故孟子曰"欲輕之於堯舜, 大貉(맥)小貉, 欲重之於堯舜, 大桀小桀[1]." 十一而稅, 下富上尊, 是稅(三)〔一〕[2]不得薄也. 鄭志答張逸亦云"稅法有常, 不得薄." 今魏君, 不取於民, 唯食園桃而已, 非徒薄於(十)〔一〕[3], 故刺之. 中庸云"時使薄斂." 左傳稱"晉悼公薄賦斂, 所以復霸." 皆薄爲美, 以當時莫不厚稅, 故美其薄賦斂耳, 魯哀公曰"二吾猶不足." 是當時皆重斂也. 易傳者, 以云'其實之殽', 明食桃爲殽, 卽是儉嗇之事.

1) 欲輕之於堯舜……大桀小桀 : 세금은 국가운영에 필요한 경비로 반드시 필요하니 일정한 법도를 정하여 징수하는데, 너무 과중하게 징수하여 堯舜보다 많이 징수하면 대표적인 폭군인 夏나라 傑王에 다음가는 小傑이고, 너무 적게 징수하면 국가의 운영체제

를 갖추지 못한 야만부족인 大貉에 다음가는 小貉이라는 뜻이다.(≪孟子≫ 〈告子 下〉)
2) (三)〔一〕: 저본의 교감기에 따라 '一'로 번역하였다.
3) (十)〔一〕: 저본의 교감기에 따라 '一'로 번역하였다.

箋〔魏君〕에서 〔由是〕까지

○ 正義曰 : 魏나라 군주가 세금을 가볍게 하였으니 바로 인군의 훌륭한 일인데도 풍자한 것은, 국가가 백성에게 세금을 징수함에는 일정한 법도가 있어 법도를 지나치게 할 수 없어서이다. 그래서 ≪孟子≫ 〈告子 下〉에 "堯舜보다 가볍게 징수하는 자는 大貉에 小貉이고, 堯舜보다 무겁게 징수하는 자는 大桀에 小桀이다."라고 하였다. 10분의 1을 세로 징수하면 백성은 부유해지고 군주는 존경을 받으니, 이것이 稅金을 10분의 1보다 가볍게 할 수 없는 것이다. 또 ≪鄭志≫에서 張逸에게 답할 때에도 "稅法은 일정한 법도가 있으니 가볍게 할 수 없다."라고 하였다. 그런데 지금 魏나라 군주가 백성에게 세금을 징수하지 아니하고 동산의 복숭아만 먹을 뿐이니 10분의 1보다 가벼울 뿐만이 아니기에 풍자한 것이다. ≪禮記≫ 〈中庸〉에 "때에 맞게 부리고 세금을 가볍게 한다."라고 하고, ≪春秋左氏傳≫ 成公 18년에 "晉 悼公이 세금을 가볍게 징수하여 이 때문에 다시 霸者가 되었다."라고 하였으니, 이는 모두 세금을 가볍게 징수하는 것을 아름답게 여긴 것이다. 이는 그 당시에 세금을 많이 징수하지 않는 군주가 없었으므로 가볍게 징수한 것을 아름답게 여긴 것이고, ≪論語≫ 〈顔淵〉에 魯 哀公이 "10분 2를 걷어도 나에게는 오히려 부족하다."라고 하였으니, 이는 당시에 모두 세금을 무겁게 징수한 것이다. 傳의 말을 바꾼 것은 〈經文에서〉 '그 열매를 먹네〔其實之殽〕'라고 하였기 때문이니, 분명 복숭아를 먹는 것을 殽로 여긴 것이니, 이것이 바로 인색한 일이다.

【疏】 傳'曲合'至'曰謠' ○ 正義曰 : 釋樂云"徒歌謂之謠." 孫炎曰"聲消搖也." 此文歌・謠相對, 謠旣徒歌, 則歌不徒矣, 故云'曲合樂曰歌'. 樂卽琴瑟, 行葦傳曰"歌者, 合於琴瑟也." 歌・謠, 對文如此, 散則歌爲揔名. 論語云"子與人歌." 檀弓稱"孔子歌曰'泰山其頹乎.'"之類, 未必合樂也.

傳의 〔曲合〕에서 〔曰謠〕까지

○ 正義曰 : ≪爾雅≫ 〈釋樂〉에 "노래만 부르는 것을 謠라고 한다."라고 하였는데, 孫炎은 "읊조리며 소요하는 것이다."라고 하였다. 이 글은 歌와 謠를 相對하여 쓴 것이니, 謠가 노래만 하는 것이라면 歌는 노래만 하는 것이 아니다. 그리하여 '악기의

곡조에 맞추어 부르는 것을 歌라고 한다.〔曲合樂曰歌〕'라고 한 것이다. 樂器는 바로 거문고와 비파이다. 〈大雅 行葦〉의 傳에 "歌는 琴과 瑟의 〈곡조에〉 맞추어 부르는 것이다."라고 하였으니, 歌와 謠를 상대하는 글로 보면 이와 같으나, 구별 없는 〈글〉로 보면 歌가 총괄하는 명칭이다. ≪論語≫ 〈述而〉에 "공자가 남과 노래하였다."라고 한 것과, ≪禮記≫ 〈檀弓〉에 "孔子가 '泰山이 무너지겠구나.'라고 노래하였다."라고 한 경우들은, 반드시 악기의 〈곡조에〉 맞추어 부른 것은 아니다.

【疏】 傳'夫人謂我欲何爲乎' ○ 正義曰：夫人, 卽經之彼人也. 今定本云'彼人', 不云'夫人', 義亦通也. 何爲, 卽經之何其也. 彼人謂我何爲者, 言彼不知我者之人, 謂我歌謠無所爲也. 箋以上已云'不知我者', 此無爲更斥彼人, 故以爲彼人斥君也. '曰 於', 釋詁文.

傳의 〔夫人謂我欲何爲乎〕

○ 正義曰：'夫人'은 바로 經文의 '彼人'이다. 지금의 定本에는 '彼人'이라고 하고 '夫人'이라고 하지 않았으나, 뜻은 역시 통한다. '何爲'는 바로 經文의 '何其'이다. '저 사람이 나더러 무엇을 하고자 하는가 한다.〔彼人謂我何爲者〕'는 것은, 나를 알지 못하는 저 사람이 내가 까닭 없이 노래한다고 여긴 것을 말한다. 箋은 위에서 이미 '나를 알지 못하는 자〔不知我者〕'를 말하였으니, 여기서 다시 '彼人'을 지적할 필요가 없으므로 '彼人'이 군주를 가리키는 것으로 여긴 것이다. '曰 於'는 ≪爾雅≫ 〈釋詁〉의 글이다.

園有棘(극)하니 **其實之食**이라

동산에 대추나무

그 열매를 먹네

【傳】 棘은 棗(조)也라 ○ 棘은 從兩朿(자)니 俗作棘(색)하니 同이라

棘은 '대추'이다.

○ 棘은 두 朿字를 겹친 것이다. 세속에서는 棘으로 쓰는데 〈둘은〉 같다.

心之憂矣여 **聊以行國**이로다

걱정하는 마음에

그저 도성 안만 돌아다니네

【箋】箋云 聊는 且니 略之辭也라 聊出行於國中하여 觀民事以寫憂라

箋云 : 聊는 且이니 '그저'라는 말이다. 그저 도성 안을 돌아다니며 백성의 일을 살펴보는 것으로 근심을 삭이는 것이다.

不我知者 謂我士也罔極이로다

나를 알지 못하는 이
나더러 임금 일에 올바르지 못하다 하네

【傳】極은 中也라

極은 '알맞음'이다.

【箋】箋云 見我聊出行於國中하고 謂我於君事無中正이라

箋云 : 내가 그저 도성 안을 돌아다니는 것을 보고는 나더러 군주의 일에 올바르지 못하다고 한 것이다.

彼人是哉어늘 子曰何其오하니 心之憂矣여 其誰知之리오 其誰知之리오 蓋亦勿思로라

군주 하는 일 옳은데
그대 어찌 그러나 하니
마음속 이 근심을
그 누가 알리오
그 누가 알리오
역시 생각하지 말아야지

園有桃 二章이니 章十二句라

〈園有桃〉 2章이니 章마다 12句이다.

陟岵(척호)

【序】陟岵는 **孝子行役**하여 **思念父母也**라 **國迫而數**(삭)**侵削**하고 **役乎大國**하여 **父母兄弟離散**하니 **而作是詩也**라

〈陟岵〉는 孝子가 부역 가서 부모를 그리워한 詩이다.

나라가 핍박당하여 자주 침탈당하고 큰 나라에 부역 가서 부모 형제가 離散하니 이 시를 지은 것이다.

【箋】役乎大國者는 **爲大國所徵發**이라 ○ **此傳及解屺**(기) **共爾雅不同**[1]이어늘 **王肅依爾雅**라 **侵削**이 **本或作國小而迫**하여 **數見侵削者**는 **誤**라

1) 此傳……爾雅不同 : 첫 章의 傳에 "草木이 없는 곳을 岵라고 한다.〔無草木曰岵〕"라고 하고, 그 다음 章의 傳에 "초목이 있는 곳을 屺라고 한다.〔有草木曰屺〕"라고 하였는데. ≪爾雅≫에는 "초목이 많은 곳이 岵이고 초목이 없는 곳이 屺이다.〔釋山云 多草木岵 無草木屺〕"라고 하여 상반된 것을 말한다.

大國에 부역 갔다는 것은 대국에 징발당한 것이다.

○ 여기의 傳〈에서 岵를 풀이한 것〉과 〈아래의 傳에서〉 屺를 풀이한 것이 모두 ≪爾雅≫ 〈釋山〉에서 풀이한 내용과 다른데, 王肅은 ≪爾雅≫의 풀이를 따랐다. '侵削'이 '國小而迫 數見侵削'으로 된 본도 있는데, 이는 잘못된 것이다.

【疏】'陟岵(三章章六句)**'至'是詩' ○ 正義曰 : 首章望父, 二章望母, 卒章望兄, 敍言其思念之由, 經陳思念之事. 經無弟, 而序言之者, 經以父母與兄, 己所尊敬, 故思其戒, 其實弟亦離散, 故序言之以協句.**

序의 〔陟岵〕에서 〔是詩〕까지

○ 正義曰 : 첫 장은 아버지 있는 곳을 바라본 것이고, 둘째 장은 어머니 있는 곳을 바라본 것이고, 마지막 장은 형 있는 곳을 바라본 것이니, 序는 그들을 생각하고 그리워한 사유를 말하고, 經文은 생각하고 그리워한 일을 기술한 것이다. 經文에 동생〔弟〕을 〈언급함이〉 없는데 序에서 말한 것은, 經文은 父母와 兄은 자기가 존경할 대상이기

때문에 그들의 훈계를 생각한 것이나 실제로 동생과도 헤어졌기 때문에 序에서 이를 말하여 句를 맞춘 것이다.

【疏】 箋'役乎'至'徵發' ○ 正義曰：箋以文承數見侵削, 嫌爲從役以拒大國, 故辨之, 云'爲大國所徵發'也. 知者, 以言'役乎大國', 則爲大國所役, 猶司寇(亡)〔云〕[1]"役諸司空."[2] 則爲司空所役, 明是大國徵發之.

1) (亡)〔云〕: 저본의 교감기에 따라 '云'으로 번역하였다.
2) 役諸司空 : ≪周禮≫ 〈秋官 司寇〉에 나오는 말로, '司空에게 사역 받게 한다.'라고 해석한 사례를 들어 '役乎大國'의 풀이를 증명한 것이다.

箋의 〔役乎〕에서 〔徵發〕까지

○ 正義曰 : 箋은 〈序의 役乎大國〉 글이 '數見侵削'에 이어져 있어 전쟁에 나가 대국에 대항한 것으로 여길 혐의가 있으므로 이를 분별하여 '대국에 징발당한 것이다.〔爲大國所徵發〕'라고 한 것이다. 이를 안 것은 '大國에 부역 가서〔役乎大國〕'라고 하였기 때문이다. 그러고 보면 대국에 부역된 것이니, ≪周禮≫ 〈秋官 司寇〉에서 "司空에게 사역을 받게 한다."라고 한 것과 같다. 이는 곧 司空에게 부림을 당한 것이니, 분명 대국이 징발한 것이다.

陟彼岵兮하여 瞻望父兮로다

저 민둥산에 올라
아버지 계신 곳 바라보네

【傳】 山無草木曰岵라

산에 초목이 없는 것을 '岵'라고 한다.

【箋】 箋云 孝子行役하여 思其父之戒하여 乃登彼岵山하여 以遙瞻望其父所在之處라

箋云 : 효자가 부역에 나가 아버지의 훈계를 생각하고, 이에 저 민둥산에 올라 멀리 아버지가 있는 곳을 바라본 것이다.

父曰嗟予子여 行役夙夜無已하고

아버지께선 아 내 아들아
부역 나가 한시라도 게을리 말고

【箋】箋云 予는 我라 夙은 早요 夜는 莫(모)也라 無已는 無解倦이라

箋云：予는 '나'이다. 夙은 '새벽'이고 夜는 '저녁'이다. 無已는 게으르지 말라는 것이다.

上愼旃(전)哉하고 猶來無止하라

행군할 때에는 조심하고
때 되면 오고 함부로 그만두지 말라 하셨지

【傳】旃은 之요 猶는 可也라 父尙義라

旃은 '之'이고 猶는 '할 수 있음'이다. 아버지는 義를 중시한다.

【箋】箋云 (止)〔上〕[1]者는 謂在軍事作部列時라

1) (止)〔上〕：저본의 교감기에 따라 '上'으로 번역하였다.

箋云：上은 군역의 일에서 隊伍를 지어 〈행군하는〉 때를 말한다.

【疏】'陟彼'至'無止' ○ 正義曰：孝子在役之時，以親戚離散而思念之，言"己登彼岵山之上兮，瞻望我父所在之處兮．我本欲行之時，而父敎戒我曰，'嗟汝我子也，汝從軍行役在道之時，當早起夜寐，無得已止．' 又言'若至軍中在部列之上，當愼之哉，可來乃來，無止軍事而來．'" 若止軍事，當有刑誅，故深戒之．

經의 〔陟彼〕에서 〔無止〕까지

○ 正義曰：孝子가 부역에 나가 있을 때에 친척이 흩어졌기 때문에 그들을 그리워하여, "내가 저 민둥산 꼭대기에 올라 멀리 아버지 계신 곳을 바라보네. 내가 당초 떠나려 할 때에 아버지가 나를 훈계하여, '아! 너 내 아들아. 너는 軍役에 나가 도중에 있을 때에 아침 일찍 일어나고 저녁 늦게 잠자리에 들어 게을리 말라.'라고 하고, 또 '군대에서 대오를 지어 행군할 때가 되면 조심해야 한다. 그리고 올 수 있을 때가 되면 오고 군역을 〈멋대로〉 그만두고 오지 말라.'라고 하셨지."라고 한 것이다. 군역을 〈멋

대로〉 그만두면 응당 죽임을 당하는 형벌이 있기 때문에 깊이 경계한 것이다.

【疏】 傳'山無草木曰岵' ○ 正義曰：釋山云"多草木岵, 無草木屺." 傳言'無草木曰岵' 下云'有草木曰屺', 與爾雅正反, 當是轉寫誤也. 定本亦然.

傳의 〔山無草木曰岵〕

○ 正義曰：≪爾雅≫ 〈釋山〉에 "草木이 많은 〈산이〉 '岵'이고, 草木이 없는 〈산이〉 屺이다."라고 하였는데, 傳에서는 "초목이 없는 산을 岵라고 한다.〔無草木曰岵〕"라고 하고, 아래의 傳에서는 "초목이 있는 산을 屺라고 한다.〔有草木曰屺〕"라고 하여 ≪이아≫와 정반대이니, 응당 옮겨 베낄 때의 잘못이다. 定本도 그러하다.

【疏】 傳'旃之'至'尙義' ○ 正義曰：此旃與采苓'舍旃', 旃皆爲足(주)句, 故訓爲'之'. '猶 可', 釋言文. '父尙義'者, 解孝子所以稱父戒己之意, 由父之於子尙義, 故戒之. 二章傳曰"母尙恩." 卒章傳曰"兄尙親." 皆於章末言之, 俱明見戒之意, 以其恩義親故也. 文十八年左傳曰"舜擧八元, 使布五敎於四方, 父義母慈兄友弟恭子孝." 恩卽慈也, 親則友也.

傳의 〔旃之〕에서 〔尙義〕까지

○ 正義曰：여기의 旃과 〈唐風 采苓〉 '舍旃'의 旃은 모두 句를 보충한 것이다. 그리하여 '之'로 풀이한 것이다. '猶 可'는 ≪爾雅≫ 〈釋言〉의 글이다. '父 尙義'는 효자가 아버지가 자기를 훈계한 뜻을 거론한 것을 풀이한 것이다. 아버지는 아들에 있어 義를 중시하기 때문에 〈이것으로〉 훈계한 것이다. 둘째 장의 傳에서 "어머니는 은혜〔恩〕를 중시한다."라고 하고, 마지막 장의 傳에 "형은 우애〔親〕를 중시한다."라고 하였으니, 모두 章의 끝에 이를 말하여, 모두 훈계 받은 뜻이 恩과 義와 親 때문임을 밝힌 것이다. ≪春秋左氏傳≫ 文公 18년에 "舜임금이 8명의 덕이 있는 이를 천거하여 五敎를 천하에 펴게 하여 아비는 의롭고〔義〕 어미는 자애로우며〔慈〕 형은 우애하고〔友〕 아우는 공경하며〔恭〕 자식은 효도하였다〔孝〕."라고 하였으니, 恩은 바로 慈이고 親은 바로 友이다.

【疏】 箋'上者'至'列時' ○ 正義曰：上言'行役', 是在道之辭也, 此變言上, 又云'可來乃來', 明在軍上爲部分行列時也. 曲禮曰"左右有局, 各司其局[1]." 注云"局, 部分也." 謂軍中各有所部爲行列之分, 與此一也.

1) 左右有局 各司其局 : 행군할 때에 左軍과 右軍이 각각 隊伍의 분담을 두어 관리 감독하는 일을 말한다. ≪禮記≫〈曲禮〉注에 "左右有局이란 左軍과 右軍의 軍中에 각각 隊伍의 분담을 두어 서로 섞이지 않게 하는 것이고, 各司其局이란 행군을 할 때에는 감독을 해야 하기 때문에 主將이 통솔할 때에 각각 대오를 감독함이 있는 것이다.〔左右有局者 軍中在左在右 各有部分 不相濫也 各司其局者 軍行須監領 故主帥部分 各有所可部分也〕"라고 하였다.

箋의〔上者〕에서〔列時〕까지

○ 正義曰 : 위에서 말한 '行役'은 도중에 있을 때를 말하는 것인데, 여기에서 바꾸어 '上'이라고 하고 또 '올 수 있을 때에 오라.'고 하였으니, 분명 군대에서 대오를 이루어 행군할 때이다. ≪禮記≫〈曲禮〉에 "左右에 局을 두어 각각 자기의 局을 관리한다."라고 하였는데, 注에서 "局은 部分이다."라고 하였으니, 이는 군대에서 각각 〈좌우에〉 대오를 이루어 행군할 때 구분으로 삼는 것을 말하니, 이 시와 같다.

陟彼屺兮여 瞻望母兮로다

저 숲 우거진 산에 올라
어머니 계신 곳 바라보네

【傳】 山有草木曰屺라

山에 초목이 있는 것을 '屺'라고 한다.

【箋】 箋云 此又思母之戒하여 而登屺山而望之也라

箋云 : 이는 또 어머니의 훈계를 생각하여 초목이 있는 산에 올라 바라본 것이다.

母曰嗟予季여 行役夙夜無寐하고

어머니께선 아 어린 내 아들아
부역 나가 부지런히 하여 졸지 말고

【傳】 季는 少子也라 無寐는 無耆寐也라

季는 '어린 아들'이다. 無寐는 잠자는 것을 즐기지 말라는 것이다.

上愼旃哉하고 **猶來無棄**하라

행군할 때 조심하고
때 되면 오고 자포자기 말라 하셨지

【傳】 母尙恩也라

어머니는 은혜를 중시한다.

陟彼岡兮하여 **瞻望兄兮**로다 **兄曰嗟予弟**여 **行役夙夜必偕**하고

저 산마루에 올라
형 있는 곳 바라보네
형은 말하였지 아 내 동생아
부역 나가 부지런히 하여 부디 함께 잘 지내고

【傳】 偕는 俱也라

偕는 '함께'이다.

上愼旃哉하고 **猶來無死**하라

행군할 때 조심하고
때 되면 오고 죽는 일 없도록 하거라

【傳】 兄尙親也라

형은 우애를 중시한다.

陟岵 三章이니 **章六句**라

〈陟岵〉 3章이니 章마다 6句이다.

十畝之間(십무지간)

【序】 十畝之間은 刺時也라 言其國削小하여 民無所居焉이라

〈十畝之間〉은 시대를 풍자한 詩이다.

나라가 땅을 빼앗겨 작아져서 백성들이 살 곳이 없음을 말한 것이다.

【箋】 畝는 古作晦(무)요 俗作畒하니 皆同이라

畝는 옛날에는 晦로 썼고, 세속에서는 畒로 쓰는데, 모두 같다.

【疏】 '十畝之間(二章章三句)'至'居焉' ○ 正義曰：經二章, 皆言十畝, 一夫之分, 不能百畝, 是爲削小. '無所居', 謂土田陜(협)隘, 不足耕墾以居生, 非謂無居宅也.

序의 〔十畝之間〕에서 〔居焉〕까지

○ 正義曰：經文 두 장에서 모두 10畝를 말하였으니, 1夫의 몫이 100畝가 되지 못하니 이것이 〈땅을〉 빼앗겨 작아진 것이다. '無所居'는 농토가 줄어들어 경작하여 살기에 부족함을 말한 것이지 살 집이 없음을 말한 것이 아니다.

十畝之間兮여 桑者閑閑兮니

十畝의 밭이랑 사이에
뽕잎 따는 이 오고가니

【傳】 閑閑然은 男女無別往來之貌라

'閑閑然'은 남녀가 구별 없이 왕래하는 모습이다.

【箋】 箋云 古者에 一夫百畝러니 今十畝之間에 往來者閑閑然이니 削小之甚이라

箋云：옛날에는 1夫에게 땅 百畝를 분배하였는데, 지금은 十畝를 〈분배하여〉 그 사이에 왕래하는 남녀가 구별 없이 다닌 것이니, 〈땅을〉 빼앗겨서 매우 작아진 것이다.

行與子還(선)兮하리라

갔다가 그대와 돌아오리라

【傳】 或行來者요 或來還者라 ○ 還은 本亦作旋이라

어떤 이는 갔다가 돌아오고, 어떤 이는 왔다가 되돌아가는 것이다.

○ 還은 '旋'으로 되어있는 본도 있다.

【疏】'十畝'至'還兮' ○ 正義曰：魏地陿隘, 一夫不能百畝, 今纔在十畝之間, 采桑者閑閑然, 或男或女共在其間, 往來無別也. 又敘其往者之辭, 乃相謂曰"行與子俱迴還兮." 雖則異家, 得往來俱行, 是其削小之甚也.

經의 〔十畝〕에서 〔還兮〕까지

○ 正義曰：魏나라가 국토가 좁아 1夫에게 100畝를 분배하지 못하여, 지금은 겨우 10畝 가운데에 뽕잎 따는 이가 오고 간 것이니, 혹 남녀가 그 가운데 함께 있어 구별 없이 왕래한 것이다. 또 가는 사람의 말을 서술하여 서로 "갔다가 그대와 함께 되돌아 오겠다."라고 하였으니, 비록 가정을 달리한 자라도 왕래를 함께 한 것이니, 이것이 〈땅이〉 빼앗겨 매우 작아진 것이다.

【疏】傳'閑閑'至'之貌' ○ 正義曰：此言'之間', 則一家之人, 共采桑於其間, 地陿隘無所相避, 故言'男女無別'. '閑閑然', 爲往來之貌. 此章既言'之間', 故下章言'之外'. 地傍徑路, 行非一家, 故言'泄(예)泄'爲多人之貌.

傳의 〔閑閑〕에서 〔之貌〕까지

○ 正義曰：이 章에서 '之間'이라고 하였으니, 곧 한 집안의 사람들이 함께 그 안에서 뽕잎을 딸 때에 땅이 좁아 서로 피할 곳이 없었다. 그리하여 '남녀가 구별이 없다.〔男女無別〕'라고 한 것이다. '閑閑然'은 往來하는 모습이다. 이 章에서 '之間'을 말하였으므로 아래 章에서 '之外'를 말한 것이다. 농지 주변의 좁은 길에 다니는 사람이 한 집안 사람만이 아니었다. 그리하여 〈아래 장에서〉 '泄泄'가 사람이 많은 모습이 된다고 말한 것이다.

【疏】箋'古者'至'之甚' ○ 正義曰：王制云"制農田百畝." 地官遂人云"夫一廛田百畝." 司

馬法曰"畝百爲夫." 是'一夫百畝'也, 此言其正法耳. 周禮"上地家百畝, 中地家二百畝, 下地家三百畝." 又云"遂, 上地有(桒)〔萊〕[1]五十畝[2]." 其廢・易相通, 皆二百畝也.[3]

1) (桒)〔萊〕: 저본의 교감기에 따라 '萊'로 번역하였다.

2) 遂 上地有(桒)〔萊〕五十畝 : 遂는 國城 밖의 땅을 統轄하기 위하여 구획한 제도로, 국성에서 100리까지를 鄕이라고 하고, 다시 100리까지를 遂라하여 6遂로 나누었다. ≪周禮≫ 〈地官 遂人〉에 "5개의 鄙가 縣이고 5개의 縣이 遂이다.〔五鄙爲縣 五縣爲遂〕"라고 하였다. 그 법에 "그 들판의 땅을 上地와 中地와 下地로 구분하여 田里를 나누어 준다. 上地는 夫마다 一廛에 田 100畝와 萊田 50畝를 주고, 中地는 夫마다 一廛에 田 100畝와 萊田 100畝를 주고, 下地는 夫마다 一廛에 田 100畝와 萊田 200畝를 준다.〔辨其野之土 上地中地下地 以頒田里 上地 夫一廛田百畝 萊五十畝 中地 夫一廛田百畝 萊百畝 下地 夫一廛田百畝 萊二百畝〕"라고 하였다.

3) 其廢易相通 皆二百畝也 : '易'은 한 해씩 묵혀 경작하는 中等의 땅이고, 廢는 2년을 묵혀〔再易〕 경작하는 下等의 땅에서 한 해에 3분의 2씩을 묵히는 것을 말하니, 모두 200畝임을 말한다. ≪周禮≫ 〈地官 大司徒職〉에 "묵히지 않는 땅은 家마다 100畝이고, 한 해를 묵히는 땅은 家마다 200畝이고, 2년을 묵히는 땅은 家마다 300畝이다.〔不易之地 家百畝 一易之地 家二百畝 再易之地 家三百畝〕"라고 하고, 〈疏〉에 "不易之地家百畝라는 것은 上等의 땅은 해마다 경작한다. 그리하여 家마다 100畝임을 말하고, 一易之地家二百畝라는 것은 해마다 나누어 100畝는 경작하고 100畝는 묵힘〔廢〕을 말하고, 再易之地家三百畝라는 것은 땅이 척박하기 때문에 해마다 100畝는 경작하고 200畝는 묵힘을 말하니, 3년에 두 해를 묵혀야 고르게 된다. 그리하여 '再易'이라고 한 것이다.〔云不易之地家百畝者 此謂上地年年佃之 故家百畝 云一易之地家二百畝者 謂年別佃百畝 廢百畝 云再易之地家三百畝者 以其地薄 年佃百畝 廢二百畝 三年再易乃徧 故云再易也〕"라고 하였다.

箋의 〔古者〕에서 〔之甚〕까지

○ 正義曰 : ≪禮記≫ 〈王制〉에 "〈1夫의〉 밭〔農田〕은 100畝로 제정한다."라고 하고, ≪周禮≫ 〈地官 遂人〉에 "夫마다 집 한 채에 밭 100畝이다."라고 하고, ≪司馬法≫에 "畝 100을 夫로 한다."라고 하였으니, 이것이 '1夫에게 〈땅〉 100畝를 분배하였다.〔一夫百畝〕'는 것이니, 이는 正法을 말한 것일 뿐이다. ≪周禮≫ 〈地官 司徒〉의 注疏에 "上等의 땅은 家마다 100畝이고, 中等의 땅은 家마다 200畝이고, 下等의 땅은 家마다 300畝이다."라고 하고, 또 〈地官 遂人〉에 "遂의 경우 上等의 땅을 〈받는 家에는〉 휴경할 땅 50畝를 더 준다."라고 하였다. '廢'와 '易'은 서로 통하니, 모두 200畝이다.

【疏】孟子曰"五畝之宅, 樹之以桑." 則野田不樹桑, 漢書食貨志云"田中不得有樹, 用妨五穀." 此'十畝'之中, 言有桑者, 孟子及漢志, 言其大法耳, 民之所便, 雖田亦樹桑, 故上云"彼汾一方 言采其桑." 古者侵其地而虜其民, 此得地陜民稠者, 以民有畏寇而內入, 故地陜也. 一夫百畝, 今此十畝, 相率十倍, 魏雖削小, 未必卽然, 擧十畝以喩其陜隘耳.

≪孟子≫ 〈梁惠王〉에 "5畝의 집에 뽕나무를 심는다."라고 하였으니, 곧 들의 밭에는 뽕나무를 심지 않는 것이다. 또 ≪漢書≫ 〈食貨志〉에 "밭에 나무를 심지 않는 것은 오곡에 방해가 되기 때문이다."라고 하였다. 그런데 여기의 '十畝' 안에 뽕나무가 있음을 말한 것은, ≪맹자≫와 〈식화지〉는 正法을 말한 것일 뿐이니 백성에게 유리한 경우라면 밭이라도 뽕나무를 심기 때문이다. 그리하여 위의 〈汾沮洳〉에서 "저 汾水 한 쪽에서 뽕잎을 따네〔彼汾一方 言采其桑〕"라고 한 것이다. 옛날에 다른 나라의 영토를 침략하면 그곳의 백성을 포로로 삼았으니, 여기에서 농지가 좁아 백성의 인구밀도가 높게 된 것은 백성들이 침략을 두려워하여 안쪽으로 들어갔기 때문이다. 그리하여 땅이 좁아진 것이다. 1夫는 땅이 100畝인데 지금 여기서 10畝라고 한 것은 서로의 비율이 10배가 되니 魏나라가 비록 땅을 빼앗겨 작아졌다 하더라도 반드시 그렇지는 않을 것이니, 10畝를 들어 좁음을 비유하였을 뿐이다.

【疏】傳'或行來者或來還者' ○ 正義曰 : 云'還兮', 相呼而共歸, 下云'逝兮', 相呼而共往, 傳探下章之意, 故云'或行來者 或來還者', 見(현)往來相須, 故摠解之.

傳의 〔或行來者 或來還者〕

○ 正義曰 : 〈여기의〉 '還兮'라는 것은 불러서 같이 돌아오는 것이고, 아래의 '逝兮'라는 것은 불러서 함께 가는 것이니, 傳은 아래 章의 뜻을 취한 것이다. 그리하여 '어떤 이는 갔다가 돌아오고 어떤 이는 왔다가 되돌아가는 것이다.〔或行來者 或來還者〕'라고 하여, 왕래할 때에 서로 함께함을 나타낸 것이다. 그리하여 총괄하여 풀이한 것이다.

十畝之外兮여 桑者泄(예)泄兮니

十畝의 밖에
뽕잎 따는 이 많기도 하니

【傳】泄泄는 多人之貌라

泄泄는 '사람이 많은 모양'이다.

行與子逝兮하리라

가서 그대 만나리

【箋】箋云 逝는 **逮也**라

箋云 : 逝는 '미침'이다.

十畝之間 二章이니 **章三句**라

〈十畝之間〉 2章이니 章마다 3句이다.

伐檀(벌단)

【序】伐檀은 **刺貪也**라 **在位貪鄙**하여 **無功而受祿**하니 **君子不得進仕爾**라 ○ **檀**은 **木名**이라

〈伐檀〉은 탐욕을 풍자한 詩이다.

높은 지위에 있는 자가 탐욕스럽고 비루하여 공이 없으면서 祿을 받으니 군자가 벼슬할 수 없었다.

○ 檀은 나무이름이다.

【疏】'伐檀(三章章九句)'至'仕爾' ○ 正義曰 : '在位貪鄙'者, 經三章皆次四句是也. '君子不得進仕'者, (首章)〔章首〕[1]三句是也. 經·序倒者, 序見由在位貪鄙, 令君子不得仕, 如其次以述之, 經先言君子不仕, 乃責在位之貪鄙, 故章卒二句, 皆言君子不素飧(손), 以責小人之貪, 是終始相結也. 此言'在位', 則刺臣, 明是君貪而臣效之, 雖責臣, 亦所以刺君也.

1) (首章)〔章首〕: 아래의 '章卒二句'라고 한 例에 따라 '章首'로 고쳐 번역하였다.

序의 〔伐檀〕에서 〔仕爾〕까지

○ 正義曰 : '在位貪鄙'는 經文의 세 章 모두 〈처음 세 句의〉 다음 네 句가 이것이고, '君子不得進仕'는 每章의 처음 세 句가 이것이다. 經文과 序에서 〈말하는 순서가〉 뒤바뀐 것은, 序는 높은 지위에 있는 자들이 탐욕스럽고 비루하여 군자들로 하여금 벼슬할 수 없게 한 것을 나타낸 것이니 순서대로 기술한 것이고, 經文은 먼저 군자가 벼슬하지 못한 것을 말하고 이에 높은 지위에 있는 자들이 탐욕스럽고 비루한 것을 책망한 것이다. 그리하여 每章의 마지막 두 句에서 모두 군자가 공밥을 먹지 않음을 말하여 소인들의 탐욕을 책망하였으니, 이는 처음과 끝을 서로 연결한 것이다. 여기에서 '在位'를 말하였으니 곧 신하를 책망한 것이다. 〈그러나〉 이는 분명 군주가 탐욕스러워 신하가 본받은 것이니, 비록 신하를 책망한 것이지만 역시 이것으로 군주를 책망한 것이다.

檀(≪毛詩名物圖說≫)

坎坎伐檀兮하여 **寘**(치)**之河之干兮**하니 **河水清且漣猗**(의)로라

탕탕 박달나무 베어다
하수 가 언덕에 두니
河水 맑고 잔잔한 물결 바라기라

【傳】 坎坎은 伐檀聲이라 寘는 置也요 干은 厓也라 風行水成文曰漣이라 伐檀以俟世用이 若俟河水清且漣이라

坎坎은 '박달나무를 베는 소리'이다. 寘는 '놓아 둠'이고, 干은 '물가 언덕'이다. 바람이 불어 잔잔한 물결이 이는 것을 '漣'이라고 한다. 박달나무를 베어 세상에 쓰이기를 기다리는 것이 마치 河水가 맑고 잔잔한 물결이 일기를 기다리는 것과 같다는 것이다.

【箋】 箋云 是謂君子之人이 不得進仕也라 ○ 猗는 本亦作漪하니 同이라

箋云 : 이는 君子가 벼슬하지 못함을 말한 것이다.
○ 猗는 '漪'로 되어 있는 본도 있는데, 〈뜻이〉 같다.

不稼不穡하고 **胡取禾三百廛兮**하며 **不狩不獵**하고 **胡瞻爾庭有縣貆**(환)**兮**오

농사짓지도 않으면서
어이 벼 3百廛을 받으며
사냥도 하지 않으면서
어이 네 뜰에 걸린 담비가죽 보는가

【傳】 種之曰稼요 斂之曰穡이라 一夫之居曰廛이라 貆은 獸名이라

씨 뿌리는 것을 '稼'라고 하고, 거두어들이는 것을 '穡'이라고 한다. 一夫의 집을 '廛'이라고 한다. 貆은 '짐승이름'이다.

【箋】 箋云 是謂在位貪鄙하여 無功而受祿也라 冬獵曰狩요 宵田曰獵이라 胡는 何也라 貉(학)子曰貆이라 ○ 廛은 本亦作壥(전)하고 又作厘(전)이라 古者에 一夫田百畝하고 別受都邑五畝之地하여 居之라 故孟子云 五畝之宅이 是也라 貆은 本亦作狟(환)이니 貉子也라 宵는 夜也라 貉은 依字作貈(학)이라

箋云 : 이는 높은 지위에 있는 자가 탐욕스럽고 비루하여 공이 없으면서 祿을 받은 것을 말한 것이다. 겨울에 하는 사냥을 '狩'라고 하고, 야간에 하는 사냥을 '獵'이라고 한다. 胡는 '어찌'이다. 담비를 '貆'이라고 한다.

○ 廛은 壥으로 되어있기도 하고, 또 厘으로 되어 있는 본도 있다. 옛날에는 一夫가 밭 100畝를 받고 별도로 도읍에 5畝의 땅을 받아 거주하였다. 그리하여 ≪孟子≫ 〈梁惠王〉에 '五畝之宅'이라고 한 것이 이것이다. 貆은 狟으로 되어 있는 본도 있는데 담비이다. 宵는 '밤'이다. 貉은 글자에 따라 貈으로 쓴다.

彼君子兮여 不素餐(찬)兮로다

저기 저 군자는
공밥 먹지 않네

【傳】 素는 空也라

素는 '일 없음'이다.

【箋】 箋云 彼君子者는 斥伐檀之人이라 仕有功乃肯受祿이라 ○ 餐은 說文作餐하고 云 或從水라하고 字林云 吞食(사)也라

箋云 : '彼君子'는 박달나무를 베는 사람을 가리킨다. 벼슬하는 자는 공이 있어야 祿을 기꺼이 받는다.

○ 餐은 ≪說文解字≫에는 餐으로 되어 있고, "혹 水변에 쓴다."라고 하고, ≪字林≫에는 "밥을 먹는 것이다."라고 하였다.

【疏】 '坎坎'至'餐兮' ○ 正義曰 : 言君子之人, 不得進仕, 坎坎然身自斬伐檀木, 置之於河之厓, 欲以爲輪輻之用, 此伐檀之人, 既不見用, 必待明君乃仕, 若待河水澄淸, 且有波漣猗然也. 君子不進, 由在位貪鄙, 故責在位之人云'汝不親稼穡, 不親斂穡, 何爲取禾三百夫之田穀兮, 不自冬狩, 不自夜獵, 何爲視汝之庭, 則有所懸者是貆獸兮, 汝何爲無功而妄受此也, 彼伐檀之君子, 終不肯而空餐兮, 汝何爲無功而受祿, 使賢者不進也.'

經의 〔坎坎〕에서 〔餐兮〕까지

○ 正義曰 : 군자가 벼슬하지 못해 탕탕 박달나무를 몸소 베어 河水 가 언덕에 놓아두고 수레바퀴 살에 쓰이기를 바라는 것을 말하였으니, 이는 박달나무를 벤 사람이 등용되지 못하여 반드시 훌륭한 군주를 기다려서 벼슬하려는 것이 마치 河水가 맑아지고 또 물결이 잔잔하기를 기다린 것과 같은 것이다. 군자가 벼슬에 나아가지 못함이 관직에 있는 자들이 탐욕스럽고 비루하기 때문이다. 그리하여 높은 지위에 있는 이를 책망하여 '너는 친히 농사를 짓지도 않으면서 어떻게 300夫가 짓는 곡식을 받으며, 몸소 겨울 사냥과 밤 수렵도 하지 않으면서 어떻게 너의 뜰에 걸린 담비 가죽을 보는가. 너는 어찌하여 공도 없으면서 분수에 맞지 않게 이러한 것들을 받는가. 저 박달나무를 베는 군자는 끝까지 공밥을 먹으려 하지 않는데, 너는 어찌하여 아무런 공도 없이 녹을 받아 賢者가 벼슬에 나아가지 못하게 하는가.'라고 한 것이다.

【疏】 傳'坎坎'至'且漣' ○ 正義曰 : 以下云'漘(순)'·'側', 則是厓畔之處, 故云'干 厓'也. 易漸卦"鴻漸於干." 注云"干謂大水之傍, 故停水處." 與此同也. 風行吹水而成文章者曰漣. 此云'漣猗', 下云'直猗'·'淪猗', 漣·直·淪, 論水波之異, 猗, 皆辭也. 釋水云"河水淸且瀾猗, 大波爲瀾, 小波爲淪, 直波爲徑." 李巡云"分別水大小曲直之名." 郭璞

曰"瀾, 言渙瀾也, 淪, 言蘊淪也, 徑, 言徑(涏)〔侹〕[1]也." 漣・瀾雖異, 而義同. 此詩漣・淪, 擧波名, 直波, 不言徑而言直者, 取韻故也.

1) (涏)〔侹〕: 저본의 교감기에 따라 '侹'으로 번역하였다.

傳의 〔坎坎〕에서 〔且漣〕까지

○ 正義曰 : 아래 句에서 '漘'과 '側'을 말하였으니, 곧 이는 물가 언덕이다. 그리하여 '干은 厓이다.〔干 厓〕'라고 한 것이다. ≪周易≫ 漸卦 初六의 爻辭에 "기러기가 물가로 차츰 올라간다.〔鴻漸於干〕"라고 하였는데, 注에 "干은 큰 강가이다. 그리하여 물을 멈추게 하는 곳을 말한다."라고 하였으니, 이 〈傳의 뜻과〉 같다. 바람이 불어 물에 생긴 물결을 '漣'이라고 한다. 이 章에서는 '漣猗'라고 하고 아래 章에서는 '直猗'와 '淪猗'를 말하였는데, 漣과 直과 淪은 물결의 다른 점을 논한 것이고, 猗는 모두 語辭이다. ≪爾雅≫ 〈釋水〉에 '≪詩經≫ 〈伐檀〉에 河水는 맑고 또 큰 물결〔瀾〕이 인다.'라고 하였으니, 큰 물결〔大波〕이 '瀾'이고, 작은 물결〔小波〕이 '淪'이고, 곧게 일어나는 물결〔直波〕이 '徑'이다."라고 하였는데, 李巡은 "물의 크기와 曲直을 구분한 명칭이다."라고 하고, 郭璞은 "瀾은 흩어지는 물결을 말하고, 淪은 모이는 물결을 말하고, 徑은 곧고 길게 일어나는 물결을 말한다."라고 하였으니, 漣과 瀾은 비록 〈글자는〉 다르나 뜻은 같다. 이 詩에서 漣과 淪은 물결 이름을 거론한 것인데, '直波'를 '徑'이라고 하지 않고 '直'이라고 한 것은 〈앞의 輻・側과〉 韻을 취해서이다.

【疏】 下二章言'伐輻'・'伐輪', 則此'伐檀', 爲車之輪輻, 非待河水之淸, 方始用之, 而經於河干之下, 卽言河水淸, 故解其意. 此人不得進仕, 伐檀隱居, 以待可仕之世, 若待河水淸且漣猗然也. 河水性濁, 淸則難待, 猶似闇主常多, 明君稀出, 旣云置檀河厓, 因卽以河爲喩. 襄八年左傳云"俟河之淸, 人壽幾何." 易緯云"王者太平嘉瑞之將出, 則河水先淸." 是河水稀淸, 故以喩明君稀出也.

아래 두 章에서 '伐輻'과 '伐輪'을 말하였다. 그렇다면 여기의 '伐檀'은 수레의 바퀴를 만들기 위함이지 河水가 맑아지기를 기다려서 비로소 사용한다는 것이 아니다. 그런데 經文에서 '河干' 다음에 곧 바로 '河水의 淸'을 말하였다. 그리하여 그 뜻을 풀이하여 이 사람이 벼슬에 나아가지 못하여 박달나무를 베며 은둔하여 벼슬할 만한 세상을 기다리는 것이, 마치 하수가 맑고 또 물결이 잔잔하기를 기다리는 것과 같다고 한 것이다. 河水는 본래 탁하여 맑기를 기대하기 어려우니, 〈이는〉 마치 어두운 군주는 항상 많고 밝은 군주는 드물게 나오는 것과 비슷한데, 베어 낸 박달나무를 하수 가 언덕에 두었다고 말하였기 때문에 하수로 비유한 것이다. ≪春秋左氏傳≫ 襄公 8년에 "하수가 맑아지기를 기다리기니 인간의 수명이 얼마인가."라고 하고, ≪周易緯≫ 〈乾鑿度〉에 "王者의 태평성대의 상서로운 징조가 나타나려 하면 하수가 먼저 맑아진다."라고 하였으니, 이것이 하수가 맑은 때가 드물기 때문에 그리하여 밝은 군주가 드물게 나오는 것을 비유한 것이다.

【疏】傳'種之'至'獸名' ○ 正義曰：以稼穡相對, 皆先稼後穡, 故知'種之曰稼', '斂之曰穡'. 若散則相通, (大田)〔甫田〕[1]云"曾孫之稼." 非唯種之也, 湯誓曰"舍我穡事." 非唯斂之也. '一夫之居曰廛', 謂一夫之田百畝也. 地官遂人云"夫一廛, 田百畝." 司農云"廛, 居也." 揚子云"有田一廛." 謂百畝之居, 與此傳同也.

1) (大田)〔甫田〕：이 詩語가 〈甫田〉에 있어 바로잡아 번역하였다.

傳의 〔種之〕에서 〔獸名〕까지

○ 正義曰：稼와 穡을 相對하여 말할 때에는 모두 稼를 먼저 하고 穡을 뒤에 한다. 그리하여 '씨 뿌림을 稼〔種之曰稼〕'라고 하고, '거두어들임을 穡〔斂之曰穡〕'이라고 하는 것을 안 것이다. 만약 구별 없이 말하면 서로 통하니, 〈小雅 甫田〉에 "증손이 기른 볏단이여〔曾孫之稼〕"라고 하였으니 〈稼는〉 씨 뿌리는 것만이 아니고, ≪尙書≫ 〈湯誓〉에 "〈夏의 桀이〉 우리 농사일을 못하게 하였다.〔舍我穡事〕"라고 하였으니 〈穡은〉 수확하는 것만이 아니다. '一夫之居曰廛'은 1夫의 田이 100畝임을 말한다. ≪周禮≫ 〈地官 遂人〉에 "夫마다 1廛과 田 100畝를 준다."라고 하였는데, 鄭司農은 "廛은 거주하는 곳이다."라고 하고, 揚子(揚雄)는 "田 1廛이 있다."라고 하였으니, 〈이는〉 100畝의 터전을 말하니 여기의 傳과 〈뜻이〉 같다.

【疏】地官載師云市廛之征, 鄭司農云"廛, 市中空地未有肆, 城中空地未有宅者也." 玄謂"廛者, 若今云'邑・居・里矣.' 廛, 民居之區域也, 里, 居也. 以廛里任國中, 而遂人, 授民田, 夫一廛, 田百畝, 是廛不謂民之邑居在都城者與." 則鄭謂廛爲民之邑居, 不爲一夫之田者, 以廛者民居之名. 夫田與居宅同名爲廛, 但周禮言'夫一廛', 復言'田百畝', 百畝旣是夫田, 故以廛爲居宅, 卽孟子云'五畝之宅', 是也. 以載師, 連市言之, 故準遂人以廛爲邑居. 此言'胡取禾三百廛.' 取禾宜於田中, 故從傳'一夫之居', 不易之. 釋獸

云"貒子 貆." 郭璞曰"其雌者名㹳(노), 今江東通呼貉爲狭(貅)〔貗〕[1](앙사).".

1) (貅)〔貗〕: 저본의 교감기에 따라 '貗'로 번역하였다.

≪周禮≫ 〈地官 載師〉에서 市廛의 세금 징수에 대하여 말하였는데, 鄭司農(鄭衆)은 "廛은 저자거리의 공터로 점포가 없는 곳과 도성 안의 공터로 집이 없는 곳이다."라고 하였다. 〈이와 반대로〉 鄭玄은 "廛은 지금 '邑이다. 居이다. 里이다.'라고 하는 것과 같으니, 廛은 백성이 사는 구역이고, 里는 거주하는 곳이다. 〈地官 載師〉에 '廛里는 도성 땅의 기준에 따라 관리한다.〔以廛里任國中〕'라고 하고, 〈地官 遂人〉에 '백성에게 田을 주되 夫마다 1廛과 田 100畝로 한다.'라고 하였으니, 바로 廛이 도성에 있는 백성의 邑居를 말한 것이 아니겠는가."라고 하였다. 그렇다면 정현은 廛을 백성의 邑居로 여기고 一夫가 받는 田이 아니라고 여긴 것이니, 이는 廛이 백성이 거주하는 곳의 명칭이기 때문이다. 대체로 田과 居宅은 같은 명칭으로는 '廛'이다. 다만 〈地官 遂人〉에서 '夫 一廛'을 말하고 다시 '田百畝'를 말하였으니 百畝가 夫의 田이 된다. 그리하여 廛을 거주하는 집〔居宅〕으로 여긴 것이니, 바로 ≪孟子≫에서 말한 '五畝之宅'이 이것이다. 〈정사농의〉 〈地官 載師〉 注에 〈廛〉에 市를 이어 말하였다. 그리하여 〈鄭玄이〉 〈地官 遂人〉을 기준으로 삼아 廛을 읍의 거주지〔邑居〕로 여긴 것이다. 〈그러나〉 여기에서는 '어찌 벼 3百廛을 받는가.〔胡取禾三百廛〕'라고 하였으니, 벼를 취함은 의당 농지에서 한다. 그리하여 〈정현이〉 傳의 '一夫之居'를 따르고 바꾸지 않은 것이다. ≪爾雅≫ 〈釋獸〉에 "담비가 '貆'이다."라고 하였는데, 郭璞은 "암컷은 이름이 㹳인데 지금 江東에서는 貉을 〈암수에 관계없이〉 공통으로 貅貗라고 부른다."라고 하였다.

【疏】 箋'是謂'至'曰貆' ○ 正義曰 : 釋天云"冬獵爲狩, 宵田爲獠(료)." 李巡曰"冬圍守而取禽故." 郭璞曰"獠, 猶燎也, 今之夜獵, 載鑪照者也, 江東亦呼獵爲獠." 管子曰"獠獵畢弋." 是獠爲獵之別名. 經云'不狩'·'不獵', 則狩與獵別, 故以獵爲宵田, 此對文耳, 散卽獵通於晝夜, 狩兼於四時. 若周禮云"大田獵." 王制云"佐車止則百姓田獵[1]." 不必皆宵田也, 中候云"秦伯出狩." 駟驖云"從公于狩." 未必皆冬獵也. 釋天又云"火田爲狩." 孫炎曰"放火燒草, 守其下風." 是狩非獨冬獵之名也.

1) 佐車止則百姓田獵 : 사냥하는 절차를 설명한 것이다. ≪禮記≫ 〈王制〉에, "天子가 짐승을 잡으면 大旍旗를 내리고, 諸侯가 짐승을 잡으면 小旍旗를 내리고, 大夫가 잡으면 佐車를 停止하니 佐車가 停止하면 백성이 사냥을 한다.〔天子殺 則下大綏 諸侯殺 則

下小綏 大夫殺 則止佐車 佐車止 則百姓田獵〕"라고 하였다.

箋의 〔是謂〕에서 〔曰貆〕까지

○ 正義曰 : ≪爾雅≫ 〈釋天〉에 "겨울에 사냥하는 것이 狩이고, 밤에 사냥하는 것이 獠이다."라고 하였는데, 李巡은 "겨울에는 짐승을 포위하여 잡기 때문이다."라고 하고, 郭璞은 "獠는 燎와 같으니 지금 야간 수렵할 때에 화로를 실어 밝게 하는 것이니, 江東에서는 獵을 역시 獠로 부른다."라고 하고, ≪管子≫에 "〈無道한 군주는 諸父를〉 獠獵하고 그물질하며 주살질한다."라고 하였으니, 바로 獠는 獵의 다른 명칭이다. 〈그러나〉 經文에서 '不狩'와 '不獵'을 말하였으니 그렇다면 狩는 獵과 다르다. 그리하여 獵을 '宵田'이라고 하였으니 이는 상대하여 쓴 글이다. 〈그러나〉 구별 없는 글로 보면 獵은 낮과 밤의 사냥에 모두 통용되고, 狩는 사계절의 사냥을 겸용한다. 예컨대 ≪周禮≫ 〈地官 山虞〉에 "큰 田獵을 하는 경우에는"이라고 하고, ≪禮記≫ 〈王制〉에 "佐車가 정지하면 백성들이 사냥〔田獵〕을 한다."라고 하였으니, 〈獵이〉 반드시 모두 밤에 사냥하는 것만은 아니다. 또 ≪尙書緯≫ 〈中候〉에서 "秦伯이 나아가 狩하였다."라고 하고, 〈秦風 駟驖〉에서 "公을 따라 사냥〔狩〕하네."라고 하였으니, 〈狩가〉 모두 반드시 겨울에 사냥하는 것만은 아니다. ≪爾雅≫ 〈釋天〉에 또 "火田이 狩이다."라고 하였는데, 孫炎은 "불을 놓아 풀을 태우면서 바람이 부는 방향을 지킨다."라고 하였으니, 이것이 狩가 겨울에 사냥하는 명칭만은 아닌 것이다.

坎坎伐輻(복)**兮**하여 **寘之河之側兮**하니 **河水淸且直猗**로라

탕탕 바퀴 살감 베어다가
河水 가에 놓아두니
하수 맑고 곧은 물결 바라기라

【傳】 輻은 檀輻也라 側은 猶厓也라 直은 直波也라

輻은 박달나무로 된 수레바퀴 살이다. 側은 厓와 같다. 直은 곧게 일어나는 물결이다.

不稼不穡이오 **胡取禾三百億兮**하며 **不狩不獵**이오 **胡瞻爾庭有縣特兮**아

그대 농사짓지도 않으면서

어이 벼 3百億이나 받으며
사냥하지도 않으면서
어이 네 뜰에 걸린 삼년 된 짐승 가죽 보는가

【傳】 萬萬曰億이라 獸三歲曰特이라

萬의 萬倍를 '億'이라고 한다. 세 살 된 짐승을 '特'이라고 한다.

【箋】 箋云 十萬曰億이니 三百億은 禾秉之數라

箋云 : 10萬을 '億'이라고 하니, '三百億'은 베어 묶은 벼의 움큼 수이다.

彼君子兮여 不素食兮로다

저기 저 군자는
공밥 먹지 않네

【疏】 傳'萬萬'至'曰特' ○ 正義曰 : '萬萬曰億', 今數然也. 傳以時事言之, 故今九章算術[1], 皆以萬萬爲億. '獸三歲曰特', 毛氏當有所據, 不知出何書.

1) 九章算術 : 중국의 고대 수학 저작물인 算經 十書 중의 가장 중요한 計算書로, 정수와 분수의 四則〔加減乘除〕운용, 면적과 체적·세금분배·식량교환 등의 계산과 아울러 1차 연립방정식의 해법과 측량을 위한 수학 등을 모두 포괄하고 있는데, 이 안에 들어 있는 수학용어가 지금까지도 쓰이고 있다.

傳의 〔萬萬〕에서 〔曰特〕까지

○ 正義曰 : '萬萬曰億'은 지금의 셈이 그러한 것이다. 傳은 당시의 일로 말하였다. 그리하여 지금 ≪九章算術≫에 모두 萬萬을 億으로 삼은 것이다. '獸三歲曰特'은 毛亨이 응당 근거한 곳이 있을 것이나, 어느 글에서 나온 것인지 알 수 없다.

【疏】 箋'十萬'至'之數' ○ 正義曰 : 箋以詩·書古人之言, 故(今)〔合〕[1]古數言之. 知古億十萬者, 以田方百里, 於今數爲九百萬畝[2], 而王制云"方百里, 爲田九十億畝." 是億爲十萬也, 故彼注云"億, 今十萬." 是以今曉古也. 楚語云'百姓'·'千品'·'萬官'·'億醜[3]', 皆以數相十, 是億十萬也. 詩內諸言億者, 毛·鄭各從其家, 故楚茨箋·傳,

與此同. '三百億', 與三百廛, 三百囷(균)相類, 若爲釜・斛之數, 則大多不類, 故爲禾秉之數. 秉, 把也, 謂刈禾之把數, 聘禮注云"秉, 謂刈禾盈把." 是也.

1) (今)〔合〕: 저본의 교감기에 따라 '合'으로 번역하였다.
2) 田方百里……九百萬畝 : 鄭玄이 '田方百里'가 지금의 數로는 九百萬畝임을 말한 것이다.(≪禮記≫ 〈王制〉)
3) 百姓 千品 萬官 億醜 : 楚나라 子期가 平王과 昭王에게 제사지낼 적에 觀射父가 초나라 왕에게 犧牲의 수를 설명하면서 한 말인데, 여기에서 인용한 것은 그 수의 단위가 매 열배임을 가져다가 億이 十萬인 것을 증명하기 위한 것이다.(≪國語≫ 〈楚語〉)

箋의 〔十萬〕에서 〔之數〕까지

○ 正義曰 : 箋은 ≪詩經≫과 ≪尙書≫가 古人의 말이므로 옛날의 셈법에 맞추어 말한 것으로 여겼다. 옛날〔古〕의 億이 10萬임을 안 것은, '田方百里'가 지금의 수로는 9百萬畝이다. 그런데 ≪禮記≫ 〈王制〉에 "方百里는 田 90億畝이다."라고 하였으니, 이는 億이 10萬이 되는 것이다. 그리하여 〈왕제〉의 注에 "億은 지금의 10萬이다."라고 한 것이니, 이는 지금의 〈셈법으로〉 옛날의 〈셈법을〉 밝힌 것이다. ≪國語≫ 〈楚語〉에서 말한 '百姓'과 '千品'과 '萬官'과 '億醜'는 모두 서로 열배가 되는 수이니, 바로 億이 10萬인 것이다. ≪시경≫ 안에서 말한 여러 '億'에 대하여는 毛亨과 鄭玄이 각각 자기의 셈법을 따랐다. 그리하여 〈小雅 楚茨〉의 箋과 傳의 설명이 여기와 같은 것이다. '三百億'은 3百廛, 3百囷과 서로 같다. 그런데 벼의 釜(6斗4升)와 斛(10斗)의 數로 치면 차이가 매우 심하다. 그리하여 禾秉의 수로 여긴 것이다. 秉은 把이니 베어낸 벼를 묶은 움큼의 수를 말하니, ≪儀禮≫ 〈聘禮〉의 注에 "秉은 베어낸 벼가 움큼에 가득 찬 것을 말한다."라고 한 것이 이것이다.

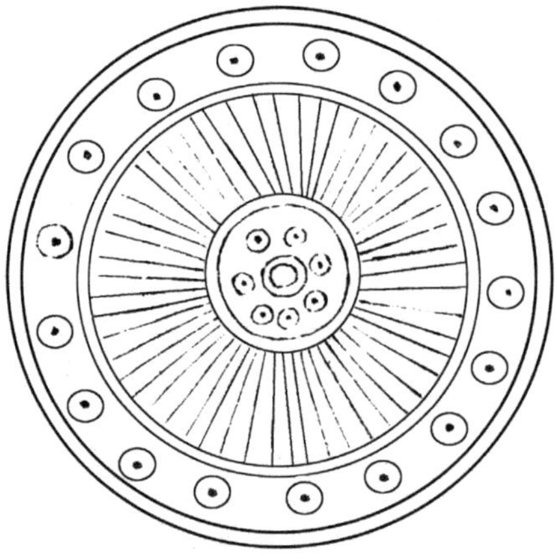

輪(≪三才圖會≫)

輻(≪三才圖會≫)

坎坎伐輪兮하여 **寘之河之漘**(순)**兮**하니 **河水淸且淪猗**로라

탕탕 바퀴감 베어다가

河水가에 놓아두니

하수 맑고 둥근 물결 바라기라

【傳】 檀은 可以爲輪이라 漘은 厓也라 小風水成文轉如輪也라 ○ 漘은 本亦作脣이라 淪은 韓詩云 順流而風曰淪하니 淪은 文貌라하니라

檀은 수레바퀴를 만들 수 있다. 漘은 厓이다. 작은 바람에 이는 물결이 마치 바퀴처럼 둥글게 퍼져가는 것이다.

○ 漘은 脣으로 되어 있는 본도 있다. 淪은 ≪韓詩≫에는 "물 흐름에 따라 바람이 부는 것을 淪이라고 하니, 淪은 물결의 모양이다."라고 하였다.

不稼不穡이오 **胡取禾三百囷兮**하며 **不狩不獵**이오 **胡瞻爾庭有縣鶉**(순)**兮**아

그대 농사짓지도 않으면서

어이 벼 3百囷이나 받으며

사냥도 하지 않으면서

어이 네 뜰에 걸린 메추라기 보는가

【傳】 圓者爲囷이라 鶉은 鳥也라 ○ 囷은 圓倉이라

둥근 〈창고가〉 囷이다. 鶉은 '새의 이름'이다.

○ 囷은 둥근 창고이다.

【疏】 傳'圓者爲囷鶉鳥' ○ 正義曰：月令"修囷倉." 方者爲倉, 故圓者爲囷, 考工記匠人注"囷, 圓倉." 是也. 釋鳥云"鷯(료), 鶉, 其雄鶛(개), 牝庳." 李巡曰"別雄雌異方之言, 鶉, 一名鷯." 郭璞"鶉, 鵪(암)之屬也."

傳의 〔圓者爲囷鶉鳥〕

○ 正義曰：≪禮記≫ 〈月令〉에 "〈孟冬이 되면〉 囷과 倉을 수리하게 한다."라고 하였

는데, 네모진 창고가 倉이므로 둥근 창고가 囷이 되는 것이니, ≪周禮≫ 〈冬官 考工記 匠人〉의 注에 "囷은 圓倉이다."라고 한 것이 이것이다. ≪爾雅≫ 〈釋鳥〉에 "鶉는 메추라기이니 수컷은 鶛이고 암컷은 庳이다."라고 하였는데, 李巡은 "雄雌를 구별하는 異方의 말이니, 鶉은 一名 鷯이다."라고 하고, 郭璞은 "鶉은 鵪의 부류이다."라고 하였다.

彼君子兮여 不素飧(손)兮로다

저기 저 군자는
공밥 먹지 않네

【傳】 熟食曰飧이라

익힌 음식을 飧이라고 한다.

【箋】 箋云 飧讀如魚飧之飧이라 ○ 飧은 字林云 水澆飯也라.

箋云 : 飧은 물고기 요리와 밥을 먹는다는 飧과 같이 읽는다.
○ 飧은 ≪字林≫에는 "물에 만 밥이다."라고 하였다.

【疏】 傳'熟食曰飧' ○ 正義曰 : 傳意, 以飧爲飧饔(옹)[1]之飧, 客始至之大禮, 其食熟致之, 故云'熟食曰飧'. 秋官掌客云"公飧五牢, 侯·伯飧四牢, 子·男飧三牢, 卿飧二牢, 大夫飧一牢, 士飧少牢." 注云"公·侯·伯·子·男飧, 皆飪(임)一牢." 則卿大夫亦有飪, 故曰爲熟食也.

1) 飧饔(옹) : 빈객을 대접할 때에 하는 예식이다. ≪周禮≫ 〈天官 外饔〉의 鄭玄 注에 "飧은 賓客이 처음 왔을 때의 禮이고, 饔은 幣帛을 바치는 禮이다.〔飧 客始至之禮 饔 既將幣之禮〕"라고 하였다.

傳의 〔熟食曰飧〕

○ 正義曰 : 傳의 뜻은 飧을 '飧饔'의 飧으로 여긴 것이니, 빈객이 처음 이르렀을 때의 大禮는 음식을 익혀 대접한다. 그리하여 '익힌 음식을 손이라고 한다.〔熟食曰飧〕'라고 한 것이다. ≪周禮≫ 〈秋官 掌客〉에 "公의 飧은 五牢이고, 侯와 伯의 飧은 四牢이고, 子와 男의 飧은 三牢이고, 卿의 飧은 二牢이고, 大夫의 飧은 一牢이고, 士의 飧은 少牢로 한다."라고 하였는데, 注에 "公과 侯와 伯과 子와 男의 飧은 모두 一牢를 익힌

다.”라고 하였다. 그렇다면 卿과 大夫에게도 익힌 음식이 있다. 그리하여 ‘익힌 음식〔熟食〕’이라고 한 것이다.

【疏】 箋‘飧讀如魚飧之飧’ ○ 正義曰：宣六年公羊傳曰“晉靈公, 使勇士將殺趙盾(돈), 入其門, 則無人焉, 上其堂, 則無人焉, 俯而窺之, 方食魚飧.” 是其事也. 鄭以爲魚(食)〔飧之〕[1]飧, 則非傳所云‘熟食’也. 說文云“飧, 水澆飯也, 從夕食.” 言人旦則食飯, 飯不可停, 故夕則食飧, 是飧爲飯之別名. 易傳者, 鄭志答張逸云“禮飧饔大多非可素, 不得與‘不素(飧)〔餐〕[2]’相配, 故易之也.”

1) (食)〔飧之〕: 저본의 교감기에 따라 ‘飧之’로 번역하였다.
2) (飧)〔餐〕: 저본의 교감기에 따라 ‘餐’으로 번역하였다.

箋의 〔飧讀如魚飧之飧〕

○ 正義曰：≪春秋公羊傳≫ 宣公 6년에 “晉 靈公이 勇士를 시켜 趙盾을 죽이게 하였는데, 〈勇士가〉 대문에 들어가 보니 사람이 없었고 堂 위로 올라가 봐도 사람이 없었다. 이에 몸을 굽혀 엿보니 魚飧을 먹고 있었다.”라고 한 것이 이 일이다. 鄭玄은 ‘魚飧의 飧’이라고 여겼으니 곧 傳에서 말한 ‘熟食’이 아니다. ≪說文解字≫에는 “飧은 물에 만 밥이니 夕변에 食을 쓴다.”라고 하였다. 사람은 아침에는 밥〔飯〕을 먹는다. 그런데 밥 먹는 것은 그칠 수 없다. 그리하여 저녁에는 밥〔飧〕을 먹는 것이니, 바로 飧은 飯의 다른 명칭이다. 傳과 다르게 말한 것은, ≪鄭志≫에서 張逸에게 “禮에 飧과 饔은 〈준비한 음식과 폐백이〉 매우 많아 검소하게 할 수 있는 것이 아니어서 ‘공밥 먹지 않음〔不素餐〕’과 짝이 될 수 없다. 그리하여 〈물고기 요리와 밥을 먹는다는 飧으로〉 바꾼 것이다.”라고 답하였다.

伐檀 三章이니 **章九句**라

〈伐檀〉 3章이니 章마다 9句이다.

碩鼠(석서)

【序】 **碩鼠**는 **刺重斂也**라 **國人**이 **刺其君重斂**하여 **蠶食於民**하고 **不修其政**하여 **貪而畏人**이 **若大鼠也**라

〈碩鼠〉는 세금을 가혹하게 거두는 것을 풍자한 詩이다.

國人이, 군주가 세금을 가혹하게 거두어 백성의 재산을 잠식하고 정사를 제대로 하지 않아 탐욕을 부려 백성을 두렵게 하는 것이 마치 큰 쥐가 하는 것과 같음을 풍자한 것이다.

【疏】'碩鼠(三章章八句)'至'大鼠' ○ 正義曰:'蠶食'者, 蠶之食桑, 漸漸以食, 使桑盡也, 猶君重斂, 漸漸以稅, 使民困也. 言貪而畏人, 若大鼠然, 解本以碩鼠爲喩之意, 取其貪且畏人, 故序因倒述其事. 經三章, 皆上二句言重斂, 次二句言不修其政. 由君重斂不修其政, 故下四句, 言將棄君而去也.

序의 〔碩鼠〕에서 〔大鼠〕까지

○ 正義曰:'蠶食'은 누에가 뽕잎을 먹을 때에 점차 먹어 들어가 뽕잎을 다 먹는 것이니, 이는 군주가 가혹하게 세금 거두기를 점차 심하게 하여 백성을 곤궁하게 하는 것과 같다. 탐욕을 부려 백성을 두렵게 함이 큰 쥐가 하는 것과 같다고 한 것은 본래 碩鼠로 비유한 뜻이 군주가 탐욕을 부려 백성을 두렵게 함을 취한 것임을 풀이한 것이다. 그리하여 序에서 이를 따라 일의 〈선후를 바꾸어〉 서술한 것이다. 經文의 세 章 모두 위의 두 句는 세금을 가혹하게 거두는 것을 말하고, 다음 두 句는 정사를 제대로 하지 않음을 말한 것이다. 군주가 세금을 가혹하게 거두고 정사를 제대로 하지 않았기 때문에 아래 네 句에서 군주를 버리고 떠나가려 함을 말한 것이다.

碩鼠碩鼠여 **無食我黍**하라 **三歲貫女**어늘 **莫我肯顧**로다

큰 쥐야 큰 쥐야
내 기장 먹지 마라
너를 삼년이나 섬겼는데
날 돌보려하지 않는구나

【傳】 **貫**은 **事也**라

貫은 '섬김'이다.

【箋】箋云 碩은 大也라 大鼠大鼠者는 斥其君也요 女無復食我黍는 疾其稅斂之多也요 我事女三歲矣어늘 曾無教令恩德來(顧眷)〔眷顧〕[1]我는 又疾其不修政也라 古者三年大比[2]하니 民或於是徙라

1) (顧眷)〔眷顧〕: 저본의 교감기에 따라 '眷顧'로 번역하였다.
2) 大比 : 3년마다 백성의 수와 재물을 조사하는 것이다. ≪周禮正義≫에 "大比는 天下에 백성의 수와 재물을 다시 점검하게 하는 것을 말한다.〔大比 謂使天下 更簡閱民數及其財物也〕"라고 하였다.

箋云 : 碩은 '큼'이니, '큰 쥐야 큰 쥐야.〔大鼠大鼠〕'는 자기의 군주를 가리킨 것이고, '너는 다시는 내 기장 먹지 마라.〔女無復食我黍〕'라고 한 것은 세금을 가혹하게 거두어들임을 미워한 것이며, '내가 그대를 삼년이나 섬겼는데도 한 번도 교령을 내려 은덕으로 나를 돌본 적이 없다.〔我事女三歲矣 曾無教令恩德來眷顧我〕'라고 한 것은, 또 그가 정사를 제대로 하지 않음을 미워한 것이다. 옛날에 3년마다 大比를 하였는데, 백성들이 혹 이때에 〈딴 나라로〉 옮겨 간 것이다.

逝將去女하고 適彼樂土하리라

그대 버리고 떠나
저기 저 樂土로 가리라

【箋】箋云 逝는 往也라 往矣將去女니 與之訣別之辭라 樂土는 有德之國이라

箋云 : 逝는 '감'이다. 떠나가서 장차 너를 버리겠다는 것이니, 〈이는〉 그와 결별하는 말이다. 樂土는 덕이 있는 〈군주가 다스리는〉 나라이다.

樂土樂土여 爰得我所로다

樂土여 樂土여
나에게 합당한 곳 얻으리라

【箋】箋云 爰은 曰也라

箋云 : 爰은 曰이다.

【疏】'碩鼠'至'得我所' ○ 正義曰：國人疾其君重斂畏人，比之碩鼠，言'碩鼠碩鼠 無食我黍'，猶言國君國君，無重斂我財．君非直重斂於我，又不修其政，我三歲以來，事汝矣，曾無於我之處，肯以教令恩德，眷顧我也．君旣如是，與之訣別，言往矣將去汝，之彼樂土有德之國．我所以之彼樂土者，以此樂土，若往則曰得我所宜故也．言'往將去汝'者，謂我往之他國，將去汝國也．

經의 〔碩鼠〕에서 〔得我所〕까지

○ 正義曰：國人이 군주가 세금을 가혹하게 거두고 백성을 두렵게 함을 미워하여, 그를 碩鼠에 비유하여 "큰 쥐야 큰 쥐야 우리 기장 먹지 마라〔碩鼠 碩鼠 無食我黍〕"라고 한 것이니, 國君이여 國君이여 내 재산을 세금으로 가혹하게 걷어가지 말라고 한 것과 같다. 군주가 나에게 세금을 가혹하게 걷어갈 뿐 아니라 또 정사를 제대로 하지 아니하여, 내가 3년이 지나도록 그대를 섬겼는데도 한 번도 내가 있는 곳에 교령을 내려 은덕으로 나를 돌보려 한 적이 없었다. 군주가 이와 같이 하여 결별하겠다는 것이니, 여기를 떠나 그대를 버리고 저 德 있는 樂土로 갈 것임을 말한 것이다. 내가 저 樂土로 가는 이유는 만약 저 樂土에 가게 된다면 나에게 합당한 곳을 얻을 수 있기 때문이라고 한 것이다. '떠나가 장차 너를 버리겠다.〔往將去汝〕'라고 한 것은, 내가 다른 나라로 가서 네 나라를 버릴 것임을 말한 것이다.

【疏】傳'貫 事' ○ 正義曰：釋詁文．

傳의 〔貫 事〕

○ 正義曰：≪爾雅≫ 〈釋詁〉의 글이다.

【疏】箋'碩大'至'是徙' ○ 正義曰：'碩 大'，釋詁文．釋獸，於鼠屬有鼫(석)鼠，孫炎曰"五技鼠．" 郭璞曰"大鼠，頭似兎，尾有毛，靑黃色，好在田中，食粟豆，關西呼鼩(구)(音瞿)[1]鼠．" 舍人樊光，同引此詩，以碩鼠爲彼五技之鼠也，許愼云"碩鼠五技，能飛不能上屋，能游不能渡谷，能緣不能窮木，能走不能先人，能穴不能覆(부)身，此之謂五技．" 陸機疏云"今河東有大鼠，能人立，交前兩脚於頸上跳舞，善鳴，食人禾苗，人逐則走入樹空中，亦有五技．或謂之雀鼠，其形大，故序云'大鼠也'．魏國，今〔河東〕[2]河北縣，是也，言其方物，宜謂此鼠，非鼫鼠也．" 按此經作'碩鼠'，訓之爲大，不作'鼫鼠'之字，其義

或如陸言也.

1) (音瞿) : 저본의 교감기에 따라 '音瞿'를 衍文으로 처리하여 번역하였다.
2) 〔河東〕 : 陸機의 ≪毛詩草木鳥獸蟲魚疏≫에 의거하여 '河東'을 보충하여 번역하였다.

箋의 〔碩大〕에서 〔是徙〕까지

○ 正義曰 : '碩 大'는 ≪爾雅≫ 〈釋詁〉의 글이다. ≪爾雅≫ 〈釋獸〉에 쥐의 종류에 '鼫鼠'라는 쥐가 있는데, 孫炎은 "다섯 가지의 재주가 있는 쥐이다."라고 하고, 郭璞은 "큰 쥐로 머리는 토끼와 비슷하고 꼬리에 있는 털은 靑黃色이다. 밭 가운데에서 살며 곡식과 콩을 먹는 것을 좋아하는데, 關西에서는 鼩鼠라고 한다."라고 하고, 舍人과 樊光은 모두 이 ≪詩經≫ 〈魏風 碩鼠〉를 인용하여 碩鼠를 孫炎이 말한 다섯 가지 재주가 있는 쥐로 여겼는데, 許愼은 "碩鼠의 다섯 가지 재주는, 날 수 있는데 지붕 위까지 날 수는 없고, 헤엄칠 수 있는데 계곡을 건널 수는 없고, 나무를 오를 수 있는데 꼭대기까지 오를 수는 없고, 걸을 수 있는데 사람보다 앞서 달릴 수는 없고, 구멍을 팔 수 있는데 자기 몸을 가릴 수는 없으니 이것을 五技라고 한다."라고 하였다. 陸機의 ≪毛詩草木鳥獸蟲魚疏≫에는 "지금 河東에 大鼠가 있는데, 사람처럼 설 수 있고, 앞 양 다리를 목 위에 모아 뛰면서 춤을 추고, 울기를 잘하며, 사람이 먹는 벼를 먹고, 사람들이 쫓으면 달아나 나무 구멍으로 들어가니 역시 다섯 가지의 재주가 있다. '雀鼠'로 부르기도 하는데 몸집이 크다. 그래서 序에서 '큰 쥐이다.〔大鼠也〕'라고 한 것이다. 魏國은 지금의 河東과 河北縣인데, ≪詩≫는 그 지방의 사물을 말하는 것이니 의당 이 쥐를 말한 것이지 '鼫鼠'가 아니다."라고 하였는데, 여기의 經文에서 쓴 '碩鼠'를 살펴보면 〈箋에서는 碩을〉 '大'로 풀이하고 '鼫鼠'의 〈鼫〉字를 쓰지 않았으니, 箋의 뜻은 陸機의 말과 같은 듯하다.

【疏】 序云'貪而畏人 若大鼠然', 故知大鼠爲斥君, 亦是興喩之義也. 箋又以此民居魏, 蓋應久矣, 正言'三歲貫汝'者, 以古者三歲大比, 民或於是遷徙, 故以三歲言之. 地官小司徒及(卿)〔鄕〕[1]大夫職皆云"三年則大比." 言比者, 謂大校, 比其民之數, 而定其版籍, 明於此時, 民或得徙. 地官比長職曰"徙於國中及郊, 則從而授之." 注云"徙, 謂不便其居也, 或國中之民出徙郊, 或郊民入徙國中, 皆從而付所處之吏[2]." 是大比之際, 民得徙矣.

1) (卿)〔鄕〕 : 저본의 교감기에 따라 '鄕'으로 번역하였다.

2) 皆從而付所處之吏 : 賈公彦의 ≪周禮≫ 〈地官 比長〉 疏에 "지금 伍長이 직접 가서 〈旌節을 그 곳의 관리에게〉 주어 罪惡이 없음을 증명해 주는 것이니, 이것이 바로 사는데 불편하여 옮기는 것이다.〔今伍長自往付授 明無罪惡 直是不便其居耳〕"라고 하였다.

序에서 "탐욕을 부려 백성을 두렵게 하는 것이 마치 큰 쥐와 같았다.〔貪而畏人 若大鼠然〕"라고 하였다. 그리하여 大鼠가 군주를 가리킴을 안 것이니, 또한 비유한 뜻을 興한 것이다. 箋에서는 또 이 백성들이 魏나라에 산 지가 오래되었을 것인데 〈經文에서〉 '너를 삼년간 섬겼다.〔三歲貫汝〕'라고만 한 것은, 옛날에 3년마다 大比를 하는데 이때에 백성들이 옮겨 가기도 하므로 '三歲'로 말한 것이다. ≪周禮≫ 〈地官 小司徒〉와 〈鄕大夫職〉에 모두 "3년이 되면 大比를 한다."라고 하였는데, '比'라는 것은 대대적으로 조사함을 말하니, 백성의 數를 조사하여 戶籍을 정리하는 것으로, 분명 이 때에 백성이 〈타향으로〉 옮겨 가기도 하였을 것이다. 〈地官 比長職〉에 "도성이나 郊外에서 이사해 가면 따라가 〈旌節을〉 준다.〔徙於國中及郊 則從而授之〕"라고 하였는데, 注에 "徙는 사는 곳이 불편해서 옮기는 것을 말하니, 도성의 백성이 교외로 나가거나 교외의 백성이 도성으로 들어오기도 하니, 〈이때에〉 모두 따라가 그들이 살 곳의 관리에게 〈旌節을〉 주는 것이다."라고 하였으니, 이것이 大比할 때에 백성이 옮겨 갈 수 있다는 것이다.

碩鼠碩鼠여 **無食我麥**하라 **三歲貫女**어늘 **莫我肯德**이로다

큰 쥐야 큰 쥐야
내 보리 먹지마라
삼년이나 널 섬겼는데
나에게 덕 베풀려 않는구나

【箋】 箋云 不肯施德於我라

箋云 : 나에게 덕을 베풀려고 하지 않은 것이다.

逝將去女하여 **適彼樂國**하리라 **樂國樂國**이여 **爰得我直**이로다

너를 버리고 떠나
저 樂國으로 가리라

樂國이여 樂國이여
이제 바른 道 있는 곳 얻으리

【傳】 直은 得其直道라

直은 바른 道가 〈있는 곳을〉 얻는 것이다.

【箋】 箋云 直은 猶正也라

箋云：直은 '바름'과 같다.

碩鼠碩鼠여 **無食我苗**하라

큰 쥐야 큰 쥐야
내 곡식 먹지 마라

【傳】 苗는 嘉穀也라

苗는 좋은 곡식이다.

【疏】 傳'苗 嘉穀' ○ 正義曰：'黍'·'麥', 指穀實言之, 是鼠之所食. 苗之莖葉, 以非鼠能食之, 故云'嘉穀', 謂穀實也. 穀生於苗, 故言苗以韻句.

傳의 〔苗 嘉穀〕

○ 正義曰：'黍'와 '麥'은 곡식의 열매를 가리키니, 바로 쥐가 먹는 것이다. 싹의 줄기와 잎은 쥐가 먹는 것이 아니다. 그리하여 '좋은 곡식〔嘉穀〕'이라고 한 것이니, 곡식의 열매를 말한다. 곡식은 싹에서 나온다. 그리하여 苗라고 하여 〈鼠와〉 韻句를 맞춘 것이다.

三歲貫女어늘 **莫我肯勞**로다

삼년이나 널 섬겼는데
날 위로하려 않네

【箋】 箋云 不肯勞來我라 ○ 勞는 如字라

箋云 : 나를 위로하려고 하지 않은 것이다.

○ 勞는 本音대로 읽는다.

逝將去女하여 適彼樂郊하리라

그대 버리고 떠나
저 樂郊로 가리라

【箋】 箋云 郭外曰郊라

箋云 : 城郭의 밖을 '郊'라고 한다.

樂郊樂郊여 誰之永號[1]리오

1) 永號 : 傳에서 "號는 환호하는 것이다."라고 하고, 箋에서 "永은 노래하는 것이다."라고 한 것을 따라 '永號'를 "노래하고 환호한다."는 뜻으로 번역하였다.

樂郊여 樂郊여
누군들 가서 노래하고 환호하지 않으리요

【傳】 號는 呼也라

號는 환호하는 것이다.

【箋】 箋云 之는 往也요 永은 歌也라 樂郊之地에 誰獨當往而歌號者니 言皆喜說(열)無憂苦라 ○ 咏本亦作永이라

箋云 : 之는 '가는 것'이고, 永은 '노래하는 것'이다. 樂郊의 땅에 누가 홀로 가서 노래하고 환호할 것인가라고 한 것이니, 모두 기뻐하고 걱정과 고통이 없음을 말한다.

○ 咏은 永으로 되어 있는 本도 있다.

【疏】'誰之永號' ○ 正義曰 : 言彼有德之樂郊, 誰往而獨長歌號呼, 言往(釋)〔矣〕[1], 皆歌號, 喜樂得所, 故我欲往也.

1) (釋)〔矣〕: 저본의 교감기에 따라 '矣'로 번역하였다.

經의 〔誰之永號〕

○ 正義曰 : '저 德이 있는 樂郊에 누가 가서 홀로 크게 노래하고 환호할 것인가.'라고 한 것이니, 가는 사람 모두 노래하고 환호함을 말하니 제 살 곳을 얻음을 기뻐하고 즐거워하는 것이다. 그리하여 자기가 가고자 하는 것이다.

【疏】 箋'之往 永歌' ○ 正義曰 : '之 往', 釋詁文. 永是長之訓也, 以永號共文. 傳云'號呼', 是歌之呼. 樂記及關雎(矣)〔序〕[1], 皆云"永歌之." 舜典云"聲依永." 故以永爲歌, 歌必長言之故也.

1) (矣)〔序〕: 저본의 교감기에 따라 '序'로 번역하였다.

箋의 〔之往 永歌〕

○ 正義曰 : '之 往'은 ≪爾雅≫ 〈釋詁〉의 글이다. 永은 바로 '長'이라는 뜻이니, 〈永歌는〉 永號와 같은 말이다. 傳에서 말한 '號 呼'의 〈呼는〉 바로 노래 부른다는 呼이다. ≪禮記≫ 〈樂記〉와 〈國風 關雎〉의 序에 모두 "길게 노래한다.〔永歌之〕"라고 하고, ≪尙書≫ 〈舜典〉에 "五聲은 길게 말함에 의지하여 이루어진다.〔聲依永〕"라고 하였다. 그리하여 永을 歌로 여긴 것이니, 歌는 반드시 길게 말하는 것이기 때문이다.

碩鼠 三章이니 **章八句**라

〈碩鼠〉 3章이니 章마다 8句이다.

魏國 七篇이니 **十八章**이요 **百二十八句**라

魏國 7篇이니 18章이고 128句이다.

毛詩注疏 卷第六(六之一)

唐蟋蟀詁訓傳 第十

陸曰 唐者는 周成王之母弟叔虞所封也라 其地는 帝堯夏禹所都之墟로 漢曰太原郡이니 在古冀州太行恒山之西와 太原太岳之野라 其南에 有晉水하니 叔虞之子燮父(보) 因改爲晉侯라 至六世孫僖侯名司徒하여 習堯儉約遺化로대 而不能以禮節之하니 今詩本其風俗이라 故云唐也라

陸德明이 말하기를 "唐은 周 成王의 같은 어머니 소생의 동생인 叔虞가 봉해진 곳이다. 그 땅은 堯와 禹가 도읍한 터로 漢代에 太原郡이라고 하였으니, 옛 冀州의 太行山과 恒山의 서쪽과 太原과 太岳의 들녘에 있다. 남쪽에 晉水가 있으니 叔虞의 아들 燮父가 이로 인하여 〈唐侯를〉 고쳐 晉侯라고 하였다. 6세손 僖侯 司徒에 이르러 堯가 남긴 검약한 교화를 이었으나 예로써 조절하지 못했으니, 지금의 詩는 그 풍속을 근본으로 하였다. 그리하여 唐風이라 한 것이다."라고 하였다.

毛詩國風 鄭氏箋 孔穎達疏

唐譜

唐者는 帝堯舊都之地니 今曰太原晉陽이라 是는 堯始居此니 後乃遷河東平陽이라

唐은 堯의 옛 도읍지이니 지금의 太原 晉陽縣이다. 이곳은 堯가 처음 도읍한 곳이니 나중에 河東 平陽縣으로 옮긴 것이다.

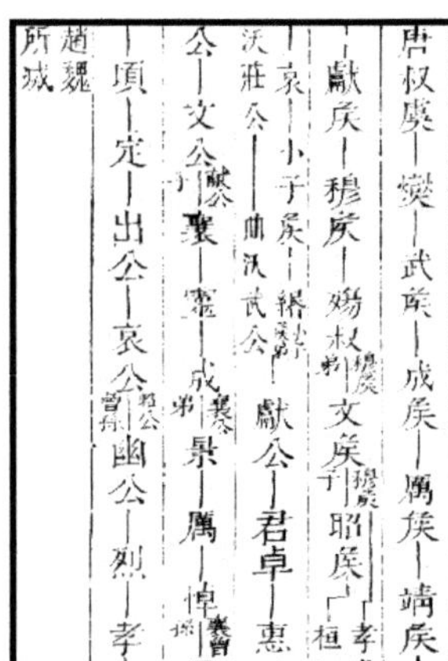

晉世次(≪六經圖考≫)

【疏】 正義曰：以序云'有堯之遺風', 則堯都之也. 漢書地理志云"太原晉陽縣, 故詩唐國, 晉水所出, 東入汾." 是漢時爲太原晉陽也. 史記晉世家云"唐在河・汾之東, 方百里." 言百里, 則堯爲諸侯所居, 故云'堯始居此'. 地理志河東郡平陽縣, 應劭云"堯都也." 則是堯爲天子, 乃都平陽, 故云'後遷河東平陽也'.

○ 正義曰 : 序에서 '堯가 남긴 교화가 있다.'라고 하였으니, 그렇다면 堯가 도읍한 곳이다. ≪漢書≫ 〈地理志〉에 "太原 晉陽縣이다. 옛 ≪詩經≫의 唐國이니, 晉水가 흘러나와 동쪽으로 汾水로 들어간다."라고 하였으니, 漢代에 太原 晉陽縣이 된 것이다. ≪史記≫ 〈晉世家〉에 "唐은 河水와 汾水의 동쪽에 있고 사방 백리이다."라고 하였는데, 백리라고 하였으니 堯가 諸侯가 되어 거처한 곳이다. 그래서 '堯始居此'라고 한 것이다. 〈지리지〉의 河東郡 平陽縣에 대해 應劭가 말하기를 "堯가 도읍한 곳이다."라고 하였으니, 그렇다면 이는 堯가 천자가 되어 平陽에 도읍한 것이다. 그래서 "나중에 河東 平陽縣으로 옮긴 것이다."라고 한 것이다.

【疏】 皇甫謐云"堯爲天子, 都平陽, 禹受舜禪, 都平陽, 或於安邑, 或於晉陽" 則夏都亦在晉境. 故定四年左傳云"命以唐誥[1]而封於夏墟." 是也. 此不言有夏都者, 因序云'有堯之遺風', 故指述堯事而已. 論語注云"未知六百里者, 晉與, 衛與." 則晉初六百里矣. 而世家云'百里'者, 言古唐國之大耳, 非謂晉初唯方百里也.

1) 唐誥 : 成王이 아우인 叔虞를 唐에 봉할 때에 내린 誥命으로 逸書의 篇名이다.

皇甫謐이 "堯가 天子가 되어 平陽에 도읍하였고 禹가 舜의 禪位를 받아 平陽에 도읍하였으니, 安邑이나 晉陽에 〈도읍했을〉 것이다."라고 하였으니, 그렇다면 禹가 도읍한 곳도 晉의 境內이다. 그리하여 ≪春秋左氏傳≫ 定公 4년에 "〈唐誥〉로써 命하고 夏의 옛 터에 봉하였다."라고 한 것이 이것이다. 여기에서 禹의 도읍이 있었던 것을 말하지 않은 것은 序에 '有堯之遺風'이라 하였으므로 堯의 일을 가리켜 말했을 뿐이다. ≪論語≫의 注에 "六百里인 나라가 晉인지 衛인지 모르겠다."라고 하였으니, 그렇다면 晉의 초기에 〈영토가〉 사방 600리인 것이다. 그러나 ≪史記≫ 〈晉世家〉에 '百里'라고 한 것은 옛날 唐의 크기를 말했을 뿐이고 晉의 초기에 오직 사방 100리임을 말한 것은 아니다.

成王이 封母弟叔虞於堯之故墟曰唐侯라 南有晉水하니 至子燮하여 改爲晉侯라

成王이 같은 어머니 소생의 동생인 叔虞를 堯의 옛 터에 봉하고 '唐侯'라고 하였다. 남쪽에 晉水가 있는데 아들 燮父에 이르러 고쳐서 '晉侯'라고 하였다.

【疏】正義曰：昭十五年左傳稱“周景王謂晉籍談曰‘叔父[1]唐叔，成王之母弟也.’” 晉世家云“成王與叔虞戲，削桐葉爲珪，以與叔虞曰‘以此封(君)〔若〕[2].’ 史佚[3]因言請擇日立叔虞. 成王曰‘吾與之戲耳.’ 史佚曰‘天子無戲言，言則史書之.’ 於是，封叔虞於唐.” 是成王封母弟於堯之故墟也. 地名晉陽，是(也)〔地〕[4]南有晉水. 地理志云“唐有晉水，叔虞子燮爲晉侯.” 是燮以晉水改爲晉侯，蓋時王命使改之也.

1) 叔父：周代에 천자가 同姓인 작은 나라의 제후를 부르는 호칭이었다. 이성의 제후는 叔舅라 하였다.(≪儀禮≫〈覲禮〉)
2) (君)〔若〕：저본의 교감기에 따라 ‘若’으로 번역하였다.
3) 史佚：成王 때의 史官이다. 일명 尹逸 또는 尹氏，史逸，冊逸이라고도 하였다. 周公，太公，召公과 함께 四聖으로 일컬어졌다.
4) (也)〔地〕：저본의 교감기에 따라 ‘地’로 번역하였다.

○ 正義曰：≪春秋左氏傳≫ 昭公 15년에 周 景王이 晉의 籍談에게 일러 “叔父인 唐叔은 成王의 같은 어머니 소생이다.”라고 하고，≪史記≫〈晉世家〉에 “成王이 叔虞와 놀다가 오동나무 잎을 오려 珪를 만들어 숙우에게 주면서 ‘이것으로 그대를 봉하노라.’라고 하였는데，史佚이 이로 인하여 날을 잡아 숙우를 봉하기를 청했다. 성왕이 ‘내가 그와 장난한 것이다.’라고 하였는데，사일이 ‘天子는 장난으로 하는 말이 없습니다. 말을 하면 사관이 기록을 합니다.’라고 하니，이에 숙우를 唐에 봉하였다.”라고 하였으니，이는 성왕이 같은 어머니 소생의 동생을 堯의 옛 터에 봉한 것이다. 地名이 晉陽인 것은 이곳의 남쪽에 晉水가 있기 때문이다. ≪漢書≫〈地理志〉에 “唐에 晉水가 있는데 숙우의 아들 燮이 晉侯가 되었다.”라고 하니，이는 燮이 晉水 때문에 고쳐서 진후라 한 것이니 아마도 당시 왕명으로 고치게 한 듯하다.

【疏】皇甫謐云“堯始封於唐，今中山唐縣是也，後徙晉陽. 及爲天子，都平陽，於詩爲唐國.” 則唐國爲平陽也. 漢書音義 臣瓚案“唐，今河東永安是也，去晉四百里.” 又云“堯居唐，東於彘(체)十里.” 應劭曰“順帝改彘曰永安.” 則瓚以唐國爲永安. 此二說，詩之唐國，不在晉陽，燮何須改爲晉侯，明唐正晉陽是也.

皇甫謐은 “堯가 처음 唐에 봉해졌으니，지금 中山의 唐縣이 이곳이고 나중에 晉陽으로 옮겼다. 천자가 되자 平陽에 도읍하였으니，이곳이 詩에서 唐國이 된다.”라고 하였으니，그렇다면 唐國을 平陽으로 여긴 것이다. ≪漢書音義≫ 臣瓚의 案에 “唐은 지금

河東 永安이 이곳이니 晉에서 400리 떨어져 있다."라고 하고 또 "堯가 唐에 거주했으니 彘에서 동쪽으로 10리에 있다."라고 하였는데, 應劭가 말하기를 "順帝가 彘를 고쳐 永安이라 했다."라고 하였으니, 그렇다면 瓚은 唐國을 永安으로 여긴 것이다. 그렇다면 이 두 설은 詩에서의 唐國이 晉陽에 있는 것이 아니니, 燮父가 하필 고쳐서 晉侯라고 했겠는가. 분명 唐이 바로 晉陽이라고 하는 것이 옳다.

其封域은 在禹貢冀州의 太行恒山之西와 太原太岳之野라

봉해진 지역은 ≪尙書≫ 〈禹貢〉 冀州의 太行山과 恒山의 서쪽과 太原과 太岳의 들녘이다.

【疏】 正義曰：地理志云"太行, 在河內山陽縣西北, 恒山, 在故(縣)〔郡〕[1]上曲陽西北." 以太行・恒山, 皆在河北, 故屬冀州, 晉之東境, 迫此二山, 故云之西. 禹貢云"既修太原, 至于岳陽." 鄭注云"岳陽縣, 太岳之南, 於地理志, 太原, 今以爲郡名, 太岳, 在河東故縣彘東, 名霍太山." 河東・太原, 皆晉境所及, 故云太原・太岳之野.

1) (縣)〔郡〕: 저본의 교감기에 따라 '郡'으로 번역하였다.

○ 正義曰：≪漢書≫ 〈地理志〉에 "太行山은 河內 山陽縣의 西北에 있고 恒山은 故郡 上曲陽縣 西北에 있다."라고 하였으니, 太行山과 恒山은 모두 河北에 있다. 그리하여 冀州에 속하는 것이고, 晉의 동쪽 국경이 이 두 산에 닿아있다. 그리하여 서쪽이라고 한 것이다. ≪尙書≫ 〈禹貢〉에 "太原을 다스린 뒤 岳陽에 이르렀다."라고 하였는데, 鄭玄의 注에 "岳陽縣은 太岳의 남쪽이고, 〈지리지〉에서 太原은 지금 郡의 명칭으로 삼았고 太岳은 河東의 옛 縣인 彘縣의 동쪽에 있는데 霍太山이라고도 한다."라고 하니, 河東과 太原이 모두 晉의 국경이 미치는 곳이다. 그리하여 '太原太岳之野'라고 한 것이다.

至曾孫成侯하여 南徙居曲沃하니 近平陽焉이라

曾孫 成侯에 이르러 남쪽으로 옮겨 曲沃에 거주했으니 平陽에 가깝다.

【疏】 正義曰：案晉世家云"唐叔生晉侯燮, 燮生武侯寧族, 族生成侯服人." 地理志云"河東郡聞喜縣, 故曲沃也. 晉成侯, 自晉陽徙此." 是鄭所據之文也.

○ 正義曰：〈晉世家〉를 살펴보면 "唐叔이 晉侯 燮을 낳고, 燮이 武侯 寧族을 낳았으며,

寧族이 成侯 服人을 낳았다."라고 하고, 〈地理志〉에 "河東郡 聞喜縣이 옛날 曲沃이다. 晉成侯가 晉陽에서 이곳으로 옮겼다."라고 하였으니 이것이 정현이 근거한 글이다.

昔堯之末에 洪水九年하여 下民其咨하고 萬國不粒이라 於時에 殺(쇄)禮以救艱厄이어늘 其流乃被於今이라

옛날 堯의 말엽에 9년이나 이어진 홍수를 만나 백성이 한탄하고 온 나라에 곡식이 떨어졌다. 이때에 禮를 줄여 어려움을 구제하였는데 그 풍습이 지금에까지 이르렀다.

【疏】 正義曰：堯典云 "帝曰 '咨四岳, 湯湯(상상)洪水方害, 下民其咨.'" 又稱使鯀(곤)治水, "九載, 績用弗成." 皐陶(고요)謨云 "禹曰 '洪水滔天, 予乘四載[1], 隨山刊木, 旣稷播, 奏庶艱食鮮食, 烝民乃粒.'" 以禹旣治水, 萬國乃粒, 是未治水之時, 萬國不粒也. 禮稱凶荒殺禮, 明堯於九年之內, 殺禮以救艱厄, 故儉嗇, 其流乃被於今, 謂作詩時也.

1) 四載 : 네 가지 탈 것을 가리키는 말이다. 孔傳에 "물에서는 배를 타고, 육지에서는 수레를 타고, 진흙에서는 썰매를 타고, 산에서는 나막신을 신는다.〔水乘舟, 陸乘車, 泥乘輴, 山乘樏.〕"라고 하였다.

○ 正義曰：≪尙書≫ 〈堯典〉에 "堯帝가 말하기를 '아! 四岳아, 넘실거리는 홍수가 해를 입혀 백성이 탄식한다.' 하였다."라고 하고, 또 鯀에게 물을 다스리게 한 일을 말하여 "9년 동안에 공적이 이루어지지 않았다."라고 하였으며, ≪尙書≫ 〈皐陶謨〉에 "禹가 말하기를 '홍수가 하늘에 닿았거늘 내가 네 가지 탈 것을 타고서 산을 따라 나무를 제거하였고, 稷과 함께 곡식을 파종하고 식량이 떨어진 백성에게 날고기를 주니, 그제야 백성이 곡식을 먹게 되었습니다."라고 하였다. 禹가 홍수를 다스리고 나서야 온 나라가 곡식을 먹게 된 것이니, 이는 홍수를 다스리기 전에는 온 나라가 곡식을 먹지 못한 것이다. 예에 흉년에

隨山刊木圖(≪欽定書經圖說≫)

는 禮數를 줄인다 했으니, 堯가 9년 동안 예를 줄여 어려움을 구제하였으므로 검소하게 하여 그 풍습이 오늘에 이른 것을 밝힌 것이니, 시를 지을 당시를 말한 것이다.

當周公召公共和[1]之時하여 成侯曾孫僖侯 甚嗇愛物하여 儉不中禮하여 國人閔之니 唐之變風始作이라

1) 共和 : 厲王이 失政하여 축출되고 아들인 宣王이 즉위하기까지 14년 동안 周公 旦의 후손인 周公과, 召公 奭의 후손인 召公이 공동으로 행한 정치를 말한다.(≪史記≫ 권4 〈周本紀〉)

周公과 召公이 共和하던 때에 成侯의 증손 僖侯가 지나치게 인색하고 물자를 아껴 검소함이 예에 맞지 않았다. 그리하여 國人이 안타깝게 여겼으니, 唐의 變風이 비로소 지어졌다.

【疏】 正義曰 : 案晉世家云 "成侯生厲侯福, 福生靖侯宜臼, 臼生僖侯司徒." 是僖侯, 乃成侯曾孫也. 世家又云 "靖侯十七年, 厲王出奔于彘, 大臣行政, 故云共和. 十八年, 靖侯卒." 則僖侯元年, 當共和二年也, 故知當共和之時.

○ 正義曰 : ≪史記≫ 〈晉世家〉를 살펴보면 "成侯가 厲侯 福을 낳고, 福이 靖侯 宜臼를 낳았으며, 宜臼가 僖侯 司徒를 낳았다."라고 하였으니, 이는 僖侯가 바로 成侯의 曾孫인 것이다. 〈진세가〉에 또 "靖侯 17년에 厲王이 彘로 달아나자 대신들이 정사를 했다. 그리하여 共和라고 한다. 18년에 靖侯가 죽었다."라고 하였으니, 그렇다면 僖侯 원년은 공화 2년에 해당한다. 그리하여 '當共和之時'임을 안 것이다.

其孫穆侯 又徙於絳云이라

그 손자 穆侯가 또 絳으로 옮겼다고 한다.

【疏】 正義曰 : 案晉世家云 "僖侯生獻侯籍, 籍生穆侯費王." 是也. 知徙於絳者, 以成侯徙居曲沃, 則曲沃爲晉都矣, 至昭公之時, 分曲沃以封桓叔, 則正都不在曲沃, 明昭公已前已徙絳矣. 知穆侯徙者, 蓋相傳爲然. 地理志云 "河東絳縣, 晉武公自曲沃徙此." 者, 以桓叔別封曲沃, 武公旣并晉國, 徙就晉都, 故云自曲沃徙此耳, 非謂武公始都絳也. 然則穆侯以後, 晉恒都絳.

○ 正義曰 : 〈晉世家〉를 살펴보면 "僖侯가 獻侯 籍을 낳고, 籍이 穆侯 費王을 낳았다."라고 한 것이 이것이다. '徙於絳'을 안 것은 成侯가 曲沃으로 천도했으니, 그렇다면 曲沃이 晉의 도읍인데 昭公 때에 이르러 曲沃을 나누어 桓叔을 봉했다. 그렇다면 바로 도읍이 曲沃에 있는 것이 아니니, 분명 昭公의 전에 이미 絳으로 천도한 것이다. 穆侯가 천도한 것을 안 것은 아마도 그렇게 전해온 듯하다. 〈地理志〉에 "河東 絳縣은 晉 武公이 曲沃에서 이곳으로 천도했다."라고 한 것은 桓叔을 따로 曲沃에 봉했고 〈환숙의 손자인〉 武公이 晉國을 병합하여 晉의 도읍으로 옮겨간 것이다. 그리하여 曲沃에서 이곳으로 옮겨왔을 뿐이지 武公이 처음으로 絳에 도읍한 것은 아니다. 그렇다면 穆侯 이후로 晉은 항상 絳에 도읍했던 것이다.

【疏】 而隱五年左傳云 "曲沃莊伯伐翼, 翼侯奔隨." 又謂之爲翼者, 杜預云 "翼, 晉舊都在平陽絳邑縣東, 穆侯徙絳, 昭侯以下又徙於翼. 及武公并晉, 又都絳也." 莊二十六年左傳稱 "晉獻公命士蔿城絳, 以深其宮", 明是武公徙絳也. 晉世家云 "獻公使士蔿, 盡殺諸公子, 而城聚都之, 命曰絳." 案左傳云 "晉士蔿使羣公子盡殺游氏之族, 乃城聚而處之. 冬, 晉侯圍聚盡殺羣公子." 則城聚以處羣公子, 非晉都也, 世家言命聚曰絳, 非也.

그러나 ≪春秋左氏傳≫ 隱公 5년에 "曲沃의 莊伯이 翼을 치자 翼侯가 隨로 달아났다."라고 하여 또 〈絳을〉 翼이라 했는데, 杜預는 "翼은 晉의 옛 도읍으로 平陽 絳邑縣의 동쪽에 있으니, 穆侯가 絳으로 옮겼고, 昭侯 이하는 또 翼으로 옮겼다. 武公이 晉을 병합함에 이르러 다시 絳에 도읍한 것이다."라고 하였다. ≪춘추좌씨전≫ 莊公 26년에 晉 獻公이 "士蔿에게 絳에 성을 수축하고 궁에 담을 높이 쌓으라고 명하였다."라고 하였으니, 분명 武公이 絳으로 옮긴 것이다. ≪史記≫ 〈晉世家〉에 "獻公이 士蔿를 시켜 여러 公子를 다 죽이고 聚에 성을 쌓게 하여 도읍으로 삼고 絳이라 命名하였다."라고 하였는데, ≪춘추좌씨전≫을 살펴보면 "晉의 士蔿가 여러 公子들로 하여금 游氏의 종족을 다 죽이고 이에 聚邑에 성을 쌓고 거처하게 하였다. 겨울에 晉侯가 聚를 포위하고 여러 공자들을 모두 죽였다."라고 하였으니, 그렇다면 聚에 성을 쌓고 여러 공자들을 머물게 한 것이니 〈聚邑은〉 晉의 도읍이 아니고, 〈진세가〉에서 聚를 絳이라고 명명했다는 것도 잘못이다.

【疏】 世家又云 "穆侯卒, 弟殤叔立, 四年, 爲穆侯太子仇所殺, 仇立, 是爲文侯. 三十五年卒, 昭侯立. 元年, 封其叔父成師于曲沃, 七年, 爲大臣潘父所殺, 子孝侯立. 十五年, 爲曲沃莊伯所殺, 子鄂侯郤立. 六年, 當魯隱五年, 卒, 子哀侯光立. 九年, 爲曲沃武公所虜, 子小子侯立. 四年, 爲曲沃武公誘而殺之, 哀侯弟緡立爲晉侯. 二十八年, 曲沃武公, 伐晉侯緡, 滅之. 周僖王, 命曲沃武公爲晉君, 武公已卽位三十七年矣. 又二年卒, 子獻公詭諸立. 二十六年, 卒, 此其君次也."

〈晉世家〉에 또 "穆侯가 죽자 동생 殤叔이 즉위하였는데 4년에 穆侯의 태자 仇에게 죽었고, 仇가 즉위하니 이 사람이 文侯이다. 35년에 죽으니 昭侯가 즉위하였다. 원년에 그 숙부 成師를 曲沃에 봉하였는데, 7년에 大臣 潘父에게 죽으니 아들 孝侯가 즉위하였다. 15년에 曲沃의 莊伯에게 죽으니, 아들 鄂侯 郤이 즉위하였다. 魯 隱公 5년에 해당하는 6년에 죽으니 아들 哀侯 光이 즉위하였다. 9년에 曲沃의 武公에게 사로잡히자 아들 小子侯가 즉위하였다. 4년에 曲沃의 武公에게 유인되어 살해되니, 哀侯의 동생 緡이 즉위하여 晉侯가 되었는데, 28년에 曲沃의 武公이 晉侯 緡을 쳐서 멸망시켰다. 周 僖王이 曲沃의 武公에게 명하여 晉의 군주로 삼으니, 武公이 즉위한지 37년 뒤였다. 또 2년에 죽으니 아들 獻公 詭諸가 즉위하여 26년에 죽었으니, 이것이 晉나라 군주의 차서이다."라고 하였는데,

【疏】 案隱五年左傳 "曲沃莊伯伐翼, 翼侯奔隨, 秋王命虢(괵)(父)〔公〕[1]伐曲沃, 而立哀侯于翼." 六年傳曰 "翼九宗五正[2]頃父之子嘉父, 逆晉侯于隨, 納諸鄂, 晉人謂之鄂侯." 則哀侯之立, 鄂侯未卒, 世家言卒, 非也.

1) (父)〔公〕: 저본의 교감기에 따라 '公'으로 번역하였다.
2) 九宗五正 : ≪春秋左傳正義≫에 의하면 九宗과 五正을 관리하는 大夫이다. 周 成王이 唐叔을 처음으로 唐에 封할 때 懷氏의 九族과 殷나라 때 五官의 長을 지낸 사람의 자손들을 당숙에게 주었다.

≪春秋左氏傳≫ 隱公 5년을 살펴보면 "曲沃의 莊伯이 翼을 치니, 翼侯가 隨로 달아났다. 가을에 왕이 虢公에게 명하여 曲沃을 치게 하고 哀侯를 翼에서 즉위시켰다."라고 하고, ≪춘추좌씨전≫ 隱公 6년에 "翼의 九宗五正 頃父의 아들 嘉父가 隨로 가서 晉侯를 맞이해 와서 鄂으로 들여보내니, 晉人이 鄂侯라고 하였다."라고 하였으니, 그렇다면 哀侯가 즉위한 것이 鄂侯가 죽기 전이니, 〈晉世家〉에서 죽었다고 한 것은 잘못이다.

【疏】其詩則蟋蟀刺僖公, 爲僖公詩也. 山有樞・揚之水・椒(초)聊・鴇(보)羽, 序, 言昭公, 則昭公詩也. 綢繆(주무)・杕杜(체두)・羔裘(고구), 在其間, 從可知也. 無衣・有杕之杜, 則皆刺武公, 則武公詩也. 葛生・采苓, 刺獻公, 則獻公詩也. 鄭於左方中, 皆以此而知. 案鄭詩, 出其東門序云 "公子五爭." 五公子爭, 突最處後, 知出其東門爲厲公之詩.

그 詩는 〈蟋蟀〉은 僖公을 풍자한 것이니, 僖公 때의 詩이다. 〈山有樞〉와 〈揚之水〉와 〈椒聊〉와 〈鴇羽〉는 序에 昭公을 말하였으니, 그렇다면 昭公 때의 詩이다. 〈綢繆〉와 〈杕杜〉와 〈羔裘〉는 그〈〈揚之水〉와 〈鴇羽〉〉 사이에 있으니 〈昭公 때의 詩임을〉 따라서 알 수 있다. 〈無衣〉와 〈有杕之杜〉는 모두 武公을 풍자하였으니, 그렇다면 武公 때의 詩이다. 〈葛生〉과 〈采苓〉은 獻公을 풍자하였으니, 그렇다면 獻公 때의 詩이다. 鄭玄이 左方에서 모두 이를 통해 안 것이다. 鄭風을 살펴보면 〈出其東門〉의 序에서 "公子들이 다섯 번 나라를 다투었다."라고 하였는데, 다섯 公子들이 나라를 다툰 것 중에 突이 가장 나중에 있다. 그리하여 〈出其東門〉이 厲公 때의 詩임을 안 것이다.

【疏】鴇羽序云 "昭公之後, 大亂五世." 小子侯處五世之末, 鴇羽不爲小子侯詩者, 以昭公肇(조)爲亂階, 五世不息, 君子從役, 昭公所爲, 雖復後世始作, 而主刺昭公, 故序云 '昭公之後', 明其刺昭公也. 出其東門, 由兵革不息, 而男女相棄, 民人思保其室家, 乃是當時之事, 故爲厲公之詩, 但序本爲亂之由, 故言公子五爭耳. 此實晉也, 而題之曰唐, 故序每篇言晉. 鴇羽・杕杜, 旣言刺時, 於文不可言晉, 從上明之可知也.

〈鴇羽〉의 序에 "昭公 이후에 큰 혼란이 5세 동안 이어졌다."라고 하였는데, 小子侯가 5세의 끝에 해당하지만 〈鴇羽〉가 小子侯 때의 시가 되지 않는 것은, 昭公이 난의 발단이 되어 5세 동안 그치지 않아 군자가 노역에 종사하였기 때문이다. 昭公의 행위가 비록 다시 후대에 시작되었을지라도 昭公을 위주로 풍자한 것이다. 그리하여 序에 '昭公之後'라고 한 것이니 분명 昭公을 풍자한 것이다. 〈出其東門〉은 전쟁이 그치지 않아 남녀가 서로 버려 백성이 그 가정을 지킬 것을 생각한 것이니 바로 당시의 일이다. 그리하여 厲公 때의 시가 된다. 다만 序는 난을 만든 이유를 근본으로 하였다. 그리하여 '公子들이 다섯 번 나라를 다투었음'을 말한 것이다. 여기의 시는 실제 晉의 시인데 唐風이라고 하였으므로 序에서 편마다 晉을 말한 것이다. 〈鴇羽〉와 〈杕杜〉는 이미 '刺時'라고 말했기 때문에 序文에 〈다시〉 晉을 언급할 것이 없으니 위를 따라 밝혀보면 알 수 있다.

蟋蟀(실솔)

【序】蟋蟀은 刺晉僖公也라 儉不中禮라 故作是詩以閔之니 欲其及時以禮自虞樂也라 此晉也而謂之唐은 本其風俗이니 憂深思遠하고 儉而用禮하여 乃有堯之遺風焉일새라

〈蟋蟀〉은 晉 僖公을 풍자한 詩이다.

검소함이 예에 맞지 않았다. 그리하여 이 시를 지어 안타깝게 여긴 것이니, 제때에 예에 맞게 스스로 즐기기를 바란 것이다. 이는 晉의 시인데 唐風이라 한 것은 그 풍속에 근거한 것이니, 〈그 풍속이〉 근심이 깊고 사려가 원대하며 검소하되 예에 맞게 하여 바로 唐堯의 遺風이 있었기 때문이다.

【箋】憂深思遠은 謂宛其死矣와 百歲之後之類也라 ○ 說文蟀作䘚(솔)이라 僖公은 史記作釐(희)侯라

'憂深思遠'은 〈山有樞〉의 '그대 죽는다면〔宛其死矣〕'과 〈葛生〉의 '백년 뒤에나〔百歲之後〕' 등을 말한다.

○ ≪說文解字≫에 蟀이 '䘚'로 되어 있다. 僖公은 ≪史記≫에 釐侯로 되어있다.

【疏】'蟋蟀'(三章 章八句)至'風焉' ○ 正義曰：作蟋蟀詩者, 刺晉僖公也. 由僖公太儉偪(핍)下, 不中禮度, 故作是蟋蟀之詩, 以閔傷之, 欲其及歲暮閑暇之時, 以禮自娛樂也. 以其太儉, 故欲其自樂, 樂失於盈, 又恐過禮, 欲令節之以禮, 故云'以禮自娛樂'也. '欲其及時'者, 三章上四句是也, '以禮自娛樂'者, 下四句是也.

序의〔蟋蟀〕에서 〔風焉〕까지

○ 正義曰 : 〈蟋蟀〉 詩를 지은 것은 晉 僖公을 풍자한 것이다.

僖公이 지나치게 검소하여 아랫사람을 핍박하여 예절에 맞지 않았다. 그래서 이 〈蟋蟀〉 詩를 지어 안타깝게 여긴 것이니, 歲暮의 한가한 때에 예에 맞게 스스로 즐기기를 바란 것이다. 지나치게 검소하였기 때문에 스스로 즐기기를 바란 것이지만, 즐거움은 넘침에서 잘못되니 또 예를 지나칠까 염려되어 예로 절제하기를 원한 것이다. 그리하여 '以禮自娛樂'이라고 한 것이다. '欲其及時'는 세 章의 위 네 句가 이것이고,

'以禮自娛樂'은 아래 네 句가 이것이다.

【疏】旣序一篇之義, 又序名晉爲唐之意. 此實晉也, 而謂之唐者, 太師察其詩之音旨, 本其國之風俗, 見其所憂之事深, 所思之事遠, 儉約而能用禮, 有唐堯之遺風, 故名之曰唐也. 故季札見歌唐曰 "思深哉, 其有陶唐氏之遺風乎. 不然, 何其憂之遠也." 是憂思深遠之事, 情見於詩, 詩爲樂章, 樂音之中, 有堯之風俗也.

한 편의 뜻을 말한 뒤에 다시 晉을 唐이라고 한 뜻을 말한 것이다. 이 시는 실제 晉의 시인데 唐風이라 한 것은, 太師가 시의 음과 뜻을 살필 때에 그 나라의 풍속을 근본으로 하는데 근심이 깊고 사려가 원대하며 검약하되 예에 맞게 하여 唐堯의 遺風이 있음을 보았기 때문이다. 그래서 唐風이라고 명명한 것이다. 그 때문에 季札이 唐風을 노래하는 것을 보고 "생각이 깊구나! 아마도 陶唐氏(帝堯)의 遺風이 남아있는 것이리라. 그렇지 않다면 어떻게 근심이 이렇게 원대하겠는가."라고 한 것이다. 이것이 근심하고 생각하는 것이 깊고 원대한 것이니, 감정이 시에 드러나고 시는 악장(음악으로 연주되는 시)이 되어 음악의 가운데에 唐堯의 풍속이 남아있었던 것이다.

【疏】箋'憂深'至'之類' ○ 正義曰 : 此二文計及死後之事, 是其憂念深思慮遠也. 言'之類'者, 憂深思遠之事, 非獨在此二文, 以其二事顯見, 故引當之耳. 其實諸篇皆有深遠之志, 羔裘箋云 "民之厚如此, 亦唐之遺風." 亦以其事顯見, 故言之耳.

箋의 〔憂深〕에서 〔之類〕까지

○ 正義曰 : 이 두 글('宛其死矣', '百歲之後')은 생각이 死後의 일에까지 미친 것이니, 이것이 근심하는 마음이 깊고 사려가 먼 것이다. '之類'라고 한 것은 근심이 깊고 사려가 원대한 일이 비단 이 두 글에만 있는 것이 아닌데 〈거기에〉 그 두 가지 일이 뚜렷하게 드러났기 때문에 인용하여 해당시킨 것일 뿐이다. 사실은 모든 시에 깊고 원대한 뜻이 있으니, 〈羔裘〉의 箋에 "백성의 정이 도타움이 이와 같으니 역시 唐의 遺風이다."라고 한 것도 그 일이 뚜렷하게 드러났기 때문에 말한 것이다.

蟋蟀在堂하니 **歲聿其莫**(모)로다 **今我不樂**이면 **日月其除**(저)리라

귀뚜라미 堂에서 울어대니

이 해도 저무네

우리 군주 지금 즐기지 않으면
세월은 가버리리라

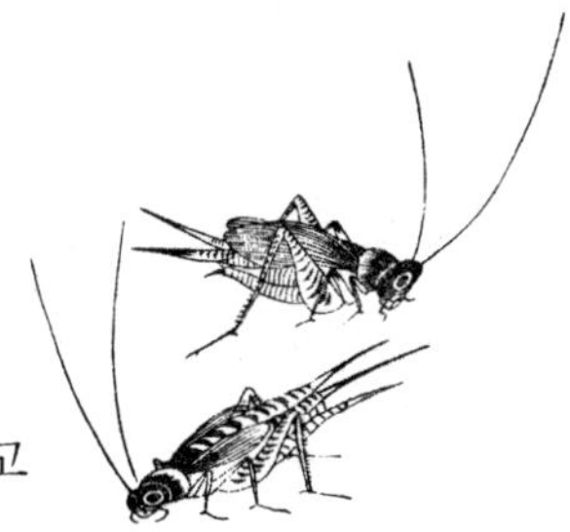

蟋蟀(≪毛詩品物圖攷≫)

【傳】 蟋蟀은 蛩(공)也니 九月在堂이라 聿은 遂요 除는 去也라

蟋蟀은 '귀뚜라미'이니 9월에 당에서 운다. 聿은 '마침내'이고 除는 '가다'이다.

【箋】 箋云 我는 我僖公也라 蛩在堂은 歲時之候니 是時에 農功畢하여 君可以自樂矣라 今不自樂하고 日月且過去면 不復暇爲之니 謂十二月에 當復命農計耦耕事라 ○ 蛩은 趨(추)織也니 一名蜻蛚이라

箋云 : 我는 우리 僖公이다. 귀뚜라미가 堂에 있는 것은 계절의 징후이니, 이때에는 농사일이 끝나 군주가 스스로 즐길 수 있는 것이다. 지금 스스로 즐기지 않고 시간이 장차 지나게 되면 다시는 한가하게 즐길 수 없으니, 12월에는 다시 농가에 농사일을 계획하도록 명령해야 함을 말한다.

○ 蛩은 '趨織'이니 일명 '蜻蛚'이다.

無已大(태)康가 職思其居하여

지나치게 즐기진 않는가
직분을 주로 생각하여

【傳】 已는 甚이요 康은 樂이요 職은 主也라

已는 '매우'이고 康은 '즐김'이며 職은 '주로'이다.

【箋】 箋云 君雖當自樂이라도 亦無甚大樂이니 欲其用禮爲節也요 又當主思於所居之事니 謂國中政令이라 ○ 居義如字요 協韻音據라

箋云 : 군주가 비록 스스로 즐겨야하지만 또한 너무 심하게 즐기는 일이 없어야 한다고 한 것이니, 예로 절제하기를 바란 것이다. 또 기거하는 곳의 일을 주로 생각해야 한다고 한 것이니, 나라 안의 政令을 말한 것이다.

○ 居의 뜻은 본자의 의미이고 協韻이니 음은 거이다.

好樂無荒이 良士瞿(구)瞿니라

즐기되 지나치지 않음이
예의 돌아보는 훌륭한 선비니라

【傳】 荒은 大也라 瞿瞿然顧禮義也라

荒은 '크다'이다. 힘써 예의를 돌아본다는 것이다.

【箋】 箋云 荒은 廢亂也요 良은 善也라 君之好(義)〔樂〕[1]하되 不當至於廢亂政事요 當如善士瞿瞿然顧禮義也라

1) (義)〔樂〕: 저본의 교감기에 따라 '樂'으로 번역하였다.

箋云 : 荒은 방치하여 어지럽게 하는 것이고 良은 '훌륭함'이다. 군주는 즐기기를 좋아하되 정사를 방치하여 어지럽게 해서는 안 되고 훌륭한 선비가 힘써 예의를 돌아보는 것과 같이 하여야 한다는 것이다.

【疏】 '蟋蟀'至'瞿瞿' ○ 毛以爲 "僖公儉不中禮, 詩人戒之, 欲令及時自樂." 言'九月之時, 蟋蟀之蟲, 在於室堂之上矣, 是歲晚之候, 歲遂其將欲晚矣. 此時, 農功已畢, 人君可以自樂, 今我君僖公, 不於此時自樂, 日月其將過去, 農事又起, 不得閑暇而爲之, 君何不及時自樂乎.' 旣勸君自樂, 又恐其過禮, '君今雖當自樂, 又須用禮爲節. 君若自樂, 無甚太樂, 當主思其所居之事, 當以禮樂自居, 無得忽忘之也.' 又戒僖公, '君若好樂, 無得太好之, 當如善士瞿瞿然顧於禮義, 勿使踰越於禮也.' ○ 鄭唯'其居'謂'國中', '政令荒'謂'廢亂政事'爲異, 餘同.

經의〔蟋蟀〕에서 〔瞿瞿〕까지

○ 毛亨은 "僖公이 검소함이 예에 맞지 않으니 詩人이 경계하여 제때에 스스로 즐기기를 바란 것이다."라고 여겼다. "9월에는 귀뚜라미가 대청에서 우니, 이는 해가 저물어가는 조짐으로 해가 마침내 저물어가려는 때이다. 이때는 농사가 끝나서 군주가 스스로 즐길 수 있는 때인데도 지금 우리 군주 僖公은 이때에 스스로 즐기지 않으니, 세월이

지나가 농사가 또 시작되면 여유 있는 시간을 얻어 즐길 수가 없다. 그런데 군주는 어찌하여 제때에 즐기지 않는가."라고 한 것이다. 군주가 스스로 즐기기를 권하고 나서 또 禮보다 지나치게 할 것을 염려하여 "군주가 지금 스스로 즐겨야 하지만 또 반드시 예로 절제해야 한다. 군주가 만약 스스로 즐기더라도 너무 심하게 즐기지 말고 맡은 일을 주로 생각하여 예와 악으로 자처하여 소홀히 하여 잊지 말아야 한다."라고 한 것이다. 또 僖公을 경계하여 "군주가 만약 즐기더라도 지나치게 좋아하지 말고 훌륭한 선비가 힘써서 예의로 돌아보는 것과 같이 하여 예를 넘지 말아야 한다."라고 한 것이다.

○ 鄭玄은 '其居'를 '國中'이라 하고, '政令荒'을 '廢亂政事'라고 한 것이 다르고 나머지는 같다.

【疏】 傳'蟋蟀'至'除去' ○ 正義曰 : '蟋蟀 蛬', 釋蟲文. 李巡曰 "蛬, 一名蟋蟀, 蟋蟀 蜻蛚也." 郭璞曰 "今趨織也." 陸機疏云 "蟋蟀, 似蝗而小, 正黑有光澤如漆, 有角翅(시), 一名蛬, 一名蜻蛚. 楚人謂之王孫, 幽州人謂之趨織, (黑)〔里〕[1]語曰 '趨織鳴 嬾(란)婦驚.' 是也." 七月之篇, 說蟋蟀之事云 "九月在戶." 傳云'九月在堂.', 堂者, 室之基也, 戶內戶外, 摠名爲堂. 禮運曰 "醴醆(잔)在戶, 粢醍(제제)在堂." 對文言之, 則堂與戶別, 散則近戶之地, 亦名堂也, 故禮言升堂者, 皆謂從階至戶也.

1) (黑)〔里〕: 저본의 교감기에 따라 '里'로 번역하였다.

傳의 〔蟋蟀〕에서 〔除去〕까지

○ 正義曰 : '蟋蟀 蛬'은 ≪爾雅≫ 〈釋蟲〉의 글이니, 李巡은 "蛬은 일명 蟋蟀이니, 蟋蟀은 蜻蛚이다."라고 하고, 郭璞은 "지금의 趨織이다."라고 하고, 陸機의 ≪毛詩草木鳥獸蟲魚疏≫에는 "蟋蟀은 메뚜기와 비슷한데 작고 검은색에 광택이 나는 것이 옻칠을 한 것과 같으며 뿔과 날개가 있으니, 일명 蛬이고 일명 蜻蛚이다. 楚人은 王孫이라고 하고 幽州 사람은 趨織이라고 하며, 俗語에 '귀뚜라미가 울면 게으른 아낙이 놀란다.'라고 한 것이 이것이다."라고 하였다. 〈豳風 七月〉에는 귀뚜라미의 일을 말하여 "9월에 戶에 있다."라고 하고, 이 傳에는 "9월에 堂에 있다."라고 하였는데, 堂은 室의 바탕이니 문 안과 문 밖을 모두 堂이라고 한다. ≪禮記≫ 〈禮運〉에는 "단술과 盎齊는 戶에 두고 담홍색의 청주는 堂에 둔다."라고 하였으니, 글자를 상대하여 말하면 堂과 戶는 다르지만 함께 쓰면 戶에 가까운 곳을 또한 堂이라고 한다. 그리하여 禮에 堂에 오르는 것을 말하는 경우에 모두 섬돌에서 戶에 이른다고 하는 것이다.

【疏】此言在堂, 謂在室戶之外, 與戶相近, 是九月可知. 時當九月, 則歲未爲暮, 而言'歲聿其暮'者, 言其過此月後, 則歲遂將暮耳, 謂十月以後爲歲暮也, 此月未爲暮也. 采薇云 "曰歸曰歸 歲亦暮止." 其下章云 "曰歸曰歸 歲亦陽止." 十月爲陽, 明暮止亦十月也, 小明云 "歲聿云暮 采蕭穫菽." 采穫是九月之事也, 云'歲聿', 云'暮', 其意與此同也. 歲實未暮而云聿暮, 故知聿爲遂. 遂者, 從始嚮末之言也, 除者, 棄去之名, 故爲去也.

여기에서 말한 '在堂'은 室戶의 바깥에 있음을 말하니 문과 가까운 곳이므로 9월임을 알 수 있다. 9월에 해당하는 때이면 해가 아직 저물지 않았는데, '歲聿其暮'라고 한 것은 이 달을 지난 뒤에는 해가 마침내 저물어갈 것임을 말한 것일 뿐이다. 10월 이후가 歲暮가 됨을 말한 것이니 이 달은 아직 歲暮가 되지 않는다. 〈小雅 采薇〉에 "돌아가세, 돌아가세, 해가 저물어가네.〔曰歸曰歸 歲亦暮止〕"라고 하고, 그 아래 장에 "돌아가세, 돌아가세, 때가 10월이네.〔曰歸曰歸 歲亦陽止〕"라고 하였는데, 10월이 陽이니 분명 '暮止'도 10월이다. 〈小雅 小明〉에 "해가 마침내 저물어가니 쑥도 캐고 콩도 수확하네."라고 하였는데, 캐고 수확하는 것은 9월의 일이니 〈거기서〉 '歲聿'이라 하고 '暮'라 하는 것은 그 뜻이 여기와 같다. 해가 실제 저물지 않았는데 '聿暮'라고 하였다. 그래서 聿이 遂임을 안 것이니, '遂'는 시작에서 끝으로 향한다는 말이다. '除'는 버리고 떠난다는 말이다. 그래서 去라고 한 것이다.

【疏】箋'我 我'至'耕事' ○ 正義曰 : 勸君使之自樂, 故知'我 我僖公也.' 七月箋云 "言此者, 著將寒有漸." 蟋蟀, 記將寒之候, 此言歲時之候者, 七月, 下文論備寒之事, 故爲寒來之候, 此云'歲聿其暮', 故云'歲時之候'. 月令季冬云 "告民出五穀, 命農計耦耕, 脩耒耜(뇌사), 具田器." 注云 "大寒氣過, 農事將起." 是十二月以後, 不暇復爲樂也. 禮, 國君無故不徹懸, 必須農功之隙(극), 乃作樂者, 場功未畢, 勸課農桑, 雖不徹鍾鼓, 有時擊奏, 未得大設燕飮, 適意娛樂也. 七月云 "九月肅霜, 十月滌場, 朋酒斯饗." 言豳君閑於政事, 乃饗羣臣, 是十月爲自樂之時也.

箋의 〔我 我〕에서 〔耕事〕까지

○ 正義曰 : 군주에게 권하여 스스로 즐기게 하였다. 그리하여 '我 我僖公也'인 것을 안 것이다. 〈豳風 七月〉의 箋에 "이를 말한 것은 점차 추워질 것을 나타낸 것이다."라고 하여 귀뚜라미로 추워질 조짐을 기술하였는데, 여기에서는 '歲時之候'라고 한 것은

〈七月〉은 아래의 글에서 추위에 대비하는 일을 논하였기 때문에 추위가 오는 조짐이라고 한 것이고, 여기에서는 〈經에〉 '歲聿其暮'라고 하였기 때문에 '歲時之候'라고 한 것이다. ≪禮記≫ 〈月令〉의 季冬에 "백성에게 五穀의 종자를 내도록 고하고, 농부에게 김매고 밭가는 일을 계획하고 쟁기와 보습을 수리하고 농기구를 갖추도록 명한다."라고 하였는데, 注에 "큰 추위가 물러가면 농사가 시작되려 한다."라고 하였으니, 이것이 12월 이후에는 다시 즐길 수 있는 겨를이 없는 것이다. 禮에 군주는 변고가 없으면 음악을 거두지 않지만 반드시 농한기에 음악을 연주하는 것은, 농사가 끝나지 않았을 때에는 농사 짓고 누에치는 것을 권장하여야 하니, 비록 종과 북을 거두지 않고 때로 연주하지만 크게 잔치를 베풀어 뜻에 흡족하게 즐기지 못하기 때문이다. 〈빈풍 칠월〉에 "9월에 서리가 내리거든 10월에 마당을 깨끗이 쓸고 두 동이의 술로 연향을 베푼다."라고 하였으니, 豳君이 정사에 한가해져야만 이에 신하들에게 잔치를 베푸는 것을 말하니, 이것이 10월이 스스로 즐기는 때가 되는 것이다.

【疏】 傳'已甚 康樂 職主' ○ 正義曰：已訓止也. 物甚則止, 故已爲甚也. '康樂', '職主', 皆釋詁文. 傳不解'其居'之義, 二章'其外'傳, 以外爲禮樂之外, 則'其居', 謂以禮樂自居, 則'職思其外', 謂常思禮樂, 無使越於禮樂之外也. '職思其憂', 傳曰'憂 可憂', 謂踰越禮樂, 至於荒淫, 則可憂也. 故王肅云 "其居, 主思以禮樂自居也, 其外, 言思無越於禮樂也, 其憂, 言荒則憂也."

傳의 〔已甚 康樂 職主〕

○ 正義曰：已의 뜻은 '그침'이다. 物은 심하면 그친다. 그리하여 已를 甚이라고 한 것이다. '康 樂'과 '職 主'는 모두 ≪爾雅≫ 〈釋詁〉의 글이다. 傳에서 '其居'의 뜻을 풀이하지 않았으나 2章 '其外'의 傳에 外를 '禮樂之外'라 하였으니, 그렇다면 '其居'는 禮樂으로 자처함을 말한 것이고, 〈2장의〉 '職思其外'는 언제나 禮樂을 생각하여 禮樂의 밖으로 벗어나지 않게 하는 것을 말한다. 〈3장의〉 '職思其憂'의 傳에 '憂는 근심할 만한 것이다.'라고 하였으니, 禮樂에서 벗어나 방탕한 데에 이르면 근심할 만한 것임을 말한 것이다. 그리하여 王肅이 "'其居'는 禮樂으로 자처하는 것을 주로 생각하는 것이고, '其外'는 禮樂에서 벗어남이 없고자 생각하는 것을 말하며, '其憂'는 방탕하면 근심하게 됨을 말한 것이다."라고 하였다.

【疏】 箋'君雖'至'政令' ○ 正義曰：以序言欲其以禮自娛樂，故知'欲其用禮爲節也'. 樂記曰 "禮主其減，樂主其盈. 禮減而進，以進爲文，樂盈而反，以反爲文." 注云 "禮主其減，人所倦，樂主其盈，人所歡. 進謂自勉强，反謂自抑止." 是禮須勤力行之，惟恐倦怠，樂者，令人歡樂，惟恐奢放. 詩人旣勸自樂，又恐過度，故戒之使用禮也.

箋의 〔君雖〕에서 〔政令〕까지

○ 正義曰：序에서 禮에 맞게 스스로 즐기기를 바람을 말하였다. 그리하여 '禮로 절제하기를 바란 것〔欲其用禮爲節〕'임을 안 것이다. ≪禮記≫ 〈樂記〉에 "禮는 줄이는 것을 주장하고 음악은 가득 채울 것을 주장한다. 禮는 줄이되 스스로 힘써야 하니 스스로 힘쓰는 것을 아름다움으로 삼고, 음악은 가득하게 하되 스스로 제지해야 하니 스스로 제지하는 것을 아름다움으로 삼는다."라고 하였는데, 注에 "禮는 줄이는 것을 주장함은 사람이 권태로워 하는 것이고 음악은 가득 채울 것을 주장하는 것은 사람이 기뻐하는 것이기 때문이다. 進은 스스로 힘씀을 말하고, 反은 스스로 억제함을 말한다."라고 하였으니, 이는 禮는 부지런히 힘써 실천해야 하니 권태를 염려하고, 음악은 사람을 기쁘게 하니 지나쳐 방종함을 염려한 것이다. 詩人이 스스로 즐기기를 권하고 또 정도에 지나칠 것을 염려하였다. 그리하여 경계하여 禮로써 절제하게 한 것이다.

【疏】 箋以上句言'無已大康'，已是禮樂自居，復云'職思其居'，不宜更處禮樂. 居謂居處也，二章言外，謂居處之外，則'其居'謂所居之處，故易傳，以爲'主思所居之事，謂國中政令'也. 其居旣是國中，則知其外謂國外至四境也，四境之外，則有隣國，故其憂爲隣國侵伐之憂. 詩人戒君所思，思其自近及遠，故從內而外也.

箋은 上句에서 '無已大康'이라 하였으니 이미 禮樂으로 자처하는 것이니, 다시 '職思其居'라 한 것은 다시 禮樂에 해당시키는 것은 마땅치 않다고 여겼다. '居'는 거처를 말하고, 2章의 '外'라고 한 것은 거처의 밖을 말하니, 그렇다면 '其居'는 거주하는 곳을 말한다. 그리하여 傳을 바꾸어 "거처하는 곳의 일을 주로 생각하는 것이니, 나라 안의 政令을 말한 것이다.〔主思所居之事 謂國中政令〕"라고 한 것이다. '其居'가 나라의 안이라면 '其外'는 도성의 밖에서 사방의 국경에 이르는 곳을 말한 것임을 알 수 있다. 四境의 밖에는 이웃나라가 있으므로 其憂는 이웃나라가 침략하는 근심이다. 시인이 군주가 생각할 것을 경계하되 생각이 가까운 곳으로부터 먼 곳까지 미쳤다. 그리하여 안으로부터 바깥에까지 이른 것이다.

【疏】傳'荒大'至'禮義' ○ 正義曰：荒爲廣遠之言，故爲大也. 釋訓云 "瞿瞿・休休，儉也." 李巡曰 "皆良士顧禮節之儉也." 此傳云'顧禮義'，下傳云'休休 樂道之心'，皆謂治身儉約，故能樂道顧禮也.

傳의 〔荒大〕에서 〔禮義〕까지

○ 正義曰：荒은 넓고 멀다는 말이다. 그리하여 '大'라고 한 것이다. ≪爾雅≫ 〈釋訓〉에 "瞿瞿와 休休는 '검소함'이다."라고 하였는데, 李巡이 "모두 어진 선비가 예절을 돌아보는 검소함이다."라고 하였으니, 이 傳에서 말한 '顧禮義'와 아래 장의 傳에서 말한 '休休는 道를 즐기는 마음이다.〔休休 樂道之心〕'라고 한 것이 모두 몸을 검약으로 다스리는 것을 말한다. 그리하여 道를 즐기고 禮義를 돌아볼 수 있는 것이다.

【疏】箋'荒廢'至'禮義' ○ 正義曰：宛丘序云 "淫荒昏亂." 還及盧令序云 "刺荒也." 荒者，皆謂廢亂政事，故易傳以荒爲廢亂也. '良善'，釋詁文.

箋의 〔荒廢〕에서 〔禮義〕까지

○ 正義曰：〈陳風 宛丘〉의 序에 "방탕하고 혼란하였다."라고 하고 〈齊風 還〉과 〈齊風 盧令〉의 序에 "황폐함을 풍자하였다."라고 하였으니, 荒은 모두 정사를 돌보지 않아 어지럽게 한 것이다. 그리하여 傳을 바꾸어 '荒을 '廢亂'이라고 한 것이다. '良善'은 ≪爾雅≫ 〈釋詁〉의 글이다.

蟋蟀在堂하니 **歲聿其逝**로다 **今我不樂**이면 **日月其邁**리라

귀뚜라미 堂에서 울어대니
이 해도 지나가네
우리 군주 지금 즐기지 않으면
세월은 가버리리리라

【傳】邁는 行也라

邁는 '감'이다.

無已大康가 **職思其外**하여

지나치게 즐기진 않는가

예악을 벗어날까 주로 생각하여

【傳】 外는 禮樂之外라

外는 禮樂의 밖이다

【箋】 箋云 外는 謂國外至四境이라

箋云 : 外는 도성의 밖으로부터 사방의 국경까지를 말한다.

好樂無荒이 **良士蹶**(궤)**蹶**니라

즐기되 지나치지 않음이

부지런히 일하는 훌륭한 선비니라

【傳】 蹶蹶는 動而敏於事라

蹶蹶는 활동적이고 일에 민첩한 것이다.

【疏】 傳'蹶蹶'至'於事' ○ 正義曰 : 釋詁云 "蹶, 動也." 釋訓云 "蹶蹶, 敏也."

傳의 〔蹶蹶〕에서 〔於事〕까지

○ 正義曰 : ≪爾雅≫ 〈釋詁〉에 "蹶는 '움직임'이다."라고 하고, ≪爾雅≫ 〈釋訓〉에 "蹶蹶는 '민첩함'이다."라고 하였다.

蟋蟀在堂하니 **役車其休**로다

귀뚜라미 당에서 우니

役車가 쉬겠네

【箋】 箋云 庶人乘役車라 役車休는 農功畢하여 無事也라

箋云 : 서민은 役車를 탄다. 役車가 쉬는 것은 농사가 끝나서 일이 없는 것이다.

【疏】 箋'庶人'至'無事' ○ 正義曰 : '庶人乘役車', 春官巾車文也. 彼注云 "役車, 方箱, 可載任器以供役." 然則收納禾稼, 亦用此車, 故役車休息, 是農功畢, 無事也. 酒誥云 "肇牽車牛, 遠服賈(고), 用孝養厥父母." 則庶人之車, 冬月亦行, 而云休者, 據其農功既終, 載運事畢, 故言休耳, 不言冬月不行也.

箋의 〔庶人〕에서 〔無事〕까지

○ 正義曰 : '庶人乘役車'는 ≪周禮≫ 〈春官 巾車〉의 글이다. 그 注에 "役車는 짐 싣는 상자가 네모이니 기구를 실어 일을 도울 수 있다."라고 하였으니, 그렇다면 곡물을 실을 때에도 이 수레를 사용한다. 그래서 役車가 쉬는 것은 농사가 끝나서 일이 없는 것이다. ≪尙書≫ 〈酒誥〉에 "〈농사가 끝나면〉 우마차를 끌고 멀리까지 가서 장사하여 효성으로 부모를 봉양하라."라고 하였으니, 그렇다면 서민의 수레는 겨울에도 운행한다. 그런데 '쉰다'고 말한 것은 농사가 끝나 실어 운반하는 일이 끝난 것을 근거로 한 것이다. 그리하여 '쉰다'고 말한 것일 뿐이지 겨울에는 운행하지 않음을 말한 것이 아니다.

今我不樂이면 日月其慆(도)리라

지금 우리 군주 즐기지 않으면
세월은 가버리리리라

【傳】 慆는 過也라

慆는 '지나감'이다.

無已大康가 職思其憂하여

지나치게 즐기진 않는가
근심할 만한 일을 주로 생각하여

【傳】 憂는 可憂也라

憂는 '근심할 만한 것'이다.

【箋】 箋云 憂者는 謂隣國侵伐之憂라

箋云：憂는 이웃나라가 침략하는 근심을 말한다.

好樂無荒이 **良士休休**로다

즐기되 지나치지 않음이
도를 즐기는 훌륭한 선비니라

【傳】 休休는 樂道之心이라

'休休'는 도를 즐기는 마음이다.

蟋蟀 三章이니 章八句라

〈蟋蟀〉 3章이니 章마다 8句이다.

山有樞(산유추)

【序】 山有樞는 刺晉昭公也라 不能脩道以正其國하니 有財不能用하고 有鍾鼓不能以自樂하고 有朝廷不能洒埽(쇄소)하여 政荒民散하여 將以危亡이라 四隣謀取其國家而不知하니 國人이 作詩以刺之也라 ○ 樞는 本或作蓲(구)라 昭公은 左傳及史記에 作昭侯라 樂은 音洛이니 下及注同이라

〈山有樞〉는 晉 昭公을 풍자한 詩이다.

바른 도리를 행하여 나라를 바로잡지 못하니, 재물이 있어도 제대로 쓰지 못하고 악기가 있어도 스스로 즐기지 못하며 조정이 있어도 깨끗하게 다스리지 못하여 정사가 황폐해지고 백성이 흩어져 위태롭게 되었다. 사방 이웃나라들이 그 나라를 빼앗을 것을 도모하는데도 알지 못하니, 國人이 시를 지어 풍자한 것이다.

○ 樞는 蓲로 되어있는 본도 있다. 昭公은 ≪春秋左氏傳≫과 ≪史記≫에 昭侯로 되

어있다. 樂은 음이 '락(洛)'이니 아래 글과 注도 같다.

【疏】'山有樞(三章章八句)'至'刺之' ○ 正義曰：'有財不能用'者, 三章章首二句是也. 此二句, 摠言昭公不能用財耳, 其經之所陳, 言昭公有衣裳·車馬·鍾鼓·酒食不用之, 是分別說其不能用財之事也. '有鍾鼓不能以自樂'者, 二章云'子有鍾鼓 弗擊弗考'是也, '有朝廷不能洒掃'者, 二章云'子有廷內 弗洒弗埽'是也. 經先言廷內, 序先言鍾鼓者, 廷內, 人君治政之處, 其事大, 鍾鼓者, 娛樂己身, 其事小. 經責昭公, 先重後輕, 故先言廷內.

序의 〔山有樞〕에서 〔刺之〕까지

○ 正義曰：'有財不能用'은 세 章의 첫 두 句가 이것이다. 이 두 句는 昭公이 재물을 사용하지 못함을 총괄하여 말한 것인데, 〈아래 句의〉 經에서 서술한 것은 昭公에게 衣裳과 車馬와 鍾鼓와 酒食이 있는데도 사용하지 못함을 말한 것이니, 이는 그가 재물을 사용하지 못한 일을 분별하여 말한 것이다. '有鍾鼓不能以自樂'은 2章의 '그대 종과 북 있으나 두들기지 않고 치지 않으면〔子有鍾鼓 弗擊弗考〕'이 이것이고, '有朝廷不能洒掃'는 2章의 '그대 뜰이 있으나 물 뿌리고 쓸지 않으며〔子有廷內 弗洒弗埽〕'가 이것이다. 經은 '廷內'를 먼저 말했는데 序에서 '鍾鼓'를 먼저 말한 것은, '廷內'는 군주가 정치를 하는 곳이니 그 일이 중대하고, '鍾鼓'는 자신의 몸을 즐겁게 하는 것이니 그 일이 작아 하찮기 때문이다. 그러나 經은 昭公을 책망한 것이니 중대한 일을 먼저 말하고 가벼운 일을 나중에 말했다. 그리하여 '廷內'를 먼저 말한 것이다.

【疏】序旣言'有財不能用', 鍾鼓亦貨財之事, 故因卽先言之. 衣裳·車馬, 亦是有財, 序獨言鍾鼓者, 據娛樂之大者言之也. 經先言衣裳, 後車馬者, 衣裳附於身, 車馬則差遠, 故先言衣裳也. '四隣謀取其國家'者, 三章下二句是也, 四隣, 卽桓叔謀伐晉是也, 故下篇刺昭公, 皆言沃所幷. 沃雖一國, 卽四隣之一, 故以四隣言之.

序에서 '有財不能用'을 말했으니, 鍾鼓도 재화의 일이다. 그리하여 곧바로 먼저 말한 것이다. 衣裳과 車馬도 '有財'에 해당하는데 序에서 鍾鼓만을 말한 것은 즐기는 것 중에 큰 것을 기준하여 말한 것이다. 經에서 衣裳을 먼저 말하고 車馬를 나중에 말한 것은, 衣裳은 몸에 가깝고 車馬는 조금 멀기 때문에 의상을 먼저 말한 것이다. '四隣謀取其國家'는 세 章의 아래 두 句가 이것이니, 四隣은 바로 桓叔이 晉을 칠 것을 도모한 것이 이것이다. 그리하여 下篇에서 昭公을 풍자하는 경우는 모두 曲沃에 병합된 것을 말한 것이다. 曲沃이 비록 하나의 나라지만 四隣 중에 하나이다. 그리하여 四隣으로 말한 것이다.

山有樞며 **隰有楡**로다

산에는 시무나무

진펄에는 느릅나무 있네

【傳】 **興也**라 **樞**는 **荎**(치)**也**라 **國君有財貨而不能用**이 **如山隰不能自用其財**라

興이다. 樞는 시무나무이다. 군주가 재화가 있는데도 사용하지 못하는 것이 산이나 진펄이 스스로 그 재목을 사용하지 못하는 것과 같다는 것이다.

樞(≪毛詩品物圖攷≫)

子有衣裳이나 **弗曳弗婁**며 **子有車馬**나 **弗馳弗驅**라가

그대 좋은 옷 있지만

멋 부려 입지 않고

그대 말과 수레 있지만

달리지 않고 몰지 않다가

【傳】 **婁**는 **亦曳**[1]**也**라 ○ **婁**를 **馬云牽也**라

1) 曳 : '옷자락을 끌다.'는 뜻이다. 따라서 '멋을 부려 옷을 입는다.'는 뜻으로 번역하였다.

婁도 '끄는 것'이다.

○ 婁를 馬融은 '牽(끌다)'이라고 하였다.

宛其死矣어든 **他人是愉**리라

병들어 죽게 되면

다른 사람이 즐기리라

【傳】 宛은 死貌요 愉는 樂也라

宛은 죽은 모습이고 愉는 '즐거움'이다.

【箋】 箋云 愉는 讀曰偸니 偸取也라 ○ 宛은 本亦作苑이라 愉는 毛以朱反이요 鄭作偸

箋云 : 愉는 偸로 읽으니 훔쳐서 가지는 것이다.

○ 宛은 苑으로 되어있는 본도 있다. 愉는 毛亨은 독음을 以와 朱의 반절로 여기고 鄭玄은 偸로 여겼다.

【疏】 '山有'至'是愉' ○ 毛以愉爲樂. ○ 鄭以愉爲取, 言他人將取之. 餘同.

經의 〔山有〕에서 〔是愉〕까지

○ 毛亨은 愉를 '즐거움'으로 여겼다.

○ 鄭玄는 愉를 '취함'으로 여겼으니, 다른 사람이 취하게 될 것임을 말한다. 나머지는 같다.

【疏】 傳'樞荎' ○ 正義曰 : 釋木文. 郭璞曰 "今之刺楡也."

傳의 〔樞 荎〕

○ 正義曰 : ≪爾雅≫ 〈釋木〉의 글이다. 郭璞은 "지금의 시무나무이다."라고 하였다.

【疏】 傳'婁 亦曳' ○ 正義曰 : 曳者, 衣裳在身, 行必曳之. 婁與曳連, 則同爲一事. 走馬謂之馳, 策馬謂之驅. 驅・馳俱是乘車之事, 則曳・婁俱是著衣之事, 故云'婁亦曳'也.

傳의 〔婁亦曳〕

○ 正義曰 : 曳는, 의상을 몸에 걸치면 걸을 때 반드시 끌리는 것이다. 婁와 曳가 이어져 있으니 모두 하나의 일이다. 말을 타고 달리는 것을 '馳'라고 하고 말에 채찍질하는 것을 '驅'라고 한다. 驅와 馳는 모두 수레를 타는 일이니, 그렇다면 曳와 婁도 모두 옷을 입는 일이다. 그래서 '婁 亦曳'이라고 한 것이다.

【疏】 傳'愉樂' ○ 正義曰 : 釋詁文.

傳의 〔愉 樂〕

○ 正義曰 : ≪爾雅≫ 〈釋詁〉의 글이다.

【疏】 箋'愉讀'至'偸取' ○ 正義曰 : 以下云'是保', 謂得而居之, '入室' 謂居而有之, 故易傳以愉爲偸, 言偸盜取之.

箋의 〔愉讀〕에서 〔偸取〕까지

○ 正義曰 : 아래 經文에서 말한 '是保'는 차지하여 기거하는 것을 말하고, '入室'은 기거하여 소유하는 것을 말한다. 그리하여 傳을 바꾸어 '愉'를 '偸'라고 한 것이니, 훔쳐 가지는 것을 말한다.

山有栲며 隰有杻(뉴)니라

산에는 붉나무

진펄에는 감탕나무 있느니라

【傳】 栲는 山樗(저)요 杻는 檍也라

栲는 붉나무이고 杻는 감탕나무이다.

【疏】 傳'栲山樗 杻檍' ○ 正義曰 : 皆釋木文. 舍人曰 "栲名山樗, 杻名檍." 郭璞曰 "栲, 似樗, 色小而白, 生山中, 因名云. 亦類漆樹, 俗語曰 '櫄(춘)·樗·栲·漆, 相似如一.'" 陸機疏云 "山樗與下田樗, 略無異, 葉似差狹耳. 吳人, 以其葉爲茗." 方俗無名, 此爲栲者, 似誤也. 今所云爲栲者, 葉如櫟木, 皮厚數寸, 可爲車輻, 或謂之栲櫟. 許愼正以栲讀爲穋, 今人言栲, 失其聲耳.

傳의 〔栲山樗 杻檍〕

○ 正義曰 : 모두 ≪爾雅≫ 〈釋木〉의 글이다. 舍人은 "栲의 이름은 山樗(산가죽나무)이고 杻의 이름은 檍(감탕나무)이다."라고 하였는데, 郭璞은 "栲는 가죽나무와 비슷하고 색은 조금 희며 산 속에서 자라므로 이 때문에 山樗라고 한 것이다. 또한 옻나무와 비슷한데 俗語에는 '참죽나무, 가죽나무, 산가죽나무, 옻나무는 서로 비슷하여 한 나무와 같다.'라고 한다."라고 하였고, 陸機의 ≪毛詩草木鳥獸蟲魚疏≫에 "〈栲는〉 山樗와 下田

檸와 대략 차이가 없으니 잎이 비슷하면서 조금 좁을 뿐이다. 吳人은 잎으로 차를 만든다."라고 하였는데 지금 속어에는 이름이 없으니 이것을 栲라고 한 것은 잘못인 듯하다. 지금 栲라고 하는 것은 잎이 떡갈나무와 같고 껍질의 두께가 數寸이나 되며 수레의 바퀴살 통을 만들 수 있으니, 그것을 栲櫟이라고도 부른다. 許愼은 栲의 讀音을 穆로 정정하였으니, 지금 사람들이 栲라고 말하는 것은 그 음이 잘못된 것이다.

【疏】 杻, 檍也, 葉似杏而尖, 白色, 皮正赤. 爲木多曲少直, 枝葉茂好. 二月中, 葉疏, 華如(練)〔楝(련)〕[1]而細, 蕊(예)正白, 蓋樹. 今官園種之, 正名曰萬歲, 旣取名於億萬, 其葉又好, 故種之. 共汲山下人 或謂之牛筋, 或謂之檍, 材可爲弓弩幹也.

1) (練)〔楝(련)〕: 저본의 교감기에 따라 '楝'으로 번역하였다.

杻는 감탕나무이니 잎은 살구나무와 비슷한데 뾰쪽하고 흰색이며 껍질은 짙은 赤色이다. 나무줄기는 굽은 것이 많고 곧은 것이 적으며 가지와 잎이 무성하고 아름답다. 二月에는 잎이 성글고 꽃은 멀구슬나무와 같은데 가늘며 꽃술은 순백색이며 나무를 덮는다. 지금 관청의 뜰에 심고 이름을 바로잡아 萬歲라고 한다. 이름을 億萬에서 취했고 잎이 또 아름답기 때문에 심는 것이다. 共汲山 아래 사람들은 그것을 '牛筋'이라고도 하고 혹은 감탕나무라고도 하니 재목은 弓弩의 몸통을 만들 만하다.

子有廷內호대 弗洒(쇄)弗(埽)〔掃〕[1]하며 子有鍾鼓호대 弗鼓弗考라가

1) (埽)〔掃〕: 저본의 교감기에 따라 '掃'로 번역하였다.

그대 뜰이 있으나
물 뿌리고 쓸지 않으며
그대 종과 북 있으나
두드리지 않고 치지 않다가

【傳】 洒는 灑(쇄)也요 考는 擊也라 ○ 鼓如字니 本或作擊이나 非라

洒는 물 뿌리는 것이고, 考는 치는 것이다.

○ 鼓는 본음대로 읽으니 '擊'으로 되어있는 본이 있으나 잘못이다.

宛其死矣어든 **他人是保**리라

병들어 죽게되면

남이 편안하게 사용하리라

【傳】 保는 安也라

保는 '편안함'이다.

【箋】 箋云 保는 居也라

箋云 : 保는 '차지함'이다.

【疏】 傳'洒灑 考擊' ○ 正義曰 : 洒謂以水濕地而埽之, 故轉爲灑, 灑是散水之名也.

傳의 〔洒灑 考擊〕

○ 正義曰 : 洒는 물로 땅을 적시고 쓰는 것을 말한다. 그리하여 바꾸어 灑라고 한 것이니, 灑는 물을 뿌리는 것이다.

【疏】 傳'保安' 箋'保居' ○ 正義曰 : 二者, 皆爾雅無文, 傳・箋, 各以義言之. 上云'他人是愉', 謂得己樂以爲樂, 此云'他人是保', 謂得己之安以爲安, 故傳訓保爲安也. 箋以下云'他人入室', 則是居而有之, 故易傳以保爲居.

傳의 〔保安〕과 箋의 〔保居〕

○ 正義曰 : 두 가지는 모두 ≪爾雅≫에 글이 없으니, 傳과 箋은 각각 〈자신의〉 뜻을 말한 것이다. 〈傳은〉 위 章의 經에서 '他人是愉'라고 한 것을 〈다른 사람이〉 자신의 즐거움을 얻어 즐거움으로 삼을 것을 말한 것으로 여기고, 이 章에서 '他人是保'라고 한 것을 자기의 편안함을 얻어 편안함으로 삼을 것을 말한 것으로 여겼다. 그리하여 傳은 保를 해석하여 '安'이라 한 것이다. 箋은 아래 章에서 '他人入室'이라고 하였으니, 그렇다면 이는 차지하여 소유한 것이다. 그리하여 傳을 바꾸어 保를 '居'라고 한 것이다.

山有漆이며 **隰有栗**이니라 **子有酒食**호대 **何不日鼓瑟**하여

산에는 옻나무

진펄에는 밤나무 있네
그대 술과 밥 있는데
어찌하여 날마다 비파 타서

【傳】君子는 無故琴瑟不離於側이라 ○ 漆은 木名이라

君子는 變故가 없으면 거문고 비파를 멀리하지 않는다.
○ 漆은 나무의 이름이다.

且以喜樂하며 且以永日고

기뻐하고 즐기며
날마다 길게 보내지 않는가

【傳】永은 引也라

永은 '길게 함'이다.

宛其死矣어든 他人入室하리라

병들어 죽게되면
남이 집에 들어오리라

【疏】'子有'至'永日' ○ 正義曰：責昭公, 言子旣有酒食矣, 何不日日鼓瑟, (有)〔自〕[1]飮食之, 且得以喜樂己身, 且可以永長此日, 何故弗爲乎. 言永日者, 人而無事, 則長日難度, 若飮食作樂, 則忘憂愁, 可以永長此日. 白駒云"以永今朝." 意亦與此同也.

1) (有)〔自〕: 저본의 교감기에 따라 '自'로 번역하였다.

經의 〔子有〕에서 〔永日〕까지
○ 正義曰 : 昭公을 책망하여, "그대 술과 음식이 있으니, 어찌 날마다 비파를 타면서 스스로 마시고 먹지 않는가. 자신을 기쁘고 즐겁게 할 수 있고 이 날을 길게 보낼 수 있는데 무슨 이유로 누리지 않는가."라고 한 것이다. '永日'이라고 한 것은 사람이 일이 없으면 긴 하루를 보내기 어렵지만, 만약 마시고 먹으며 음악을 연주한다면 근

심을 잊어 이 날을 길게 즐길 수 있는 것이다. 〈小雅 白駒〉에 "오늘 아침을 길게 늘이리라."라고 하였으니, 뜻이 또한 이와 같다.

【疏】傳'君子'至'於側' ○ 正義曰：曲禮下云 "君無故玉不去身, 大夫無故不徹懸, 士無故不徹琴瑟." 注云 "憂樂不相干也, 故謂災患喪病." 彼量其所有, 節級立文, 此言君子, 摠謂大夫士以上也. 以經云'日鼓瑟', 則是日日用之, 故言不離於其側. 定本云'君子琴瑟不離於側', 少無故二字, 恐非也.

傳의 〔君子〕에서 〔於側〕까지

○ 正義曰：≪禮記≫ 〈曲禮 下〉에 "군주는 變故가 없으면 옥을 몸에서 떼어놓지 않고, 大夫는 변고가 없으면 걸어놓은 악기를 치우지 않으며, 士는 변고가 없으면 거문고와 비파를 치우지 않는다."라고 하였는데, 注에 "근심과 즐거움은 상관이 없는 것이고, 故는 재해와 환란, 喪事와 질병을 말한다."라고 하였으니, 거기서는 소유한 물건을 헤아려 차례로 글을 만든 것이고, 이 시에서 말한 군자는 大夫와 士 이상을 총괄하여 말한 것이다. 經에서 '日鼓瑟'이라 하였으니, 이는 날마다 사용한 것이다. 그리하여 그 곁에서 치우지 않음을 말한 것이다. 定本에는 '君子琴瑟不離於側'이라고 하여 '無故' 두 글자가 없으니 잘못된 듯하다.

山有樞 三章이니 **章八句**라

〈山有樞〉 3章이니 章마다 8句이다.

揚之水(양지수)

【序】揚之水는 **刺晉昭公也**라 **昭公**이 **分國以封沃**이러니 **沃盛强**하고 **昭公微弱**하니 **國人**이 **將叛而歸沃焉**이라

〈揚之水〉는 晉 昭公을 풍자한 詩이다.

昭公이 나라를 나누어 沃을 봉했는데 沃은 강성해지고 소공은 미약해지니, 國人이 배반하여 沃으로 귀의하려 하였다.

【箋】封沃者는 封叔父桓叔于沃也라 沃은 曲沃이니 晉之邑也라

封沃은 叔父인 桓叔을 沃에 봉한 것이다. 沃은 曲沃이니 晉의 邑이다.

【疏】'揚之水(三章 二章章六句 一章四句)'至'沃焉' ○ 正義曰：作揚之水詩者, 刺晉昭公也. 昭公, 分其國地以封沃國, 謂封叔父桓叔於曲沃之邑也. 桓叔有德, 沃是大都, 沃國日以盛强, 昭公國旣削小、身又無德, 其國日以微弱, 故晉國之人, 皆將叛而歸於沃國焉. 昭公分國封沃, 已爲不可, 國人將叛, 又不能撫之也. 故刺之. 此刺昭公, 經皆陳桓叔之德者, 由昭公無德而微弱, 桓叔有德而盛强, 國人叛從桓叔, 昭公之國危矣, 而昭公不知, 故陳桓叔有德, 民樂從之, 所以刺昭公也.

序의 〔揚之水〕에서 〔沃焉〕까지

○ 正義曰：〈揚之水〉 詩를 지은 것은 晉 昭公을 풍자한 것이다.

昭公이 자신의 영토를 나누어 沃國을 봉한 것은 숙부 桓叔을 曲沃의 邑에 봉한 것을 말한다. 환숙이 덕이 있고 곡옥이 큰 도읍이어서 옥국은 날로 강성해지는데, 소공은 나라가 나뉘어 작아졌고 자신은 또 덕이 없어 나라가 날로 미약해졌다. 그리하여 晉國의 사람들이 모두 배반하여 옥국으로 가고자 한 것이다. 소공이 나라를 나누어 곡옥을 봉한 것은 해서는 안 될 일이었고, 國人이 배반하려 하는데도 또 다스리지 못했다. 그리하여 풍자한 것이다. 이 시는 소공을 풍자한 것이지만 經文에서 모두 환숙의 덕을 말한 것은, 소공은 덕이 없고 미약한데 환숙은 덕이 있고 강성하여 國人이 배반하여 환숙을 따르니, 소공의 나라가 위태로운데도 소공이 알지 못하였기 때문이다. 그리하여 환숙이 덕이 있어 백성이 기꺼이 따랐음을 말하였으니, 이 때문에 소공을 풍자한 것이다.

【疏】箋'封沃'至'之邑' ○ 正義曰：封沃者, 使專有之, 別爲沃國, 不復屬晉, 故云'以封沃'也. 桓二年左傳云 "初晉穆侯之夫人姜氏, 以條之役生太子, 命之曰仇, 其弟以千畝之戰生, 命曰成師. 師服曰 '異哉, 君之名子也, 嘉耦曰妃, 怨耦曰仇, 古之命也. 今君命太子曰仇, 弟曰成師, 始兆亂矣, 兄其替乎.' 惠之二十四年, 晉始亂, 故封桓叔於曲沃, 師服曰 '吾聞「國家之立也, 本大而末小, 是以能固.」故天子建國, 諸侯立家, 今晉甸(전)侯也, 而建國, 本旣弱矣, 其能久乎.' 惠之三十年, 晉潘父弑昭侯而納桓叔, 不克." 是封桓叔於沃之事也. 此邑本名曲沃, 序單言沃, 則旣封之後, 謂之沃國, 故云'沃曲沃'也. 地理志云 "河東聞喜縣, 故曲沃也, 武帝元鼎六年, 行過更名." 應劭曰 "武帝

於此聞南越破, 改曰聞喜."

箋의 〔封沃〕에서 〔之邑〕

○ 正義曰 : '封沃'은 그 땅을 오로지 소유하게 하여 따로 沃國이 된 것이니, 다시 晉에 속하지 않았다. 그리하여 '以封沃'이라고 한 것이다. ≪春秋左氏傳≫ 桓公 2년에 "당초에 晉 穆侯의 夫人 姜氏가 條의 전쟁 때에 太子를 낳으니 그 이름을 '仇'라 하고, 그의 동생이 千畝의 전쟁 때 태어나니 그 이름을 '成師'라 하였다. 師服이 말하기를 '怪異하다. 군주가 아들들의 이름을 지음이여! 좋은 짝을 '妃'라 하고 원수 같은 짝을 '仇'라 하는 것이 古代의 명칭이었다. 지금 군주가 태자의 이름을 '仇'라 하고, 아우의 이름을 '成師'라 하였으니, 이는 亂의 조짐을 豫示한 것이다. 兄이 아마도 衰微해질 것이다.'라고 하였다. 惠公 24년에 晉이 비로소 어지러웠다. 그리하여 桓叔을 曲沃에 봉했는데, 師服이 말하기를 '내가 듣건대 「국가의 存立은 〈나무와 같아서〉 根幹이 크고 枝葉이 작다. 이 때문에 견고할 수 있다.」라고 하였다. 그리하여 天子는 나라(諸侯)를 세우고 諸侯는 경대부(家)를 세우는 것인데, 지금 晉은 甸服의 諸侯로서 〈천자와 같이〉 나라를 세웠으니, 근본이 이미 쇠약해졌다. 어찌 오래갈 수 있겠는가.'라고 하였다. 혜공 30년에 晉 潘父가 昭侯를 죽이고 환숙을 맞이하여 〈왕으로 세우려고 하였는데〉 이루지 못했다."라고 하였으니, 이것이 환숙을 곡옥에 봉한 일이다. 이 邑은 본래의 명칭이 곡옥인데 序에서 한 글자로 '沃'이라 한 것은 봉해진 뒤에 沃國이라고 하였기 때문이다. 그리하여 '沃 曲沃'이라고 한 것이다. ≪漢書≫ 〈地理志〉에 "河東의 聞喜縣이 옛 곡옥이니, 武帝가 元鼎 6년에 지나가다가 이름을 고쳤다."라고 하였는데, 應劭가 "무제가 이곳에서 南越이 격파되었다는 말을 듣고 聞喜로 개명하였다."라고 하였다.

揚之水여 白石鑿(착)鑿이로다

세차게 흐르는 물에
흰 돌이 선명하네

【傳】 興也라 鑿鑿然은 鮮明貌라

興이다. 鑿鑿然은 선명한 모양이다.

【箋】 箋云 激揚之水 激流湍疾하여 洗去垢濁하여 使白石鑿鑿然이라 興者는 喩桓叔盛彊하여

除民所惡(오)하여 民得以有禮義也라 ○ 惡는 烏路反이요 又如字라

箋云 : 세차게 흐르는 물이 급히 여울져 흘러 더러운 것을 씻어내어 흰 돌을 선명하게 한 것이다. 興한 것은 桓叔의 나라가 강성해져 백성이 싫어하는 것을 제거하여 백성이 예의가 있을 수 있게 함을 비유한 것이다.

○ 惡는 烏와 路의 反切이다. 또 본음대로도 읽는다.

素衣朱襮(박)으로 從子于沃하리라

흰 옷에 붉은 옷깃으로
그대를 따라 곡옥으로 가리라

【傳】 襮은 領也라 諸侯는 繡黼(보)丹朱中衣라 沃은 曲沃也라

襮은 옷깃이다. 諸侯는 도끼의 문양을 수놓고 붉은 비단으로 가선을 두른 中衣를 입는다. 沃은 曲沃이다.

【箋】 箋云 繡는 當爲綃(초)니 綃黼丹朱中衣니 中衣以綃黼爲領하고 丹朱爲純(준)也라 國人이 欲進此服去從桓叔이라 ○ 繡는 衆家申毛하여 竝依字니 下文同이라 鄭改爲宵(초)하니 本作綃라

箋云 : 繡는 綃가 되어야 하니, 도끼 문양을 수놓은 얇은 비단에 붉은 비단으로 가선을 두른 中衣이다. 中衣는 수를 놓은 얇은 비단으로 옷깃을 만들고 붉은 색으로 가선을 두른 것이다. 國人이 이 옷을 올리고자 떠나가 환숙을 따르고자 한 것이다.

○ 繡는 諸家들이 毛亨의 뜻을 거듭하여 모두 글자의 뜻에 따랐으니 아래 글도 같다. 鄭玄은 고쳐 宵로 하였는데, 綃로 된 본도 있다.

黼(≪三才圖會≫)

旣見君子하니 云何不樂이리오

군자를 보았으니
어찌 즐겁지 않으리오

【箋】 箋云 君子謂桓叔이라

箋云：君子는 桓叔을 말한다.

【疏】‘揚之水’至‘不樂’ ○ 正義曰：言激揚之水, 波流湍疾, 行於石上, 洗去石之垢穢, 使白石鑿鑿然而鮮明, 以興桓叔之德, 政教寬明, 行於民上, 除去民之疾惡, 使沃國之民, 皆得有禮義也. 桓叔既有善政, 其國日以盛彊, 晉國之民, 皆欲叛而從之. 以素爲衣, 丹朱爲緣, 綃黼爲領, 此諸侯之中衣也. 國人, 欲得造制此素衣朱襮之服, 進之以從子桓叔于沃國也. 國人, 惟欲歸于沃, 惟恐不見桓叔, 皆云‘我既得見此君子桓叔, 則云何乎而得不樂’, 言其實樂也. 桓叔之得民心如是, 民將叛而從之, 而昭公不知, 故刺之.

經의 〔揚之水〕에서 〔不樂〕까지

○ 正義曰：세차게 흐르는 물이 빠르게 여울져 흘러 돌 위를 지나면서 돌의 더러운 것을 씻어내어 흰 돌을 깨끗하고 선명하게 함을 말하여, 桓叔의 덕이 정치와 교화에 너그럽고 현명하여 백성에게 행해지면서 백성이 싫어하는 것을 없애서 沃國의 백성으로 하여금 모두 예의가 있게 하였음을 興한 것이다. 환숙이 선정을 베풀어 나라가 날로 강성해지니, 晉나라의 백성이 모두 배반하여 환숙을 따르고자 하였다. 흰색 생 비단〔生帛〕으로 옷을 만들어 붉은 색으로 가선을 하고 도끼 문양을 수놓은 비단으로 옷깃을 만들었으니, 이는 제후의 中衣이다. 國人이 이 흰 옷에 붉은 옷깃을 한 의복을 만들어 올리고 沃國으로 가서 환숙을 따르고자 하였다. 國人이 沃으로 돌아갈 것만 바라고 환숙을 보지 못할 것만을 걱정하여 모두 말하기를 “내 이 군자 환숙을 보았으니 어찌 즐겁지 않겠는가.”라고 한 것이니, 참으로 즐거움을 말한 것이다. 환숙이 백성의 마음을 얻은 것이 이와 같고 백성이 배반하여 그를 따르고자 하는데도 昭公이 알지 못했다. 그리하여 풍자한 것이다.

【疏】傳‘襮領’至‘曲沃’ ○ 正義曰：釋器云 “黼領謂之襮.” 孫炎曰 “繡刺黼文以褗(언)領.” 是襮爲領也. 郊特牲云 “繡黼丹朱中衣, 大夫之僭禮也.” 大夫服之則爲僭, 知諸侯當服之也. 中衣者, 朝服祭服之裏衣也, 其制如深衣, 故禮記深衣目錄云 “深衣, 連衣裳而純(준)之以綵者, 有表則謂之中衣. 大夫以上, 祭服中衣用素, 詩云‘素衣朱襮’, 玉藻云‘以帛裏布, 非禮也.’ 士祭以朝服, 中衣以布, 明矣.” 是言中衣之制與深衣同也, 其異者, 中衣之袖小長耳. 玉藻云 “中衣繼揜尺.” 注云 “中衣繼袂揜一尺, 深衣緣而已.” 是

中衣之袖長也.

傳의 〔襮領〕에서 〔曲沃〕까지

○ 正義曰 : ≪爾雅≫ 〈釋器〉에 "도끼 문양을 수놓은 옷깃〔黼領〕을 襮이라고 한다."라고 하였는데, 孫炎은 "도끼 문양을 수놓은 옷깃이다."라고 하였으니, 이것이 襮을 옷깃이라 한 것이다. ≪禮記≫ 〈郊特牲〉에 "中衣에 도끼 문양을 수놓고 붉은 비단으로 가선을 두른 것은 大夫의 참람한 禮이다."라고 하였으니, 大夫가 입으면 참람한 것이면 諸侯가 입어야 하는 것임을 알 수 있다. 中衣는 朝服과 祭服의 속옷이니, 그 제도는 深衣와 같다. 그리하여 鄭玄이 ≪禮記≫의 深衣를 주석한 目錄에 "深衣는 上衣와 下裳을 연결하고 채색으로 가선을 두른 것이니 겉옷이 있는 경우에는 中衣라고 부른다. 大夫 이상은 祭服의 中衣에 生帛을 사용하니, ≪詩經≫ 〈揚之水〉에 '生帛에 붉은 옷깃'이라 하고 ≪禮記≫ 〈玉藻〉에 '비단으로 삼베옷의 속옷을 만드는 것은 예가 아니다.'라고 하였으니, 士는 朝服으로 제사를 지내고 삼베로 中衣를 만드는 것이 분명하다."라고 하였다. 이는 中衣의 제도가 深衣와 같음을 말한 것이니, 다른 것은 中衣의 소매가 좁고 길 뿐이다. 〈玉藻〉에 "中衣는 이어 붙여서 가리는 것이 한 자이다."라고 하였는데 注에 "中衣는 소매의 끝을 이어 붙여서 가리는 것이 한 자이고 深衣는 가선을 두른 것일 뿐이다."라고 하였으니, 이것이 中衣의 소매가 긴 것이다.

深衣前圖(≪三才圖會≫)

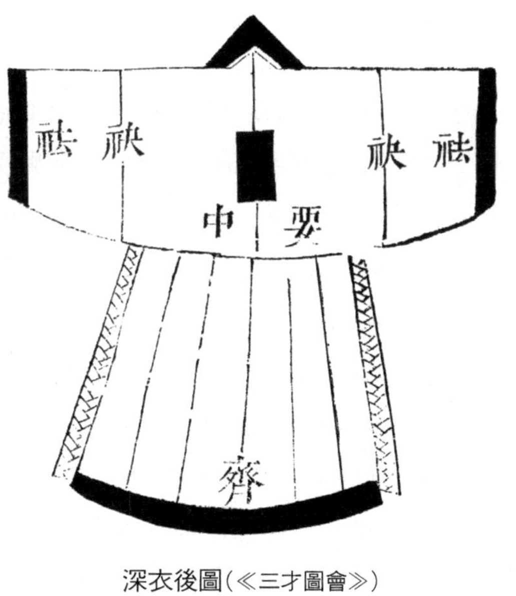

深衣後圖(≪三才圖會≫)

【疏】言大夫祭服中衣用素者, 謂自祭耳. 其助祭則士服爵弁之服, 以絲爲衣, 則士以上助祭之服中衣, 皆用素也. 少牢饋食之禮[1], 是大夫自祭家廟, 其服用朝服, 朝服以布爲之, 則中衣亦用布矣. 而深衣目錄云"大夫祭服, 中衣用素"者, 謂大國之孤也. 雜記云"大夫冕而祭于公, 弁而祭于己." 注"弁而祭於己, 唯孤耳, 弁謂爵弁." 爵弁是絲衣, 明中衣亦用素.

1) 少牢饋食之禮 : 少牢를 사용하여 익힌 음식을 올리며 매달 초하루에 사당에 고하는 제례이다.

大夫의 祭服은 中衣에 生帛을 쓴다고 한 것은 스스로 〈자기의 사당에〉 제사를 지내는 경우를 말한다. 〈군주의〉 제사를 도울 경우 士는 爵弁服을 입으니, 〈작변복은〉 비단으로 옷을 만든다. 그렇다면 士 이상이 제사를 도울 때 입는 中衣는 모두 生帛을 쓴 것이다. 少牢饋食禮는 대부가 스스로 家廟에 제사를 지내는 것이니 그 옷은 朝服을 사용하고, 조복은 베로 만든다. 그렇다면 中衣도 布를 쓰는 것이다. 鄭玄이 深衣를 주석한 目錄에 "大夫의 祭服은 中衣에 生帛을 쓴다."고 한 것은 大國의 孤卿(少師・少傅・少保)을 말한 것이고, ≪禮記≫ 〈雜記〉에 "大夫는 冕服으로 군주의 제사를 돕고 弁服으로 자기의 사당에서 제사를 지낸다."라고 하였는데, 注에 "弁服으로 자기의 사당에서 제사를 지내는 것은 孤卿의 경우이니 弁은 爵弁을 말한다."라고 하였으니, 爵弁은 비단으로 만든 옷으로 분명 中衣도 生帛을 사용한 것이다.

【疏】用素則同, 不必以繡黼爲領, 繡黼唯諸侯乃得服之耳. 晉封桓叔於沃, 別爲諸侯之國, 故晉人欲以諸侯之服往從之. 桓叔雖受封於晉, 正是晉自封之, 非天子之命. 天子不賜以爵, 晉是諸侯, 不得以爵賜諸侯. 桓叔・莊伯, 皆以字配謚, 蓋雖君其國, 未有爵命. 左傳每云曲沃伯, 或可自稱伯也. 傳不注序, 故於此解沃爲曲沃也.

生帛을 사용한 것이 같다면 굳이 도끼의 문양을 수놓은 것〔繡黼〕으로 옷깃을 만들지는 않았을 것이니, 繡黼는 諸侯라야만 입을 수 있는 것이다. 晉이 桓叔을 沃에 봉하여 따로 제후의 나라가 되었으므로 晉人이 제후의 옷을 가지고 가서 따르려고 한 것이다. 환숙이 비록 晉에게 봉해졌지만 바로 晉이 스스로 봉한 것이고, 天子가 명한 것은 아니다. 천자가 爵位를 내리지 않았고 晉은 제후이니 작위를 제후에게 내릴 수 없다. 환숙과 莊伯은 모두 字로 시호에 짝하였으니, 이는 비록 그 나라의 군주가 되었지만 아직 爵命이 없었기 때문이다. ≪春秋左氏傳≫에 매양 '曲沃伯'이라고 하였으니, 아마도 스스로 伯이라고 칭했을 것이다. 傳은 序를 주석하지 않으므로 여기에 '沃'이 '曲沃'임을 풀이한 것이다.

【疏】 箋'繡當'至'桓叔' ○ 正義曰：傳之所言, 郊特牲文, 彼注云"繡黼丹朱, 以爲中衣領緣也. 繡讀爲綃, 綃, 繒名." 引詩云'素衣朱綃', 彼注此箋, 皆破繡爲綃者, 以其黼之與繡, 共作中衣之領. 案考工記云"白與黑謂之黼, 五色備謂之繡." 若五色聚居, 則白黑共爲繡文, 不得別爲黼稱, 繡黼不得同處, 明知非繡字也, 故破繡爲綃. 綃是繒名, 士昏禮注, 引詩云'素衣朱綃', 魯詩, 以綃爲綺屬, 然則綃是繒綺別名. 於此綃上, 刺爲(繡)〔黼〕[1]文, 故謂之綃黼也. 綃上刺黼以爲衣領, 然後名之爲襮, 故爾雅黼領謂之襮, 襮爲領之別名也. 案此下章作'素衣朱繡', 而郊特牲及士昏禮二注, 引詩皆作'素衣朱綃'者, 箋破此傳繡當爲綃, 下章繡字亦破爲綃, 箋不言者, 從此而略之耳.

1) (繡)〔黼〕: 저본의 교감기에 따라 '黼'로 번역하였다.

箋의 〔繡當〕에서 〔桓叔〕까지

○ 正義曰：傳에서 말한 '繡黼丹朱中衣'는 ≪禮記≫ 〈郊特牲〉의 글인데, 注에 "도끼 문양을 수놓고 붉은 비단으로 가선을 둘러 中衣의 옷깃을 만든 것이다. 繡는 綃로 읽으니, 綃는 비단의 명칭이다."라고 하고 이 詩의 '素衣朱繡'를 인용하면서 '素衣朱綃'라고 하였으니, 〈郊特牲〉의 注와 이 詩의 箋이 모두 繡를 고쳐서 綃라고 한 것은 黼와 繡가 모두 中衣의 옷깃을 만들기 때문이다. 살펴보면 ≪周禮≫ 〈考工記〉에 "흰 색과 검은 색을 黼라고 하고, 五色이 갖추어진 것을 繡라고 한다."라고 하였으니, 五色이 모여 있다면 〈그 안의〉 흰 색과 검은 색도 모두 繡를 놓은 문양이 되니 따로 黼라고 칭할 수 없고, 繡와 黼를 함께 사용할 수 없으니 분명 繡字가 아님을 알 수 있다. 그리하여 繡를 고쳐서 綃라고 한 것이다. 綃는 비단〔繒〕의 명칭이다. ≪儀禮≫ 〈士昏禮〉의 注에 ≪詩經≫을 인용하면서 '素衣朱綃'라고 하였고, ≪魯詩≫에 綃를 비단〔綺〕의 등속이라고 하였으니, 그렇다면 綃는 繒과 綺의 다른 명칭이다. 이 비단〔綃〕 위에 수를 놓아 도끼 문양을 만들기 때문에 '綃黼'라고 한 것이다. 비단 위에 黼를 수놓아 옷깃을 만들고 그런 다음에 그것을 襮이라고 부른다. 그리하여 ≪爾雅≫ 〈釋器〉에 "黼領을 襮이라고 한다."라고 한 것이니, 襮은 옷깃의 다른 명칭이다. 살펴보면 아래 章에 '素衣朱繡'라고 되어있는데 〈郊特牲〉과 〈士昏禮〉의 두 注에서 詩를 인용하면서 모두 '素衣朱綃'라 하였으니, 〈그 때문에〉 箋에서 이 傳을 고쳐서 繡가 綃가 되어야 한다고 한 것이다. 아래 章의 繡도 綃로 고쳤지만 箋에서 말하지 않은 것은 이 箋을 따라 생략한 것이다.

【疏】此已破爲綃, 禮記注從破引之, 猶月令云"鮮羔開冰." 注云"鮮當爲獻." 七月引之, 徑作'獻羔開冰', 與此同也. 此則鄭之說耳, 案下章傳"繡 黼也." 則是以繡爲義, 未必如鄭爲綃也. 如傳意, 繡得爲黼者, 繢(회)是畫, 繡是刺之, 雖五色備具, 乃成爲繡, 初刺一色, 卽是作繡之法, 故繡爲刺名. 傳言繡黼者, 謂於繒之上繡刺以爲黼, 非訓繡爲黼也. 孫炎注爾雅云"繡刺黼文以褗領." 是取毛繡黼爲義, 其意不與箋同, 不破繡字, 義亦通也. 箋以'素衣朱襮'之下, 卽云'從子于沃', 故言晉國之人, 欲進此服, 去從桓叔, 言民愛之, 欲以衣往耳, 國君之衣, 非民爲之也.

〈鄭玄이〉 여기에서 綃로 고쳤는데, ≪禮記≫의 注에서도 고친 것을 따라 인용하였으니, 마치 〈月令〉에 "염소를 바치고 얼음 창고를 열어〔鮮羔開冰〕"라고 하였는데 注에서 "鮮은 '獻(바치다)'이 되어야 한다."라고 한 것과 같다. 〈豳風 七月〉에 이를 인용하여 바로 '獻羔開冰'이라고 하였으니 여기와 같은 방식이다. 이것은 鄭玄의 설일 뿐이다. 下章의 傳에 "繡는 黼이다."라고 한 것을 살펴보면 이는 繡를 본뜻으로 여긴 것이니, 鄭玄이 綃로 여긴 것과는 다르다. 傳의 뜻과 같이 繡가 문양을 수놓은 것〔黼〕이 됨은, 繢는 그림이고 繡는 수놓는 것이니, 비록 5색이 갖추어져야 수가 완성되지만 처음 한 색으로 놓는 것이 바로 수놓는 법이다. 그리하여 繡가 수놓는 것의 명칭이 되는 것이다. 傳에서 '繡 黼'라고 한 것은 비단의 위에 수를 놓아 도끼 문양을 만든 것을 말한 것이지 繡의 뜻을 黼라고 한 것이 아니다. 孫炎이 ≪爾雅≫를 주석하여 "도끼모양을 수놓은 옷깃이다."라고 하였으니, 이는 毛亨의 '繡 黼'를 취하여 뜻으로 삼은 것이다. 그 뜻이 箋과 같지 않으니 繡를 고치지 않아도 뜻이 또한 통한다. 箋은 〈經文의〉 '素衣朱襮'의 아래에 바로 '從子于沃'이 있기 때문에 "晉國의 사람들이 이 옷을 올리려고 가서 桓叔을 따르고자 한 것이다."라고 하였으니, 백성이 그를 사랑하여 옷을 가지고 가려고 한 것이라고 말한 것일 뿐이다. 군주의 옷은 백성이 만드는 것이 아니다.

揚之水여 白石皓皓[1)]로다

1) 皓皓 : 교감기에는 '晧晧'로 교감하였으나, 통상적으로 '皓皓'를 사용하고 글자의 의미가 같으므로 그대로 사용하였다.

세차게 흐르는 물이여

白石이 깨끗하고 희네

【傳】 皓皓는 潔白也라

皓皓는 깨끗하고 흰 것이다.

素衣朱繡로 從子于鵠하리라

흰 옷에 붉은 문양 수놓아
그대를 따라 鵠으로 가리라

【傳】 繡는 黼也라 鵠은 曲沃邑也라

繡는 도끼 문양을 수놓은 것이다. 鵠은 曲沃의 邑이다.

【疏】 傳'鵠 曲沃邑' ○ 正義曰：晉封桓叔於曲沃, 非獨一邑而已. 其都在曲沃, 其傍更有邑, 故云'鵠 曲沃邑也'.

傳의 〔鵠曲沃邑〕

○ 正義曰：晉이 桓叔을 曲沃에 봉했으나 한 고을뿐만이 아니다. 도성은 曲沃에 있고 주변에 다시 邑이 있는 것이다. 그리하여 '鵠 曲沃邑也'라고 한 것이다.

旣見君子하니 云何其憂리오

군자를 만났으니
무슨 근심 있다하리

【傳】 言無憂也라

근심이 없음을 말한 것이다.

揚之水여 白石粼粼(린린)이로다

세차게 흐르는 물이여
白石이 환히 보이네

【傳】 粼粼은 淸澈也라 ○ 粼은 本又作磷하니 同이라 澈은 或作徹이나 誤라

粼粼은 맑고 투명한 것이다.

○ 粼은 磷으로 되어있는 본도 있으니 의미는 같다. 澈은 徹로 되어있기도 하나 잘못이다.

我聞有命이나 不敢以告人이로다

훌륭한 政令 있음을 들었으나
감히 남에게 알리지 못하노라

【傳】 聞曲沃有善政命이나 不敢以告人이라

曲沃에 훌륭한 政命이 있다고 들었으나 감히 사람들에게 알리지 못한다고 한 것이다.

【箋】 箋云 不敢以告人而去者는 畏昭公謂已動民心이라

箋云 : 감히 다른 사람에게 알리지 않고 떠나간 것은 昭公이 民心이 동요하고 있다고 여길까 두려워한 것이다.

揚之水 三章이니 二章章六句요 一章四句라

〈揚之水〉 3章이니 2章은 章마다 6句이고 1章은 4句이다.

椒聊(초료)

【序】 **椒聊는 刺晉昭公也라 君子見沃之盛彊하며 能脩其政하고 知其蕃衍盛大하여 子孫將有晉國焉이라 ○ 椒聊椒는 木名이요 聊는 辭也라**

〈椒聊〉는 晉 昭公을 풍자한 詩이다.

君子가 沃이 강성하고 정사를 잘 다스리는 것을 보고, 번창하고 융성해져 그의 子孫이 장차 晉國을 소유할 것임을 안 것이다.

○ 椒聊의 椒는 나무의 이름이고 聊는 어조사이다.

【疏】'椒聊(二章章六句)'至'國焉' ○ 正義曰：作椒聊詩者, 刺晉昭公也. 君子之人, 見沃國之盛彊, 桓叔能脩其政教, 知其後世稍復蕃衍盛大, 子孫將幷有晉國焉. 昭公不知, 故刺之. 此序, 序其見刺之由, 經二章, 皆陳桓叔有美德, 子孫蕃衍之事.

序의 〔椒聊〕에서 〔國焉〕까지

○ 正義曰：〈椒聊〉 詩를 지은 것은 晉 昭公을 풍자한 것이다.

君子가 沃國이 강성하고 桓叔이 그 정사와 교화를 잘하는 것을 보고, 후세에 점차 번성하고 성대해져서 자손이 晉國을 병합하여 소유하게 될 것을 알았다. 그러나 昭公만은 알지 못하였으므로 풍자한 것이다. 이 序는 풍자당한 이유를 말하였지만 經文 두 章은 모두 환숙에게 아름다운 덕이 있어 자손이 번성한 일을 말하였다.

椒聊之實이여 蕃衍盈升이로다

초피나무 열매
많이 열려 됫박에 가득 차네

【傳】 興也라 椒聊는 椒也라

興이다. 椒聊는 초피이다.

【箋】 箋云 椒之性은 芬香而少實하니 今一捄之實이 蕃衍滿升은 非其常也라 興者는 喩桓叔晉君之支別耳로대 今其子孫衆多하여 將日以盛也라

箋云：초피의 생태는 향기롭고 열매가 적게 열리는 것인데, 이제 한 송이의 열매가 많아서 되〔升〕에 가득한 것은 일상적인 일이 아니다. 興한 것은 桓叔이 晉君의 傍系인데도 지금 그 자손이 많아 날로 성대해질 것을 비유한 것이다.

彼其之子여 碩大無朋이로다

저기 저 그이
비할 데 없이 훌륭하네

【傳】 朋은 比也라

朋은 '비교함'이다.

【箋】 箋云 之子는 是子也니 謂桓叔也라 碩은 謂壯貌佼好也요 大는 謂德美廣博也라 無朋은 平均하여 不朋黨이라 ○ 比는 王肅과 孫毓은 申毛必履反이니 謂無比例也라

箋云 : '之子'는 이 사람이니 桓叔을 말한다. 碩은 건장한 모습이 아름다운 것을 말하고, 大는 덕이 아름답고 넓게 미침을 말한다. '無朋'은 공평하여 편당하지 않는 것이다. ○ 比는 王肅과 孫毓은 毛亨의 '必과 履의 反切이다.'라고 한 것을 밝혔으니, 비교할 사례가 없음을 말한다.

椒聊且(저)여 遠條且로다

초피나무여
가지 멀리 뻗었네

【傳】 條는 長也라

條는 긴 것이다.

【箋】 箋云 椒之氣日益遠長이 似桓叔之德彌廣博이라

箋云 : 초피의 향기가 날이 갈수록 먼 곳에 이르는 것이 桓叔의 덕이 갈수록 넓게 미치는 것과 같은 것이다.

椒聊(≪毛詩品物圖攷≫)

【疏】 '椒聊'至'條且' ○ 正義曰 : 椒之性, 芬香而少實, 今椒聊一捄之實, 乃蕃衍滿於一升, 甚多, 非其常. 以興桓叔, 晉君之支別, 今子孫衆多, 亦非其常也. 桓叔, 子孫旣多, 又有美德, '彼(己)〔其〕[1]是子'謂桓叔. 其人形貌盛壯, (得)〔德〕[2]美廣大, 無朋黨阿比之惡行也. 椒之香氣, 日益長遠, 以興桓叔之德, 彌益廣博, 桓叔子孫旣多, 德益廣博, 必將幷有晉國, 而昭公不知, 故刺之. 聊·且, 皆助語也.

1) (己)〔其〕: 저본의 교감기에 따라 '其'로 번역하였다.
2) (得)〔德〕: 저본의 교감기에 따라 '德'으로 번역하였다.

經의 〔椒聊〕에서 〔條且〕까지

○ 正義曰 : 초피의 性質은 향기롭고 열매가 적은데, 지금 초피 한 송이의 열매가 많아 한 되에 가득 차서 매우 많으니 일상적인 일이 아니다. 이로써 桓叔이 晉 군주의 방계인데 지금 자손이 많으니 역시 일상적인 일이 아님을 興한 것이다. 환숙이 자손이 많고 또 아름다운 덕이 있으니 '彼其是子'는 환숙을 말한다. 이 사람의 모습이 壯盛하고 덕이 아름답고 널리 미치며 편당하고 아첨하는 악행이 없다는 것이다. 초피의 향기가 날이 갈수록 멀리까지 미치는 것으로 환숙의 덕이 갈수록 널리 미치는 것을 興한 것이니, 환숙의 자손이 많아서 덕이 갈수록 널리 미쳐 반드시 앞으로 晉國을 병합할 것인데 昭公이 알지 못했다. 그리하여 풍자한 것이다. 聊와 且는 모두 어조사이다.

【疏】 傳'椒聊 椒' ○ 正義曰 : 釋木云 "檓(훼), 大椒." 郭璞曰 "今椒樹, 叢生實大者, 名爲檓." 陸機疏曰 "椒聊聊, 語助也. 椒樹似茱萸(수유), 有針刺, 葉堅而滑澤, 蜀人作茶, 吳人作茗, 皆合煮其葉以爲香. 今成皐諸山間有椒, 謂之竹葉椒, 其樹亦如蜀椒, 少毒熱, 不中合藥也, 可著飮食中. 又用烝鷄豚, 最佳香. 東海諸島, 亦有椒樹, 枝葉皆相似. 子長而不圓, 甚香, 其味似橘皮. 島上獐鹿, 食此椒葉, 其肉自然作椒橘香."

傳의 〔椒聊 椒〕

○ 正義曰 : ≪爾雅≫ 〈釋木〉에 "檓는 大椒이다."라고 하였는데, 郭璞은 "지금 초피나무 중에 떨기로 자라고 열매가 큰 것을 檓라고 한다."라고 하고, 陸機의 ≪毛詩草木鳥獸蟲魚疏≫에 "椒聊의 聊는 어조사이다. 초피나무는 茱萸나무와 비슷하고 가시가 있으며, 잎은 빳빳하며 매끄럽고 윤택하다. 蜀人은 茶를 만들고 吳人은 茗을 만드니, 모두 그 잎을 모아 볶아 향을 낸다. 지금 成皐의 여러 산에 초피가 있으니 그것을 竹葉椒라고 하는데, 그 나무도 蜀의 초피와 같고 毒熱이 적어 약을 조제하는 데는 합당하지 않으나 음식에는 넣을 수 있다. 또 닭과 돼지를 삶는데 사용하면 향이 매우 좋다. 東海의 여러 섬에도 역시 초피나무가 있으니 가지와 잎이 모두 비슷하다. 씨가 길쭉하여 둥글지 않고, 향이 짙으며 맛이 귤껍질과 비슷하다. 섬에 사는 노루와 사슴이 초피 잎을 먹으니, 그 고기에서 저절로 초피와 귤의 향이 난다."라고 하였다.

【疏】 箋'椒之性'至'以盛' ○ 正義曰 : 言性芬香, 喩美德, 故下句, 椒之氣日益長遠, 喩桓叔德彌廣博, 是取香氣爲喩也. 言一捄之實者, 捄, 謂椒之房, 裹(과)實者也. 釋木云

"椒・樧(살)醜, 莍." 李巡曰 "樧, 茱萸也. 椒・茱萸皆有房, 故曰捄, 捄, 實也." 郭璞曰 "莍(萸)〔萸(수)〕[1)]子聚生成房." 是椒之房裹名爲捄也. 知蕃衍滿升謂一捄之實者, 若論一樹則不啻(시)一升, 纔據一實又不足滿升, 且詩取蕃多爲喩, 不言一實之大, 故知謂一捄之實也. 驗今椒實, 一裹之內唯有一實, 時有二實者少耳, 今言一捄滿升, 假多爲喩, 非實事也. 王肅云 "種一實, 蕃衍滿一升." 若種一實, 則成一樹, 非徒一升而已. 不得以種一實爲喩也.

1) (萸)〔萸(수)〕: 저본의 교감기에 따라 '萸'로 번역하였다.

箋의 〔椒之性〕에서 〔以盛〕까지

○ 正義曰 : 성질이 향기로움을 말한 것은 아름다운 덕을 비유한 것이다. 그리하여 下句에서 '초피의 향기가 날이 갈수록 멀리 퍼지는 것'으로 '桓叔의 덕이 갈수록 널리 미치는 것'을 비유하였으니, 이것이 향기를 취하여 비유로 삼은 것이다. '一捄之實'이라고 한 것의 捄는 초피의 송이로 열매를 감싸고 있는 것을 말한다. ≪爾雅≫〈釋木〉에 "초피와 수유의 종류는 송이가 있다."라고 하였는데, 李巡은 "樧은 수유이니, 초피와 수유는 모두 송이가 있다. 그리하여 捄를 말한 것이니, 捄는 열매이다."라고 하였고, 郭璞은 "莍는 수유의 씨가 무더기져 房의 모양을 이룬 것이다."라고 하였으니, 바로 초피 송이의 명칭을 捄라고 한 것이다. '蕃衍滿升'이 '一捄之實'을 말한 것임을 안 것은 만약 한 나무를 말한 것이라면 한 되가 될 뿐만이 아니며, 단지 한 알의 열매로 말하면 또 되를 채우기에 부족하기 때문이다. 또 詩는 많은 것을 취하여 비유로 삼은 것이지, 한 알의 열매가 큰 것임을 말한 것이 아니다. 그리하여 '한 송이의 열매를 말한 것임'을 안 것이다. 지금의 초피 열매로 징험해보면 한 송이 안에는 한 알의 열매만 있을 뿐이고 간혹 두 알의 열매가 있는 것이 있으나 그런 경우는 적으니, 지금 '一捄滿升'이라고 한 것은 많은 것을 가탁하여 비유로 삼은 것이지 실제의 일이 아니다. 王肅은 "한 알의 씨를 심으면 〈열매가〉 많이 열려 한 되를 채울 수 있기 때문이다."라고 하였다. 그러나 만약 한 알의 씨를 심으면 한 나무가 되니 한 되만 될 뿐이 아니므로 한 알의 열매를 심는 것으로 비유를 삼을 수 없는 것이다.

【疏】 傳'朋 比' ○ 正義曰 : 朋, 黨也, 比, 謂阿比, 朋亦比之義, 故以朋爲比也.

傳의 〔朋 比〕

○ 正義曰 : 朋은 '편당함'이고 比는 '아첨'을 말하지만, 朋은 또 比의 뜻이다. 그리하

여 朋을 比라고 한 것이다.

【疏】箋'之子'至'朋黨' ○ 正義曰：以碩下有大, 不宜復訓爲大, 故以碩爲壯佼貌, 大謂大德. 無朋者, 無朋比之行, 故知謂平均, 無其朋黨也. 孫毓云"桓叔阻邑不臣, 以孽(얼)傾宗, 與潘父比, 至殺昭公而求入焉, 能均平而不朋黨乎." 斯不然矣. 此言桓叔能修國政, 撫民平均, 望桓叔之美, 刺昭公之惡耳, 不得以傾宗阻邑爲桓叔罪也. 卽如毓言, 桓叔罪多矣, 詩人何得稱其碩大且篤, 能修其政乎. 自桓叔別封於沃, 自是隣國相陵, 安得責其不臣.

箋의〔之子〕에서 〔朋黨〕까지

○ 正義曰：'碩'의 다음에 '大'가 있으니 〈碩을〉 다시 '大'로 해석하는 것은 마땅하지 않다. 그리하여 건장하고 아름다운 모습으로 여긴 것이고 大를 '大德'이라 한 것이다. '無朋'은 편당을 짓는 행위가 없는 것이다. 그리하여 공평하여 편당이 없음을 말한 것임을 안 것이다. 孫毓은 "桓叔이 邑에 의지하여 신하노릇을 하지 않고 支孫으로서 宗國을 무너뜨렸으며 潘父와 편당하여 심지어 昭公을 죽이고 그 나라에 들어가고자 하였으니 공평하여 편당하지 않았다고 할 수 있는가."라고 하였다. 그러나 이는 그렇지 않다. 여기에서는 환숙이 나라의 정사를 잘하고 백성을 공평하게 어루만졌음을 말하여 환숙의 아름다움을 선망하고 소공의 잘못을 풍자하였을 뿐이니, 宗國을 무너뜨리고 읍에 의지한 것을 환숙의 죄라고 할 수 없다. 손육의 말과 같다면 환숙의 죄가 많은데 시인이 어떻게 그가 아름답고 큰 덕이 있으며 행실이 돈독하여 정치를 잘 할 수 있다고 칭찬할 수 있겠는가. 환숙을 따로 沃에 봉한 때부터 隣國이 되어 서로를 능멸했으니 어떻게 환숙이 신하노릇하지 않은 것을 책망할 수 있겠는가.

【疏】傳'條 長' ○ 正義曰：尙書稱 "厥木惟條." 謂木枝長, 故以條爲長也.

傳의〔條 長〕

○ 正義曰：≪尙書≫〈禹貢〉에 "그 나무가 잘 자랐다."라고 하였으니, 〈'條'는〉 나무의 가지가 긴 것을 말한 것이다. 그리하여 '條'를 '長'이라 한 것이다.

椒聊之實이여 **蕃衍盈匊**(국)이로다

초피나무의 열매

번성하여 두 손에 가득하네

【傳】 兩手曰匊이라 ○ 匊本又作掬이라

두 손을 匊이라고 한다.

○ 匊은 掬으로 되어있는 본도 있다.

彼其之子여 碩大且篤이로다

저기 저 그이

아름답고 훌륭하며 후덕하네

【傳】 篤은 厚也라

篤은 '후함'이다.

【疏】 傳'篤 厚' ○ 正義曰：釋詁文.

傳의 〔篤 厚〕

○ 正義曰：≪爾雅≫ 〈釋詁〉의 글이다.

椒聊且여 遠條且로다

초피나무

가지 멀리 뻗었네

【傳】 言聲之遠聞也라

명성이 멀리까지 퍼진 것을 말한다.

椒聊 二章이니 章六句라

椒聊 2章이니 章마다 6句이다.

毛詩注疏 卷第六(六之二)

毛詩國風 鄭氏箋 孔穎達疏

綢繆(주무)

【序】綢繆는 **刺晉亂也**라 **國亂**이면 **則婚姻不得其時焉**이라

〈綢繆〉는 晉나라가 혼란함을 풍자한 詩이다.

나라가 혼란스러우면 혼인을 제때에 하지 못한다.

【箋】 不得其時는 謂不及仲春之月이라

'不得其時'는 仲春의 달까지도 〈혼인하지〉 못한 것을 이른다.

【疏】'綢繆(三章章六句)'至'時焉' ○ 正義曰 : 毛以爲"不得初冬·冬末·開春之時, 故陳婚姻之正時以刺之." 鄭以爲"不得仲春之正時, 四月·五月乃成婚, 故直擧失時之事以刺之." 毛以爲"婚之月自季秋盡於孟春, 皆可以成婚, 三十之男, 二十之女, 乃得以仲春行嫁, 自是以外, 餘月皆不得爲婚也." 今此晉國之亂, 婚姻失於正時, 三章皆擧婚姻正時以刺之. 三星者, 參也. 首章言在天, 謂始見東方, 十月之時, 故王肅述毛云"'三星在天', 謂十月也." '在天'旣據十月, 二章'在隅', 謂在東南隅, 又在十月之後也, 謂十一月·十二月也. 卒章'在戶', 言參星正中直戶[1], 謂正月中也. 故月令孟春之月"昏參中." 是參星直戶, 在正月中也. 此三章者, 皆婚姻之正時, 晉國婚姻失此三者之時, 故三章各擧一時以刺之.

1) 直戶 : 正南北을 말한다. ≪大戴禮記≫ 〈夏小正〉에 "漢이 '案戶'한다. 漢이란 은하수이고 案戶란 直戶이니, 正南北을 말한다.〔漢案戶 漢也者天漢也 案戶者直戶也 言正南北也〕"라고 하였다. 여기서는 삼성이 정중앙에 떠있음을 말한 것이다.

序의 〔綢繆〕에서 〔時焉〕까지

○ 正義曰 : 毛亨은 "초겨울과 겨울이 끝날 무렵과 봄이 시작될 때에 〈혼인하지〉 못하였다. 그리하여 혼인의 바른 때를 말하여 풍자한 것이다."라고 여기고, 鄭玄은 "仲春

의 바른 때에 〈혼인하지〉 못하고 4월과 5월에야 혼인하였다. 그리하여 때를 잃은 일만을 거론하여 풍자한 것이다."라고 여겼다. 또 모형은 "혼인의 달은 季秋에서부터 孟春까지는 모두 혼인할 수 있고, 30세의 남자와 20세의 여인은 도리어 중춘에도 혼례를 치룰 수 있으며, 그 이외의 나머지 달은 모두 혼인할 수 없다."라고 여겼다. 그런데 지금 이 晉나라가 혼란하여 혼인이 바른 때를 잃었으니, 세 章은 모두 혼인의 바른 때를 거론하여 풍자한 것이다. 三星은 參星이다. 첫 章에서 말한 '在天'은 처음 동쪽 하늘에 나타난 것을 이르니 10月이다. 그리하여 王肅이 毛亨의 뜻을 서술하여 "'三星이 하늘에 떠있는 것〔三星在天〕'은 10月을 이르는 것이다."라고 한 것이다. '在天'을 10月로 근거했으니, 〈그렇다면〉 2章의 '在隅'는 東南쪽 모퉁이에 있는 것을 이르는데, 또 〈三星在天의〉 10月 뒤에 있으니 11月과 12月을 이른다. 마지막 章의 '在戶'는 參星이 정중앙에 있을 때를 말하니 正月을 이른다. 그리하여 ≪禮記≫ 〈月令〉의 孟春之月에서 "저물녁 參星이 중앙에 있다."라고 한 것이니, 이것이 參星이 정중앙에 있어 正月에 해당되는 것이다. 이 세 章은 모두 혼인의 바른 때를 말한 것이니, 晉나라가 혼인에서 이 세 시기를 놓쳤다. 그리하여 세 章에서 각각 한 시기를 거론하여 풍자한 것이다.

【疏】 毛以"季秋之月, 亦是爲婚之時, 今此篇不陳季秋之月者, 以不得其時, 謂失於過晩. 作者據其失晩, 追陳正時, 故近擧十月已來, 不復遠言季秋也." 鄭以爲"婚姻之禮, 必在仲春, 過涉後月, 則爲不可. 今晉國之亂, 婚姻皆後於仲春之月. 賢者見其失時, 指天候以責娶者." 三星者, 心也, 一名火星. 凡嫁娶者, 以二月之昏, 火星未見之時爲之. 首章言'在天', 謂昏而火星始見東方, 三月之末・四月之中也, 二章言'在隅', 又晩於'在天', 謂四月之末・五月之中也, 卒章言'在戶', 又晩於'在隅', 謂五月之末・六月之中. 故月令季夏之(日)〔月〕[1]"昏火中", 是六月之中, 心星直戶也. 此三者皆晩矣, 失仲春之月, 三章歷言其失, 以刺之.

1) (日)〔月〕: 저본의 교감기에 따라 '月'로 번역하였다.

毛亨은 "季秋의 달도 혼인할 수 있는 때인데, 지금 이 篇에서 季秋의 달을 말하지 않은 것은 제 때에 혼인하지 못했기 때문이니, 시기가 지나치게 늦어 잘못임을 말한 것이다. 작자가 시기가 늦은 잘못을 근거하여 바른 때를 미루어 말하였으므로 가까이 10月 이후를 거론하고 다시 멀리 季秋를 말하지 않은 것이다."라고 여기고, 鄭玄은 "혼인의 禮는 반드시 仲春에 행하여야 하니 시기가 지나 다음 달이 되면 혼인할 수가 없다. 그런데 지금 晉나라가 혼란하여 혼인을 모두 중춘의 달보다 늦게 하였다. 〈그리하여〉 현자가 때를 놓친 것을 보고 절후를 지적하여 장가가는 이를 책망한 것이다."라고 여겼다. 三星은 心星이니, 一名 火星이다. 무릇 시집가고 장가가는 것은 2月 저물녘 화성이 나타나지 않은 때에 한다. 첫 章에서 말한 '在天'은 저물녘 火星이 처음 동쪽 하늘에 나타난 것을 말하니 3月 말에서 4月 중순이고, 2章에서 말한 '在隅'는 '在天'보다 더 늦으니 4月 말에서 5月 중순을 이르고, 마지막 章에서 말한 '在戶'는 '在隅'보다 더 늦으니 5月 말에서 6月 중순을 이른다. 그리하여 ≪禮記≫ 〈月令〉의 季夏之月에 "저물녘 화성이 중앙에 있다."라고 한 것이니, 이것이 6月 중순에 心星이 중앙에 있는 것이다. 이 세 경우는 모두 늦은 것이니, 중춘의 달을 놓친 것이다. 세 章에서 그 잘못을 차례로 말하여 풍자한 것이다.

綢繆束薪할새 三星在天이로다

땔나무 단 묶을 적에
三星이 하늘에 떠있었네

【傳】 興也라 綢繆는 猶纏綿(전면)也요 三星은 參也라 在天은 謂始見(현)東方也라 男女待禮而成이 若薪(蒭)〔芻〕[1]待人事而後束也라 三星在天이면 可以嫁娶矣라

1) (蒭)〔芻〕 : 저본의 교감기에 따라 '芻'로 번역하였다.

興이다. 綢繆는 묶는 것과 같고, 三星은 參星이다. 在天은 처음 동쪽 하늘에 나타나는 것을 이른다. 남녀가 禮를 기다려 혼인하는 것이 땔나무와 꼴이 사람의 손길을 기다린 뒤에 묶여지는 것과 같다는 것이다. 三星이 하늘에 떠 있으면 시집가고 장가갈 수 있다.

【箋】 箋云 三星은 謂心星也니 心有尊卑하니 夫婦・父子之象이요 又爲二月之合宿(수)[1]라 故嫁娶者以爲候焉이라 昏而火星不見하니 嫁娶之時也라 今我束薪於野에 乃見其在天하니 則三月之末四月之中에 見於東方矣라 故云 不得其時라 ○ 芻는 說文云 芻는 刈草也니 象苞束草之形이라

1) 爲二月之合宿 : 아래 疏에서 心星이 2月이 되면 낮에는 戌方에, 초저녁에는 卯方에 있다가 어두운 저녁이 되면 본래의 자리에 합하는데 이를 '合宿'라고 풀이하였다.

箋云：三星은 心星을 말한다. 心星은 〈별의 크기에 따라〉 尊卑의 구별이 있으니 夫婦와 父子를 상징하고, 또 2月이 되면 合宿한다. 그리하여 시집가고 장가가는 이가 이것으로 때를 삼는 것이다. 어두운 저녁에는 火星이 나타나지 않으니 시집가고 장가가는 때이다. 그런데 지금 내가 들에서 땔나무를 묶을 때에 비로소 三星이 하늘에 떠 있는 것을 보았으니, 그렇다면 3月 말과 4月 중순에 동쪽 하늘에 나타난 것이다. 그리하여 '혼인을 제때에 하지 못한 것이다.〔不得其時〕'라고 한 것이다.

○ 芻는 ≪說文解字≫에 "芻는 베어 놓은 풀이니, 풀을 묶은 모습을 형상한 것이다."라고 하였다.

今夕何夕고 見此良人이로다

오늘 저녁이 어떤 저녁인가
고운님을 만났네

【傳】 良人은 美室也라

良人은 좋은 아내이다.

【箋】 箋云 今夕何夕者는 言此夕何月之夕乎아 而女以見良人하니 言非其時라

箋云：'今夕何夕'은 오늘 저녁은 어느 달의 저녁인가라고 한 것이다. 〈그런데〉 그대가 좋은 아내를 만났으니, 올바른 때가 아님을 말한 것이다.

【疏】'綢繆'至'良人' ○〔正義曰〕[1]：毛以爲"綢繆猶纏綿, 束薪之貌, 言薪在田野之中, 必纏綿束之, 乃得成爲家用, 以興女在父母之家, 必以禮娶之, 乃得成爲室家. 薪芻待人事而束, 猶室家待禮而成也, 室家旣須以禮, 當及善時爲婚. 三星在天, 始見東方, 於禮可以婚矣. 以時晉國大亂, 婚姻失時, 故無妻之男, 思詠嫁娶之夕, 而欲見此美室. 言'今此三星在天之夕, 是何月之夕, 而得見此良人.' 美其時之善, 思得其時也. 思而不得, 乃自咨嗟, 言'子兮子兮, 當如此良人何', 如何猶奈何. 言三星在天之月, 不得見此良人, 當奈之何乎, 言不可奈何矣."

1)〔正義曰〕：편찬체제에 따라 '正義曰'을 보충하여 번역하였다.

經의 〔綢繆〕에서 〔良人〕까지

○ 正義曰：毛亨은 "綢繆는 묶는 것과 같으니 땔나무를 묶는 모습이다. 땔나무가 들 가운데에 있으니 반드시 묶어야 집에서 사용할 수 있음을 말하여, 여인이 부모의 집에 있으니 반드시 禮로서 장가들어야 가정을 이룰 수 있음을 興하였다. 땔나무와 꼴이 사람의 손길을 기다린 뒤에 묶여 지는 것이, 가정을 이루는 것이 예를 기다린 뒤에 이루어지는 것과 같다. 가정을 이루는 것이 반드시 예로서 하는 것이고 보면 바른 시기에 혼인해야 하는데, 三星이 하늘에 떠서 처음 동쪽 하늘에 나타났으니 예에 따라 혼인할 수 있다. 그러나 당시 晉나라가 크게 혼란하여 제때에 혼인하지 못하였다. 그리하여 아내 없는 남자가 시집가고 장가갈 수 있는 밤에 좋은 아내를 만나고자 하면서 '지금 이 三星이 하늘에 떠 있는 저녁은 어느 달의 저녁인가. 좋은 아내를 만났네.' 라고 노래하였으니, 이는 좋은 때를 찬미하여 제때에 혼인하기를 바란 것이다. 바랐지만 혼인하지 못하여 〈아래 句에서〉 마침내 스스로 탄식하여 '그대여! 그대여! 이 같이 좋은 아내를 〈얻지 못하였으니〉 어찌해야 한단 말인가.'라고 하였으니, '如何'는 '어찌해야 하나〔奈何〕'와 같다. '〈이는〉 三星이 하늘에 뜬 달에 좋은 아내를 얻지 못했으니 어찌해야 할 것인가.'라고 한 것이니, 어찌할 수 없음을 말한 것이다."라고 여겼다.

【疏】 鄭以爲"嫁娶者, 當用仲春之月, 心星未見之時, 今晉國大亂, 婚姻皆不得其月, 賢者見而責之. 賢者言'已纏綿束薪於野, 及夜而歸, 見三星見於東方, 已在天矣.' 至家而見初爲婚者, 因責之云'今夕是何月之夕, 而汝見此良人', 言晚矣失其時, 不可以爲婚也. '子兮子兮, 汝當如此良人何', 言'娶者後陰陽交會之月, 失婚姻爲禮之時, 是損良人之善, 當如之何乎.' 言其損良人, 不可奈何也. 由晉國之亂, 今失正時, 故擧其事而刺之."

鄭玄은 "시집가고 장가가는 것은 仲春의 달인 心星이 나타나지 않았을 때에 행해야 하는데, 지금 晉나라가 크게 혼란하여 혼인을 모두 그 달에 치르지 못하니 현자가 이를 보고서 책망한 것이다. 현자가 '들에서 땔나무를 묶어 저녁이 되어 돌아올 적에 三星이 동쪽 하늘에 나타나 이미 하늘에 떠 있는 것을 보았다.'라고 하고, 집에 이르러서 처음 혼인한 이를 보고서, '오늘 저녁은 어느 달의 저녁인가. 그런데 그대는 좋은 아내를 만났구나.'라고 책망하였으니, 늦어 혼인할 시기를 놓쳐 혼인할 수 없는 때임을 말한 것이다. '그대여! 그대여! 그대는 이와 같이 좋은 아내를 어찌하려는가.'라고 한 것은, '장가가는 이가 陰陽이 交會하는 달을 지나 혼례를 치를 수 있는 시기를 놓쳤으니, 이는 좋은 아내를 잃은 것이니 어찌해야 할 것인가.'라고 한 것이니, 좋은 아내를 잃었으니 어찌할 수 없음을 말한 것이다. 晉나라가 혼란하여 지금 혼인의 바른 때를 잃었다. 그리하여 그 일을 거론하여 풍자한 것이다."라고 여겼다.

【疏】 傳'綢繆'至'嫁娶矣' ○ 正義曰：以綢繆自束薪之狀, 故云'猶纏綿'也. 參有三星, 故言'三星 參'也, 漢書天文志云"參, 白虎宿(수)三星." 是也. 二章'在隅', 卒章'在戶', 是從始見爲說, 逆而推之, 故知'在天謂始見東方'也. 詩言婚姻之事, 先擧束薪之狀, 故知以人事喩待禮也. 毛以秋冬爲婚時, 故云'三星在天 可以嫁娶', 王肅云"謂十月也."

傳의 〔綢繆〕에서 〔嫁娶矣〕까지

○ 正義曰：綢繆는 직접 땔나무를 묶는 모습이다. 그리하여 '묶는 것과 같다.〔猶纏綿〕'라고 한 것이다. 參星에 세 별이 있으므로 '三星은 參星이다.〔三星參也〕'라고 한 것이니, ≪漢書≫ 〈天文志〉에 "參星은 白虎宿의 세 별이다."라고 한 것이 이것이다. 2章의 '在隅'와 마지막 章의 '在戶'는 처음 하늘에 나타난 것을 따라서 말하여 역으로 추정한 것이다. 그리하여 '在天은 처음 동쪽 하늘에 나타나는 것을 이른다.〔在天謂始見東方〕'라는 것을 안 것이다. 이 詩는 혼인의 일을 말하면서 먼저 땔나무를 묶는 모습을 말하였다. 그리하여 사람의 일로 禮를 기다림을 비유한 것임을 안 것이다. 毛亨은 가을과 겨울을 혼인할 시기라고 여겼다. 그리하여 '三星이 하늘에 떠있으면 혼인할 수 있다.〔三星在天 可以嫁娶〕'라고 하였는데, 王肅은 "10月을 이른다."라고 하였다.

【疏】 箋'三星'至'其時' ○ 正義曰：孝經援神契云"心, 三星中獨明." 是心亦三星也. 天文志云"心爲明堂也, 大星天王, 前後星子屬." 然則心之三星, 星有大小, 大者爲天王, 小者爲子屬, 則大者尊, 小者卑, 大者象夫父, 小者象子婦, 故云'心有尊卑夫婦父子之象'也. 二月日體在戌, 而斗柄建卯, 初昏之時, 心星在於卯上. 二月之昏, 合於本位, 故稱'合宿'. 心星又是二月之合宿, 故嫁娶者以爲候焉, 謂候其將出之時, 行此嫁娶之禮也. 昏而火星不見, 嫁娶之時, 謂仲春之月, 嫁娶之正時也. 箋以下經四句是賢者責人之辭, 故知綢繆束薪爲賢者自束其薪, 不爲興也. 今'我束薪於野乃見其在天', 謂負薪至家之時, 見在天, 未必束薪之時, 已在天也. 因以束薪而歸, 故言之也.

箋의 〔三星〕에서 〔其時〕까지

○ 正義曰：≪孝經緯≫ 〈援神契〉에 "心星은 三星(세 별) 중에 홀로 밝은 별이다."라

고 하였으니, 이는 心星도 三星인 것이다. ≪漢書≫ 〈天文志〉에 "心星은 明堂이니, 그 중 큰 별은 天王이고 앞뒤의 별은 子에 해당된다."라고 하였으니, 그렇다면 心星은 세 별이니, 그 중 크고 작음이 있어 큰 별은 天王이 되고 작은 별은 子에 해당된다. 그렇다면 큰 별은 존귀하고 작은 별은 비천하여 큰 별은 남편과 아버지를 상징하고, 작은 별은 아들과 아내를 상징한다. 그리하여 '心星은 〈별의 크기에 따라〉 尊卑의 구별이 있으니, 夫婦와 父子를 상징한다.[心有尊卑夫婦父子之象]'라고 한 것이다. 二月에는 해가 戌方에 위치하면 北斗의 자루가 卯方을 가리키니, 초저녁에 心星이 卯方 위에 있는 것이다. 〈그후〉 二月의 어두워지는 때에 본래의 자리에서 〈卯宿와〉 합친다. 그리하여 '合宿'라고 한 것이다. 心星은 또 二月의 合宿이다. 그리하여 시집가고 장가가는 이가 이를 알맞은 때로 삼는 것이니, 心星이 뜨려는 것을 살펴 이 혼인의 예를 행함을 말한 것이다. 어두운데 火星이 나타나지 않을 때가 시집가고 장가갈 때이니, 仲春의 달이 시집가고 장가가는 바른 때임을 말한 것이다. 箋은 아래 經文의 네 句를 현자가 장가가는 이를 책망하는 말이라고 여겼다. 그리하여 땔나무를 묶는 것은 현자가 직접 땔나무를 묶은 것이니 興이 되지 않음을 안 것이다. 지금 '我束薪於野 乃見其在天'은 땔나무를 짊어지고 집에 이르렀을 때에 〈心星이〉 하늘에 떠 있는 것을 본 것을 말하니, 반드시 땔나무를 묶을 때에 이미 하늘에 떠있었던 것은 아니다. 〈心星이 뜨려고 할 때에〉 땔나무를 묶어서 돌아왔기 때문에 이를 말한 것이다.

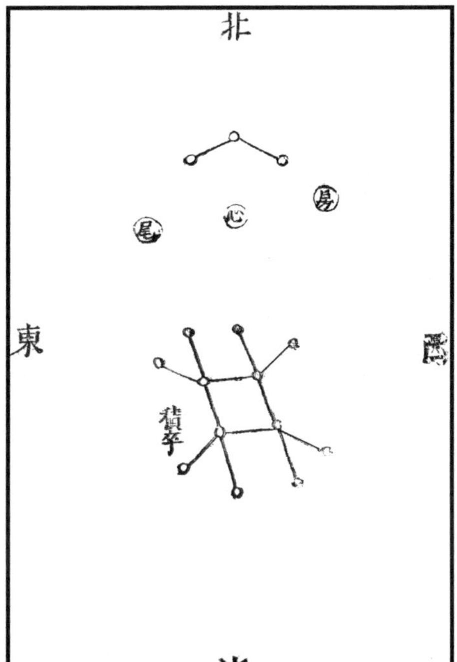

心星(≪三才圖會≫)

【疏】昭十七年左傳曰"火出於夏爲三月, 於商爲四月, 於周爲五月." 小星箋云"心在東方, 三月時." 則心星始見在三月矣. 此箋云三月之末・四月之中者, 正以三月至於六月, 則有四月, 此詩唯有三章, 而卒章言在戶, 謂正中直戶, 必是六月昏也. 逆而差之, 則二章當五月, 首章當四月, 四月火見已久, 不得謂之始見. 以詩人始作, 摠擧天象,不必章擧一月, 鄭差次之, 使四月共當三章, 故每章之箋皆擧兩月也.

≪春秋左氏傳≫ 昭公 17년에 "火星〔心星〕이 나타나면 夏曆으로는 3月이고, 商曆으로는 4月이고, 周曆으로는 5月이다."라고 하고, 〈召南 小星〉의 箋에 "心星이 동쪽 하늘에 떠있을 때는 3月이다."라고 하였으니, 心星이 처음 나타나는 때는 3月인 것이다. 그런데 여기의 箋에서 '3月 말에서 4月 중순'이라고 한 것은, 바로 3月에서부터 6月까지는 네 달인데 이 詩에는 세 章만 있다. 그러나 마지막 章의 '在戶'는 정중앙에 있을 때를 이르니, 틀림없이 6月의 저녁때이다. 이를 역으로 따져보면 2章은 5月에 해당되고, 1章은 4月에 해당되는데 4月은 火星이 나타난 지 오래되어 처음 나타났다고 할 수가 없다. 그리고 詩人이 처음 이 詩를 지을 때 하늘의 별자리를 총괄하여 거론하였으니 반드시 章마다 한 달씩을 거론할 필요는 없고, 鄭玄이 순서를 차등 있게 배열하여 네 달을 모두 세 章에 해당시켰다. 그리하여 각 章의 箋에서 모두 두 달씩을 거론한 것이다.

【疏】 成婚之時, 當以火星未見, 今已見在天, 是不得其時也. 凡取星辰爲候, 多取昏旦中爲義, 此獨取心星未出爲候者, 以火者天之大辰星, 有夫婦之象, 此星若見, 則爲失時, 故取將見爲候. 夏官司爟云"季春出火, 民咸從之, 季秋納火, 民亦如之." 鄭司農云"三月昏時, 心星見於辰上, 使民出火, 九月黃昏, 心星伏於戌上, 使民納火." 又哀十二年左傳云"火伏而後蟄者畢." 此取將見爲候, 彼取已伏爲候, 其意同也. 此篇三章, 與摽有梅三章箋據時節, 其理大同. 彼文王之化, 有故不以仲春者, 至夏尙使行嫁, 所以蕃育人民, 故歌而美之, 此則晉國之亂, 不能及時, 至使晩於常月, 故陳而刺之, 本意不同, 美・刺有異也.

혼인하는 때는 火星이 나타나지 않을 때이어야 하는데 지금 이미 하늘에 나타나 떠있으니, 이는 때를 놓친 것이다. 대체로 별자리로 때를 삼을 적에는 대부분 저물녘이나 새벽으로 의미를 삼는다. 그런데 여기서 유독 心星이 나타나지 않은 것으로 때를 삼은 것은, 火星은 하늘의 큰 별로 부부를 상징함이 있으니 이 별이 만약 나타났으면 때를 놓친 것이다. 그리하여 장차 나타나려는 것으로 때를 삼은 것이다. ≪周禮≫ 〈夏官 司馬 司爟〉에 "季春에 불을 피우면 백성들이 모두 따라하고, 季秋에 불을 끄면 백성들도 이와 같이 한다."라고 하였는데, 鄭司農(鄭衆)은 "3月 저물녘에 心星이 辰方 위에 나타나면 백성들로 하여금 불을 피우게 하고, 9月 저물녘에 心星이 戌方에 숨으면 백성들로 하여금 불을 끄게 한다."라고 하고, 또 ≪春秋左氏傳≫ 哀公 12년에 "心星이

숨은 뒤에 곤충이 모두 땅속에 들어가 숨는다."라고 하였으니, 이 詩는 장차 나타나려는 것으로 때를 삼았고, 저 ≪춘추좌씨전≫은 이미 숨은 것으로 때를 삼았으나 뜻은 같다. 이 篇의 세 章은 〈召南 摽有梅〉 세 章의 箋에서 시기를 근거로 한 것과 이치가 크게는 같다. 저 〈소남 표유매〉의 詩는 文王의 교화를 받았으나 그 당시에 까닭이 있어 仲春에 〈혼인하지〉 못한 자를 여름에 이르러서도 오히려 시집가게 하였으니, 백성을 번성하게 한 것이다. 그리하여 노래하여 찬미한 것이고, 이 시는 晉나라가 혼란하여 제때에 혼인하지 못하고 심지어 정해진 달보다 늦게 혼인하게 하였다. 그리하여 말하여 풍자한 것이니, 본래의 뜻이 같지 않아서 찬미하고 풍자함이 다른 것이다.

【疏】 傳'良人 美室' ○ 正義曰：小戎云"厭厭良人", 妻謂夫爲良人, 知此'美室'者, 以下云"見此粲者." 粲是三女, 故知良人爲美室. 良訓爲善, 故稱美也. 傳以三星在天, 爲昏之正時, 則此二句, 是國人不得及時, 思詠善時得見良人之辭也, 王肅云"婚姻不得其時, 故思詠嫁娶之夕, 而欲見此美室也."

傳의 〔良人 美室〕

○ 正義曰：〈秦風 小戎〉에서 "점잖은 良人이여"라고 한 것은 아내가 남편을 良人이라 부른 것인데, 이 〈傳〉에서는 '〈良人이〉 좋은 아내'임을 안 것은 아래 經文에서 "고운님 만나야 할 것을〔見此粲者〕"이라 하였으니 이 '粲'이 세 여인이기 때문이다. 그리하여 '良人'이 좋은 아내임을 안 것이다. 良은 '좋다'는 뜻이다. 그리하여 '美'라고 한 것이다. 傳은 三星이 하늘에 떠있는 때를 혼인하는 바른 때로 여겼으니, 그렇다면 이 두 句는 백성들이 제때 〈혼인하지〉 못하여 좋은 때에 좋은 아내를 얻기를 바라며 읊은 말이다. 王肅은 "혼인을 제때 하지 못하였다. 그리하여 시집가고 장가가는 밤에 좋은 아내를 만나고자 함을 생각하며 읊은 것이다."라고 하였다.

【疏】 箋'今夕'至'其時' ○ 正義曰：箋以仲春爲婚月, 三星在天, 後於仲春, 故以此二句爲責娶者之辭也. 說苑稱鄂(악)君與越人同舟, 越人擁楫而歌曰"今夕何夕兮, 得與搴(건)舟水流. 今日何日兮, 得與王子同舟." 如彼歌意, 則嘉美此夕, 與箋意異者, 彼意或出於此, 但引詩斷章, 不必如本也.

箋의 〔今夕〕에서 〔其時〕까지

○ 正義曰：箋은 仲春을 혼인하는 달로 여겼는데, 三星이 동쪽하늘에 떠있을 때는 仲

春보다 뒤이다. 그리하여 이 두 句를 장가가는 이를 책망하는 말로 여긴 것이다. ≪說苑≫에 鄂나라 군주가 월나라 여인과 함께 배를 탄 내용을 말하였는데, 〈그 글에〉 월나라 여인이 노를 잡고 노래하기를 "오늘 저녁은 어떤 저녁인가요. 그대와 함께 흐르는 강물에 배를 띄웠네. 오늘은 어떤 날인가요, 왕자님과 함께 배를 탔네."라고 하였으니, 그 노래의 뜻대로라면 그 저녁을 아름답게 찬미한 것이니, 箋의 뜻과는 다르다. 이는 ≪설원≫의 뜻이 어쩌면 이 시에서 나왔을 것이지만 시를 인용할 때에 일부만을 취하여 〈다르게 사용한 것이니〉 반드시 본래의 〈뜻과는〉 같지 않은 것이다.

子兮子兮여 如此良人何오

그대여 그대여
이 좋은 아내 어이할까

【傳】 子兮者는 嗟茲也라

子兮는 '이를 탄식한 것'이다.

【箋】 箋云 子兮子兮者는 斥(嫁)[1]取者니 子取後陰陽交會之月하니 當如此良人何오

1) (嫁) : 저본의 교감기에 따라 衍字로 처리하였다.

箋云 : '子兮子兮'는 장가가는 이를 가리키니, "그대가 장가가는 것이 陰陽이 交會하는 달을 지났으니 이 좋은 아내를 어찌해야 하나."라고 한 것이다.

【疏】 傳'子兮者 嗟茲也' ○ 正義曰 : 傳意以上句爲思詠嫁娶之夕, 欲得見良人, 則此句嗟歎己身不得見良人也. '子兮子兮', 自嗟歎也, 茲, 此也, 嗟嘆此身不得見良人, 言己無奈此良人何.

傳의 〔子兮者 嗟茲也〕

○ 正義曰 : 傳의 뜻은 위 句를 시집가고 장가가는 밤에 좋은 아내 만나기를 바라는 마음을 읊은 것이라고 여겼으니, 그렇다면 이 句는 자신이 좋은 아내를 만나지 못함을 탄식한 것이다. '子兮子兮'는 스스로 탄식한 것이고, '茲'는 此이니 자신이 좋은 아내를 만나지 못함을 탄식한 것이니, 자기가 이 좋은 아내를 어찌할 수 없음을 말한 것이다.

【疏】箋'子兮'至'人何' ○ 正義曰：箋以此句亦是責娶者之辭，故云'子兮子兮爲斥娶者'. 以其良人爲妻，當以良時迎之. 今子之娶，後於陰陽交會之月，則損良人之善，故云'當如此良人何'，責其損良人也.

箋의 〔子兮〕에서 〔人何〕까지

○ 正義曰：箋은 이 句도 장가가는 이를 책망하는 말로 여겼다. 그리하여 '子兮子兮는 장가가는 이를 가리킨다.〔子兮子兮爲斥娶者〕'라고 한 것이다. '良人'을 아내로 삼으려면 당연히 좋은 때에 맞이해야 한다. 그런데 지금 그대의 장가가는 것이 陰陽이 交會하는 달을 지났으니, 좋은 아내를 잃은 것이다. 그리하여 '이 좋은 아내 어찌해야 하나〔當如此良人何〕'라고 한 것이니, 좋은 아내를 잃음을 책망한 것이다.

綢繆束芻할새 三星在隅로다

꼴을 묶을 제

三星 하늘 모퉁이에 떠있었네

【傳】隅는 東南隅也라

隅는 동남쪽 모퉁이이다.

【箋】箋云 心星在隅는 謂四月之末五月之中이라

箋云：'心星在隅'는 4月 말에서 5月 중순까지를 이른다.

今夕何夕고 見此邂逅로다

이 저녁은 어떤 저녁인가

만나서 기뻐하였네

【傳】邂逅는 解說(열)之貌라 ○ 邂는 本亦作解요 覯[1]는 本又作逅라 邂覯는 解說也니 韓詩云 邂覯는 不固之貌라하니라

1) 覯：저본의 經文은 '逅'로 되어 있지만, 陸德明이 ≪經典釋文≫을 쓸 때에 정본으로

삼은 本에는 '覯'로 되어 있어 '覯'로 표기한 것이다.

邂逅는 〈마음이〉 풀리고 기뻐하는 모습이다.

○ 邂는 '解'로 되어있는 本도 있고, 覯는 '逅'로 되어있는 本도 있다. 邂覯는 〈마음이〉 풀리고 기뻐하는 것이니, ≪韓詩≫에는 "邂覯는 고정되지 않은 모습이다."라고 하였다.

子兮子兮여 **如此邂逅何**오

그대여 그대여
이 기쁜 만남 어이하나

綢繆束楚할새 **三星在戶**로다

가시나무 단 묶을 제
三星 하늘 가운데 떠있었네

【傳】 參星이 正月中直戶也라

參星이 正月에 정중앙에 있는 것이다.

【箋】 箋云 心星在戶는 謂之五月之末六月之中이라

箋云 : '心星在戶'는 5月 말에서 6月 중순까지를 이른다.

今夕何夕고 **見此粲**(찬)**者**로다

이 저녁은 어떤 저녁인가
어여쁜 여인 만났네

【傳】 三女爲粲이니 大夫一妻二妾이라 ○ 粲은 字林作妴(찬)이라

세 명의 여인이 粲이니 大夫는 한 명의 妻와 두 명의 妾을 둔다.

○ 粲은 ≪字林≫에는 '妴'으로 되어 있다.

【疏】傳'三女'至'二妾' ○ 正義曰：周語云"密康公遊於涇, 有三女奔之. 其母曰'必致之王. 女三爲粲, 粲, 美物也. 汝則小醜, 何以堪之.'" 然粲者, 衆女之美稱也. 曲禮下云"大夫不名姪・娣[1]." 大夫有妻有妾, 有一妻二妾也. 此刺婚姻失時, 當是民之婚姻, 而以大夫之法爲辭者, 此時貴者亦婚姻失時, 故王肅云"言在位者亦不能及禮也."

1) 大夫不名姪娣：≪禮記≫〈曲禮〉에 "國君은 卿老와 世婦의 이름을 부르지 않고, 大夫는 世臣과 姪娣의 이름을 부르지 않는다.〔國君不名卿老世婦 大夫不名世臣姪娣〕"라고 하였는데, 그 注疏에 "世臣은 父가 살아있을 때의 老臣이고, 姪은 妻의 언니 딸이고, 娣는 처의 자매로 처를 따라와 媵妾이 된 자이다. 이는 대부가 世臣과 貴妾의 이름을 부르지 못하는 것이다.〔大夫不名世臣姪娣者 世臣 父在時老臣也 姪是妻之兄女 娣是妻之妹 從妻來爲妾也 大夫不呼世臣及貴妾名也〕"라고 하였다.

傳의 〔三女〕에서 〔二妾〕까지

○ 正義曰：≪國語≫〈周語〉에 "密나라의 康公이 涇水 가에서 노닐 적에 세 명의 여인이 찾아 왔다. 〈강공의〉 어머니가 '〈여인들을〉 반드시 왕에게 바쳐라. 여인 세 명이 粲이 되니, 粲은 아름다운 여인이다. 그런데 너는 보잘것없는 小人인데 어떻게 감당할 수 있겠느냐.' 하였다."라고 하였으니, 그렇다면 粲은 여러 여인에 대한 아름다운 호칭이다. ≪禮記≫〈曲禮 下〉에 "大夫는 姪과 娣의 이름을 부르지 않는다."라고 하였으니, 大夫에게 妻가 있고 妾이 있으니, 한명의 妻와 두 명의 妾이 있는 것이다. 이 詩는 제때 혼인하지 못한 것을 풍자한 것으로 백성들의 혼인에 해당되는데, 大夫의 法으로 말한 것은 이 당시에 귀한 자도 제때 혼인하지 못했기 때문이다. 그리하여 王肅이 "높은 지위에 있는 자도 禮에 미칠 수 없었음을 말한 것이다."라고 한 것이다.

子兮子兮여 **如此粲者何**오

그대여 그대여
이 어여쁜 여인 어이하나

綢繆 三章이니 **章六句**라

〈綢繆〉 3章이니 章마다 6句이다.

杕杜(체두)

【序】 杕杜는 **刺時也**라 **君不能親其宗族**하여 **骨肉離散**하고 **獨居而無兄弟**하여 **將爲沃所幷爾**라 ○ 杕杜는 **本或作夷狄字**니 **非也**라 **下篇同**이라

〈杕杜〉는 시대를 풍자한 시이다.

군주가 그의 종족을 친애하지 못하여 혈육이 흩어지고 혼자 지내며 형제가 없어서 沃國에 합병되게 되었다.

○ 杕杜는 '夷狄'字로 되어 있는 本도 있는데 잘못이다. 아래 篇도 같다.

【疏】 '杕杜(二章 章九句)'至'幷爾' ○ 正義曰：不親宗族者, 章首二句是也, '獨居而無兄弟'者, 次三句是也, 下四句, 戒異姓之人, 令輔君爲治, 亦是不親宗族之言, 故序略之.

序의 〔杕杜〕에서 〔幷爾〕까지

○ 正義曰：'宗族을 친애하지 못한 것'은 章의 처음 두 句가 이것이고, '혼자 지내며 형제가 없는 것'은 그 다음 세 句가 이것이며, 그 다음의 네 句는 異姓의 사람을 경계하여 군주를 도와 다스리게 한 것이니, 이 또한 宗族을 친애하지 못한 말이다. 그래서 序에서 이를 생략한 것이다.

有杕之杜여 **其葉湑**(서)**湑**로다

외로운 팥배나무
잎과 가지 어울리지 않네

【傳】 **興也**라 杕는 **特貌**요 **杜**는 **赤棠也**라 湑湑는 **枝葉不相比〔次〕**[1]**也**라

1) 〔次〕: 저본의 교감기에 따라 '次'를 보충하여 번역하였다.

有杕之杜(≪毛詩品物圖攷≫)

興이다. 杕는 홀로 있는 모습이고, 杜는 붉은 팥배나무이다. 湑湑는 가지와 잎이 서로 어울리지 않는 것이다.

獨行踽(우)踽하니 **豈無他人**가 **不如我同父**니라

쓸쓸히 홀로 가니
어찌 다른 이 없으리오마는
친동기간만 못하다네

【傳】 踽踽는 無所親也라

踽踽는 친애하는 바가 없는 것이다.

【箋】 箋云 他人은 謂異姓也라 言昭公遠其宗族하여 獨行於國中踽踽然하니 此豈無異姓之臣乎아 顧恩不如同姓親親也라

箋云 : 他人은 異姓을 이른다. 昭公이 그의 宗族을 멀리하여 홀로 도성 안을 쓸쓸히 걸으니, 이 어찌 異姓의 신하가 없겠는가마는 다만 恩情이 同姓 親族보다는 못하다는 것을 말한 것이다.

嗟行之人은 **胡不比焉**고

아, 함께 가는 사람은
어찌 도와주지 않는고

【箋】 箋云 君所與行之人은 謂異姓卿大夫也라 比는 輔也라 此人이여 女何不輔君爲政令가

箋云 : 군주와 함께 가는 사람은 異姓의 卿大夫를 말한다. 比는 '도움'이다. '이 사람이여, 그대는 어찌하여 군주를 도와 정사를 하지 않는가?' 〈라고 한 것이다.〉

人無兄弟어늘 **胡不佽(차)焉**고

兄弟 없는 사람인데
어찌 도와주지 않는고

【傳】 佽는 助也라

佽는 '도움'이다.

【箋】箋云 異姓卿大夫여 女見君無兄弟之親親者로대 何不相推佽而助之아

箋云：異姓의 卿大夫여, 그대는 군주에게 친애하는 兄弟가 없는 것을 보면서도 어찌 서로 미루어 차례로 도와주지 않는가 〈라고 한 것이다.〉

【疏】'有杕'至'佽焉' ○ 正義曰：言有杕然特生之杜, 其葉湑湑然而盛, 但柯條稀疏, 不相比次, 以興晉君疏其宗族, 不與相親, 猶似杜之枝葉不相比次然也. 君旣不與兄弟相親, 至使骨肉離散. 君乃獨行於國內, 踽踽然無所親暱(닐)者也, 豈無他人異姓之臣乎, 顧其恩親不如我同父之人耳. 君旣不親同姓之人, 與之爲治, 則異姓之臣, 又不肯盡忠輔君, 將爲沃國所幷, 故又戒之云'嗟乎, 汝君所與共行之人, 謂異姓卿大夫之等, 汝何不輔君爲政令焉.' 又謂異姓之臣, '汝旣見人無兄弟之親, 何不推佽而助之焉.' 同姓之臣旣已見疏, 不得輔君, 猶冀他人輔之, 得使不滅, 故戒異姓之人使助君也.

經의 〔有杕〕에서 〔佽焉〕까지

○ 正義曰：우뚝하게 홀로 자란 팥배나무가 그 잎은 푸르러 무성한데 다만 나뭇가지가 성글어서 서로 어울리지 않음을 말하여, 晉나라 군주가 그의 宗族을 소원히 대하여 서로 친애하지 않는 것이 팥배나무의 가지와 잎이 서로 어울리지 않는 것과 같음을 興한 것이다. 군주가 형제와 서로 친애하지 않아 혈육이 흩어지게 되었다. 군주가 이에 홀로 쓸쓸히 도성 안을 걸으며 외로이 친하게 지내는 이가 없으니, 어찌 다른 異姓의 신하가 없겠는가마는 다만 그 은정과 친애함이 내 형제간보다는 못할 뿐이다. 군주가 이미 同姓의 친족을 친애하여 함께 다스리지 않는 데다 異姓의 신하도 충성을 다하여 군주를 도우려 하지 않아 沃國에 병합되게 되었다. 그리하여 또 경계하여 '아, 그대 군주와 함께 가는 사람아.' 하니, 이는 異姓의 卿大夫들을 말한다. '그대는 어찌하여 군주를 도와 정사를 하지 않는가.'라고 하고, 또 異姓의 신하에게 이르기를 '그대는 그 사람이 친애하는 형제가 없는 것을 보면서도 어찌 힘써 미루어 차례로 도와주지 않는가.'라고 하였으니, 이는 同姓의 신하가 소원함을 당하여 군주를 도와줄 수 없지만 그래도 다른 사람이 군주를 도와 나라가 멸망하지 않게 되기를 바란 것이다. 그리하여 異姓의 사람을 경계하여 군주를 도와주라고 한 것이다.

【疏】傳'杕特'至'相比' ○ 正義曰：釋木云"杜, 赤棠, 白者, 棠." 樊光云"赤者爲杜, 白者爲棠." 陸機疏云"赤棠與白棠同耳. 但子有赤白・美惡. 子白色爲白棠, 甘棠也, 少酢滑

美. 赤棠子澀(삽)而酢無味, 俗語云'澀如杜', 是也. 赤棠木理韌(인), 亦可以作弓幹是也."

傳의 〔杕特〕에서 〔相比〕까지

○ 正義曰 : ≪爾雅≫ 〈釋木〉에 "杜는 赤棠이니 흰 것이 棠이다."라고 하였는데, 樊光은 "붉은 것이 '杜'이고, 흰 것이 '棠'이다."라고 하고, 陸機의 ≪毛詩草木鳥獸蟲魚疏≫에는 "赤棠과 白棠은 같은 것이다. 다만 열매에는 붉은 색과 흰색이 있고, 맛이 좋은 것과 나쁜 것이 있다. 열매가 흰색인 것이 '白棠'이니 '甘棠'으로 조금 시고 부드러우며 맛이 좋다. '赤棠'의 열매는 떫고 시며 맛이 없으니, 속담에 '떫기가 팥배와 같다.'라고 한 것이 이것이다. 赤棠의 나뭇결은 질겨서 또한 활의 몸통을 만들 수 있으니 이것이다."라고 하였다.

【疏】 裳裳者華亦云"其葉湑兮." 則'湑湑'與'菁菁'皆茂盛之貌, 傳於此云'湑湑 枝·葉不相比.' 下章言'菁菁 葉盛.' 互相明耳. 言葉雖茂盛, 而枝條稀疏, 以喩宗族雖彊, 不相親暱也. 箋以此刺不親宗族, 不宜以盛爲喩, 故下章易傳以菁菁爲稀少之貌, 此章直取不相比次爲喩, 不取葉盛爲喩. 菁菁實是茂盛, 而得爲稀少貌者, 以葉密則同爲一色, 由稀少故見(현)其枝. 以菁菁者莪, 菁菁爲莪之茂貌, 則知鄭意亦以菁菁·湑湑爲茂貌, 但不取葉爲興耳.

〈小雅 裳裳者華〉에도 "그 잎 무성하도다."라고 하였으니, 그렇다면 '湑湑'와 '菁菁'은 모두 무성한 모습이다. 그런데 傳은 여기에서는 '湑湑는 줄기와 잎이 서로 어울리지 않는 것이다.〔湑湑 枝葉不相比〕'라고 하고, 아래 章에서는 '菁菁은 잎이 무성한 것이다.〔菁菁 葉盛〕'라고 하였으니, 번갈아 서로 보완하여 밝힌 것이다. 〈이는〉 잎이 비록 무성하지만 나뭇가지가 성근 것을 말하여 宗族이 비록 강성하지만 서로 친애하지 않음을 비유한 것이다. 箋은 이는 宗族을 친애하지 않음을 풍자한 것이므로 무성한 것으로 비유하는 것은 옳지 않다고 여겼다. 그리하여 아래 章에서 傳의 뜻과 다르게 '菁菁'을 성근 모습으로 여긴 것이고, 이 章에서 서로 어울리지 않는 것으로만 비유를 삼고 잎이 무성한 것으로 비유를 삼지 않은 것이다. '菁菁'은 실제로 무성한 모습인데 성근 모습이 될 수 있는 것은, 잎이 촘촘하면 모두 같은 색이 되지만 성글기 때문에 그 가지가 드러난 것이다. 〈小雅 菁菁者莪〉의 傳에서 '菁菁'을 다북쑥이 무성한 모습으로 여겼는데, 〈鄭玄이 달리 해석하지 않았으니,〉 그렇다면 鄭玄의 뜻도 '菁菁'과 '湑湑'를 무성한 모습으로 여긴 것을 알 수 있다. 다만 잎으로 興을 삼지 않은 것이다.

【疏】箋'君所'至'政令' ○ 正義曰：言嗟行之人，是嗟歎此所行之人也. 君旣疏其宗族，宗族不與君行，故知君所與行之人謂異姓卿大夫也. '比 輔'，釋詁文，彼輔作'俌'，亦是輔之義也.

箋의 〔君所〕에서 〔政令〕까지

○ 正義曰：'嗟行之人'이라는 것은 여기의 가는 사람을 탄식한 것이다. 군주가 그 종족을 멀리하여 宗族이 군주와 함께 가지 않았다. 그리하여 군주와 함께 가는 사람은 異姓 卿大夫를 말한 것임을 안 것이다. '比 輔'는 ≪爾雅≫ 〈釋詁〉의 글인데, 거기에는 輔가 '俌'로도 되어 있으니 또한 '輔'의 뜻이다.

【疏】傳'佽 助' ○ 正義曰：'佽'，古次字，欲使相推以次第助之耳，非訓佽爲助也.

傳의 〔佽 助〕

○ 正義曰：'佽'는 '次'의 古字이니，서로 미루어 차례로 도와주게 하고자 하는 뜻이지，'佽'를 '助'라고 풀이한 것이 아니다.

有杕之杜여 其葉菁菁이로다

외로운 팥배나무
그 잎은 무성하네

【傳】菁菁은 葉盛也라

菁菁은 잎이 무성한 것이다.

【箋】箋云 菁菁은 希少之貌라 ○ 菁은 本又作青이라

箋云：菁菁은 〈가지가〉 성근 모습이다.

○ 菁은 '青'으로 되어 있는 本도 있다.

獨行睘(경)睘하니 豈無他人가 不如我同姓이니라

쓸쓸히 홀로 가니
어찌 다른 이 없으랴만
동성간만 못하다네

【傳】 睘睘은 無所依也라 同姓은 同祖也라 ○ 睘은 本亦作煢(경)이요 又作焭(경)이라

睘睘은 의지할 데가 없는 것이다. 同姓은 조상이 같은 것이다.

○ 睘은 '煢'으로 되어 있는 本도 있고, '焭'으로 되어 있는 本도 있다.

【疏】 傳'睘睘'至'同祖' ○ 正義曰 : '睘睘'・'踽踽', 皆與'獨行'共文, 故知是無所依・無所親暱之貌. 上言親, 此言依, 義亦同, 變其文耳. 以上云'同父', 故知'同姓'爲同祖也.

傳의 '〔睘睘〕'에서 '〔同祖〕'까지

○ 正義曰 : '睘睘'과 '踽踽'는 모두 '獨行'과 같은 글이다. 그리하여 의지할 데가 없고, 친애할 데가 없는 모습임을 안 것이다. 위에서 말한 '친함'과 여기서 말한 '의지함'은 뜻이 또한 같으니 글자만 바꾸었을 뿐이다. 위에서 '같은 아버지'라고 하였기 때문에 '同姓'이 같은 조상임을 안 것이다.

嗟行之人은 胡不比焉고 人無兄弟어늘 胡不佽焉고

아, 길가는 이는
어찌 돌봐주지 않는고
형제 없는 사람인데
어찌 도와주지 않는고

杕杜 二章이니 章九句라

〈杕杜〉 2章이니 章마다 9句이다.

羔裘(고구)

【序】 羔裘는 刺時也라 晉人이 刺其在位 不恤其民也라

〈羔裘〉는 시대를 풍자한 詩이다.

晉나라 사람들이 높은 지위에 있는 자가 백성을 돌보지 않음을 풍자한 것이다.

【箋】 恤은 憂也라

恤은 걱정함이다.

【疏】'羔裘(二章章四句)'至'其民' ○ 正義曰 : '刺其在位 不恤其民'者, 謂刺朝廷卿大夫也. 以在位之臣, 輔君爲政, 當助君憂民, 而懷惡(오)於民, 不憂其民, 不與相親比, 故刺之. 經二章, 皆刺在位懷惡, 不恤下民之辭. 俗本或'其'下有'君', 衍字. 定本無'君'字, 是也.

序의 〔羔裘〕에서 〔其民〕까지

○ 正義曰 : '刺其在位 不恤其民'은 朝廷의 卿大夫를 풍자한 것을 말한다. 높은 지위에 있는 신하는 군주를 보필하여 정사를 하는 자이니, 군주를 돕고 백성을 걱정해야 하는데도 백성에게 미워하는 마음을 품고 백성들을 걱정하지 않아 서로 친애하지 않았다. 그래서 풍자한 것이다. 經文의 두 章은 모두 높은 지위에 있는 자가 미워하는 마음을 품어 아래 백성들을 돌보지 않음을 풍자한 말이다. 俗本에는 '其'字 아래에 '君'字가 있기도 하니 衍字이다. 定本에는 '君'字가 없으니 옳다.

羔裘豹袪(거)여 自我人居居로다

표피소매 염소 갖옷 입은 이
우릴 부리면서도 미워하네

羔裘(≪三才圖會≫)

【傳】 袪는 袂(메)也라 本末不同하니 在位與民異心이라 自는 用이요 居居는 懷惡하여 不相親比之貌라

袪는 소매이다. 갖옷〔本〕과 소매〔末〕의 〈가죽이〉 다르니 높은 지위에 있는 자와 백성의 마음이 다른 것을 〈말한 것이다.〉 自는 '부림'이고, 居居는 미워하는 마음을 품어 서로 친애하지 않는 모습이다.

【箋】 箋云 羔裘豹袪는 在位卿大夫之服也라 其役使我之民人이로되 其意居居然有悖惡之心하여 不恤我之困苦라 ○ 袂는 末也라 居는 如字라

箋云 : '羔裘豹袪'는 높은 지위에 있는 卿大夫의 복장이다. 그가 우리 백성들을 부리면서도 그의 마음은 미워하고 흉악스러워 우리의 고통을 걱정해주지 않는 것이다.

○ 袂는 끝이다. 居는 本音대로 읽는다.

豈無他人가 **維子之故**니라

어찌 다른 이 없으랴만

그대와의 오랜 인연 때문이니라

【箋】 箋云 此民은 卿大夫采邑之民也라 故云 豈無他人可歸往者乎아 我不去者는 乃念子故舊之人이라

箋云 : 여기의 백성은 卿大夫 采邑의 백성이다. 그리하여 '어찌 찾아갈 다른 사람이 없겠는가마는 우리가 떠나지 않는 까닭은 바로 그대가 오래된 친구임을 생각해서이다.'라고 한 것이다.

【疏】 '羔裘'至'之故' ○ 正義曰 : 在位之臣, 服羔裘豹袪, 晉人因其服, 擧以爲喩. 言以羔皮爲裘, 豹皮爲袪, 裘・袪異皮, 本末不同, 以興民欲在上憂己, 在上疾惡其民, 是上下之意亦不同也. 在位之心旣與民異, 其用使我之衆人, 居居然有悖惡之色, 不與我民相親, 不憂我之困苦也. 卿大夫於民如此, 民見君子無憂民, 今欲去之, 言我豈無他人賢者可歸往之乎, 維子之故舊恩好, 不忍去耳. 作者是卿大夫采邑之民, 故言己與在位故舊恩好.

經의 〔羔裘〕에서 〔之故〕까지

○ 正義曰 : 높은 지위에 있는 신하는 표범가죽 소매를 단 염소 갖옷을 입으니, 晉나라 사람들이 그 복장을 가지고 거론하여 비유한 것이다. 염소 가죽으로 갖옷을 만들고 표범가죽으로 소매를 만들었으니, 갖옷과 소매의 가죽이 서로 달라 本과 末이 같지 않음을 말하여, 백성들이 윗사람이 자기를 걱정해주기를 바라지만 윗사람은 백성들을 미워하니 이는 윗사람과 아랫사람의 생각이 역시 다름을 興한 것이다. 높은 지위에 있는 자의 마음이 백성과 달라, 우리 백성들을 부림에 미워하여 패악스런 기색이 있고 백성들과 서로 친하지 않아 백성들의 고통을 걱정하지 않았다. 卿大夫가 백성

들에게 이와 같이 하니 백성들이 그가 백성들을 걱정해주지 않음을 보고 이제 떠나고자 하면서 "우리에게 어찌 찾아갈 만한 다른 어진 사람이 없겠는가마는 그대와의 오래된 우의 때문에 차마 떠나지 못하는 것이다."라고 한 것이다. 作者는 卿大夫 采邑의 백성이다. 그리하여 자기와 높은 지위에 있는 자와의 오래된 우의를 말한 것이다.

【疏】 傳'袪 (袪)〔袂〕[1]'至'之貌' ○ 正義曰：玉藻說深衣之制云"袂可以回肘." 注云"二尺二寸之節." 又曰"(袂)〔袪〕[2]尺二寸." 注云"袂口也." 然則袂與袪別, 此以袪·袂爲一者, 袂是袖之大名, 袪是袖頭之小稱, 其通皆爲袂, 以深衣云"袂之長短, 反屈之及肘." 是通袪皆爲袂, 故以爲'袪 袂'也. 以裘身爲本, 裘袂爲末, 其皮旣異, 是本末不同, 喩在位與民異心也. 直以裘之本末喩在位與民耳, 不以在位與民爲本末也. 此解直云'袪 袂', 定本云'袪 袂末', 與禮合. 釋詁云"由, 用也. 自, 由也." 展轉相訓, 是自爲用也. 釋訓云"居居·究究, 惡也." 李巡曰"居居, 不狎習之惡." 孫炎曰"究究, 窮極人之惡." 此言懷惡而不與民相親, 是不狎習也. 用民力而不憂其困, 是窮極人也.

1) (袪)〔袂〕: 저본의 교감기에 따라 '袂'로 번역하였다.
2) (袂)〔袪〕: 저본의 교감기에 따라 '袪'로 번역하였다.

傳의 〔袪袪〕에서 〔之貌〕까지

○ 正義曰 : 《禮記》 〈玉藻〉에 深衣의 제도를 설명하여 "袂는 〈안쪽으로 접으면〉 팔꿈치까지 닿을 수 있다."라고 하였는데 注에서 "2尺 2寸인 제도이다."라고 하고, 또 "袪는 1尺 2寸이다."라고 하였는데 注에 "소맷부리〔袂口〕이다."라고 하였으니, 그렇다면 袂와 袪는 다른 것이다. 그런데 여기서 袪와 袂를 같은 것으로 여긴 것은, 袂는 소매의 전체명칭이고 袪는 소맷부리의 부분 명칭이니 모두 통틀어 보면 소매이기 때문이다. 〈옥조〉의 深衣에서 "소매의 길이는 반대로 접으면 팔꿈치에 이른다."라고 하였으니, 이는 통틀어 袪를 모두 袂로 여긴 것이다. 그리하여 '袪는 袂이다〔袪 袂〕'라고 한 것이다. 갖옷의 몸체는 本이 되고 갖옷의 소매는 末이 되는데, 두 가죽이 다르니 本과 末이 다른 것이다. 이로써 높은 지위에 있는 자가 백성과 마음이 다름을 비유하였으니, 다만 갖옷의 本과 末로 높은 지위에 있는 자와 백성을 비유한 것이지 높은 지위에 있는 자와 백성을 本과 末로 여긴 것이 아니다. 여기서는 '袪는 袂이다.'라고만 풀이하였는데, 定本에서는 '袪 袂末'이라고 하였으니 《예기》의 글과 합치된다, 《爾雅》 〈釋詁〉에 "由는 用이고, 自는 由이다."라고 하였으니, 서로 순환하여 풀이하면 '自'는

'用'이 된다. ≪이아≫ 〈釋訓〉에 "居居와 究究는 미워함이다."라고 하였는데, 李巡은 "居居는 서로 가까이 친하게 지내지 않는 미워함이다."라고 하고, 孫炎은 "究究는 남을 끝없이 미워함이다."라고 하였으니, 여기서 말한 '미워하는 마음을 품고 백성과 친하게 지내지 않는다.'라고 한 것은 서로 친하게 지내지 않는 것이고, '백성을 부리면서도 그 고통을 걱정하지 않는다.'라고 한 것은 끝없이 미워한 것이다.

【疏】 箋'羔裘'至'困苦' ○ 正義曰：鄭風羔裘"言古之君子, 以風其朝焉." 經稱"羔裘豹飾, 孔武有力." 是知在位之臣服此豹袖之羔裘也. 傳(亦)〔已〕[1]解興喩之義, 箋又解所以用裘興意, 以在位身服此裘, 故取其裘爲興. 召南羔(裘)〔羊〕[2]亦以大夫身服此羔裘, 卽言其人有羔羊之德, 與此同也. 有悖惡之色, 不恤我之困苦, 申明傳懷惡不比之意.

1) (亦)〔已〕: 저본의 교감기에 따라 '已'로 번역하였다.
2) 召南羔(裘)〔羊〕: 召南篇에는 〈羔裘〉 장이 없을 뿐 아니라 여기 인용된 글은 〈羔羊〉 장의 내용이므로 '裘'를 '羊'으로 바로잡아 번역하였다.

箋의 〔羔裘〕에서 〔困苦〕까지

○ 正義曰：〈鄭風 羔裘〉의 序에서 "옛 군자를 말하여 그 조정에 〈賢臣이 없음을〉 풍자한 것이다.〔言古之君子 以風其朝焉〕"라고 하고, 그 經文에서 "염소 갖옷에 표범가죽 가선 장식한 이여, 매우 굳세고 힘 있도다.〔羔裘豹飾 孔武有力〕"라고 하였으니, 이는 높은 지위에 있는 신하가 표범가죽으로 가선 두른 소매를 단 염소 갖옷을 입음을 알 수 있다. 傳에서 興하여 비유한 뜻을 풀이하였는데, 箋에서 또 갖옷으로 興한 뜻을 풀이하였으니, 높은 지위에 있는 자가 이 갖옷을 입으므로 갖옷으로 興한 것이다. 〈召南 羔羊〉도 大夫가 이 염소 갖옷을 입은 것으로 그 사람에게 羔羊의 德이 있음을 말한 것이니 이 詩와 같다. 패악스런 기색이 있고 우리의 고통을 걱정해 주지 않는다는 것은, 미워하는 마음을 품어 서로 친애하지 않는다는 傳의 뜻을 거듭 밝힌 것이다.

【疏】 箋'此民'至'之人' ○ 正義曰：箋以民與大夫尊卑縣隔, 不應得有故(亂)[1]舊恩好, 而此云'維子之好.' 故解之是此卿大夫采邑之民, 以卿大夫世食采邑, 在位者幼少未仕之時, 與此民相親相愛. 故稱'好'也. 作詩者雖是采邑之民, 所恨乃是一國之事, 何則, 采邑之民與故舊尙不存恤, 其餘非其故舊, 不恤明矣. 序云'在位不恤其民', 謂在位之臣莫不盡然, 非獨食采邑之主偏苦其邑. '豈無他人可歸往者', 指謂他國可往, 非欲去此采邑, 適彼采邑也, 故王肅云"我豈無他國可歸乎, 維念子與我有故舊也." 與鄭同.

1) (亂) : 저본의 교감기에 따라 衍字로 처리하였다.

箋의 〔此民〕에서 〔之人〕까지

○ 正義曰 : 箋은 백성과 大夫는 尊卑가 현격하니 벗으로의 우의가 있을 수 없는데, 이 〈經文〉에서 '그대와의 오래된 우의 때문이라네.〔維子之好〕'라고 하였다. 그리하여 그 〈백성을〉 '卿大夫 采邑의 백성'이라고 풀이한 것이고, 卿大夫는 채읍을 世襲하니 높은 지위에 있는 그가 아직 벼슬하지 않은 어린 시절에 이 백성과 서로 친하게 지냈다. 그리하여 '好'라고 한 것이다. 詩를 지은 이는 비록 채읍의 백성이지만 한탄한 것은 바로 한 나라의 일이니, 이는 어째서인가? 채읍의 백성과 오래된 친구인데도 오히려 보살펴 주지 않았으니 그 나머지 오래된 친구가 아닌 자가 걱정해 주지 않을 것이 분명하기 때문이다. 序에서 '在位不恤其民'이라 한 것은 높은 지위에 있는 신하가 모두 다 그렇지 않음이 없음을 말한 것이니, 유독 채읍을 식읍으로 하는 경대부만이 그 고을을 고통스럽게 한 것이 아니다. '豈無他人可歸往者'는 찾아갈 다른 나라를 가리켜 말한 것이지 이 채읍을 떠나 저 채읍으로 가고자 한 것이 아니다. 그래서 王肅이 "나에게 어찌 찾아갈 다른 나라가 없겠는가. 다만 그대와 나의 오래된 우의를 생각해서이다."라고 하였으니, 鄭玄의 뜻과 같다.

羔裘豹褎(수)여 自我人究究로다

표피 소매 염소 갖옷 입은 이
우릴 부리면서도 미워하네

【傳】 褎는 猶袪也라 究究는 猶居居也라 ○ 爾雅云 居居와 究究는 惡(오)也라

褎는 소매와 같다. 究究는 居居와 같다.

○ ≪爾雅≫ 〈釋訓〉에 "居居와 究究는 '미워함'이다."라고 하였다.

豈無他人가 維子之好로다

어찌 다른 이 없으랴마는
그대와의 오래된 우의 때문이라네

【箋】箋云 我不去而歸往他人者는 乃念子而愛好之也라 民之厚如此하니 亦唐之遺風이라

箋云 : 우리가 떠나 다른 사람에게 가지 않는 것은 바로 그대를 염려하고 아껴서라는 것이다. 백성들의 情이 이와 같이 도타우니, 이 또한 唐堯의 遺風이다.

【疏】箋'我不'至'遺風' ○ 正義曰 : 北風刺虐, 則云"攜(휴)手同行." 碩鼠刺貪, 則云"適彼樂國." 皆欲奮飛而去, 無顧戀之心. 此則念其恩好, 不忍歸他人之國, 其情篤厚如此, 亦是唐之遺風. 言猶有帝堯遺化, 故風俗淳也.

箋의 〔我不〕에서 〔遺風〕까지

○ 正義曰 : 포학함을 풍자한 〈邶風 北風〉에서는 "손 잡고 함께 떠나리라〔攜手同行〕"라고 하였고, 탐욕을 풍자한 〈魏風 碩鼠〉에서는 "저 樂國으로 가리라〔適彼樂國〕"라고 하였으니, 〈그 詩들은〉 모두 떨쳐 일어나 떠나가고자 한 것이어서 돌아보며 그리워하는 마음이 없다. 그러나 이 〈詩는〉 오래된 우의를 생각하여 차마 다른 사람이 다스리는 나라로 떠나가지 못한 것이니, 이처럼 백성들의 情이 도타운 것은 또한 唐의 遺風이다. 〈이는〉 아직도 帝堯가 남긴 교화가 있기 때문에 風俗이 순박하였음을 말한 것이다.

羔裘 二章이니 章四句라

〈羔裘〉 2章이니 章마다 4句이다.

鴇羽(보우)

【序】鴇羽는 刺時也라 昭公之後로 大亂五世하여 君子下從征役하여 不得養其父母하여 而作是詩也라

〈鴇羽〉는 시대를 풍자한 詩이다.

昭公 이후로 큰 亂이 五世에 〈걸쳐 일어나〉 君子가 아래로 征役에 종사하여 부모를 봉양할 수 없어 이 詩를 지은 것이다.

【箋】大亂五世者는 昭公孝侯鄂侯哀侯小子侯라 ○ 鴇는 似雁而大하고 無後指라

'大亂五世'의 〈五世는〉 昭公・孝侯・鄂侯・哀侯・小子侯이다.

○ 鴇는 기러기와 비슷한데 〈몸집이〉 크고 뒷발가락이 없다.

【疏】'鴇羽(二章章七句)'至'是詩' ○ 正義曰：言'下從征役'者, 君子之人, 當居平安之處, 不有征役之勞, 今乃退與無知之人, 共從征役, 故言'下'也. 經三章, 皆上二句, 言君子從征役之苦, 下五句, 恨不得供養父母之辭.

序의 〔鴇羽〕에서 〔是詩〕까지

○ 正義曰：'下從征役'이라고 한 것은, 君子는 마땅히 평안한 곳에 거처하여 노역의 수고로움이 없어야 하는데, 지금 도리어 벼슬에서 물러나 무지한 사람들과 함께 노역에 종사하였다. 그리하여 '下'라고 한 것이다. 經文의 세 章 모두 위 두 句는 君子가 노역에 종사하는 고통을 말한 것이고, 아래 다섯 句는 부모를 봉양하지 못함을 한탄하는 말이다.

【疏】箋'大亂'至'子侯' ○ 正義曰：案左傳桓二年稱"魯惠公三十年, 晉潘父(보)弑昭侯而納桓叔, 不克, 晉人立孝侯. 惠之四十五年, 曲沃莊伯伐翼弑孝侯, 翼人立其弟鄂侯." 隱五年傳稱"曲沃莊伯伐翼, 翼侯奔隨. 秋, 王命虢(괵)公伐曲沃, 而立哀侯于翼." 隱六年傳稱"翼人逆晉侯于隨, 納諸鄂, 晉人謂之鄂侯." 桓二年傳"鄂侯生哀侯. 哀侯侵陘(형)庭之田, 陘庭南鄙啓曲沃伐翼." 桓三年"曲沃武公伐翼, 逐翼侯於汾隰, 夜獲之." 桓七年傳"冬, 曲沃伯誘晉小子侯殺之." 八年"春, 滅翼." 是大亂五世之事.

箋의 〔大亂〕에서 〔子侯〕까지

○ 正義曰：살펴보면 ≪春秋左氏傳≫ 桓公 2년에 "魯 惠公 30년에 晉나라 大夫 潘父가 昭侯(晉 文侯의 아들)를 죽이고 桓叔(문후의 동생)을 맞아들이려다가 이루지 못하니, 晉人이 孝侯(昭侯의 아들)를 세웠다. 혜공 45년에 曲沃의 莊伯(환숙의 아들)이 翼을 정벌하여 孝侯를 죽이니, 翼人이 그의 아우 鄂侯를 세웠다."라고 하고, ≪춘추좌씨전≫ 隱公 5년에 "곡옥의 장백이 翼을 정벌하자 翼侯가 隨로 달아났다. 가을에 周王이 虢公에게 명하여 곡옥을 정벌하고 哀侯를 翼에 세우게 하였다."라고 하고, ≪춘추좌씨전≫ 은공 6년에 "翼人(嘉父)이 隨에서 晉侯를 맞이하여 鄂에 들이니, 晉나라 사람들이 그를 '鄂侯'라고 하였다."라고 하고, ≪춘추좌씨전≫ 환공 2년에 "악후가 哀侯를 낳았다. 애후가 陘庭의 땅을 침범하자, 형정의 남쪽 변방 사람들이 곡옥의 군대를 인도하여 翼

을 쳤다."라고 하고, ≪춘추좌씨전≫ 환공 3년에 "곡옥의 武公이 翼을 쳐서 汾水 가의 습지에서 익후를 추격하여 밤에 사로잡았다."라고 하고, ≪춘추좌씨전≫ 환공 7년에 "겨울에 곡옥의 伯인 〈무공이〉 晉의 小子侯(애후의 아들)를 유인하여 죽였다."라고 하고, ≪춘추좌씨전≫ 환공 8년 "봄에 翼을 멸망시켰다."라고 하였으니, 이것이 '大亂五世'의 일이다.

【疏】 案桓八年傳云"冬, 王命虢仲立晉哀侯之弟緡於晉." 則小子侯之後, 復有緡(민)爲晉君. 此大亂五世, 不數緡(민)者, 以此言昭公之後, 則是昭公之詩, 自昭公數之, 至小子而滿五, 故數不及緡也. 此言'大亂五世', 則亂後始作, 但亂從昭起, 追刺昭公, 故爲昭公詩也.

살펴보면 ≪春秋左氏傳≫ 桓公 8년에 "겨울에 周王이 虢仲에게 명하여 晉 哀侯의 아우 緡을 晉에 세웠다."라고 하였으니, 그렇다면 小子侯의 뒤로 다시 緡이 있어 晉의 君主가 된 것이다. 이 '大亂五世'에 緡을 포함시키지 않은 것은, 여기에서 '昭公 이후〔昭公之後〕'라고 했으니 이는 소공의 詩이다. 소공으로부터 계산하면 소자후까지 다섯이 되므로 緡을 계산에 넣지 않은 것이다. 여기서 '大亂五世'라고 하였으니 그렇다면 난이 일어난 뒤에 비로소 〈詩가〉 지어졌을 것이지만, 난이 소공 때부터 일어났으므로 소급하여 소공을 풍자한 것이다. 그리하여 소공의 詩가 되는 것이다.

肅肅鴇羽여 集于苞栩(허)로다

퍼드덕 나는 느시
상수리나무 숲에 앉았네

【傳】 興也라 肅肅은 鴇羽聲也라 集은 止요 苞는 稹(진)이요 栩는 杼(저)也라 鴇之性不樹止라

興이다. '肅肅'은 느시의 날갯짓 소리이다. 集은 머무는 것이고, 苞는 떨기진 모습이고, 栩는 상수리나무이다. 느시의 본성은 나무에 앉지 않는다.

鴇(≪毛詩品物圖攷≫)

【箋】 箋云 興者는 喩君子當居安平之處어늘 今下從征役하니 其爲危苦가 如鴇之樹止然이라

稹者는 根相迫迮(책)梱致也라 ○ 稹本又作縝이라 廣雅云 概也라

箋云 : 興한 것은 君子는 마땅히 편안한 곳에 거처해야 하는데, 지금 아래로 征役에 종사하니 그 위태롭고 괴로움이 느시가 나무에 머무는 것과 같음을 비유한 것이다. 稹은 뿌리가 서로 바짝 붙어 촘촘하게 얽힌 〈모습〉이다.

○ 稹은 '縝'으로 되어있는 本도 있다. ≪廣雅≫에 "〈稹은〉 '덮음'이다."라고 하였다.

王事靡盬(고)라 不能蓺稷黍하니 父母何怙(호)오

나랏일 빈틈없이 해야 해
黍稷을 심을 수도 없으니
우리 부모 누굴 믿으실고

【傳】 盬는 不攻緻(치)也요 怙는 恃也라

盬는 치밀하지 못함이고, 怙는 '믿음'이다.

【箋】 箋云 蓺는 樹也라 我迫王事하여 無不攻致라 故盡力焉이러니 既則罷倦하여 不能播種五穀하니 今我父母將何怙乎아

箋云 : 蓺는 '심음'이다. "나는 나랏일이 급박하여 빈틈없이 하지 않을 수가 없었다. 그리하여 온 힘을 다하였는데, 일을 마친 뒤에는 고단하여 五穀을 파종할 수가 없으니, 이제 우리 부모 누굴 믿으실까?"라고 한 것이다.

悠悠蒼天아 曷其有所오

아득한 저 푸른 하늘이시여
나 제자리 언제나 찾을까요

【箋】 箋云 曷은 何也라 何時에 我得其所哉아

箋云 : 曷은 何이다. "어느 때에 내가 제자리 찾을까."라고 한 것이다.

【疏】'肅肅'至'有所' ○ 正義曰 : 言肅肅之爲聲者, 是鴇鳥之羽飛而集于苞栩之上, 以興君子之人, 乃下從於征役之事. 然鴇之性, 不樹止, 今乃集于苞栩之上, 極爲危苦, 喩君子之人, 當居平安之處, 今乃下從征役, 亦甚爲危苦. 君子之人, 旣從王事, 此王家之事, 無不攻緻, 故盡力爲之, 旣則罷倦, 雖得還家, 不復能種蓺黍稷, 旣無黍稷, 我之父母, 當爲何所依怙乎. 乃告於天云'悠悠乎遠者, 蒼蒼之上天, 何時乎, 使我得其所, 免此征役, 復平常人乎. 人窮則反本, 困則告天, 此時征役未止, 故訴天告怨也.

經의 〔肅肅〕에서 〔有所〕까지

○ 正義曰 : '肅肅'을 〈느시가 나는〉 소리라고 한 것은, 느시가 날아 상수리나무 숲 위에 앉는 것임을 말하니, 이것으로 君子가 도리어 아래로 征役의 일에 종사함을 興한 것이다. 그러나 느시의 본성은 나무에 앉지 않는데 지금 도리어 상수리나무 숲 위에 앉았으니, 〈이는〉 매우 위태롭고 괴로운 것이다. 이것으로 君子는 마땅히 편안한 곳에 있어야 하는데 지금 도리어 아래로 征役에 종사하니 역시 매우 위태롭고 괴로운 것임을 비유한 것이다. 君子가 나랏일에 종사하였으니 이 나랏일은 빈틈없이 하지 않으면 안 된다. 그리하여 온 힘을 다하여 하였는데 일을 마치고는 피곤하여 비록 집으로 돌아왔지만 다시 黍稷을 심을 수가 없었다. 黍稷을 심을 수 없으니 나의 부모는 누굴 믿고 의지 하실까? 이에 하늘에 고하기를 "아득히 먼 푸르고 푸른 하늘이여, 언제나 나로 하여금 제자리를 찾게 하여 이 征役을 면하여 정상 생활로 돌아가게 해 줄 것인가."라고 한 것이다. 사람이 곤궁한 처지가 되면 근본을 돌아보고 괴로운 처지가 되면 하늘에 하소연하는 것인데, 이때에는 征役이 그치지 않았으므로 하늘에 하소연하고 원망한 것이다.

【疏】 傳'肅肅'至'樹止' ○ 正義曰 : '苞 稹', 釋言文, 孫炎曰"物叢生曰苞, 齊人名曰稹." 郭璞曰"今人呼物叢緻者爲稹." 箋云'稹者根相迫迮梱緻貌', 亦謂叢生也. '栩 杼', 釋木文, 郭璞曰"柞(작)樹也." 陸機疏云"今柞櫟也, 徐州人謂櫟(력)爲杼, 或謂之爲栩. 其子爲皁(조), 或言皁斗, 其殼爲汁[1]可以染皁. 今京洛及河內多言杼(汁)〔斗〕[2], 謂櫟爲杼, 五方通語也." 鴇鳥連蹄, 性不樹止, 樹止則爲苦, 故以喩君子從征役爲危苦也.

1) 汁 : 저본의 교감기에는 '斗'가 옳다고 하였으나, ≪爾雅註疏≫, ≪詩名物疏≫ 등에 '汁'으로 되어 있고, 문맥상 汁이 합당하여 '汁'으로 번역하였다.

2) (汁)〔斗〕: 저본에는 '汁'으로 되어 있으나, ≪이아주소≫, ≪시명물소≫ 등에 의거하여 '斗'로 바로잡아 번역하였다.

傳의 〔肅肅〕에서 〔樹止〕까지

○ 正義曰 : '苞 稹'은 ≪爾雅≫ 〈釋言〉의 글인데, 孫炎은 "식물이 무더기로 자라는 것을 '苞'라고 하는데, 齊나라 사람들은 이를 '稹'이라고 하였다."라고 하고, 郭璞은 "지금 사람들은 식물이 무더기로 촘촘히 자라는 것을 '稹'이라고 한다."라고 하였다. 箋에서 '稹은 뿌리가 서로 바짝 붙어 촘촘하게 얽힌 모습이다.〔稹者根相迫迮梱緻貌〕'라고 한 것도 무더기로 자라는 것을 이른다. '栩 杼'는 ≪이아≫ 〈釋木〉의 글인데, 곽박은 "〈栩는〉 柞나무이다."라고 하고, 陸機의 ≪毛詩草木鳥獸蟲魚疏≫에는 "지금의 柞櫟인데, 徐州 사람은 '櫟'을 '杼'라고 하고, 혹은 '栩'라고도 한다. 열매는 상수리〔皁〕 인데, '皁斗'라고도 하고, 껍질은 즙을 내어 검은 물을 들일 수 있다. 지금 수도와 河內에서는 대부분 '杼斗'라고 하니, 櫟을 杼라고 한 것은 五方에 통용되는 말이다."라고 하였다. 느시는 발가락이 붙어있어 본성이 나무에 앉지 않으니 나무에 앉으면 괴롭게 된다. 그리하여 君子가 征役에 종사하는 것이 위태롭고 괴로운 것임을 비유한 것이다.

【疏】 傳'盬不'至'怙恃' ○ 正義曰 : 盬與蠱(고), 字異義同. 昭元年左傳云"於文, 皿(명)蟲爲蠱, 穀之飛亦爲蠱." 杜預云"皿器受蟲害者爲蠱, 穀久積則變爲飛蟲, 名曰蠱." 然則蟲害器, 敗穀者皆謂之蠱, 是盬爲不攻牢・不堅緻之意也. 此云'盬不攻緻', 四牡傳云"盬, 不堅固." 其義同也. 蓼莪云"無父何怙, 無母何恃." 怙・恃義同. 言父母當何恃食, 故下言何食・何嘗, 與此相接成也.

傳의 〔盬不〕에서 〔怙恃〕까지

○ 正義曰 : 盬는 蠱와 글자가 다르지만 뜻은 같다. ≪春秋左氏傳≫ 昭公 원년에 "글자로 말하면 그릇 위에 벌레가 있는 것을 '蠱'라 하고, 곡식에 〈날아다니는〉 날벌레도 '蠱'라고 한다."라고 하였는데, 杜預는 "그릇이 벌레의 해를 입은 것이 '蠱'이고, 곡물을 오래 쌓아두면 변질되어 날벌레가 생겨나는데 이를 '蠱'라고 한다."라고 하였다. 그렇다면 벌레가 그릇에 해를 입히거나 곡물을 상하게 하는 것을 모두 '蠱'라고 하는 것이니, 이것이 '盬'가 단단하지 않거나 견고하지 않다는 뜻이 되는 것이다. 여기 〈傳〉에서 '盬 不攻緻'라고 한 것과 〈小雅 四牡〉의 傳에서 "盬는 堅固하지 않은 것이다.〔盬不堅固〕"라고 한 것은 그 뜻이 같다. 〈小雅 蓼莪〉의 經文에 "아버지 없으면 누구를 의지하며, 어머니 없으면 누구를 믿을까〔無父何怙 無母何恃〕"라고 하였으니, 怙와 恃는 뜻이 같다. '부모님은 누굴 믿어 드실까.'라고 하였다. 그리하여 아래 經文에서 말한 '무엇을 드실까〔何食〕'와 '무엇을 맛보실까〔何嘗〕'라고 한 것은 여기와 서로 이어져 이루어진 글이다.

【疏】 箋'蓺樹'至'怙乎' ○ 正義曰：何知不爲身在役所，不得營農，而云'王事盡力，雖歸，既則罷倦，不能播種者'，以經不云'不得'，而云'不能'，明是筋力疲極，雖歸而不能也.

箋의 〔蓺樹〕에서 〔怙乎〕까지

○ 正義曰 : 자신이 役所에 있을지라도 농사를 지을 수 없지 않은데, '나랏일에 온 힘을 쏟아 비록 집에 돌아왔지만 끝내는 피곤하여 파종할 수 없다.'라고 한 것을 어떻게 안 것인가. 이는 經文에서 '不得'이라 하지 않고 '不能'이라고 하였으니, 분명 몸이 매우 피곤하여 비록 집에 돌아왔더라도 〈심을〉 수가 없기 때문이다.

肅肅鴇翼이여 **集于苞棘**(극)이로다

퍼드덕 나는 느시
가시나무 숲에 앉았네

王事靡盬라 **不能蓺黍稷**하니 **父母何食**고

나랏일 빈틈없이 해야 해
黍稷을 심을 수가 없으니
우리 부모 무엇을 드실까

悠悠蒼天아 **曷其有極**고

아득한 저 푸른 하늘이시여
이 고통 어느 때나 그치려나

【箋】 箋云 極은 已也라

箋云 : 極은 '그침'이다.

肅肅鴇行(항)이여 **集于苞桑**이로다

퍼드덕 나는 느시
뽕나무 숲에 앉았네

【傳】行은 翮(핵)也라 ○ 爾雅云 羽本謂之翮이라

行은 깃촉이다.

○ ≪爾雅≫ 〈釋器〉에 "〈새〉 깃의 뿌리 부분을 '翮'이라고 한다."라고 하였다.

【疏】傳'行 翮也' ○ 正義曰：以上言羽·翼, 明'行'亦羽翼, 以鳥翮之毛有行列, 故稱行也.

傳의 〔行 翮也〕

○ 正義曰：위의 〈經文에서〉 羽와 翼을 말했으니, 분명 '行'도 날개〔羽翼〕이다. 새의 깃털이 行列로 되어 있다. 그리하여 '行'이라고 한 것이다.

王事靡盬라 **不能蓺稻粱**하니 **父母何嘗**고

나랏일 견고하게 해야 해
벼와 차조도 심을 수 없으니
우리 부모 무엇을 드실까

悠悠蒼天아 **曷其有常**고

아득한 저 푸른 하늘이시여
어느 때나 정상이 될까요

鴇羽 三章이니 章七句라

〈鴇羽〉 3章이니 章마다 7句이다.

無衣(무의)

【序】無衣는 (刺)〔美〕[1]晉武公也라 武公始竝晉國하니 其大夫爲之請命乎天子之使하여 而作是詩也라

1) (刺)〔美〕：저본의 교감기에 따라 '美'로 번역하였다.

〈無衣〉는 晉 武公을 찬미한 詩이다.

武公이 비로소 晉國을 병합하니, 그의 大夫가 그를 위해 天子의 사신에게 命을 請하면서 이 詩를 지은 것이다.

【箋】 天子之使는 是時使來者라

'天子之使'는 당시에 사신으로 온 자이다.

【疏】 '無衣(二章章三句)'至'是詩' ○ 正義曰：作無衣詩者, 美晉武公也. 所以美之者, 晉昭公封叔父成師於曲沃, 號爲桓叔. 桓叔生莊伯, 莊伯生武公, 繼世爲曲沃之君, 常與晉之正適戰爭不息. 及今武公, 始滅晉而有之, 其大夫爲之請王賜命於天子之使, 而作是無衣之詩以美之. 其大夫者, 武公之下大夫也, 曲沃之大夫美其能幷晉國, 故爲之請命, 此序其請命之事, 經二章皆請命之辭.

序의 〔無衣〕에서 〔是詩〕까지

○ 正義曰：〈無衣〉 詩를 지은 것은 晉 武公을 찬미한 것이다.

찬미한 까닭은 晉 昭公이 叔父인 成師를 曲沃에 封하고 '桓叔'이라고 하였다. 환숙이 莊伯을 낳고, 장백이 무공을 낳아 대를 이어 곡옥의 군주가 되었는데, 항상 適子인 晉나라와 전쟁이 끊이지 않았다. 이제 무공에 이르러 비로소 晉나라를 멸하고 소유하니, 그의 대부가 그를 위해 천자의 사신에게 周王이 命服을 내려 주기를 청하면서 이 〈無衣〉의 詩를 지어 찬미한 것이다. 대부는 무공의 下大夫이니, 이 곡옥의 대부가 〈무공이〉 晉나라를 병합한 것을 찬미한 것이다. 그리하여 그를 위하여 命해 주기를 청한 것이니, 여기는 命을 청한 일을 서술한 것이고, 經文 두 章은 모두 命을 청한 말이다.

【疏】 箋'天子'至'來者' ○ 正義曰：不言請命於天子而云'請命於天子之使', 故云'是時使來'. 使以他事適晉, 大夫就使求之, 欲得此使告王, 令王賜以命服也. 案左傳桓八年, 王使立緡於晉, 至莊十六年, 乃云"王使虢公命曲沃伯爲晉侯." 不言滅晉之事.

箋의 〔天子〕에서 〔來者〕까지

○ 正義曰：天子에게 命을 청하였다고 하지 않고, '天子의 사신에게 命을 청하였다.'라고 하였다. 그리하여 '당시에 사신으로 온 자이다.〔是時使來〕'라고 한 것이다. 사신이 다른 일로 晉나라에 왔는데 大夫가 그 사신에게 가서 요구한 것이니, 이 사신이 周王

에게 고하여 주왕으로 하여금 命服을 하사해주기 바란 것이다. 살펴보면 ≪春秋左氏傳≫ 桓公 8년에 주왕이 사신을 보내 緡을 晉의 〈군주〉로 세웠는데, 莊公 16년에 이르러 비로소 "주왕이 虢公을 사신으로 보내 曲沃 伯에게 命하여 晉侯로 삼았다."라고 하고, 晉나라를 멸망시킨 일은 말하지 않았다.

【疏】晉世家云"哀侯二年, 曲沃莊伯卒, 晉侯緡立. 二十八年, 曲沃武公伐晉侯緡, 滅之, 盡以其寶器賂周僖王. 僖王命曲沃武公爲晉君, 列爲諸侯. 於是盡幷晉地而有之, 曲沃武公已卽位三十七年矣." 計緡以桓八年立, 至莊十六年乃得二十八年. 然則虢公命晉侯之年始幷晉也. 虢公未命晉之前, 有使適晉, 晉大夫就之請命, 其使名號, 書傳無文也. 或以爲使卽虢公, 當來賜命之時, 大夫就之請命, 斯不然矣. 傳稱王使虢公命曲沃伯爲晉侯, 則虢公適晉之時, 齎命服來賜, 大夫不假請之, 豈虢〔公〕[1]奉使適晉, 藏其命服, 待請而與之哉. 若虢公於賜命之前, 別來適晉, 則非所知耳. 若當時以命賜之, 卽命晉之時, 不須請也. 故箋直言'使來', 不知何使.

1) 〔公〕: 저본의 교감기에 따라 '公'을 보충하여 번역하였다.

≪史記≫ 〈晉世家〉에 "哀侯 2년에 曲沃 莊伯이 죽어, 晉侯 緡이 즉위하였다. 〈즉위한 지〉 28년에 曲沃 武公이 晉侯 緡을 쳐서 멸망시키고, 晉나라의 보배로운 기물들을 모두 가져다가 周 僖王에게 뇌물로 주니, 희왕이 곡옥 무공을 命하여 晉나라 군주로 삼아 諸侯의 반열이 되었다. 이에 晉나라의 모든 땅을 병합하여 소유하였으니, 곡옥 무공이 즉위한 지 37년이었다."라고 하였으니, 緡이 魯 桓公 8년에 즉위한 때부터 莊公 16년까지를 계산하면 28년이 된다. 그렇다면 〈周 王室의〉 虢公이 晉侯를 命한 해에 비로소 晉나라를 병합한 것이다. 괵공이 晉侯를 命하기 전에 사신이 晉나라에 간 일이 있었는데 진나라 大夫가 그에게 가서 命을 청한 것인데, 그 사신의 이름과 호칭에 대해서는 經書와 注에 분명한 글이 없다. 혹자는 사신은 바로 괵공인데 와서 命을 내려 줄 때에 大夫가 가서 命을 청한 것이라고 하니, 이는 그렇지 않다. ≪春秋左氏傳≫ 莊公 16년에 "周王이 괵공을 사신으로 보내 曲沃 伯에게 命하여 晉侯로 삼았다."라고 하였으니, 그렇다면 괵공이 晉나라에 갔을 때에는 命服을 가지고 와서 준 것이니 大夫가 청할 필요가 없다. 어찌 괵공이 使命을 받들고 사신으로 晉나라에 가서 命服을 숨겨두었다가 청하기를 기다려서 주었겠는가. 만약 괵공이 賜命하기 전에 使臣이 따로 晉나라에 왔다고 한다면 〈命服은〉 그가 알 바가 아니고, 만약 당시에 명으로

命服을 주었다면 바로 晉侯를 命한 때이니 〈대부가 命服을〉 청할 필요가 없다. 그리하여 箋에서 '使來'라고만 하였으니, 어떤 사신인지는 알지 못한 것이다.

豈曰無衣七兮리오

어찌 七章의 의복 없으리오

【傳】 侯伯之禮는 七命이니 冕服七章[1)]이라

1) 侯伯之禮七命 冕服七章 : 周나라 시대에 官爵을 9등급으로 나누어 주는 것을 九命이라 하였는데, ≪禮記≫ 〈王制〉에 "上公은 九命에 伯으로 삼고, 王의 三公은 八命, 侯와 伯은 七命, 王의 卿은 六命, 子와 男은 五命, 王의 大夫와 公의 孤는 四命, 公과 侯와 伯의 卿은 三命, 公과 侯와 伯의 大夫와 子와 男의 卿은 再命(二命), 公과 侯와 伯의 士와, 子와 男의 大夫는 一命이고, 子와 男의 士는 不命이다.〔上公九命爲伯 王之三公八命 侯伯七命 王之卿六命 子男五命 王之大夫 公之孤四命 公侯伯之卿三命 公侯伯之大夫 子男之卿再命 公侯伯之士 子男之大夫一命 子男之士不命〕"라고 하였다. 七章은 9등급의 관작에 따른 의전 복식에서 侯伯에게 내리는 예복 문양으로, 천자의 十二章에서 日·月·星辰·龍·山을 제외한 '華蟲'·'火'·'宗彝'·'藻'·'粉米'·'黼'·'黻'의 문양을 말한다.

侯와 伯의 禮는 七命이니 冕服은 七章이다.

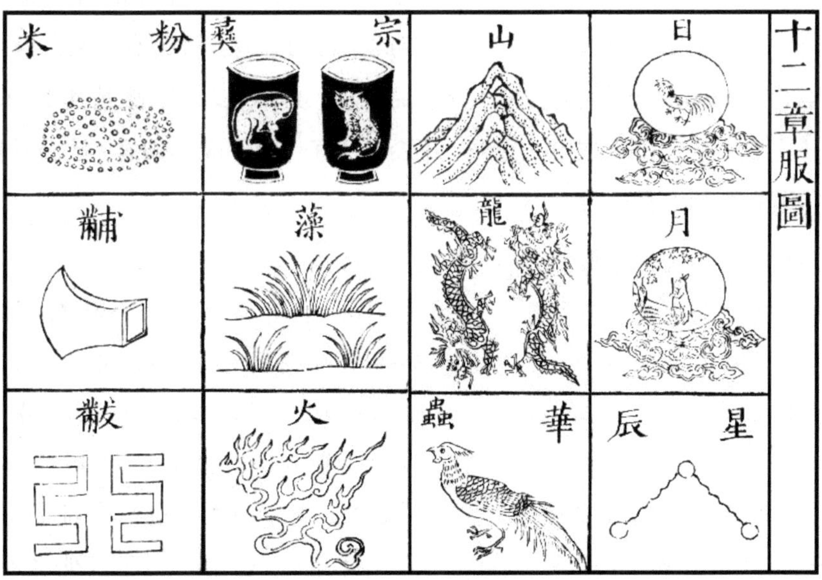

十二章服圖(≪六經圖考≫)

【箋】 箋云 我豈無是七章之衣乎아 晉舊有之나 非新命之服이라

箋云 : 우리나라에 어찌 이 七章의 의복이 없겠는가. 晉나라에 오래전부터 있었으나 새로운 命으로 받은 의복이 아니라는 것이다.

不如子之衣 安且吉兮니라

天子가 하사하신
편하고 길한 옷만 못해서라네

【傳】 諸侯는 不命於天子면 則不成爲君이라

제후는 천자에게 命服을 받지 못하면 군주가 되지 못한다.

【箋】 箋云 武公初幷晉國이나 心未自安이라 故以得命服爲安이라

箋云 : 武公이 처음 晉나라를 병합하였으나 마음은 스스로 편안하지 못하였다. 그리하여 命服을 하사받는 것을 편안하게 여긴 것이다.

【疏】 '豈曰'至'吉兮' ○ 正義曰 : 此皆請命之辭. 晉大夫美武公能幷晉國, 而未得命服, 故爲之請於天子之使曰'我晉國之中, 豈曰無此衣之七章兮, 晉舊有之矣. 但不如天子之衣, 我若得之, 則心安而且又吉兮.' 天子命諸侯, 必賜之以服, 故請其衣, 就天子之使, 請天子之衣, 故云'子之衣'也. 諸侯, 不命於天子, 則不成爲國君, 武公幷晉, 心不自安, 故得王命服則安且吉兮.

經의 〔豈曰〕에서 〔吉兮〕까지

○ 正義曰 : 이 〈經文〉은 모두 命을 청한 말이다. 晉의 대부가 武公이 晉나라를 병합한 것을 훌륭하게 여겼지만, 아직 命服을 하사 받지 못하였다. 그리하여 그를 위해 천자의 사신에게 청하기를 "우리 晉나라 안에 어찌 이 七章의 의복이 없다 하겠습니까. 晉나라에 오래전부터 있었습니다. 다만 천자가 내린 옷만 못하니 우리가 받게 되면 마음이 편안해지고 또 더욱 좋아질 것입니다."라고 한 것이다. 천자가 제후를 命할 때에는 반드시 의복을 하사하므로 의복을 청한 것이고, 천자의 사신에게 가서 천자의

의복을 청한 것이므로 '子之衣'라고 한 것이다. 제후는 천자에게 命服을 받지 못하면 國君이 되지 못하니, 武公이 晉나라를 병합하였으나 마음은 스스로 불안하였다. 그리하여 周王의 命服을 받으면 편하고 또 좋을 것이라고 한 것이다.

【疏】 傳'侯伯'至'七章' ○ 正義曰：此解指言七兮之意. 晉唐叔[1]之封爵稱侯, 侯伯之禮, 冕服七章, 故請七章之衣. 春官典命云"侯伯, 七命, 其國家・宮室・車旗・衣服・禮儀皆以七爲節." 秋官大行人云"諸侯之禮, 執信圭七寸, 冕服七章." 是七命七章之衣. 案春官巾車云"金路, 鉤, 樊纓九就, 建大旂(기)[2], 以賓, 同姓以封." 注云"同姓以封, 謂王子母弟率以功德出封, 雖爲侯伯, 其衣服猶如上公, 若魯・衛之屬." 然則唐叔是王之母弟, 車服猶如上公. 上公之服九章, 此大夫不請九章之服, 而請七章者, 王子母弟車服得如上公, 無正文. 正以周之建國, 唯二王之後稱公, 其餘雖大, 皆侯伯也. 彼云同姓以封, 必是封爲侯伯. 侯伯以七爲節, 而金路樊纓九就, 則知王子母弟初出封者, 車服猶如上公, 故得以九爲節. 如上公者, 唯王子母弟一身, 若唐叔耳, 其後世子孫, 自依爵命之數, 故請七章之衣也.

1) 晉唐叔：晉나라 始祖로 周나라 成王의 同母弟이다. 周公이 東征하여 승리한 뒤에 성왕이 당숙을 夏나라의 도읍지인 곳에 封하여 諸侯로 삼고 국호를 '唐'이라고 하였는데, 뒤에 남쪽에 晉水가 있어 국호를 '晉'으로 바꾸었다.

2) 金路……建大旂(기)：金路는 ≪周禮≫에 天子가 타는 다섯 수레〔五路〕 중 두 번째 수레이며, 金路에 장식하는 鉤는 말의 턱에 사용하는 金으로 칠한 갈고리 장식이며, 樊纓은 말의 복부와 가슴걸이 장식이며, 九就는 오색실을 꼬아 오색 옥에 아홉 번 감은 것이고, 建大旂는 오르고 내리는 交龍 그림을 그려 세운 九旗이다.

傳의 〔侯伯〕에서 〔七章〕까지

○ 正義曰：이는 〈經文에서〉 '七兮'라고 가리켜 말한 뜻을 풀이한 것이다. 晉 唐叔의 封해진 爵位를 '侯'라 하였으니, 侯와 伯의 禮는 冕服 七章이다. 그리하여 七章의 의복을 청한 것이다. ≪周禮≫ 〈春官 宗伯 典命〉에 "侯와 伯은 七命이니, 도성과 궁실과 수레와 깃발과 의복과 禮儀는 모두 七의 수로 법도를 삼는다."라고 하고, ≪周禮≫ 〈秋官 司寇 大行人〉에 "諸侯의 禮는 7寸의 信圭를 잡고, 冕服은 七章이다."라고 하였으니, 이것이 七命에 七章의 의복인 것이다. ≪주례≫ 〈春官 宗伯 巾車〉를 살펴보면 "金路를 〈타니, 이 金路는〉 鉤를 하고 樊纓을 九就하고 大旂를 세우니, 이것으로 賓을 맞이하

고 同姓을 봉한다."라고 하였는데, 注에서 "同姓을 봉한다〔同姓以封〕는 것은 王의 동복형제를 功德에 따라 봉하는 것을 이르니, 비록 그가 侯伯일지라도 〈하사하는〉 의복은 오히려 上公과 같으니, 魯나라와 衛나라의 친속이 이와 같은 경우이다."라고 하였다. 그렇다면 〈晉나라〉 당숙은 成王의 동복형제로 수레와 의복은 오히려 上公과 같다. 上公의 의복은 九章인데 여기서 대부가 九章의 命服을 청하지 않고 七章의 命服을 청한 것은, 王의 동복형제가 수레와 의복을 上公과 같이 하사받은 것에 대하여는 正文이 없다. 다만 周나라가 건국할 때에 二王(禹임금과 湯임금)의 후손만을 公이라 칭하고, 그 나머지는 비록 나라가 크더라도 모두 侯伯이었으니, ≪주례≫에서 '同姓以封'이라 한 것은 필시 侯伯에 封한 것을 〈말할〉 것이다. 侯伯은 七로 법도를 삼아야 하는데 〈上公에게 하사하는〉 金路의 樊纓九就를 말하였으니, 그렇다면 처음 封해지는 王의 동복형제는 하사하는 수레와 의복을 오히려 上公과 같이 한 것이다. 그리하여 九로 법도를 삼은 것임을 알 수 있다. 그러나 上公과 같이 예우한 이는 당숙과 같이 오직 王의 동복형제 본인에게 한정될 뿐이고, 그 후대 자손은 본래 爵命의 禮數를 따른다. 그리하여 七章의 의복을 청한 것이다.

【疏】 傳'諸侯'至'爲君' ○ 正義曰：此解得衣乃安之意. 諸侯者, 天子之所建, 不受命於天子則不成爲君, 故不得衣則不安也. 必請衣者, 文元年"天王使毛伯來錫公命." 公羊傳曰"錫者何, 賜也, 命者何, 加我服也." 是王命諸侯, 必皆以衣賜之, 故請衣也. 案大宗伯云"王命諸侯則儐." 莊元年穀梁傳云"禮有受命, 無來錫命, 錫命, 非正也." 然則諸侯當往就天子受命, 此在國請之者, 天子賜諸侯之命, 其禮亡(무). 案春秋之世, 魯文公・成公・晉惠公・齊靈公皆是天子遣使賜命, 左傳不譏之, 則王賜諸侯之命, 有召而賜之者, 有遣使賜之者, 穀梁之言, 非禮意也. 此武公以孼奪宗, 故心不自安, 得命乃安也. 及世家稱"武公厚賂周僖王, 僖王乃賜之命." 是於法武公不當賜之, 美之者, 其臣之意美之耳.

傳의 〔諸侯〕에서 〔爲君〕까지

○ 正義曰：이는 의복을 얻어야 편안하다는 뜻을 풀이한 것이다. 제후는 천자가 세우니, 천자에게 命服을 받지 못하면 군주가 되지 못한다. 그리하여 〈천자에게〉 의복을 얻지 못하면 마음이 불안한 것이다. 반드시 의복을 請한 것은, ≪春秋≫ 文公 원년에 "天王이 毛伯을 사신으로 보내와 公의 命服을 하사하였다."라고 하였는데, ≪春秋公

羊傳≫에서 "錫은 무엇인가? 하사하는 것이다. 命은 무엇인가? 나에게 의복을 입혀주는 것이다."라고 하였으니, 이는 王이 제후를 命할 때에 반드시 모두 의복을 하사하는 것이다. 그리하여 '의복'을 청한 것이다. 살펴보면 ≪周禮≫ 〈春官 大宗伯〉에 "王이 제후를 命할 때에는 그를 인도하여 나오게 한다."라고 하였는데, ≪春秋穀梁傳≫ 莊公 원년에 "禮에 〈제후가 가서〉 命服을 받는 것은 있으나 〈사신이〉 와서 命服을 하사하는 경우는 없으니, 命服을 〈사신이 와서〉 하사하는 것은 바른 禮가 아니다."라고 하였다. 그렇다면 제후는 마땅히 천자에게 가서 命服을 받아야 하는데, 여기는 자기 나라에 있으면서 命服을 청한 자에게 천자가 제후의 命服을 하사한 것이니 그런 禮는 없다는 것이다. 〈그러나〉 春秋의 世代를 살펴보면 魯의 文公과 成公, 晉의 惠公과 齊의 靈公은 모두 天子가 사신을 보내 命服을 하사하였는데도 ≪春秋左氏傳≫에서 이를 나무라지 않았다. 그렇다면 王이 제후에게 命服을 하사할 때에는 불러서 하사한 경우도 있고 사신을 보내어 하사한 경우도 있는 것이니, ≪춘추곡량전≫의 말은 禮의 뜻이 아니다. 여기의 武公은 서자로서 적장자의 자리를 빼앗았다. 그리하여 마음이 스스로 편치 못하여 명복을 받아야 편해지는 것이다. ≪史記≫ 〈晉世家〉에 "무공이 周 僖王에게 후하게 뇌물을 주어 희왕이 이에 命服을 하사하였다."라고까지 하였으니, 이는 법도로 보면 무공이 부당하게 命服을 하사받은 것인데 이를 찬미한 것은 그의 신하가 마음으로 찬미한 것일 뿐이다.

豈曰無衣六兮리오

어찌 六命의 의복이 없겠는가

【傳】 天子之卿은 六命이니 車旗衣服은 以六爲節이라

天子의 卿은 六命이니 수레와 깃발과 의복은 六의 수로 법도를 삼는다.

【箋】 箋云 變七言六者는 謙也라 不敢必當侯伯하여 得受六命之服하여 列於天子之卿도 猶愈乎不이라

箋云 : 七을 바꾸어 六이라고 한 것은 겸사이다. 감히 侯伯에 해당되는 것을 기필하지 못하여 六命의 의복을 받아 天子의 卿의 반열이 되는 것도 받지 못하는 것보다 낫다는 것이다.

【疏】傳'天'至'爲節' ○ 正義曰：典命云"王之三公八命，其卿六命，其國家・宮室・車旗・衣服・禮儀亦如之." 是毛所據之文也. 云車旗者，蓋謂卿從車六乘・旌旗六旒(류)，衣服者，指謂冠弁也，飾則六玉，冠則六辟積. 夏官射人云"三公執璧，與子男同也." 則其服亦毳(취)冕矣. 三公旣毳冕，則孤卿服絺冕，大夫服玄冕，則司服注云"絺冕衣一章，裳二章. 玄冕衣無文，裳刺黻而已." 然則絺冕之服止有三章，而此云'六爲節'，不得爲卿六章之衣，故毛・鄭竝不云章. 或者司服之注自說天子之服，隆殺(쇄)之差，其臣自當依命數也.

傳의 〔天〕에서 〔爲節〕까지

○ 正義曰：≪周禮≫ 〈春官 宗伯 典命〉에 "王의 三公은 八命이고，卿은 六命이니，도성과 宮室과 車旗와 衣服과 禮儀도 이와 같이 한다."라고 하였으니，이것이 毛亨이 근거한 글이다. 車旗라는 것은 卿은 따르는 수레는 六乘이며，깃발은 여섯 술〔白虎旗〕이라는 것을 이르며，衣服이란 冠弁을 가리켜 말한 것이니 장식은 六玉이고，冠은 여섯 주름〔辟積〕이다. ≪周禮≫ 〈夏官 司馬 射人〉에 "三公은 璧圭의 笏을 잡으니 子男과 같다."라고 하였으니，〈三公의〉 복장 또한 子男의 毳冕이다. 三公이 毳冕이면 孤卿의 복장은 絺冕이고 大夫의 복장은 玄冕이니，곧 ≪周禮≫ 〈春官 宗伯 司服〉의 注에서 "絺冕의 上衣는 一章이고 下衣는 二章이며，玄冕의 上衣는 문양이 없고 下衣는 黻의 문양을 수놓는다."라고 한 것이다. 그렇다면 絺冕의 복장은 三章만 있는데 이 傳에서 '六으로 법도를 삼는다.〔六爲節〕'라고 하였으니，이는 卿의 六章 의복을 입을 수 없는 것이다. 그리하여 毛亨과 鄭玄이 모두 '章'을 말하지 않은 것이다. 혹자는 ≪周禮≫ 〈春官 宗伯 司服〉의 注는 본래 天子가 〈하사하는〉 의복은 〈작위에 따라〉 올려주고 낮추는 차등이 있음을 설명한 것이니，신하는 스스로 命數를 따라야 한다고 하였다.

【疏】箋'變七'至'愈乎不' ○ 正義曰：傳正解'六兮'爲天子之卿服，不解晉人請六章之服意，故箋申之. 今晉實侯爵之國，非天子之卿，所以請六章衣者，謙不敢必當侯伯之禮，故求得受六命之服，次列於天子之卿，猶愈乎不. 愈猶勝也，言己若得六章之衣，猶勝不也. 上箋解七章之衣，言晉舊有之，此不言晉舊有之者，晉國舊無此衣，不得言舊有也. 檢晉之先君見經傳者，燮父(보)事康王，文侯輔平王，有爲天子卿者，但侯伯入爲卿士，依其本國之命，不服六章之衣，故鄭答趙商云"諸侯入爲卿大夫，與在朝仕者異，各

依本國如其命數." 是其不降本國, 不服六章也. 鄭知然者, 以大車陳古之天子大夫行決男女之訟, 經云"毳衣如菼", 則是子男入爲大夫, 得服毳冕, 故知入仕王朝者, 各依本國之命. 晉之先世不得有六章之衣, 實無六章之衣, 而云'豈曰無衣六'者, 從上章之文, 飾辭以請命耳, 非實有也.

箋의 〔變七〕에서 〔愈乎不〕까지

○ 正義曰 : 傳은 바로 '六兮'가 천자의 卿의 의복임은 풀이하고, 晉나라 사람이 六章의 의복을 청한 뜻은 풀이하지 않았다. 그리하여 箋에서 밝혀 말한 것이다. 이때에 晉나라는 실제로 侯爵의 나라이지 천자의 卿이 아닌데 六章의 의복을 청한 까닭은, 겸양하여 감히 侯伯에 해당되는 禮를 기필하지 못하였으므로 六命의 의복을 받아 천자 卿의 반열이 되기를 구하는 것이 오히려 받지 못하는 것보다 낫기 때문이다. 愈는 '나음'과 같으니, 자기가 六章의 의복을 받는다면 그래도 받지 못하는 것보다 나은 것을 말한 것이다. 위의 箋에서 七章의 의복을 풀이하여 晉나라에 옛부터 있었다고 하였는데, 여기에서는 晉나라에 옛부터 있었다고 말하지 않은 것은, 晉나라에 옛부터 이 〈六章의〉 의복이 없어서 옛부터 있었다고 하지 않은 것이다. 經傳에 드러난 晉나라의 先君을 살펴보면, 燮父가 康王을 섬기고 文侯가 平王을 보필하였으니, 천자의 卿이 된 자는 있었다. 다만 侯伯이 천자의 조정에 들어가 卿과 士가 되면 本國의 命數를 따라 〈七章의 의복을 입고〉 六章의 의복을 입지 않는다. 그리하여 鄭玄이 趙商에게 답하기를 "제후가 〈천자의 조정에〉 들어가 卿大夫가 된 자는 천자의 조정에서 벼슬하는 자와는 다르니, 각기 本國의 작위에 따라 命數를 같이한다."라고 하였으니, 이것이 本國의 命數를 낮추어 六章의 의복을 입지 않는 것이다. 정현이 그러함을 안 것은, 〈王風 大車〉는 옛날 천자의 대부가 멀리 나가서 男女의 송사를 판결한 것을 말한 것인데, 그 經文에서 "毳衣는 갈대같이 푸르도다."라고 하였으니, 그렇다면 이는 子와 男이 〈천자의〉 조정에 들어가 대부가 되어 毳冕을 착용한 것이다. 그리하여 王의 조정에 들어가 벼슬하는 자는 각기 本國의 命數를 따르는 것임을 안 것이다. 晉나라 선대에 六章의 의복을 하사받지 못하여 실제로 六章의 의복이 없었는데도 '어찌 六章의 의복이 없으리오.〔豈曰無衣六〕'라고 한 것은, 上章의 글을 따라 命을 청한 것을 修辭한 것일 뿐이지 실지로 있는 것이 아니다.

不如子之衣 安且燠(욱)兮니라

天子가 하사하신
편안하고 따뜻한 옷만 못해서라네

【傳】 燠은 暖也라

燠은 '따뜻함'이다.

【疏】 傳'燠 煖也' ○ 正義曰：釋言文

傳의 〔燠 煖也〕

○ 正義曰：≪爾雅≫ 〈釋言〉의 글이다.

無衣 二章이니 章三句라

〈無衣〉 2章이니 章마다 3句이다.

有杕之杜(유체지두)

【序】 有杕之杜는 刺晉武也라 武公寡特하여 兼其宗族이나 而不求賢以自輔焉이라 ○ 宗族은 本亦作宗矣라

〈有杕之杜〉는 晉 武公을 풍자한 詩이다.

무공이 홀로 우뚝 서서 그의 종족을 병합하였으나, 賢人을 구하여 자신을 보필하게 하지 않았다.

○ 宗族은 '宗矣'로 되어 있는 本도 있다.

【疏】 '有杕之杜(二章章六句)'至'輔焉' ○ 正義曰：言'寡特'者, 言武公專任己身, 不與賢人圖事, 孤寡特立也. '兼其宗族'者, 昭侯以下爲君於晉國者, 是武公之宗族, 武公兼有之也. 武公初兼宗國, 宜須求賢, 而不求賢者, 故刺之. 經二章, 皆責君不求賢人之事也.

序의 〔有杕之杜〕에서 〔輔焉〕까지

○ 正義曰 : '寡特'이라는 것은, 武公이 오로지 자기 자신만을 믿고서 賢人과 함께 정사를 도모하지 않고 외로이 홀로 우뚝한 것을 말한다. '兼其宗族'은 昭侯 이후로 晉나라에 군주가 되었던 자는 무공의 종족인데 무공이 이들을 병합하여 소유한 것이다. 무공이 처음 宗國을 병합하였을 때에 당연히 현자를 구해야 하는데 현자를 구하지 않았다. 그래서 풍자한 것이다. 經文의 두 章은 모두 군주가 賢人을 구하지 않은 일을 책망한 것이다.

有杕之杜여 生于道左로다

외로이 우뚝한 팥배나무
길 왼편에 서있네

【傳】 興也라 道左之陽은 人所宜休息也라

興이다. 길 왼편 양지바른 곳은 사람들이 쉬기에 적당한 곳이다.

【箋】 箋云 道左는 道東也라 日之熱은 恒在日中之後니 道東之杜는 人所宜休息也어늘 今人不休息者는 以其特生하여 陰寡也라 興者는 喻武公初兼其宗族이로대 不求賢者與之在位하여 君子不歸하니 似乎特生之杜然이라 ○ 陰은 又如字라 本亦作蔭하니 同이라

箋云 : 道左는 길 동쪽이다. 날이 더운 때는 항상 해가 중천에 이른 뒤이니, 〈이때에〉 길 동쪽 팥배나무는 사람들이 쉬기에 적당한 곳인데 지금 사람들이 쉬지 않는 것은, 나무가 홀로 우뚝하여 그늘이 부족하기 때문이다. 興한 것은, 武公이 처음 그의 宗族을 병합하였으나 현자를 구하여 함께 높은 지위에 있게 하지 않아서 君子들이 돌아오지 않았으니, 〈이것이〉 홀로 자라는 팥배나무가 그러한 것과 비슷함을 비유한 것이다.

○ 陰은 또 본음대로 읽는다. '蔭'으로 되어 있는 本도 있는데, 뜻은 같다.

彼君子兮여 噬(서)肯適我아

저기 저 君子여
우리 군주에게 오려할까

【傳】噬는 逮也라

噬는 '이르다'이다.

【箋】箋云 肯은 可요 適은 之也라 彼君子之人이 至於此國이면 皆可(求)〔來〕[1]之我君所니 君子之人은 義之與比라 其不來者는 君不求之라 ○ 噬는 韓詩作逝니 逝는 及也라

1) (求)〔來〕: 저본의 교감기에 따라 '來'로 번역하였다.

箋云 : 肯은 가능함이고, 適은 가는 것이다. 저 군자들이 이 나라에 이른다면 모두 와서 우리 군주가 있는 곳으로 갈 수 있을 것이니, 군자는 義와 함께하기 때문이다. 그런데 그들이 오지 않는 것은 군주가 구하지 않아서이다.

○ 噬는 ≪韓詩≫에 '逝'로 되어 있는데, '逝'는 이르는 것이다.

中心好之면 曷飮食(임사)之리오

진심으로 좋아한다면

어찌 음식만 대접하겠는가

【箋】箋云 曷은 何也라 言中心誠好之면 何但飮食之리오 當盡禮極歡以待之라

箋云 : 曷은 '어찌'이다. 마음에서 진심으로 좋아한다면 어찌 음식만 대접 하겠는가. 당연히 禮를 다하여 극진히 환대할 것임을 말한 것이다.

【疏】'有杕'至'食之' ○ 正義曰 : 言有杕然特生之杜, 生於道路之左, 人所宜休息, 今日所以人不休息者, 由其孤特獨生, 陰涼寡薄故也, 以興武公一國之君, 人所宜往仕, 今日所以人不往仕者, 由其孤特爲君, 不求賢者故也. 因教武公求賢之法, 彼君子之人兮, 但能來逮於我國者, 皆可使之適我君之所, 何則, 君子之人, 義之與比, 故求則得之, 今不求者, 由君之不求之耳. 君欲求之, 當如之何, 君當(忠)〔中〕[1]心誠實好之, 何但飮食而已, 當盡禮極歡以待之, 則賢者自至矣.

1) (忠)〔中〕: 저본의 교감기에 따라 '中'으로 번역하였다.

經의 〔有杕〕에서 〔食之〕까지

○ 正義曰 : 홀로 우뚝한 팥배나무가 길 왼편에 자라고 있으니 사람들이 쉬기에 적

당한 곳인데도 지금 사람들이 쉬지 않는 까닭은 그 나무가 외로이 우뚝 자라 시원한 그늘이 적기 때문임을 말하여, 武公이 한 나라의 군주로 사람들이 그에게 가서 벼슬해야 하는데 지금 사람들이 가서 벼슬하지 않는 까닭은 그가 홀로 우뚝 군주 노릇을 하며 현자를 구하지 않기 때문임을 興한 것이다. 이 때문에 무공에게 현자를 구하는 법을 가르쳐서 저 군자들이 우리나라에 오게 할 수 있다면 모두 우리 군주가 있는 곳으로 가게 할 수 있으니, 이는 어째서인가? 군자는 義와 함께하므로 구하면 얻을 수 있는데 지금 구하지 못한 것은 군주가 구하지 않아서일 뿐이다. 군주가 구하고자 한다면 어떻게 해야 하는가? 군주는 마음에서 진실로 좋아해야 하니, 어찌 음식만 대접할 뿐이겠는가. 禮를 다하여 극진히 환대하여야 할 것이니, 그렇게 하면 현자는 저절로 이를 것이라고 한 것이다.

【疏】 箋'道左'至'杜然' ○ 正義曰：王制云"道路, 男子由右, 婦人由左." 言左右, 據南嚮西嚮爲正, 在陰爲右, 在陽爲左, 故傳言'道左之陽'. 箋以爲'道東'也. 物積而後始極, 旣極而後方衰, 從旦積煖, 故日中之後乃極熱, 從昏積涼, 故半夜之後始極寒. 計一歲之日, 分乃爲陰陽, 當以仲冬極寒, 仲夏極暑, 而六月始大暑, 季冬乃大寒, 亦此意.

箋의 〔道左〕에서 〔杜然〕까지

○ 正義曰：≪禮記≫ 〈王制〉에 "길을 갈 때에는 남자는 오른쪽으로 가고, 여인은 왼쪽으로 간다."라고 하였으니, 여기서 '오른쪽'과 '왼쪽'이라고 한 것은 남향과 서향을 근거하여 正位로 삼은 것이니, 그늘진 곳이 오른쪽이 되고 양지인 곳이 왼쪽이 된다. 그리하여 傳에서 '길 왼편 양지바른 곳〔道左之陽〕'이라고 한 것이고, 箋에서 '길 동쪽이다.〔道東〕'라고 한 것이다. 物은 쌓인 뒤에 비로소 지극해지고 지극해진 뒤에 바야흐로 쇠해지니, 해가 뜨고부터 따뜻함이 쌓이기 때문에 해가 중천에 이른 뒤에야 매우 더워지고, 날이 어두워지고부터 시원함이 쌓이기 때문에 한밤이 지난 뒤에야 비로소 매우 추워지는 것이다. 한 해의 날짜를 따져보면 따뜻하고 추운 때〔陰陽〕로 나누어지니, 당연히 仲冬(11月)이 가장 춥고 仲夏(5월)가 가장 더워야 한다. 〈그러나〉 6月이 비로소 大暑이고 季冬(12月)이 비로소 大寒이니, 또한 이 뜻이다.

【疏】 傳'噬 逮' ○ 正義曰：釋言文, 逮又別訓爲至, 故箋云'君子之人 至於此國', 訓此逮爲至也.

傳의 〔噬 逮〕

○ 正義曰 : ≪爾雅≫ 〈釋言〉의 글인데, '逮'를 또 별도로 '이름〔至〕'으로 풀이하였다. 그리하여 箋에서 '君子가 이 나라에 이른다면〔君子之人 至於此國〕'이라고 한 것이니, 이는 여기의 '逮'를 '이르다'로 풀이한 것이다.

【疏】 箋'肯可 適之' ○ 正義曰 : '肯 可', 釋言文. 釋詁云 "之・適, 往也.", 故適得爲之.

箋의 〔肯可 適之〕

○ 正義曰 : '肯 可'는 ≪爾雅≫ 〈釋言〉의 글이다. ≪爾雅≫ 〈釋詁〉에 "之와 適은 往이다."라고 하였다. 그래서 '適'을 '之'라고 한 것이다.

有杕之杜여 生于道周라

홀로 우뚝한 팥배나무
굽이진 길목에 서있네

【傳】 周는 曲也라 ○ 周는 韓詩에 作右라

周는 '굽이진 곳'이다.

○ 周는 ≪韓詩≫에 '右'로 되어 있다.

【疏】 傳'周 曲' ○ 正義曰 : 言道周遶之, 故爲曲也.

傳의 〔周 曲〕

○ 正義曰 : 길이 굽이져 둘러 있기 때문에 '굽이진 곳'이라고 한 것이다.

彼君子兮여 噬肯來遊아

저기 저 군자여
예 와서 노닐려 할까

【傳】 遊는 觀也라

遊는 '노닐다'이다.

中心好之면 **曷飮食之**리오

진심으로 좋아한다면
어찌 음식만 대접 하겠는가

有杕之杜 二章이니 **章六句**라

〈有杕之杜〉 2章이니 章마다 6句이다.

葛生(갈생)

【序】葛生은 **刺晉獻公也**라 **好攻戰**하니 **則國人多喪矣**라

葛生은 晉 獻公을 풍자한 詩이다.
〈헌공이〉 공격하여 싸우기를 좋아하니 백성들을 많이 잃었다.

【箋】喪은 **棄亡也**라 **夫從征役棄亡不反**하니 **則其妻居家而怨思**라

喪은 '잃어버림'이다. 남편이 征役에 나가 포로가 되거나 죽어 집에 돌아오지 못하니, 집에 홀로 남은 아내가 원망하고 그리워한 것이다.

【疏】'葛生(五章章四句)'至'喪矣' ○ 正義曰：數(삭)攻他國, 數與敵戰, 其國人或死行陳, 或見囚虜. 是以國人多喪, 其妻獨處於室, 故陳妻怨之辭以刺君也, 經五章, 皆妻怨之辭. 獻公以莊十八年立, 僖九年卒. 案左傳莊二十八年傳稱"晉伐驪戎, 驪戎男, 女以驪姬." 閔元年傳曰"晉侯作二軍, 以滅耿(경)·滅霍(곽)·滅魏." 二年傳云"晉侯使太子申生伐東山皐落氏." 僖二年"晉師滅下陽." 五年傳曰"八月晉侯圍上陽, 冬, 滅虢, 又執虞公." 八年傳稱"晉里克, 敗狄于采桑." 見於傳者已如此. 是其'好攻戰'也

序의 〔葛生〕에서 〔喪矣〕까지
○ 正義曰 : 자주 다른 나라를 공격하여 여러 번 대적하여 싸우니 백성들이 陣中에서 죽거나 포로로 붙잡히게 되었다. 이 때문에 백성들을 많이 잃어 아내가 홀로 집에 있

게 되었다. 그리하여 아내의 원망하는 말을 진술하여 군주를 풍자한 것이니, 經文 다섯 章은 모두 아내가 원망하는 말이다. 獻公은 魯 莊公 18년에 즉위하여 僖公 9년에 죽었다. 살펴보면 ≪春秋左氏傳≫ 장공 28년에 "晉나라가 驪戎을 치니, 男爵인 驪戎이 그의 딸 驪姬를 헌공에게 시집보냈다."라고 하고, ≪춘추좌씨전≫ 閔公 원년에 "晉侯가 二軍을 편성하여 耿과 霍과 魏를 멸망시켰다."라고 하고, 민공 2년에 "晉侯가 太子 申生을 시켜 東山의 皐落氏를 치게 하였다."라고 하고, ≪춘추좌씨전≫ 희공 2년에 "晉나라의 군사가 下陽을 멸망시켰다."라고 하고, ≪춘추좌씨전≫ 僖公 5년에 "8月에 晉侯가 上陽을 포위하고, 겨울에 虢을 멸망시키고, 또 虞公을 사로잡았다."라고 하고, ≪춘추좌씨전≫ 희공 8년에 "晉나라의 里克이 采桑에서 狄을 무너뜨렸다."라고 하였으니, ≪춘추좌씨전≫에 드러난 것이 이와 같〈이 많〉으니, 이것이 '싸우기를 좋아하였다.〔好攻戰〕'는 것이다.

蘞(≪毛詩品物圖攷≫)

葛生蒙楚하고 **蘞**(렴)**蔓于野**로다

칡넝쿨은 자라 가시나무 덮고
거지덩굴은 들판에 뻗었네

【傳】 興也라 葛生延而蒙楚하고 蘞生蔓於野니 喩婦人外成於他家라 ○ 蘞은 草木疏云 似栝樓니 葉盛而細하고 子正黑如燕薁이나 不可食이라

興이다. 칡이 자라 뻗어 가시나무를 덮고, 거지덩굴이 자라서 들판에 뻗었으니, 〈이는〉 婦人이 다른 집에 시집감을 비유한 것이다.

○ 蘞은 陸機의 ≪毛詩草木鳥獸蟲魚疏≫에 "하눌타리〔栝樓〕와 비슷한데, 잎은 무성하고 가늘며, 열매는 검은색으로 머루〔燕薁〕와 같은데 먹을 수는 없다."라고 하였다.

予美亡(무)**此**하니 **誰與獨處**오

내 님 이곳에 없으니
홀로 있는 나와 누가 함께 할까

【箋】 箋云 予는 我요 亡는 無也라 言我所美之人無於此니 謂其君子也요 吾誰與居乎아 獨處家耳니 從軍未還하여 未知死生하니 其今無於此라

箋云：予는 '나'이고, 亡는 '없음'이다. "내가 좋아하는 사람이 이곳에 없다."라고 한 것이니, 이는 남편을 말한 것이고, "나는 누구와 함께 살아야하나. 홀로 이 집에서 살 뿐이다."라고 한 것이니, 〈남편이〉 군역에서 아직 돌아오지 않아 생사를 알 수 없으니 지금 이 곳에 없다는 것이다.

【疏】 '葛生'至'獨處' ○ 正義曰：此二句互文[1]而同興，葛言生則蘞亦生，蘞言蔓則葛亦蔓，葛言蒙則蘞亦蒙，蘞言于野則葛亦當言于野. 言葛生於此，延蔓而蒙於楚木，蘞亦生於此，延蔓而蒙於野中，以興婦人生於父母，當外成於夫家. 旣外成于夫家，則當與夫偕老. 今我所美之人，身無於此，我誰與居乎，獨處家耳. 由獻公好戰，令其夫亡，故婦人怨之也.

1) 互文：병렬형의 문구에서 같은 글자를 중복하여 말하지 않고 생략하는 修辭法이다. 예컨대 여기 글에서 위의 葛에서 生을 말하였으니 아래의 蘞도 生하는 것인데 生字를 생략하고, 아래의 蘞에서 蔓을 말하였으니 위의 葛도 蔓하는 것인데 蔓字를 생략하고, 위의 葛에서 蒙을 말하였으니 아래의 蘞도 蒙하는 것인데 蒙字를 생략하여 글을 쓴 것이다.

經의 〔葛生〕에서 〔獨處〕까지

○ 正義曰：이 두 句는 互文이고 같은 興이니, 〈예컨대〉 칡에서 '자람'을 말했으니 거지덩굴도 '자라는 것'이고, 거지덩굴에서 '뻗음'을 말했으니 칡도 '뻗는 것'이며, 칡에서 '덮음'을 말했으니 거지덩굴도 '덮는 것'이며, 거지덩굴에서 '들판에서'라고 했으니 칡도 당연히 '들판에서'라고 한 것이다. 칡이 이곳에서 자라 넝쿨이 뻗어 가시나무를 덮고 거지덩굴도 이곳에서 자라 넝쿨이 뻗어 들판을 덮음을 말하여, 婦人이 부모에게서 태어나 남편의 집에 출가하여야 함을 興한 것이다. 남편의 집에 출가했으면 남편과 해로해야 한다. 그런데 지금 내가 좋아하는 남편이 이곳에 없으니, 나는 누구와 함께 살아야 할까. 홀로 이 집에 살 뿐이다. 獻公이 전쟁을 좋아하여 남편을 잃게 하였으므로 婦人이 이를 원망한 것이다.

【疏】 傳'葛生'至'他家' ○ 正義曰：此二者皆是蔓草，發此蒙彼，故以喩婦人外成他家也. 陸機疏云"蘞似栝樓, 葉盛而細, 其子正黑如燕薁, 不可食也. 幽州人謂之烏服, 其莖葉煮以哺牛, 除熱."

傳의 〔葛生〕에서 〔他家〕까지

○ 正義曰 : 이 두 〈식물은〉 모두 넝쿨풀이니 이곳에서 자라 저곳을 덮는다. 그리하여 이것으로 婦人이 다른 집에 출가함을 비유한 것이다. 陸機의 ≪毛詩草木鳥獸蟲魚疏≫에 "蘞은 하눌타리〔栝樓〕와 비슷한데, 잎은 무성하고 가늘며, 열매는 검은색으로 머루〔燕薁〕와 같으나 먹을 수는 없다. 幽州 사람들은 '烏服'이라고 부르는데, 줄기와 잎은 삶아 소에게 먹이면 열을 없앨 수 있다."라고 하였다.

葛生蒙楚하고 **蘞蔓于域**이로다

칡넝쿨은 자라 가시나무를 덮고
거지덩굴은 무덤가에 뻗었네

【傳】 域은 營域也라

域은 묘역이다.

予美亡此하니 **誰與獨息**고

내 님 이곳에 없으니
홀로 사는 나와 누가 함께 할까

【傳】 息은 止也라

息은 '살다'이다.

角枕粲(찬)兮요 **錦衾爛兮**로다

뿔 베개는 곱디곱고
비단 이불은 아름답네

【傳】 齊則角枕錦衾이라 禮에 夫不在어든 斂枕篋(협)衾席하여 韣(독)而藏之라[1)]

1) 禮夫不在……韣(독)而藏之 : ≪禮記≫ 〈內則〉의 원문은 '夫不在 斂枕篋簟席 韣器而藏之'인데, 인용하면서 이 經文에 맞게 '簟席'을 '衾席'으로 바꾸어 사용한 것이다.

재계할 때에 〈남편의〉 뿔 베개와 비단 이불을 사용한 것이다. ≪禮記≫ 〈內則〉에 "남편이 집에 없을 때에는 베개를 거두고 이부자리를 상자에 넣어 싸서 잘 보관한다."라고 하였다.

【箋】 箋云 夫雖不在나 不失其祭也니 攝主라도 主婦猶自齊而行事라 ○ 齊는 本亦作斉라 韣은 本亦作獨하고 又作櫝이라

箋云 : 남편이 비록 〈집에〉 없지만 제사는 빠뜨리지 않는 것이니, 대신 주관하더라도 主婦가 오히려 스스로 재계하고 제사를 지낸 것이다.

○ 齊는 '斉'로 되어 있는 本도 있다. 韣은 '獨'으로 되어 있는 本도 있고, 또 '櫝'으로 되어 있는 本도 있다.

予美亡此하니 誰與獨旦고

내 님 이곳에 없으니
홀로 재계하는 나와 누가 함께 할까

【箋】 箋云 旦은 明也라 我君子無於此하니 吾誰與齊乎아 獨自潔明이라

箋云 : 旦은 '깨끗함'이다. 내 남편 이곳에 없으니 나는 누구와 함께 재계할까? 홀로 깨끗이 재계한다는 것이다.

【疏】 '角枕'至'獨旦' ○ 正義曰 : 婦人夫旣不在, 獨齊而行祭, 當齊之時, 出夫之衾枕, 覩物思夫, 言此角枕粲然而鮮明兮, 錦衾爛然而色美兮, 雖有枕衾, 無人服用, 故怨言我所美之人, 身無於此, 當與誰齊乎, 獨自取潔明耳.

經의 〔角枕〕에서 〔獨旦〕까지

○ 正義曰 : 婦人이 집에 남편이 없어서 홀로 재계하고 제사 지낸 것이니, 재계할 때에 남편의 이불과 베개를 꺼내놓았는데 그 물건을 바라보고는 남편을 그리워하여 '이 뿔 베개는 찬란하고 고우며, 비단 이불은 빛나고 아름답다.'라고 하고, 비록 베개와 이불이 있

지만 이것을 사용할 사람이 없었다. 그리하여 원망하여 '내가 좋아하는 사람 이곳에 없으니 누구와 함께 재계해야 할까, 홀로 깨끗이 재계할 따름이다.'라고 한 것이다.

【疏】 傳'齊則'至'藏之' ○ 正義曰：傳以婦人怨夫不在, 而言角枕錦衾, 則是夫之衾枕也. 夫之衾枕, 非妻得服用, 且若得服用, 則終常見之. 又不得見其衾枕, 始恨獨旦, 知此衾枕是有故乃設, 非常服也. 家人之大事, 不過祭祀, 故知枕衾, 齊乃用之, 故云'齊則角枕錦衾'. 夫在之時, 用此以齊, 今夫既不在, 妻將攝祭, 其身既齊, 因出夫之齊服, 故覩之而思夫也. 傳又自明己意, 以禮 '夫不在, 斂枕篋衾席, 韣而藏之.' 此無故不出夫衾枕, 明是齊時所用, 是以齊則出角枕錦衾也. 內則云'夫不在 斂枕篋簟(점)席 韣而藏之', 此傳引彼, 變簟爲衾, 順經衾文.

傳의 〔齊則〕에서 〔藏之〕까지

○ 正義曰：傳은 婦人이 남편이 없음을 원망하여 뿔 베개와 비단 이불을 말했으니, 그렇다면 이는 남편의 이불과 베개라고 여긴 것이다. 남편의 이불과 베개는 아내가 사용할 수 있는 것이 아니고, 또 만약 사용하는 것이라면 늘 볼 수 있는 것이다. 그런데 또 그 이불과 베개를 볼 수 없었기 때문에 비로소 한탄하고 홀로 깨끗이 재계한 것이니, 이 이불과 베개는 까닭이 있어서 내놓은 것이지 항상 사용하는 것이 아님을 안 것이다. 일반 가정의 大事는 祭祀를 지내는 것보다 큰 것이 없다. 그리하여 이불과 베개가 재계할 때에 비로소 사용된 것임을 안 것이다. 그리하여 '재계할 때에 〈남편의〉 뿔 베개와 비단 이불을 사용한 것이다.〔齊則角枕錦衾〕'라고 한 것이다. 남편이 집에 있을 때에 이것을 사용하여 재계하였는데, 지금 남편이 없어 아내가 대신 제사를 지내려 하면서 자신이 재계하고 이어 남편의 齊服을 꺼내 놓은 것이다. 그리하여 그것을 바라보고 남편을 그리워한 것이다. 傳은 또 직접 자신의 뜻을 밝히기를, ≪禮記≫ 〈內則〉에 "남편이 집에 없으면 베개를 거두고 이부자리를 상자에 넣어 자루에 싸서 소중하게 보관한다.〔夫不在 斂枕篋衾席 韣而藏之〕"라고 하였으니, 이는 까닭이 없으면 남편의 이불과 베개를 내놓지 않는 것이니 분명 재계할 때에 사용한 것이다. 이 때문에 재계할 때에 뿔 베개와 비단 이불을 내놓은 것이다. 〈내칙〉에는 '夫不在 斂枕篋簟席 韣而藏之'로 되어 있는데, 이 傳에서 이를 인용하면서 '簟'字를 '衾'字로 바꾸었으니, 이는 이 經文의 '衾'字를 따른 것이다.

【疏】 箋'夫雖'至'行事' ○ 正義曰：祭統云"夫祭也者, 必夫婦親之." 是祭祀之禮, 必夫妻共奉其事. 箋嫌夫不在, 則妻不祭, 故辨之云'夫雖不在, 其祭也使人攝代爲主, 雖他人代夫爲主, 主婦猶自齊而行事.' 是故因已之齊, 出夫之衾枕, 非用夫衾枕以自齊也, 故王肅云"見夫齊物, 感以增思." 是也.

箋의 〔夫雖〕에서 〔行事〕까지

○ 正義曰 : ≪禮記≫ 〈祭統〉에 "제사는 반드시 부부가 직접 지낸다."라고 하였으니, 제사의 禮는 반드시 남편과 아내가 함께 제사를 받드는 것이다. 箋은 남편이 없으면 아내가 제사를 지내지 않는다고 여길까 염려되었다. 그리하여 이를 밝혀 "남편이 비록 없더라도 제사를 다른 사람으로 대신 주관하게 하고, 비록 다른 사람이 남편을 대신해 주관하더라도 主婦가 오히려 직접 재계하고 제사를 지낸 것이다."라고 한 것이다. 이 때문에 아내 자신의 재계로 인하여 남편의 이불과 베개를 꺼내 놓은 것이지 남편의 이불과 베개를 사용하여 자신이 재계한 것이 아니다. 그리하여 王肅이 "남편이 재계하던 물건을 보고 감회가 생겨 더욱 그리워한 것이다."라고 한 것이 이것이다.

夏之日과 冬之夜여

길고 긴 여름 해와
길고 긴 겨울밤

【傳】 言長也라

긴 것을 말한 것이다.

【箋】 箋云 思者는 於晝夜之長時尤甚이라 故極之以盡情이라

箋云 : 그리움은 낮과 밤이 긴 때에 더욱 심하다. 그리하여 극진히 정을 다한 것이다.

百歲之後에야 歸于其居하리라

먼 훗날 죽은 뒤에나
님 계신 무덤으로 돌아가리라

【箋】 箋云 居는 墳墓也라 言此者는 婦人專一이니 義之至하고 情之盡이라

箋云 : 居는 무덤이다. 이를 말한 것은 부인의 마음이 한결같음이니, 뜻이 지극하고 정이 극진한 것이다.

冬之夜와 **夏之日**이여 **百歲之後**에야 **歸於其室**하리라

긴긴 겨울밤과
여름 해여
먼 훗날 죽은 뒤에나
한 무덤에 묻히리라

【傳】 室은 猶居也라

室은 居와 같다.

【箋】 箋云 室은 猶冢壙이라

箋云 : 室은 무덤의 구덩이와 같다.

葛生 五章이니 **章四句**라

〈葛生〉 5章이니 章마다 4句이다.

采苓(채령)

【序】 采苓은 刺晉獻公也라 獻公好聽讒焉이라 ○ 苓은 卽甘草이니 葉似地黃이라

〈采苓〉은 晉 獻公을 풍자한 詩이다.
헌공이 참소하는 말을 잘 받아들였다.
○ 苓은 바로 '甘草'인데, 잎이 地黃과 비슷하다.

【疏】 '采苓(三章章八句)'至'讒焉' ○ 正義曰 : 以獻公好聽用讒之言, 或見貶退賢者, 或進用惡人, 故刺之. 經三章, 皆上二句刺君用讒, 下六句教君止讒, 皆是好聽讒之事.

序의 〔采苓〕에서 〔讒焉〕까지

○ 正義曰：獻公이 참소하는 말을 잘 받아들여 현자가 쫓겨나기도 하고 惡人을 등용하기도 하였다. 그리하여 풍자한 것이다. 經文 세 章 모두 위 두 句는 군주가 참언을 받아들이는 것을 풍자한 것이고, 아래 여섯 句는 군주에게 참언〈을 받아들이는〉 것을 그치도록 가르친 것이니, 모두 〈헌공이〉 참언을 잘 받아들인 일이다.

采苓采苓을 首陽之巓이라

감초를 캐네
수양산 꼭대기에서

【傳】 興也라 苓은 大苦[1]也요 首陽은 山名也라 采苓은 細事也요 首陽은 幽辟也이니 細事는 喩小行也요 幽辟은 喩無徵也라

1) 苓 大苦：'苓'을 우리나라 字典과 중국 字典에서는 '茯苓'이나 '豬苓', 또는 '씀바귀'로 소개하고 있으나, '大苦'에 대해서 ≪漢語大詞典≫에는 '大苄(하)이다.' 하였는데, ≪爾雅 釋草≫에는 '苄는 地黃이다.'하였고, 중국 '바이두〔百度〕'에서는 辭典修訂版을 근거로 '甘草의 別名이다.'라고 하였다. 여기서는 감초로 번역하였다.

甘草(≪三才圖會≫)

興이다. 苓은 감초〔大苦〕이고, 首陽은 산 이름이다. 감초 캐는 것은 잗다란 일이고, 首陽山은 외지고 궁벽한 곳이니, 잗다란 일은 잗다란 행동을 비유하고, 외지고 궁벽한 곳은 징험할 것이 없음을 비유한 것이다.

【箋】 箋云 采苓采苓者는 言采苓之人衆多非一也니 皆云采此苓於首陽山之上하니 首陽山之上信有苓矣라 然而今之采者는 未必於此山이나 然而人必信之니 興者는 喩事有似而非라

箋云：'采苓采苓'은 감초 캐는 사람이 매우 많아 한 사람이 아님을 말한 것이다. 모두 이 감초를 首陽山 위에서 캔다고 하였으니, 首陽山 위에는 참으로 감초가 있는 것이다. 그렇지만 지금 캐는 이들은 반드시 이 산에서만 캐는 것이 아닌데도 사람들이

이를 반드시 믿은 것이니, 興한 것은 일에는 비슷하지만 〈실제는〉 그렇지 않은 것이 있음을 비유한 것이다.

人之爲言은 苟亦無信이요

남 칭찬하는 말
진실로 믿을 것 없고

舍旃(전)舍旃도 苟亦無然이어다

버리라는 말도
진실로 믿지 말지어다

【傳】 苟는 誠也라

苟는 '진실로'이다.

【箋】 箋云 苟는 且也라 爲言은 謂爲人(爲)〔僞〕[1)]善言以稱薦之하여 欲使見進用也요 旃之言은 焉也니 舍之焉舍之焉은 謂謗訕人하여 欲使見貶退也니 此二者且無信하니 受之라도 且無答然이라 ○ 爲言은 或如字니 下文皆同이라 本或作僞字나 非라 爲言은 謂爲人이니 若經文依字讀이면 則此上爲字亦依字라

1) (爲)〔僞〕: 저본의 교감기에 따라 '僞'로 번역하였다.

箋云 : 苟는 '또'이다. '爲言'은 남을 위해 거짓으로 좋은 말로 칭찬하여 천거해서 등용시키려는 것을 이르고, 旃의 뜻은 '焉'이니 '舍之焉舍之焉'은 남을 비방하여 쫓아내려는 것을 말한다. 이 두 가지는 참으로 믿을 만한 것이 없으니, 그런 말을 듣더라도 '그렇다.'고 답함이 없어야 한다는 것이다.

○ '爲言'의 〈爲字는〉 본음대로 읽기도 하니, 아래 글도 모두 같다. '僞'字로 되어 있는 本도 있으나 잘못이다. 爲言은 남을 위하는 〈말을〉 이르니, 만약 經文의 爲字를 本字로 읽으면, 이 위의 '爲'字도 本字로 읽는다.

人之爲言이 胡得焉이리오

그리 말하는 사람들
무엇을 얻겠는가

【箋】箋云 人以此言來면 不信하고 受之不答이라 然之從後察之면 或時見罪니 何所得이리오

箋云 : 어떤 사람이 이 〈참소의〉 말을 해오면 믿지 말고 듣더라도 답하지 말아야 한다. 그렇게 하고 뒤따라 살펴보면 〈참소한 자가〉 혹 때로 죄를 받을 것이니, 무엇을 얻을 수 있겠는가라고 한 것이다.

【疏】'采苓'至'得焉' ○〔正義曰〕[1] : 毛以爲"言人采苓采苓, 於何處采之, 於首陽之巓采之, 以興獻公問細小之行, 於何處求之, 於小人之身求之. 采苓者, 細小之事, 以喩君求細小之行也, 首陽者, 幽辟之山, 喩小人是無徵驗之人也. 言獻公多問小行於小人言語無徵之人, 故所以讒言興也. 因敎君止讒之法, 人之詐僞之言, 有妄相稱薦, 欲令君進用之者, 君誠亦勿得信之, 若有言人罪過, 令君舍之舍之者, 誠亦無得答然. 君但能如此, 不受僞言, 則人之僞言者, 復何所得焉. 旣無所得, 自然讒止也." 人之僞言與舍旃舍旃文互相見, 上云人之僞言, 則舍旃舍旃者, 亦是人之僞言也, 舍旃者, 謂謗訕人欲使見貶退, 則人之僞言, 謂稱薦人欲使見進用, 是互相明. 王肅·諸本皆作'爲言', 定本作'僞言'.

1)〔正義曰〕: 편찬체제에 따라 '正義曰'을 추가하여 번역하였다.

經의 〔采苓〕에서 〔得焉〕까지

○ 正義曰 : 毛亨은 "'사람들이 감초 캐는 것을 어느 곳에서 캐는가? 수양산 꼭대기에서 캐네'라고 말하여, '獻公이 잔다란 행동에 대하여 묻는 것을 누구에게 구하는가? 小人에게서 구하네.'라는 것을 興한 것이다. '采苓'은 잔다란 일이니, 이로써 군주가 잔다란 행동을 구함을 비유한 것이고, 首陽山은 외지고 궁벽한 산이니, 이로써 小人이 증험할 것이 없는 사람임을 비유한 것이다. 〈이는〉 헌공이 증험할 말이 없는 小人에게 잔다란 행동을 많이 물었기 때문에 참소하는 말이 많아짐을 말한 것이다. 이로 인해 군주에게 참언을 그치게 하는 법을 가르치기를, '사람들이 거짓말을 하여 제멋대로 서로 칭찬하여 천거해 군주로 하여금 등용하게 하려는 것도 군주는 참으로 믿지 말아야 하고, 또 다른 사람의 죄와 허물을 말하여 군주로 하여금 버리게 하는 것도 진실로 그렇다고 답하는 일이 없어야 한다. 군주가 이와 같이만 하여 거짓말을 들어주지 않으면

거짓말을 하는 자가 다시 무엇을 얻겠는가. 얻는 것이 없으면 자연스럽게 참언은 그칠 것이다.'라고 한 것"으로 여겼다. '人之僞言'과 '舍旃舍旃'은 서로 보완하여 밝힌 글이다. 위에서 '人之僞言'이라고 하였으니 '舍旃舍旃'도 '人之僞言'을 두고 말한 것이고, '舍旃'은 다른 사람을 비방하여 쫓겨나게 하려는 것을 말하니 그렇다면 '人之僞言'은 다른 사람을 칭찬하여 천거해 등용시키려는 것이니, 이것이 서로 보완하여 밝힌 글이다. 王肅의 本과 여러 本에는 모두 '爲言'으로 되어 있고, 定本에는 '僞言'으로 되어 있다.

【疏】 鄭以"采苓采苓者, 皆言我采此苓於首陽之巓, 然首陽之巓信有苓矣, 然而今人采之者未必於首陽, 而人必信之, 以其事有似也. 事雖似而實非, 以興天下之事亦有似之而實非者, 君何得聞人之讒而輒信之乎." 下六句唯以苟爲且, 餘同.

鄭玄은 "采苓采苓은 모두 내가 이 감초를 수양산 꼭대기에서 캐는 것을 말한 것이다. 그렇다면 수양산 꼭대기에 참으로 감초가 있는 것이다. 그러나 지금 캐는 사람들은 반드시 수양산에서만 캐지는 않는데 사람들이 이를 반드시 믿는 것은 그 일이 비슷함이 있기 때문이다. 일이 비록 비슷하나 실제로는 그렇지 않으니, 이로써 천하의 일도 비슷하지만 실제로는 그렇지 않은 것이 있는데, 군주는 어찌하여 소인의 참언을 듣고 번번이 믿는가? 라고 興한 것이다."라고 여겼다. 아래 여섯 句는 '苟'만 '且'로 여겼으며 나머지는 같다.

【疏】 傳'苓大'至'無徵' ○ 正義曰 : '苓 大苦', 釋草文. 首陽之山, 在河東蒲坂縣南. 采苓者, 取草而已, 故爲細事, 首陽在河曲之內, 故爲幽辟. 細事喩小行, 謂小小之事, 幽辟喩無徵, 謂言無徵驗. 幽隱辟側, 非顯見之處, 故以喩小人言無徵驗也, 讒言之起, 由君暱(닐)近小人, 故責君數(삭)問小事於小人, 所以致讒言也. 箋易之者, 鄭答張逸云"篇義云好聽讒, 當似是而非者, 故易之."

傳의 〔苓大〕에서 〔無征〕까지

○ 正義曰 : '苓 大苦'는 ≪爾雅≫ 〈釋草〉의 글이다. 首陽山은 河東 蒲阪縣 남쪽에 있다. '采苓'은 나물 캐는 것일 뿐이기에 '細事'라고 한 것이고, 수양산은 河曲 안에 있기에 '幽辟'이라고 한 것이다. 細事는 잔다란 행실을 비유하였으니 잔다란 일을 말하고, 幽辟은 징험할 것이 없음을 비유하였으니 말에 징험할 것이 없음을 말한다. 외지고 궁벽한 곳은 드러나지 않는 곳이다. 그리하여 小人의 말은 징험할 것이 없음을 비유한 것이고,

참언이 생기는 까닭은 군주가 소인을 가까이해서이다. 그리하여 군주가 자주 소인에게 잗다란 일을 물어 참언이 생기게 된 것을 책망한 것이다. 箋에서 傳의 뜻을 바꾼 것에 대해, 鄭玄이 張逸에게 답하기를 "이 篇의 뜻을 〈序에서〉 '好聽讒'이라 하였으니, 〈참언은〉 옳은 것 같지만 그른 것에 해당된다. 그래서 바꾼 것이다."라고 하였다.

采苦采苦를 首陽之下라

쓴바귀를 캐네
수양산 아래에서

【傳】 苦는 苦菜也라

苦는 쓴바귀 나물이다.

【疏】 傳'苦 苦菜' ○ 正義曰：此荼也. 陸機云 "苦菜生山田及澤中, 得霜恬脆(염취)而美, 所謂'菫荼如飴(이)', 內則云'濡(이)豚包苦', 用苦菜是也."

傳의 〔苦 苦菜〕

○ 正義曰：이 나물은 쓴바귀이다. 陸機의 ≪毛詩草木鳥獸蟲魚疏≫에 "쓴바귀는 山田이나 못가에서 자라는데 서리를 맞으면 부드러워지고 맛이 있으니, 이른바 〈大雅 綿〉에서 '쓴바귀 엿과 같이 다네.'라고 하고, ≪禮記≫ 〈內則〉에 '돼지고기 삶을 때에는 쓴바귀로 싼다.'라고 하였으니, 쓴바귀를 사용한 것이 이것이다."라고 하였다.

人之爲言은 苟亦無與요 舍旃舍旃도 苟亦無然이어다

남 칭찬하는 말
참으로 소용없고
버리라는 말도
참으로 믿지 말지어다

【傳】 無與는 勿用也라

無與는 '쓸모없음'이다.

人之爲言이 **胡得焉**이리오

그리 말하는 사람들
무엇을 얻겠는가

采葑采葑을 **首陽之東**이라

순무를 캐네
수양산 동쪽에서

【傳】 葑은 菜名也라

葑은 나물이름이다.

人之爲言은 **苟亦無從**이요 **舍旃舍旃**도 **苟亦無然**이어다

남 칭찬하는 말
진실로 따를 것 없고
버리라는 말도
그렇다 할 게 없네

人之爲言이 **胡得焉**이리오

그리 말하는 사람들
무엇을 얻겠는가

采苓 三章이니 章八句라

〈采苓〉 3章이니 章마다 8句이다.

唐國 十二篇이니 三十三章이요 二百三句라

唐國 12篇이니 33章이고 203句이다.

毛詩注疏 卷第六(六之三)

秦車鄰詁訓傳 第十一

陸曰：秦者는 隴西谷名也니 在雍州鳥鼠山之東北이라 昔皐陶(고요)之子伯翳(예) 佐禹治水有功하여 舜命作虞하고 賜姓曰嬴(영)이라 其末孫非子 爲周孝王하여 養馬於汧(견)渭之間하니 封爲附庸[1]하고 邑于秦谷이라 及非子之曾孫秦仲하여 周宣王이 又命爲大夫라 仲之孫襄公이 討西戎救周러니 周室東遷하고 以岐豐之地賜之하여 始列爲諸侯라 春秋時엔 稱秦伯이라 崔云 秦在虞夏商爲諸侯러니 至周爲附庸이라

1) 附庸：大國에 부속된 小國을 말한다. ≪禮記≫ 〈王制〉에, "公과 侯는 田이 方 100里이고, 伯은 70리이고, 子와 男은 50리이다. 50리가 되지 못한 나라는 天子와 會合하지 못하고 諸侯에 부속되니 이를 '附庸'이라 한다.〔公侯田方百里 伯七十里 子男五十里 不能五十里者 不合於天子 附於諸侯 曰附庸〕"라고 하였는데, 鄭玄은 注에서 "附庸은 國事가 大國에 부속되어서 자기의 이름으로 서로 통하지 못한다.〔附庸者 以國事附於大國 未能以其名通也〕"라고 하였다.

陸德明이 "秦은 隴西谷의 이름이니 雍州 鳥鼠山의 東北쪽에 있다. 옛날 皐陶의 아들 伯翳가 禹를 도와 治水에 功을 세우자, 舜임금이 명하여 虞官으로 삼고 '嬴'을 姓으로 하사하였다. 後孫 非子가 周 孝王을 위하여 汧水와 渭水 사이에서 말을 기르자 봉하여 附庸國으로 삼고 秦谷에 도읍하게 하였다. 非子의 曾孫 秦仲에 이르러 周 宣王이 또 명하여 대부로 삼았다. 秦仲의 孫子 襄公이 西戎을 정벌하여 周나라를 구원하였는데, 周 王室이 〈洛邑으로〉 東遷하고 岐와 豐의 땅을 하사하여 비로소 제후의 반열이 되었다. 春秋 때에는 秦伯으로 불렸다. 崔靈恩은 '秦나라는 虞夏와 商代에는 제후였는데, 周代에 이르러 附庸國이 되었다.' 하였다."라고 하였다.

秦世次(≪六經圖考≫)

毛詩國風 鄭氏箋 孔穎達疏

秦譜

秦者는 隴西谷名이니 於禹貢에 近雍州鳥鼠之山이라

秦은 隴西谷의 이름인데, ≪尙書≫ 〈禹貢〉에는 "雍州의 鳥鼠山과 가깝다."라고 하였다.

【疏】 正義曰：漢書地理志云"秦, 今隴西秦亭・秦谷, 是也." 於禹貢, 鳥鼠之山, 在雍州也. 鳥鼠與秦, 今俱在隴西, 故云'近鳥鼠之山'也. 爾雅云"鳥・鼠同穴, 其鳥爲鵌(도), 其鼠爲鼵(돌)[1)]." 是鳥・鼠共處一山以爲名, 旣有鳥鼠之山, 又別有同穴之山, 禹貢王肅注云"鳥鼠・同穴, 皆山名." 是也.

1) 鳥鼠同穴……其鼠爲鼵：≪爾雅≫ 〈釋鳥〉에서 ≪尙書≫ 〈禹貢〉의 "渭水가 鳥鼠와 同穴에서 발원한다.〔導渭 自鳥鼠同穴〕"라고 한 鳥鼠山과 同穴山을 풀이한 것이다.

○ 正義曰：≪漢書≫ 〈地理志〉에는 "秦은 지금 隴西의 秦亭과 秦谷이 이곳이다."라고 하고, ≪尙書≫ 〈禹貢〉에는 鳥鼠山은 雍州에 있다. 그런데 鳥鼠山과 秦은 지금 모두 隴西에 있다. 그리하여 "鳥鼠山에 가깝다.〔近鳥鼠之山〕"라고 한 것이다. ≪爾雅≫ 〈釋鳥〉에 "鳥와 鼠가 구멍을 같이 사용한 것을 말하니, 그 鳥는 쥐와 함께 사는 새〔鵌〕이고, 그 鼠는 새와 함께 사는 쥐〔鼵〕이다."라고 하였으니, 이는 鳥와 鼠가 하나의 山에 함께 살고 있어 〈鳥鼠라는〉 名稱이 된 것이다. 〈그러나〉 鳥鼠山이 있고 또 별도의 同穴山이 있으니, 〈禹貢〉의 王肅 注에 "鳥鼠와 同穴은 모두 山의 이름이다."라고 한 것이 이것이다.

堯時에 有伯翳者하니 實皐陶之子라 佐禹治水러니 水土旣平에 舜命作虞官하여 掌上下草木鳥獸하고 賜姓曰嬴이라

帝堯 때에 伯翳라는 이가 있었는데, 실제 皐陶의 아들이다. 禹를 도와 治水하였는데 홍수를 다스린 뒤에 舜임금이 명하여 虞官으로 삼아 山澤의 草木과 鳥獸를 관장하게 하고 '嬴'을 姓으로 하사하였다.

【疏】正義曰：鄭語云"嬴，伯翳之後." 地理志云"嬴，伯益之後." 則伯翳・伯益，聲轉字異，猶一人也．地理志又云"秦之先曰伯益，助禹治水，爲舜虞官，養草木鳥獸，賜姓嬴氏." 秦本紀云"秦之先帝，顓頊(전욱)之苗裔．孫曰女脩，女脩織，玄鳥隕卵，女脩呑之，生子大業．大業娶少典之子，曰女華．女華生太費，太費與禹平水土，又佐舜調馴鳥獸，鳥獸多馴服，是爲伯翳，舜賜姓嬴氏." 是治水賜姓之事也．如本紀之言，則益，又名太費，太費之父，名大業．列女傳曰"皐子生五歲而佐禹." 曹大家(고)注云"皐子，皐陶之子伯益也." 然則皐陶・大業，一人也．且秦，是伯益之後，而中候苗興云"皐陶之苗爲秦，秦出伯益." 明是皐陶之子也．先言伯翳，然後上本皐陶者，以舜賜伯翳爲嬴姓，不賜皐陶，秦爲嬴姓，始自伯翳，故以伯翳爲首也．虞書稱"舜曰'疇若予上下草木鳥獸.' 僉曰'益哉.' 帝曰'兪．益．汝作朕虞.'" 是舜命作虞官也．

○ 正義曰：≪國語≫〈鄭語〉에 "嬴은 伯翳의 後孫이다."라고 하고, ≪漢書≫〈地理志〉에 "嬴은 伯益의 後孫이다."라고 하였다. 그렇다면 백예와 백익은 〈翳와 益의〉 音이 변하여 글자가 달라진 것이니 역시 한 사람이다. 〈지리지〉에 또 "秦나라의 先祖는 백익이니 禹를 도와 治水하고 舜임금의 虞官이 되어 草木과 鳥獸를 길렀는데, 〈순임금이〉 嬴氏의 姓을 하사하였다."라고 하고, ≪史記≫〈秦本紀〉에 "秦나라의 先帝는 顓頊의 후손이다. 그의 後孫이 女脩인데, 여수가 길쌈을 할 때에 玄鳥가 알을 떨어뜨리자 여수가 이를 삼켜 아들 大業을 낳았다. 대업이 少典의 딸 女華에게 장가들었는데 여화가 太費를 낳았다. 태비가 禹를 도와 홍수를 다스리고, 또 순임금을 보좌하여 鳥獸를 길들여 鳥獸가 잘 순종하였으니, 이가 백예인데 순임금이 嬴氏 姓을 하사하였다."라고 하였으니, 이것이 治水하고 賜姓한 일이다. 〈진본기〉의 글과 같다면 伯益은 또 이름이 태비이고, 태비의 父는 이름이 대업이다. ≪列女傳≫에 "皐子가 태어난 지 5세에 禹를 도왔다."라고 하였는데, 曹大家의 注에 "皐子는 皐陶의 아들 백익이다."라고 하였다. 그렇다면 고요와 대업은 한 사람이다. 또 秦나라는 바로 백익의 後孫인데, ≪尙書緯≫〈中候苗興〉에 "고요의 後孫이 秦나라이니 秦나라는 백익에게서 나왔다."라고 하였으니, 분명 백익은 고요의 아들이다. 먼저 백예를 말하고 나서 위로 고요를 근본으로 한 것은, 순임금이 백예에게 嬴氏 姓을 하사한 것이지 고요에게 하사한 것이 아니니, 秦나라가 嬴氏 姓이 된 것이 백예로부터 시작되었기 때문이다. 그리하여 백예를 처음으로 삼은 것이다. ≪尙書≫〈虞書〉에 "순임금이 '누가 나의 山澤의 草木과 鳥獸를 순히 할 수 있겠는가.'라고 묻자, 모든 신하가 '益입니다.'라고 하였다. 帝가 '아! 益아. 너는 나의 虞가

되라.' 하였다."라고 하였으니, 이것이 순임금이 명하여 虞官으로 삼은 것이다.

歷夏商興衰로되 亦世有人焉이라

夏나라와 商나라의 흥망성쇠를 거쳤지만, 역시 대대로 훌륭한 사람이 있었다.

【疏】正義曰：本紀又云"太費生子二人, 一曰太廉, 實鳥谷氏, 二曰若木, 實費氏. 其玄孫曰費昌, 子孫或在中國, 或在夷狄. 費昌, 當夏桀之時, 去夏歸商, 爲湯御, 以敗桀. 太廉玄孫曰孟戲・中衍, 帝大戊使爲御而妻之. 自大戊以下, 中衍之後, 遂世有功, 以佐殷國, 故嬴姓名顯, 遂爲諸侯. 其玄孫曰中潏(휼), 在西戎, 保西垂, 生蜚廉, 蜚廉生惡來. 惡來有力, 蜚廉善走, 父子俱以材力事紂." 是世有人焉.

○ 正義曰：≪史記≫〈秦本紀〉에 또 "太費가 아들 둘을 낳았는데, 첫째는 太廉이니 실제 鳥谷氏이고, 둘째는 若木이니 실제 費氏이다. 그〔費氏〕의 玄孫이 費昌인데 子孫이 中國에 살기도 하고 夷狄 땅에 살기도 하였다. 비창이 夏 桀王 때에 夏나라를 버리고 商나라에 귀의하여 湯임금의 御士가 되어 桀을 멸망시켰다. 태렴의 玄孫에 孟戲와 中衍이란 이가 있었는데, 〈商나라의〉 帝 太戊(中宗)가 〈중연을〉 御士로 삼고 딸을 시집보냈다. 帝 太戊로부터 이후에 중연의 後孫이 마침내 대대로 공을 세워 殷(商)나라를 도왔다. 그리하여 嬴氏 姓의 명성이 드러나 마침내 제후가 되었다. 그의 玄孫인 中潏이 西戎에 있으면서 西垂를 지켰었는데, 그가 蜚廉을 낳았고 비렴이 惡來를 낳았다. 악래는 힘이 있었고 비렴은 달리기를 잘하여 父子가 모두 재주와 힘으로 紂를 섬겼다."라고 하였으니, 이것이 대대로 훌륭한 사람이 있었던 것이다.

周孝王이 使其末孫非子로 養馬於汧渭之間이라 孝王爲伯翳能知禽獸之言이러니 子孫不絶이라 故封非子爲附庸하고 邑之於秦谷이라

周 孝王이 〈惡來의〉 후손 非子에게 汧水와 渭水 사이에서 말을 기르게 하였다. 효왕이 伯翳가 禽獸의 말을 알아들을 수 있다고 여겼는데 그 子孫이 계속 이어졌으므로 비자를 봉하여 附庸國으로 삼고 秦谷에 도읍하게 하였다.

【疏】正義曰：本紀又云"惡來有子, 曰女妨. 女妨生旁皐, 旁皐生大(태)几, 大几生大雒(락), 大雒生非子, 非子居犬丘, 好馬及畜, 善養息之. 犬丘人, 言之周孝王, 孝王, 召使主馬于

汧渭之間, 馬大蕃息, 孝王欲以爲大雒適嗣. 申侯之女, 爲大雒之妻, 生子成爲適. 於是, 孝王曰'昔伯翳爲舜主畜(휵), 畜(축)多息, 故有土, 今其後世, 亦爲朕息馬, 朕其分土爲附庸.' 邑之秦, 使復續嬴氏祀, 號曰秦嬴, 亦不廢申侯之女子爲大雒適者[1]." 是孝王使養馬封之事也. 言將以非子爲大雒之嗣, 則從中潏以來, 世保西垂, 常有國土, 非子分其國地, 別爲附庸也.

1) 於是……爲大雒適者 : 이는 西戎의 외손인 申侯가 孝王에게 서융과 화목할 것을 도모하라고 하자, 이에 孝王이 비자를 附庸國으로 봉하고 신후의 딸이 낳은 아들 成을 大雒의 적자로 삼은 것을 폐하지 않아 서융과 화목하고자 한 일이다.

○ 正義曰 : ≪史記≫ 〈秦本紀〉에 또 "惡來에게 아들이 있었는데 女妨이다. 여방이 旁皐를 낳고, 방고가 大几를 낳고, 대궤가 大雒을 낳고, 대락이 非子를 낳았는데, 비자가 犬丘에 살면서 말과 가축을 좋아하여 잘 길러 번식시켰다. 犬丘 사람이 이를 周 孝王에게 말하자 효왕이 불러 汧水와 渭水 사이에서 말 기르는 것을 주관하게 하니 말이 크게 번식하였다. 이에 효왕이 비자를 대락의 適嗣로 삼고자 하였다. 〈그 후에〉 申侯의 딸을 대락에게 시집보내어 아들 成을 낳자 그를 適子로 삼았다. 〈신후의 권고에 따라〉 효왕이 '옛날 伯翳가 舜임금을 위해 가축 기르는 것을 주관하여 가축이 크게 번식하였다. 그리하여 封土가 있었는데 지금 그 후손도 나를 위해 말을 번식시키니, 나는 그 땅을 나누어 附庸國으로 삼겠다.'라고 하고, 秦에 都邑하여 嬴氏의 제사를 회복해 이어지게 하고 秦嬴이라고 불렀으며, 또한 신후의 딸이 낳은 아들을 대락의 適子로 삼은 것을 폐하지 않았다." 라고 하였으니, 이것이 효왕이 말을 기르게 하고 부용국으로 封한 일이다. 비자를 대락의 後嗣로 삼고자 하였음을 말하였으니, 그렇다면 中潏 이후로 대대로 西垂를 보전하여 항상 國土를 소유하였는데, 비자가 땅을 나누어 받아 별도의 부용국이 된 것이다.

【疏】本紀, 直云伯翳爲舜主畜, 不云能知禽獸之言, 地理志稱"孝王云'昔伯益知禽獸.'", 是知其言語也. 僖二十九年左傳說"介葛盧聞牛鳴而知其音[1]." 賈逵云"伯益曉是術." 蔡雍云"伯翳綜聲於語鳥, 葛盧辯音於鳴牛[2]." 是伯翳知禽獸之言也.

1) 介葛盧聞牛鳴而知其音 : ≪春秋左氏傳≫ 僖公 29년에 "介의 葛盧가 〈魯나라로 빙문 갔을 때에 소가 우는 소리를 듣고〉 '이 소가 세 마리 새끼를 낳았는데 모두 祭祀에 犧牲으로 쓰였습니다. 그 울음소리가 이렇게 말합니다.'라고 하자, 물어 확인해보니 사실이었다.〔介葛盧聞牛鳴曰 是生三犧 皆用之矣 其音云 問之而信〕"라고 하였다.

2) 伯翳綜聲……音於鳴牛 : 이는 〈蔡雍傳〉에 있는 글인데 그 注에는 伯翳가 새와 말을 할 수 있었다고 하였다. 그런데 ≪十三經注疏正字≫에 "≪本集≫ 〈釋誨〉篇에는 〈'語鳥'와 '鳴牛'가〉 '鳥語'와 '牛鳴'으로 되어있다.〔語鳥鳴牛 案本集釋誨篇作鳥語牛鳴〕"라고 하였다. 이에 따라 '鳥語'와 '牛鳴'으로 번역하였다.

〈秦本紀〉에는 伯翳가 舜임금을 위해 가축 기르는 것을 주관한 것〔伯翳爲舜主畜〕만을 말하고, 禽獸의 말을 알 수 있었다는 것은 말하지 않았다. 그러나 ≪漢書≫ 〈地理志〉에 "孝王이 '옛날에 伯益이 禽獸를 알았다.' 하였다."라고 하였으니, 이것이 禽獸의 말을 안 것이다. ≪春秋左氏傳≫ 僖公 29년에는 "介의 葛盧가 소의 울음소리를 듣고 그 소리의 뜻을 알았다."라고 하였는데, 賈逵는 "백익이 이러한 재주에 밝았다."라고 하고, 蔡雍은 "백예는 새가 하는 말을 이해하였고, 〈介의〉 葛盧는 소의 울음소리를 듣고 뜻을 알았다."라고 하였으니, 이것이 백예가 금수의 말을 안 것이다.

至曾孫秦仲하여 宣王이 又命作大夫하니 始有車馬禮樂侍御之好하여 國人美之하여 翳之變風始作이라

〈非子의〉 曾孫 秦仲에 이르러 〈周〉 宣王이 또 명하여 大夫로 삼으니, 비로소 車馬와 禮樂과 侍御의 아름다움이 있었다. 이에 國人이 그를 찬미하여 伯翳의 變風이 처음으로 지어졌다.

【疏】 正義曰 : 本紀又云"秦嬴生秦侯, 立十年卒, 生公伯, 立三年卒, 生秦仲." 是仲, 爲非子曾孫也. 又云"秦仲立三年, 周厲王無道, 西戎, 滅犬丘大雒之族. 周宣王卽位, 乃以秦仲爲大夫, 誅西戎." 是宣王, 又命作大夫也. 王制云"子・男五十里. 不能五十里者, 附於諸侯, 曰附庸." 周禮"男國百里." 則附庸, 又無百里矣.

○ 正義曰 : ≪史記≫ 〈秦本紀〉에 또 "秦嬴이 秦侯를 낳았는데 〈진후는〉 즉위한 지 10년에 죽었고, 진후가 公伯을 낳았는데 공백은 즉위한 지 3년에 죽었고, 공백이 秦仲을 낳았다."라고 하였으니, 이 진중이 非子의 曾孫이다. 또 "진중이 즉위한 지 3년에 周 厲王이 無道하자 西戎이 犬丘의 大雒 族屬을 멸망시켰다. 周 宣王이 卽位하여 마침내 진중을 周의 大夫로 삼아 서융을 주벌하였다."라고 하였으니, 이것이 선왕이 또 명하여 大夫로 삼은 것이다. ≪禮記≫ 〈王制〉에 "子와 男은 땅이 四方 50里이다. 50里가 되지 못한 나라는 제후에 붙여 附庸國이라고 한다."라고 하고, ≪周禮≫ 〈地官 大司

徒〉에 "男의 國은 땅이 四方 100里이다."라고 하였다. 그렇다면 부용국의 〈땅이〉 100里인 경우는 더욱 없다.

【疏】 邾・滕・紀・莒之等, 以其國小, 蔑而不錄其詩, 而錄秦仲附庸之風者, 鄭語云"桓公問於史伯曰'姜・嬴其孰興.' 對曰'國大而有德者近興, 秦仲・齊侯, 姜・嬴之雋(준)也, 且大, 其將興乎.'" 言秦仲, 國大將興, 是其土地廣寬, 雖未得爵命, 而大於邾・莒, 詩者緣政而作, 故附庸而得有詩也. 且秦於襄公之後, 國大而錄其詩, 因秦仲先已有詩, 故幷錄之耳.

邾・滕・紀・莒 등은 나라가 작아 그 나라의 詩를 버리고 채록하지 않았는데 秦仲의 附庸國의 風을 채록한 것은, ≪國語≫ 〈鄭語〉에 "鄭 桓公이 周나라의 史伯에게 '姜氏와 嬴氏 중에 누가 흥성하겠는가?'라고 물으니, 〈史伯이〉 '나라가 크고 德이 있는 자가 興盛하는데, 진중과 齊侯는 姜氏와 嬴氏 중에 뛰어난 자이고 또 나라가 크니 흥성하게 될 것입니다.'라고 대답하였다."라고 하였다. 진중이 나라가 커서 興盛할 것을 말한 것이니, 이는 토지가 광활하여 비록 제후의 爵命을 받지는 못하였지만 邾와 莒보다 큰 것이고, 詩는 政事에 연유하여 짓기 때문에 附庸國인데도 詩가 있게 된 것이다. 그리고 秦나라는 襄公 이후에 나라가 켜져 그 詩를 채록하였는데, 〈양공에〉 앞서 진중에게도 詩가 있었으므로 아울러 채록한 것이다.

【疏】 案年表, 秦仲, 以宣王六年卒, 計桓公問史伯之時, 乃在幽王九年, 所以仍言秦仲者, 秦仲之後, 遂爲大國, 以秦仲有德, 故繫而言之. 秦仲, 以字配國者, 附庸未得爵命, 無謚可稱, 春秋附庸君例稱名, 褒之則書字, 秦仲又作宣王大夫, 史策之文, 正當書字, 故稱字體國, 以美之也.

≪史記≫ 〈十二諸侯年表〉를 살펴보면 秦仲이 周 宣王 6년에 죽었으니, 鄭 桓公이 〈周나라의〉 史伯에게 〈姜氏와 嬴氏 중에 누가 흥성할 것인가를〉 물었던 때를 계산해 보면 바로 〈宣王의 아들인〉 幽王 9년에 해당된다. 그런데 진중을 그대로 말한 까닭은, 진중의 이후에 마침내 大國이 된 것이 진중에게 덕이 있었기 때문이다. 그리하여 〈진중을〉 연계하여 말한 것이다. 진중을 字(仲)로 國〔秦〕에 짝한 것은, 附庸國은 爵命을 받지 못하여 부를 수 있는 謚號가 없는데 ≪春秋≫의 부용국의 君主를 기록한 例에는 名을 칭하고 칭찬하는 경우에는 字를 썼다. 〈그렇다면〉 진중이 또 선왕의 大夫가 되었으니 史策의 글에

는 바로 字를 써야 한다. 그리하여 字를 일컬어 나라에 연결하여 찬미한 것이다.

秦仲之孫襄公이 平王之初에 興兵討西戎以救周러니 平王이 東遷王城하고 乃以岐豐之地賜之하여 始列爲諸侯라

秦仲의 孫 襄公이 〈周〉 平王의 初에 군대를 일으켜 西戎을 토벌하여 周나라를 구원하였는데, 평왕이 王城(洛邑)으로 東遷하고 이에 岐와 豐의 땅을 하사하여 비로소 제후의 반열이 되었다.

【疏】 正義曰：本紀稱"秦仲生莊公, 莊公生襄公." 又云"犬戎殺幽王, 襄公, 將兵救周, 戰甚有功. 周避戎難, 東徙洛邑, 襄公, 以兵送周平王, 平王(討)〔封〕[1]襄公爲諸侯, 賜之岐山以西之地, 封爵之, 襄公於是始國, 與諸侯通使聘享之禮." 是平王之初, 救周賜地之事也. 襄公始爲諸侯, 莊公已稱公者, 蓋追謚之也.

1) (討)〔封〕: 저본의 교감기에 따라 '封'으로 번역하였다.

○ 正義曰：≪史記≫ 〈秦本紀〉에 "秦仲이 莊公을 낳고 장공이 襄公을 낳았다."라고 하고, 또 "犬戎이 幽王을 죽이니 양공이 군사를 이끌고 周를 구원하였는데, 이 戰爭에서 큰 공이 있었다. 周나라가 戎의 환란을 피하여 동쪽 洛邑으로 천도할 때에 양공이 군사로 周 平王을 호위하여 갔었는데, 평왕이 양공을 封하여 제후로 삼고 岐山 서쪽 땅을 하사하여 爵位를 봉하니, 양공이 이에 비로소 나라를 소유하여 제후와 使臣을 교환하고 聘問에 燕享하는 禮를 행하였다."라고 하였으니, 이것이 평왕의 初에 周나라를 구원하여 땅을 하사한 일이다. 양공이 처음 제후가 되었으니, 장공을 公으로 칭한 것은 아마도 追贈하여 시호를 내린 것일 것이다.

遂橫有周西都宗周畿內八百里之地라

마침내 횡으로 周나라의 西都였던 宗周의 畿內 땅 800里를 소유하였다.

【疏】 正義曰：地理志"初洛邑, 與宗周通封畿, 東西長而南北短, 短長相覆(부)爲千里." 則周之二都, 相接爲畿, 其地東西橫長, 西都方八百里也. 本紀云"賜襄公岐以西之地, 襄公生文公, 於是, 文公遂收周餘民有之, 地至岐, 岐以東獻之周." 如本紀之言, 則襄公所得, 自岐以西, 如以鄭言橫有西都八百里之地, 則是全得西畿, 言與本紀異者, 案

終南之山, 在岐之東南, 大夫之戒襄公, 已引終南爲喩[1], 則襄公亦得岐東, 非唯自岐以西也. 卽如本紀之言, 文公收周餘民, 又獻岐東於周, 則秦之東境, 終不過岐, 而春秋之時, 秦境東至於河, 襄公已後, 更無功德之君, 復是何世得之也, 明襄公救周, 卽得之矣, 本紀之言, 不可信也.

1) 大夫之戒……終南爲喩 : 終南山이 높고 커서 크고 작은 나무가 무성하게 있는 것과 같이 인군에게 盛德이 있어야 신하의 큰 복종이 있다고 경계한 것이다.

○ 正義曰 : ≪漢書≫ 〈地理志〉에 "애초 洛邑은 宗周(西都)와 통하는 王城 주위의 땅〔封畿〕이었는데, 東西로는 길고 南北으로는 짧았다. 길고 짧은 부분을 서로 보충〔覆〕해 보면 四方 1000里가 된다."라고 하였다. 그렇다면 周나라의 두 都邑은 서로 연접하여 封畿가 된 것인데, 그 땅은 東西의 가로로 길고 西都는 四方 800里이다. ≪史記≫ 〈秦本紀〉에 "襄公에게 岐 서쪽 땅을 하사하였다. 양공이 文公을 낳으니, 이에 문공이 마침내 그 곳에 남아 있던 周나라의 백성을 거두어 소유하였고, 땅이 岐에까지 이르렀는데 岐 동쪽 땅을 周나라에 바쳤다."라고 하였다. 〈진본기〉의 말과 같다면 양공이 얻은 땅은 岐 서쪽이고, 鄭玄의 말과 같이 횡으로 西都 800里의 땅을 소유하였다면 이는 西都의 封畿를 전부 얻은 것이니, 〈정현의〉 말은 〈진본기〉와 다르다. 살펴보면 終南山은 岐의 東南쪽에 있는데 大夫가 양공을 警戒할 때에 종남산을 가져다 비유하였으니 양공이 岐의 동쪽 땅도 얻은 것이지 岐의 서쪽 땅만 얻은 것이 아니다. 〈진본기〉에서 말한 바와 같이 문공이 그 곳에 남아 있던 周나라의 백성을 거두고 또 岐의 동쪽 땅을 周나라에 바쳤다면, 秦나라의 동쪽 境界는 끝내 岐에 불과할 것이다. 그런데 春秋 때에 秦나라의 경계가 동쪽으로 河水에 이르렀다. 양공 이후에는 功德이 있는 군주가 다시는 없었으니 또 어느 代에 이를 얻었겠는가. 분명 양공이 周나라를 구원하여 바로 얻은 것이니 〈진본기〉의 말은 믿을 수 없다.

其封域은 東至迆(이)山하니 在荊岐終南惇(돈)物之野라

封해준 구역은 동쪽으로 迆山에 이르렀으니, 荊山과 岐山과 終南山과 惇物山의 평원에 소재한다.

【疏】 正義曰 : 迆, 謂靡迆, 境界廣被之意. 於禹貢, 無迆山, 鄭據時山之名, 案秦境所及而言之. 禹貢雍州云"荊・岐旣旅, 終南・惇物." 則此山, 皆屬雍州, 秦居其傍, 故云

'之野'也. 不言'西至', 獨言'東至'者, 以秦居隴西, 東拓土境, 上已云'近鳥鼠之山', 不須(便)〔更〕[1]言其西, 故直言'東至'而已. 鄭旣云變風作, 而又言此者, 以襄公之時, 又能取周地, 與秦仲時異, 故復說其得地之由, 境界所在.

1) (便)〔更〕: 저본의 교감기에 따라 '更'으로 번역하였다.

○ 正義曰 : 迆는 길게 이어진 것을 말하니 경계가 넓다는 뜻이다. ≪尙書≫ 〈禹貢〉에는 迆山이 없으니, 이는 鄭玄이 당시의 山 이름에 근거하여 秦나라의 경계가 미친 곳을 살펴 말한 것이다. 〈禹貢〉 雍州에 "荊山과 岐山에서 旅祭를 지낸 뒤에 終南山과 惇物山과 〈鳥鼠山에 이르렀다〉."라고 하였다. 그렇다면 이 山들은 모두 雍州에 속하고 秦나라가 그 옆에 있는 것이다. 그리하여 '…의 평원이다.〔之野〕'라고 한 것이다. '서쪽으로 이른 것〔西至〕'은 말하지 않고 '동쪽으로 이른 것〔東至〕'만을 말한 것은, 秦나라가 隴山의 서쪽을 차지하여 동쪽으로 국토를 넓혔고, 또 위에서 '鳥鼠山에 가깝다.'라고 하여 다시 서쪽을 말할 필요가 없기 때문이다. 그리하여 '東至'라고만 한 것이다. 鄭玄이 變風이 지어졌음을 말하고 또 이를 말한 것은, 襄公 때에는 또 周나라의 땅을 취할 수 있어 秦仲 때와는 달랐기 때문이다. 그리하여 다시 땅을 얻은 사유와 경계의 소재지를 말한 것이다.

至玄孫德公하여 又徙於雍云이라

〈襄公의〉 玄孫 德公에 이르러 또 雍州로 도읍을 옮겼다.

【疏】正義曰 : 案本紀, 襄公生文公, 文公生靖公, 靖公生寧公, 寧公生武公, 武公卒, 立其弟德公, 是德公爲襄公玄孫也. 本紀又言"秦仲, 自中潏已後, 世保西垂. 至大雒生非子, 非子別居於犬丘. 厲王時, 西戎滅大雒之族, 秦仲之子莊公, 伐西戎破之, 幷得大雒之地, 爲西垂大夫. 文公元年, 居西垂宮, 三年冬獵, 至汧渭之會曰'昔周邑我先秦嬴於此, 後卒爲諸侯.' 乃卜居之, 占曰吉, 卽營邑之. 寧公二年, 徙居平陽, 德公元年, 初居雍城." 徐廣云"犬丘, 今槐里縣也, 平陽, 今郿(미)縣平陽亭, 是也, 雍, 今扶風雍縣也." 如本紀之言, 則大雒之族, 世居西垂, 非子, 封爲附庸, 別居槐里, 及莊公伐戎, 幷得大雒之地, 卽就大雒舊居西垂也, 至文公, 還居非子舊墟在汧渭之間, 卽槐里是也.

○ 正義曰 : ≪史記≫ 〈秦本紀〉를 살펴보면 "襄公이 文公을 낳고, 문공이 靖公을 낳고, 정공이 寧公을 낳고, 영공이 武公을 낳았는데, 무공이 죽자 아우 德公을 세웠으

니, 이 덕공이 양공의 玄孫이다. 〈秦本紀〉에 또 "秦仲이 中潏 이후로부터 西垂를 대대로 보전하였다. 大雒에 이르러 非子를 낳았는데 비자는 犬丘에 따로 살았다. 厲王 때에 西戎이 대락의 族屬을 멸망시켰는데, 진중의 아들 莊公이 서융을 쳐서 물리치고 대락의 땅을 아울러 소유하여 西垂의 大夫가 되었다. 문공이 원년에 西垂의 宮에 살았는데, 즉위 3년 겨울 사냥할 때에 汧水와 渭水가 모아지는 곳에 이르러 말하기를 '옛날에 周나라가 우리 先祖 秦嬴(非子)을 이곳에 도읍하게 하였는데, 후대에 마침내 제후가 되었다.'라고 하고, 이에 都邑에 대해 거북점을 치니 점사에 吉하다고 하여 곧 그곳에 都邑을 건설하였다. 〈그 후〉 영공 2년에 도읍을 平陽으로 옮겼는데, 덕공 원년에 비로소 雍城에 도읍하였다."라고 하였다. 徐廣이 "犬丘는 지금의 槐里縣이고, 平陽은 지금의 郿縣 平陽亭이 이곳이고, 雍은 지금의 扶風 雍縣이다."라고 하였으니, 〈秦本紀〉의 말과 같다면 대락의 族屬이 대대로 西垂에 도읍하였고, 비자가 封해져 附庸國이 되어 따로 槐里에 거주하였는데, 장공이 戎을 정벌함에 이르러 대락의 땅을 아울러 얻었으니 바로 대락의 옛 도읍 西垂까지 나아간 것이고, 문공에 이르러 다시 汧水와 渭水 사이에 있는 비자의 옛 터에 都邑하였으니 바로 槐里가 이곳이다.

【疏】 寧公徙平陽, 至德公, 乃徙雍, 鄭獨言德公徙雍者, 以德公之後常居雍, 故特言之. 僖十三年左傳云"秦輸粟于晉, 自雍及絳." 昭元年左傳云"秦后子享晉侯, 自雍及絳[1]." 是秦自德公已後常雍也. 本或作穆公徙雍者, 誤耳. 何則. 穆公者, 德公之子, 於襄公爲玄孫之子, 非玄孫也. 又中侯覬期注"秦本在隴西, 襄公玄孫德公, 始徙雍." 是, 鄭依本紀, 以爲德公徙雍, 非穆公也. 本紀又云"德公立, 二年卒, 子宣公立, 十二年卒. 弟成公立, 四年卒, 弟穆公任好立, 三十九年卒, 子罃(앵)代立, 是爲康公." 此其君次也.

1) 秦輸粟于晉……自雍及絳 : 僖公 13년의 일은 B.C. 643년에 있었고, 昭公 원년의 일은 B.C. 542년에 있었던 것으로 기간이 100여년인 것을 말하여, 秦나라가 德公 이후로는 항상 雍에 도읍한 것을 증명한 것이다.

寧公이 都邑을 平陽으로 옮겼다가 德公에 이르러 마침내 雍으로 옮겼는데, 鄭玄이 덕공이 雍으로 옮긴 것만을 말한 것은 덕공의 뒤로는 항상 雍에 도읍하여서이다. 그리하여 특별히 말한 것이다. ≪春秋左氏傳≫ 僖公 13년에 "秦나라가 晉나라의 〈기근을 구제하기 위하여〉 곡식을 수송하였는데, 〈秦나라의 國都〉 雍에서 〈晉나라의 국도〉 絳까지 이르렀다."라고 하고, ≪춘추좌씨전≫ 昭公 원년에 "秦나라의 后子가 연회를 열어 晉侯를 접대할 때에 〈접대할 물건을 가져옴이〉 雍에서 絳까지 이르렀다."라고 하였으니, 이것이 秦나라가 덕공 이후로는 항상 雍에 도읍한 것이다. 穆公이 雍으로 옮겼다라고 한 本도 있는데 잘못이다. 어째서인가. 목공은 덕공의 아들이니 襄公에게는 玄孫의 아들이지 玄孫이 아니기 때문이다. 또 〈鄭玄의〉 ≪尙書緯≫ 〈中侯 覬期〉 注에 "秦나라는 본래 隴西에 있었는데, 양공의 玄孫 덕공이 비로소 雍으로 옮겼다."라고 하였으니, 이는 정현이 〈秦本紀〉를 근거하여 덕공이 雍으로 옮긴 것이지 목공이 옮긴 것이 아니라고 여긴 것이다. 〈진본기〉에 또 "덕공이 즉위한 지 2년에 죽었고, 아들 宣公이 즉위한 지 12년에 죽었다. 동생 成公이 즉위한 지 4년에 죽었고, 동생 穆公 任好가 즉위한 지 39년에 죽었고, 아들 罃代가 즉위하였으니 이가 康公이다."라고 하였으니, 이것이 秦나라 君主의 차서이다.

【疏】 其詩, 則車鄰, 美秦仲, 爲秦仲詩也, 駟鐵・小戎・蒹葭・終南, 序皆云襄公, 是襄公詩也, 黃鳥, 刺繆公, 是繆(목)公詩也, 晨風・渭陽・權輿, 序皆云康公, 是康公詩也, 無衣, 在其中, 明亦康公詩矣, 故鄭於左方中, 皆以此而知也. 襄二十九年左傳"季札見歌秦曰'美哉. 此之謂夏聲.'" 服虔云"秦仲, 始有車馬禮樂之好, 侍御之臣, 戎車四牡田狩之事, 其孫襄公, 列爲秦伯, 故'蒹葭蒼蒼'之歌, 終南之詩, 追錄先人, 車鄰・駟驖・小戎之歌, 與諸夏同風, 故曰'夏聲'." 如服之意, 以駟驖・小戎爲秦仲之詩, 與序正違, 其言非也. 言'夏聲'者, 杜預云"秦本在西戎汧隴之西, 秦仲始有車馬禮樂, 去戎狄之音, 而有諸夏之聲, 故謂之'夏聲'耳." 不由在諸夏追錄, 故稱夏也.

〈秦風〉의 詩에 〈車鄰〉은 秦仲을 찬미하였으니 진중 때의 詩이고, 〈駟鐵〉・〈小戎〉・〈蒹葭〉・〈終南〉은 序에 모두 襄公을 말하였으니 양공 때의 詩이고, 〈黃鳥〉는 繆公을 풍자하였으니 목공 때의 詩이고, 〈晨風〉・〈渭陽〉・〈權輿〉는 序에 모두 康公을 말하였으니 강공 때의 詩이고, 〈無衣〉는 〈晨風〉과 〈渭陽〉 사이에 있으니 분명 이 또한 강공 때의 詩이다. 그리하여 鄭玄이 左方에서 모두 이를 통해 안 것이다. ≪春秋左氏傳≫ 襄公 29년에 "季札이 秦風을 노래한 것을 듣고는 '아름답도다. 이는 中夏의 소리〔夏聲〕로다.'라고 하였다."라고 하였는데, 服虔이 "진중이 처음으로 車馬와 禮樂의 아름다움과 侍御하는 신하와 戎車 四牡와 사냥하는 일을 가졌는데, 그의 孫子 양공이 제후의 반열로 秦伯이 되었다. 그리하여 〈蒹葭〉에서 '蒹葭蒼蒼'이라고 노래하고 〈終南〉의 詩에서 先人을 追錄하였으며, 〈車鄰〉・〈駟驖〉・〈小戎〉의 노래는 諸夏와 같은 風이다. 그리하여 '〈계찰이〉 中夏의 소리이다.'라고 한 것이다."라고 하였으니, 복건의 뜻과 같다면 〈駟驖〉·〈小戎〉을 진중 때의 詩로 여겨 小序와는 전혀 맞지 않으니, 그의 주장은 잘못된 것이다. '夏聲'이라는 것에 대해, 杜預는 "秦나라가 본래 西戎의 汧隴 서쪽에 있었는데, 진중이 비로소 車馬와 禮樂을 가지게 되어 戎狄의 音을 버리고 諸夏의 聲을 갖추었기 때문에 '夏聲'이라고 한 것이다." 라고 하였으니, 〈그 지역이〉 諸夏에 있어 追錄하였기 때문에 '夏'라고 한 것은 아니다.

車鄰(거린)

【序】 **車鄰**은 **美秦仲也**라 **秦仲始大**하고 **有車馬禮樂侍御之好焉**이라 ○ 鄰은 **本亦作隣**하고 **又作轔**이라 **始大絶句**니 **或連下句**는 **非**라

〈車鄰〉은 秦仲을 찬미한 詩이다.

秦仲 때에 〈국토가〉 처음으로 커졌고 車馬와 禮樂과 侍御의 아름다움이 있었다.

○ 鄰은 隣으로 되어 있는 본도 있고 또 轔으로도 되어 있는 경우도 있다. 始大에서 句를 끊어야하니 혹 下句에 이은 것은 잘못이다.

【疏】'車鄰(三章一章四句二章章六句)'至'好焉' ○ 正義曰：作車鄰詩者, 美秦仲也. 秦仲之國, 始大, 又有車馬禮樂侍御之好焉, 故美之也. 言'秦仲始大'者, 秦自非子以來, 世爲附庸, 其國仍小, 至今秦仲, 而國土大矣. 由國始大, 而得有此車馬禮樂, 故言'始大'以冠之. 有車馬者, 首章上二句是也, 侍御者, 下二句是也. 二章·卒章, 言鼓瑟·鼓簧, 竝論樂事, 用樂必有禮, 是禮樂也.

序의 〔車鄰〕에서 〔好焉〕까지

○ 正義曰 : 〈車鄰〉의 詩를 지은 것은 秦仲을 찬미한 것이다.

진중의 나라가 비로소 커지고 또 車馬와 禮樂과 侍御의 아름다움이 있었다. 그리하여 찬미한 것이다. '秦仲始大'라는 것은 秦이 非子 이후로 대대로 附庸國이었고 나라도 그대로 작았었는데, 지금 진중에 이르러 國土가 커졌다. 나라가 처음으로 커짐에 따라 이 거마와 예악을 가지게 되었으므로 '始大'를 말하여 서두로 삼은 것이다. '거마를 소유한 것〔有車馬〕'은 首章의 앞 2句가 이것이고, '侍御〈가 있는 것〉'은 뒤 2句가 이것

이다. 2章과 卒章은 鼓瑟과 鼓簧을 말하여 音樂의 일을 아울러 거론하였다. 樂을 사용할 때에는 반드시 禮가 있으니, 이것이 예악이다.

【疏】 經先'寺(시)人', 後'鼓瑟', 序先'禮樂', 後'侍御'者, 經以車馬行於道路, 國人最先見之, 故先言車馬, 欲見秦仲, 先令寺(시)人, 故次言寺人, 旣見秦仲, 始見其禮樂, 故後言鼓瑟, 二章傳曰"又見其禮樂." 是從外而入, 以次見之. 序以車馬附於身, 經又在先, 故先陳之, 禮樂, 又重於侍御, 故先禮樂而後侍御, 此三者, 皆是君之容好, 故云'之好焉'. 必知斷'始大'爲句者, 以駟鐵序云"始命, 謂始命爲諸侯也." 卽知此'始大', 謂國土始大也. 若連下爲文, 卽車馬禮樂多少有度, 不得言'大有'也. 王肅云"秦爲附庸, 世處西戎, 秦仲脩德, 爲宣王大夫, 遂誅西戎. 是以始大." 鄭語云"秦仲·齊侯, 姜·嬴之雋且大, 其將興乎." 韋昭注引詩序曰'秦仲始大', 是先儒斷'始大'爲句.

經文에서는 '寺人'을 앞에 말하고 '鼓瑟'을 뒤에 말하였는데, 序에서는 '禮樂'을 먼저 말하고 '侍御'를 뒤에 말한 것은, 經文은 車馬는 도로에 다니니 國人이 가장 먼저 보기 때문에 車馬를 먼저 말하고, 秦仲을 보려면 먼저 寺人을 시켜야하기 때문에 寺人을 다음에 말하고, 秦仲을 보고 나서 비로소 그의 禮樂을 보았기 때문에 鼓瑟을 뒤에 말한 것이며, 2章의 傳에 "또 그에게 禮와 樂이 있음을 본 것이다.〔又見其禮樂〕"라고 하였으니, 이는 밖에서 안으로 들어가면서 차례로 본 것이다. 〈반면에〉 序는 車馬는 사람에 딸린 것이고 經文에 또 〈車馬가〉 앞에 있기 때문에 이를 먼저 말하고, 禮樂은 侍御보다 더 중요하기 때문에 禮樂을 먼저 말하고 侍御를 뒤에 말한 것이다. 〈車馬·禮樂·侍御〉 이 세 가지는 모두 군주의 모습이 아름다운 것이다. 그리하여 '之好焉'이라고 한 것이다. 반드시 '始大'에서 끊어 구절로 삼아야 함을 안 것은, 〈駟鐵〉의 序에 "始命은 처음 명하여 제후로 삼은 것을 말한다."라고 하였으니, 바로 여기의 '始大'가 國土가 비로소 커졌음을 말하는 것임을 알아서이다. 만약 아래로 이어서 글을 해석하면, 車馬와 禮樂에는 多少의 制度가 있으니 '大有'라고 말할 수 없다. 王肅은 "秦나라가 附庸國이 되어 대대로 西戎에 살고 있었는데, 진중이 德을 닦아 宣王의 대부가 되어 마침내 西戎을 주벌하였다. 이 때문에 비로소 커진 것이다."라고 하고, ≪國語≫ 〈鄭語〉에 "진중과 齊侯는 姜氏와 嬴氏 중에 뛰어난 자이고 또 나라가 크니, 아마도 장차 흥성할 것입니다."라고 하였는데, 韋昭가 注하면서 이 詩의 序에서 말한 '진중 때에 〈국토가〉 처음으로 커졌다.〔秦仲始大〕'를 인용하였으니, 이것이 先儒들이 '始大'에서 끊어 句로 삼은 것이다.

有車鄰鄰이어늘 有馬白顚이로다

많은 수레 덜컹 덜컹
말은 정수리 흰 점박이

【傳】 鄰鄰은 衆車聲也라 白顚은 的顙(상)也라

鄰鄰은 많은 수레가 〈가는〉 소리이다. 白顚은 흰점이 있는 이마이다.

未見君子하니 寺(시)人之令이로다

君子 아직 보지 못했으니
寺人에게 고하게 하네

【傳】 寺人은 內小臣也라

寺人은 궁내의 낮은 관원이다.

【箋】 箋云 欲見國君者는 必先令寺人하여 使傳告之니 時秦仲이 又始有此臣이라 ○ 寺는 如字니 本亦作侍字라 寺人은 奄人이라 令은 韓詩作伶하고 云使伶이라

箋云 : 國君을 만나려는 사람은 반드시 먼저 寺人을 시켜 군주에게 전해 고하게 해야 되니, 당시 秦仲이 또 처음으로 이 신하를 둔 것이다.

○ 寺는 本音대로 읽는데, 侍字로 되어 있는 본도 있다. 寺人은 환관이다. 令은 ≪韓詩≫에는 伶으로 되어 있고 "使伶이다."라고 하였다.

【疏】'有車'至'之令' ○ 正義曰 : 此美秦〔仲〕[1]初有車馬侍御之好, 言秦仲有車衆多, 其聲鄰鄰然, 有馬衆多, 其中有白顚之馬. 車馬旣多, 又有侍御之臣, 未見君子秦仲之時, 若欲見之, 必先有寺人之官, 令請之, 使寺人傳告秦仲, 然後人得見之.

1)〔仲〕: 저본의 교감기에 따라 '仲'을 보충하여 번역하였다.

經의 〔有車〕에서 〔之令〕까지

○ 正義曰 : 이는 秦仲이 처음으로 車馬와 侍御의 아름다움을 가진 것을 찬미한 것이니, "秦仲에게 많은 수레가 있으니 지나가는 소리가 덜컹 덜컹 요란하고, 말이 많이

있으니 그 가운데에는 이마가 흰 놈도 있었다. 수레와 말이 많고 또 侍御하는 신하까지 있으니, 君子 진중을 아직 보지 못한 때에 그를 만나려면 반드시 먼저 寺人에게 청하게 하여야 하니, 寺人을 시켜서 진중에게 전해 고한 뒤에야 사람들이 만나 볼 수 있다."라고 한 것이다.

【疏】傳'鄰鄰'至'的顙' ○ 正義曰：車有副貳, 明非一車, 故以鄰鄰爲衆車之聲. 車旣衆多, 則馬亦多矣, 故於馬見(현)其毛色而已, 不復言衆多也. 釋畜云"馬的顙, 白顚." 舍人曰"的, 白也, 顙, 額也. 額有白毛, 今之戴星馬也."

傳의 〔鄰鄰〕에서 〔的顙〕까지

○ 正義曰：수레에는 부관이 타는 수레가 있으니, 분명 한 대의 수레만이 아니다. 그리하여 '鄰鄰'을 많은 수레가 〈가는〉 소리로 여긴 것이다. 수레가 많았으니 그렇다면 끄는 말도 많다. 그리하여 말에 대하여 털의 색만을 나타내고, 많음〔衆多〕은 다시 말하지 않은 것이다. ≪爾雅≫ 〈釋畜〉에 "말의 的顙이 白顚이다."라고 하였는데, 舍人은 "的은 백색이고 顙은 이마이다. 이마에 흰 털이 있는 것이니, 지금의 戴星馬이다."라고 하였다.

【疏】傳'寺人 內小臣' ○ 正義曰：天官序官云"內小臣, 奄上士四人, 寺人, 王之正內五人." 則天子之官, 內小臣與寺人, 別官也. 燕禮, 諸侯之禮也, 經云"獻左右正與內小臣." 是諸侯之官, 有內小臣也, 左傳, 齊有寺人貂, 晉有寺人披, 是諸侯之官, 有寺人也. 然則寺人與內小臣別官矣. 此云'寺人 內小臣'者, 解寺人官之尊卑, 及所掌之意, 言寺人是在內細小之臣, 非謂寺人卽是內小臣之官也, 內小臣之官, 與寺人之官, 猶自別矣.

傳의 〔寺人 內小臣〕

○ 正義曰：≪周禮≫ 〈天官 序官〉에 "內小臣은 奄官 上士 4人이고, 寺人은 王后의 路寢에 5人이다."라고 하였으니, 천자의 官職에 內小臣과 寺人은 〈서로〉 다른 官職이다. ≪儀禮≫ 〈燕禮〉는 제후의 禮인데, 그 經文에 "〈主人이〉 左右의 正(樂正·仆人正)과 內小臣에게 술잔을 올린다."라고 하였으니, 이는 제후의 관직에 內小臣이 있는 것이고, ≪春秋左氏傳≫ 〈僖公 2년에〉 齊나라에는 寺人 貂가 있고, 〈僖公 5년에〉 晉나라에는 寺人 披가 있으니, 이는 제후의 관직에 寺人이 있는 것이다. 그렇다면 〈제후의 관직에도〉 寺人과 內小臣은 별개의 관직이다. 그런데 여기에서 '寺人 內小臣'이라고 한 것은 寺人 관직의 尊卑와 管掌하는 일의 뜻을 풀이한 것이니, 寺人은 바로 궁내에 있는 자

잘한 일을 〈담당하는〉 小臣임을 말하는 것이지 寺人이 바로 內小臣의 관직이라고 한 것이 아니다. 內小臣의 관직과 寺人의 관직은 본래 별개이다.

【疏】 若然, 巷伯箋云"巷伯, 內小臣, 奄官上士四人, 與寺人之官相近." 彼言'巷伯內小臣', 巷伯, 卽是內小臣之官. 此傳言'寺人 內小臣', 而知寺人非內小臣之官者, 毛・鄭異人, 言非一概, 正以天子・諸侯之官, 內小臣與寺人皆別, 明傳意不以寺人爲內小臣之官也. 巷伯所以知卽是內小臣者, 以寺人作詩而篇名巷伯, 明巷伯非寺人, 序言'巷伯奄官', 則巷伯與寺人之官, 同掌內事, 相近明矣. 巷者, 宮中道名也, 伯者, 長也, 主宮巷之官, 最長者唯有內小臣耳, 故知巷伯, 卽是內小臣之官也.

이와 같다면 〈小雅 巷伯〉의 箋에 "巷伯은 內小臣으로 奄官 上士 4人인데 寺人의 관직과 서로 가깝다."라고 하였으니, 저 〈巷伯〉의 箋에서 말한 '巷伯 內小臣'의 巷伯은 바로 內小臣의 관직이다. 여기의 傳에서 '寺人은 內小臣이다.'라고 하였는데 寺人이 內小臣의 관직이 아님을 안 것은, 毛亨과 鄭玄은 다른 사람이어서 말한 것이 똑같지는 않지만 바로 천자와 제후의 관직에 內小臣과 寺人이 모두 다르니 분명 傳의 뜻은 寺人을 內小臣의 관직으로 여긴 것은 아니다. 巷伯이 바로 內小臣임을 알 수 있는 것은, 寺人이 〈巷伯을 원망하는〉 詩를 지었기 때문에 巷伯을 篇名으로 한 것이니 분명 巷伯은 寺人이 아니다. 〈다만 〈巷伯〉의〉 序에서 '巷伯은 奄官이다.'라고 하였으니, 그렇다면 巷伯과 寺人의 관직은 똑같이 內事를 관장하여 서로 가까운 것이 분명하다. 巷은 宮內의 길〔宮巷〕 이름이고 伯은 우두머리이니, 宮巷을 관장하는 관직의 최고 우두머리는 內小臣에만 있다. 그리하여 巷伯이 바로 內小臣의 관직임을 안 것이다.

【疏】 箋'欲見'至'此臣' ○ 正義曰：附庸雖未爵命, 自君其國, 猶若諸侯, 故言欲見國君, 使寺人傳告之. 擧寺人以美秦仲者, 明仲又始有此臣也. 案夏官, 小臣, 掌王之命, 天官, 寺人, 掌王之內人, 及女宮之戒令, 然則天子之官, 自有小臣主王命, 寺人主內令, 不主王命矣. 燕禮云"小臣戒與(예)者[1]." 則諸侯之官, 有小臣, 亦應小臣傳君命. 此說國君之禮, 使寺人傳命者, 天子備官, 故外內異職, 諸侯兼官, 外內共掌之也. 僖五年左傳說"晉獻公, 使寺人披, 伐公子重耳於蒲." 昭十年傳說"宋平公之喪, 使寺人柳, 熾炭于位." 則諸侯寺人, 傳達君命, 是禮之常也.

1) 小臣戒與(예)者：이는 小臣이 君命을 전달하는 것을 밝히기 위하여 인용한 것이다.

≪儀禮≫ 〈燕禮〉의 注에 "與는 群臣을 남아 있게 함을 말한다. 군주가 燕禮로 使臣을 위로하는 것을 공이 있는 신하처럼 하기 때문에 群臣과 어울려 즐기게 한다. 이때에 小臣이 警戒하는 말을 告하는 것이다.〔與者 謂留群臣也 君以燕禮勞使臣 若臣有功 故與群臣樂之 小臣則警戒告語焉〕"라고 하고, 疏에 "반드시 小臣으로 하여금 참여〔與〕하는 이에게 경계하여 고하게 하는 것은, 燕饗은 聘使를 위주로 하되 오래된 높은 지위에 있는 신하도 같이 즐기게 하기 때문에 참여하는 사람에게 기한에 맞게 이를 것을 경계시키는 것이다.〔必使小臣戒與者 以其燕爲聘使者爲主 兼與舊在者歡樂之 故今戒可與之人 使依期而至〕"라고 하였다.

箋의 〔欲見〕에서 〔此臣〕까지

○ 正義曰：附庸國은 비록 爵命을 받지 못하였지만 스스로 자기 나라에 군주가 됨은 諸侯國의 경우와 같다. 그리하여 國君을 보려면 寺人을 시켜 고하게 해야 함을 말한 것이다. 寺人을 들어 秦仲을 찬미한 것은 진중이 또 처음으로 이 신하를 두었음을 밝힌 것이다. 살펴보면 ≪周禮≫ 〈夏官〉에는 小臣이 왕의 命令을 관장하고, 〈天官〉에는 寺人이 王后의 內人과 女宮의 戒令을 관장한다. 그렇다면 천자의 관직에는 본래 小臣을 두어 王命을 주관하니, 寺人은 왕후의 명령(內令)을 주관하고 王命은 주관하지 않는 것이다. ≪儀禮≫ 〈燕禮〉에 "小臣은 〈燕禮에〉 참여할 〈群臣에게〉 고하는 자이다."라고 하였다. 그렇다면 제후의 관직에도 小臣이 있어 〈천자와 마찬가지로〉 小臣이 응당 君命을 전달하는 것이다. 여기는 國君의 禮를 설명하는 것인데 寺人에게 命을 전하게 한다는 것은, 천자는 모든 관직을 갖추고 있어 내외의 일에 담당관직을 달리하지만, 제후는 兼官하기 때문에 〈한 관직이〉 내외의 일을 아울러 관장해서이다. ≪春秋左氏傳≫ 僖公 5년에 "晉 獻公이 寺人 披를 시켜 公子 重耳를 蒲에서 주벌하게 하였다."라고 하고, ≪춘추좌씨전≫ 昭公 10년에 "宋平公의 喪에 寺人 柳를 시켜 居喪하는 자리에 숯불을 놓아 〈땅을 따뜻하게〉 하였다."라고 하였으니, 곧 제후의 寺人이 君命을 전달한 것이니 이는 禮의 常法이다.

阪有漆하고 隰有栗이로다

산비탈엔 옻나무 있고
습지엔 밤나무 있네

【傳】 興也라 陂者曰阪이요 下濕曰隰이라

興이다. 산비탈을 阪이라고 하고, 낮아 습한 곳을 隰이라고 한다.

【箋】 箋云 興者는 喩秦仲之君臣所有 各得其宜라

箋云 : 興한 것은 秦仲의 君臣이 각각 제 자리에 있음을 비유한 것이다.

既見君子하니 竝坐鼓瑟이로다

君子 만나 보니
함께 앉아 비파타네

【傳】 又見其禮樂焉이라

또 그의 禮와 樂을 〈행하는 것을〉 본 것이다.

【箋】 箋云 既見은 既見秦仲也라 竝坐鼓瑟은 君臣以閒暇燕飮相安樂(락)也라

箋云 : '既見'은 秦仲을 만나 본 것이다. '竝坐鼓瑟'은 군주와 신하가 한가하여 잔치 열어 술 마시며 서로 즐거워한 것이다.

今者不樂(락)가 逝者其耋(질)이리라

지금 즐기지 않겠는가
떠난다면 늙은이 될 뿐

【傳】 耋은 老也니 八十曰耋이라

耋은 '늙음'이니, 80세를 耋이라고 한다.

【箋】 箋云 今者에 不於此君之朝自樂이니 謂仕焉이요 而去仕他國이면 其徒自使老니 言將後寵祿也라

箋云 : "지금 이 군주의 조정에서 스스로 즐기지 않겠는가."라고 한 것이니 〈이는 여기에서〉 벼슬할 것을 말한 것이고, "떠나 다른 나라에서 벼슬하려고 한다면 한갓 스스로 늙게 할 뿐이다."라고 한 것이니 〈이는〉 장차 총애와 爵祿에 뒤처지게 될 것임을 말한 것이다.

【疏】 '阪有'至'其耋' ○ 正義曰 : 言阪上有漆木, 隰中有栗木, 各得其宜, 以興秦仲之朝,上有賢君，下有賢臣，上下各得其宜．旣見此君子秦仲，其君臣閒暇無爲，燕飮相樂，竝坐而鼓瑟也．旣見其善政則願仕焉，我今者不於此君之朝仕而自樂，若更之他國者，其徒自使老，言將後於寵祿，無有得樂之時．美秦仲之賢，故人皆欲願仕也．

經의 〔阪有〕에서 〔其耋〕까지

○ 正義曰：산비탈 위에는 옻나무가 있고 습지에는 밤나무가 있으니 각각 마땅한 곳을 얻은 것을 말하여，秦仲의 조정에 위에는 어진 군주가 있고 아래에는 어진 신하가 있어 上下가 각각 제 자리에 있는 것을 興한 것이다. 이 君子 秦仲을 만나보니 군주와 신하가 할 일이 없어 한가하여 잔치 열어 술 마시며 서로 즐거워하며 나란히 앉아 비파를 타고 있었다. 그가 善政을 베푸는 것을 보고서 벼슬하고자 하여 "내가 지금 이 군주의 조정에서 벼슬하여 스스로 즐기지 않고 다시 다른 나라로 간다면 스스로 늙게 만들 뿐이다."라고 한 것이니，장차 寵愛와 爵祿에 뒤처지게 되어 즐거워할 때가 없게 될 것을 말한 것이다. 진중이 어질기 때문에 사람들이 모두 벼슬하고자 한 것을 찬미한 것이다.

【疏】 傳'陂者'至'曰隰' ○ 正義曰：釋地云"下濕曰隰．" 李巡曰"下濕謂土地窊(와)下，常沮洳，名爲隰也．" 又云"陂者曰阪，下者曰隰．" 李巡曰"阪者，謂高峯山陂，下者，謂下濕之地．隰，濕也．"

傳의 〔陂者〕에서 〔曰隰〕까지

○ 正義曰：≪爾雅≫ 〈釋地〉에 "낮아 습한 곳을 隰이라고 한다."라고 하였는데，李巡은 "下濕은 땅이 움푹 들어가 항상 습하기 때문에 隰이라고 한다."라고 하고，또 "산비탈을 阪이라고 하고 낮은 곳을 隰이라고 한다."라고 하였는데，李巡은 "阪은 높은 봉우리의 산비탈을 말하고，下는 낮아 습한 곳을 말한다. 隰은 濕이다."라고 하였다.

【疏】 箋'旣見'至'安樂' ○ 正義曰：由其君明臣賢，政淸事簡，故皆竝坐而觀鼓瑟．作樂(악)必飮酒，故云'燕飮相安樂'．檀弓稱"工尹商陽，止其御曰'朝不坐，燕不與(예)[1]．'" 注云"朝燕於寢，大夫坐於上，士立於下．" 彼言正法耳．秦仲君臣安樂，或士亦與焉，故作者羨之而願仕也．

1) 朝不坐 燕不與(예)：朝會할 때에 堂上에 앉을 수 없는 士는 燕禮에 참석할 수 없다는 말이니，商陽과 御者가 모두 士로서 연회에 참여할 수 없음을 설명한 것이다.

箋의 〔旣見〕에서 〔安樂〕까지

○ 正義曰 : 군주가 밝고 신하가 어질어 정사가 청렴하고 간소하였다. 그리하여 모두 나란히 앉아 비파 연주를 감상한 것이다. 음악을 연주할 때에는 반드시 술을 마신다. 그리하여 '잔치 열어 술 마시며 서로 즐거워하는 것이다.〔燕飮相安樂〕'라고 한 것이다. ≪禮記≫ 〈檀弓〉에 "楚 工尹 商陽이 자기의 御者를 멈추게 하면서 '朝會할 때에 앉지 못하는 자는 燕禮에 참여하지 못한다.' 하였다."라고 하였는데, 注에 "路寢에서 조회하고 燕禮를 할 때에 大夫는 堂上에 앉고 士는 堂下에 선다."라고 하였으니, 이는 正法을 말한 것이다. 〈그러나〉 秦仲의 군주와 신하가 편안히 즐길 때에 어쩌면 士도 여기에 참여하였을 것이다. 그리하여 지은이가 이를 부러워하여 벼슬하고자 한 것이다.

【疏】 傳'耋 老也 八十曰耋' ○ 正義曰 : '耋 老', 釋言文. 孫炎曰"耋者, 色如生鐵." 易離卦云"大耋之嗟." 注云"年踰七十." 僖九年左傳曰"伯舅[1]耋老." 服虔云"七十曰耋." 此言'八十曰耋'者, 耋有七十八十, 無正文也, 以仕者七十致事, 仕者慮己之耋, 欲得早致事, 故以爲八十也.

1) 伯舅 : 天子가 異姓의 諸侯를 부를 때의 호칭이니, 同姓인 경우는 '伯父'·'叔父'라고 한다. ≪春秋左氏傳≫ 僖公 9년의 注에 "天子가 異姓의 諸侯를 伯舅라고 부른다.〔天子謂異姓諸侯曰伯舅〕"라고 하였다.

傳의 〔耋 老也 八十曰耋〕

○ 正義曰 : '耋 老'는 ≪爾雅≫ 〈釋言〉의 글이다. 孫炎은 "耋은 피부의 色이 무쇠와 같은 것이다."라고 하였다. ≪周易≫ 離卦 九三 爻辭에 "大耋을 한탄한 것이니 〈흉하다〉."라고 하였는데, 注에 "〈耋은〉 나이가 70을 넘는 것이다."라고 하고, ≪春秋左氏傳≫ 僖公 9년에 "〈천자가 齊 桓公에게〉 伯舅는 耋老이니"라고 하였는데, 服虔은 "70세를 耋이라고 한다."라고 하였다. 그런데 여기에서 '80세를 耋이라고 한다.〔八十曰耋〕'라고 한 것은, 耋이 70인지 80인지에 대하여 분명한 글이 없다. 다만 벼슬하는 자가 70세가 되면 致事를 하는 것은 벼슬하는 자는 자기가 늙은 것을 염려하여 일찍 致事하려고 해서이다. 그래서 耋을 '80세'라고 한 것이다.

【疏】 箋'今者'至'寵祿' ○ 正義曰 : 作者羨其閒暇, 欲得自樂, 故知樂者謂仕焉, 逝訓爲往, 故知逝者謂去仕他國. 今得明君之朝, 不仕而去, 是其徒自使老, 言'將後寵祿', 謂

年歲晩莫(모), 不堪仕進, 在寵祿之後也.

箋의 〔今者〕에서 〔寵祿〕까지

○ 正義曰 : 지은이가 그들이 閒暇한 것을 부러워하여 자기도 즐기고자 하였으므로 樂이 벼슬할 것을 말한 것임을 안 것이고, 逝의 뜻은 '감'이므로 逝가 떠나 다른 나라로 가서 벼슬하는 것을 말한 것임을 안 것이다. 지금 밝은 군주의 조정에서 벼슬할 수 있는데, 벼슬하지 않고 떠나간다면 이는 한갓 스스로 늙게 만들 뿐이니, '將後寵祿'이라고 한 것은 나이가 늙어 벼슬할 수 없어 寵愛와 爵祿에 뒤처지게 됨을 말한다.

阪有桑하고 隰有楊이라 旣見君子하니 竝坐鼓簧이로다

산비탈엔 뽕나무 있고
습지엔 버드나무 있네
君子 만나보니
나란히 앉아 笙簧을 부네

【傳】 簧은 笙也라

簧은 '생황'이다.

今者不樂가 逝者其亡이리라

지금 즐기지 않겠는가
다른 나라 간다면 버려지리라

【傳】 亡은 喪棄也라

亡은 버려지는 것이다.

車鄰 三章이니 一章四句요 二章章六句라

〈車鄰〉 3章이니 1章은 4句이고 2章은 章마다 6句이다.

駟驖(사철)

【序】駟驖은 美襄公也라 始命하여 有田狩之事와 園囿之樂(락)焉이라

〈駟驖〉은 襄公을 찬미한 詩이다.

처음으로 〈諸侯로〉 명을 받아 사냥하는 일과 동산〔園囿〕의 즐거움을 누린 것이다.

【箋】始命은 命爲諸侯也니 秦始附庸也라 ○ 驖은 驪(리)馬也라 始命絶句라

'始命'은 명을 받아 諸侯가 된 것이니, 秦나라는 처음에는 附庸國이었다.

○ 驖은 털이 검은 말이다. 始命에서 句를 끊는다.

【疏】'駟驖(三章章四句)'至'樂焉' ○ 正義曰：作駟驖詩者, 美襄公也. 秦自非子以來, 世爲附庸, 未得王命, 今襄公始受王命爲諸侯, 有遊田狩獵之事, 園囿之樂焉, 故美之也. 諸侯之君, 乃得順時遊田, 治兵習武, 取禽祭廟. 附庸未成諸侯, 其禮則闕, 故今襄公始命爲諸侯, 乃得有此田狩之事, 故云'始命'也. 田狩之事, 三章皆是也.

序의 〔駟驖〕에서 〔樂焉〕까지

○ 正義曰：〈駟驖〉 詩를 지은 것은 襄公을 찬미한 것이다.

秦나라가 非子 이후로 대대로 附庸國이 되어 왕명을 받지 못하였는데, 이제 襄公이 처음으로 왕명을 받아 제후가 되어 사냥하는 일과 園囿의 즐거움을 누리게 되었다. 그리하여 찬미한 것이다. 제후인 군주라야 비로소 때에 따라 사냥 나가 군사 훈련을 하고 무예를 익히며 짐승을 잡아 종묘에 제사를 지낼 수 있다. 〈그러나〉 부용국은 제후가 되지 못하여 이 禮가 없다. 그리하여 이제 양공이 처음으로 명을 받아 제후가 되어 마침내 이 사냥하는 일을 누리게 된 것이다. 그리하여 '처음으로 〈諸侯로〉 명을 받았다.〔始命〕'라고 한 것이다. 사냥하는 일은 세 章이 모두 이것이다.

【疏】言'園囿之樂'者, 還是田狩之事, 於園於囿, 皆有此樂, 故云'園囿之樂焉'. 獵則就於囿中, 上二章, 囿中事也, 調習則在園中, 下章園中事也. 有蕃曰園, 有牆曰囿, 園・囿大同, 蕃・牆異耳. 囿者, 域養禽獸之處, 其制, 諸侯四十里, 處在於郊. 靈臺云"王在靈囿." 鄭駁異義, 引之云"三靈辟雍在郊." 明矣. 孟子對齊宣王云"臣聞郊關之內, 有囿焉, 方四十里." 是在郊也. 園者, 種菜殖果之處, 因在其內, 調習車馬, 言遊於北園, 盖近在國北. 地官載師云"以場圃任園地[1]." 明其去國近也.

1) 以場圃任園地 : 場圃의 貢賦를 정할 때에 園地의 기준을 따르는 것을 말한다. ≪周禮≫ 〈地官 載師〉의 注에 "場圃의 地力과 形勢에 따라 생산할 수 있는 것을 근거로 하여 公賦를 정한다.〔任其力勢所能生育 且以制貢賦也〕"라고 하였다.

'園囿之樂'이라는 것은 바로 사냥〔田狩〕하는 일인데, 園과 囿에 모두 이러한 즐거움이 있었기 때문에 '園囿의 즐거움〔園囿之樂〕'이라고 한 것이다. 사냥〔獵〕은 囿中에 나가 하는 것이니 앞 두 章이 囿中의 일이고, 조련하고 익히는 것은 園中에서 하는 것이니 아래 章이 園中의 일이다. 울타리가 있는 곳이 園이고 담장이 있는 곳이 囿이니, 園과 囿는 크게는 같고 울타리와 담장만이 다르다. 囿는 구역을 정하여 짐승을 기르는 곳인데, 그 제도는 제후는 40里이고 郊에 있다. 〈大雅 靈臺〉에 "王이 靈囿에 있네."라고 하였는데, 鄭玄이 ≪駁五經異義≫에서 이를 인용하여 "三靈(靈臺·靈囿·靈沼)과 辟雍은 郊에 있다."라고 하였으니, 〈郊에 있음이〉 분명하다. ≪孟子≫ 〈梁惠王〉에 孟子가 齊宣王의 〈물음에〉 "臣이 들으니 郊의 關門 안에 囿가 있는데 方 40里라고 합니다."라고 대답하였으니, 이것이 郊에 있는 것이다. 園은 채소를 기르고 과수를 심는 곳이다. 그 안에서 수레 타고 말 몰기를 조련하기 때문에 〈아래 經文에서〉 '北園에서 노닌다.〔遊於北園〕'라고 한 것이니, 園이 국도의 북쪽에 가까이 있을 것이다. ≪周禮≫ 〈地官 載師〉에 "場圃〈의 貢賦〉는 園地를 따른다."라고 하였으니, 분명 國都와 거리가 가깝다.

【疏】 箋'始命'至'附庸' ○ 正義曰 : 本紀云"平王封襄公爲諸侯, 賜之岐西之地." 然則始命之爲諸侯, 謂平王之世. 又解言'始命'之意, 秦始爲附庸, 謂非子, 至於襄公·莊公, 常爲附庸, 今始得命, 故言'始'也. 本或秦下有仲, 衍字.

箋의 〔始命〕에서 〔附庸〕까지

○ 正義曰 : ≪史記≫ 〈秦本紀〉에 "平王이 襄公을 봉하여 제후로 삼고, 岐山의 西쪽 땅을 하사하였다."라고 하였다. 그렇다면 처음 명하여 제후로 삼은 것은 평왕 때임을 말한다. 또 '始命'이라고 한 뜻을 풀이하였으니, 秦나라가 처음 附庸國이 된 것은 非子 때를 이르는데, 양공과 莊公 때까지 그대로 부용국이었다가 지금 비로소 왕명을 받았다. 그리하여 '始'라고 한 것이다. 秦始爲附庸의 秦字 아래에 仲字가 있는 本도 있는데, 이는 衍字이다.

駟驖孔阜하니 **六轡**(비)**在手**로다

네 마리 큰 검정말

여섯 고삐 잡고만 있네

【傳】 驖은 驪(리)요 阜는 大也라

驖은 검은 말이고, 阜는 '큼'이다.

【箋】 箋云 四馬六轡니 六轡在手는 言馬之良也라

箋云 : 네 마리 말에 여섯 고삐이니, '六轡在手'라는 것은 '좋은 말'임을 말한다.

公之媚子여 **從公于狩**로다

公이 親愛하는 그대

公 따라가 사냥하네

【傳】 能以道로 媚於上下者[1]라 冬獵曰狩라

1) 能以道 媚於上下者 : 아래 箋과 疏에서는 '媚子'에 대하여 '公과 臣下가 서로 친애하도록 해주는 사람'이라고 해석하고 있다. 그러나 이 傳의 문맥은 '위나 아래의 친애함을 받는 사람'으로 해석하는 것이 보다 합당하고, 朱子도 그렇게 해석하고 있다. 따라서 箋과 疏와 달리 經文과 傳을 풀이하였다.

〈'媚子'는〉 올바른 道로 위와 아래의 親愛를 받는 자이다. 겨울 사냥을 '狩'라고 한다.

【箋】 箋云 媚於上下는 謂使君臣和合也라 此人從公往狩는 言襄公親賢也라

箋云 : '媚於上下'는 군주와 신하가 〈서로〉 화합하게 함을 말한다. 이 사람이 公을 따라가서 사냥한 것은 襄公이 어진 이를 친애함을 말한다.

【疏】 '駟驖'至'于狩' ○ 正義曰 : 言襄公乘一乘駟驖色之馬, 甚肥大也. 馬旣肥大而又良善, 御人執其六轡在手而已, 不須控制之也, 公乘此良馬, 與賢人共獵. 公之臣有能媚於上下之子, 從公而往田狩, 公又能親賢如是, 故國人美之.

經의 〔駟驖〕에서 〔于狩〕까지

○ 正義曰 : 襄公이 타고 있는 수레의 네 마리 검정색 말이 매우 살지고 컸다. 말이 살지고 큰데 또 길이 잘 들어 마부가 여섯 고삐를 손에 쥐고 있을 뿐 따로 제어 할 필요가 없었다. 양공이 이처럼 좋은 말을 타고 어진 신하와 함께 사냥한 것이다. 襄公의 신하 중에 위와 아래의 親愛를 받을 수 있는 이가 있는데, 〈이가〉 公을 따라가 사냥한 것이니, 양공이 또 어진 신하를 친애함이 이와 같았다. 그리하여 백성들이 찬미한 것이다.

【疏】 傳'驖驪阜大' ○ 正義曰 : 檀弓云"夏后氏尚黑, 戎事乘驪." 則驪, 黑色. 驖者, 言其色黑如驖, 故爲驪也. 說馬之壯大, 而云'孔阜', 故知阜爲大也.

傳의 〔驖驪阜大〕

○ 正義曰 : ≪禮記≫ 〈檀弓〉에 "夏后氏는 흑색을 숭상하여 軍事에는 검은 말을 탔다."라고 하였으니, 그렇다면 驪는 흑색이다. 驖은 〈털의〉 검은색이 구렁마〔驖〕와 같음을 말한다. 그리하여 '驪'라고 한 것이다. 말의 壯大함을 설명하면서 '孔阜'라고 하였다. 그리하여 阜가 '大'의 뜻임을 안 것이다.

【疏】 箋'四馬'至'之良' ○ 正義曰 : 每馬有二轡, 四馬當八轡矣, 諸文皆言'六轡'者, 以驂馬內轡, 納之於觖(軜), 故在手者唯六轡耳. 聘禮云"賓覿(적), 總乘馬." 注云"總八轡牽之贊者." 謂步牽馬, 故八轡皆在手也. 大叔于田言"六轡如手." 謂馬之進退, 如御者之手, 故爲御之良, 此言'六轡在手', 謂在手而已, 不假控制, 故爲'馬之良'也.

箋의 〔四馬〕에서 〔之良〕까지

○ 正義曰 : 말마다 두개의 고삐가 있으니, 四馬이면 당연히 八轡이다. 그런데 여러 글에서 모두 '六轡'라고 한 것은, 驂馬의 안쪽 고삐는 수레의 軾에 있는 고리〔觖〕에 끼워 묶는다. 그리하여 〈마부의〉 손에 잡고 있는 것은 六轡일 뿐이기 때문이다. ≪儀禮≫ 〈聘禮〉에 "賓이 〈사사로이 君에게〉 覿禮를 행할 때에는 〈두 명의 贊者가〉 4필의 말을 여덟 가닥〔總〕의 〈고삐로 끈다.〉"라고 하였는데, 注에 "총 8가닥의 고삐로 끄는 자는 〈賓을〉 돕는 자이다."라고 하였으니, 〈이는〉 걸으면서 말을 끄는 것을 말한다. 그리하여 8개의 고삐가 모두 손에 있는 것이다. 〈鄭風 大叔于田〉에서 "여섯 고삐가 마부의 손놀림대로 움직이네〔六轡如手〕"라고 한 것은, 말이 나아가고 멈추기를

마부의 손놀림대로 하는 것을 말한다. 그리하여 '훌륭한 마부〔御之良〕'가 되는 것이고, 여기에서 '六轡在手'라고 한 것은 〈여섯 고삐를〉 손에 잡고 있을 뿐 따로 제어할 필요가 없음을 말한다. 그리하여 '훌륭한 말〔馬之良〕'이 되는 것이다.

【疏】 傳'能以'至'曰狩' ○ 正義曰：媚訓愛也. 能使君愛臣, 令上媚下, 又使臣愛君, 令下媚上, 能以己道愛於上下, 故箋申之云'謂使君臣上下和合.' 言此一人之身, 能使他人上下和合也. 卷阿云"媚于天子." "媚於庶人." 謂吉士之身, 媚上媚下. 知此亦不是己身能上媚下媚者, 以其特言'公之媚子 從公于狩', 明是大賢之人, 能和合他人, 使之相愛, 非徒己身能愛人而已. 文王四友"予曰有疏附." 能使疏者親附, 是其和合他人, 則其爲賢也. 謂之'媚子'者, 王肅云"卿大夫稱子." '冬獵曰狩' 釋(言)〔天〕[1]文.

1) (言)〔天〕: 저본의 교감기에 따라 '天'으로 번역하였다.

傳의 〔能以〕에서 〔曰狩〕까지

○ 正義曰：媚의 뜻은 친애함이다. 군주로 하여금 신하를 친애하게 한 것이 위에게 아래를 친애하게 하는 것이고, 또 신하로 하여금 군주를 친애하게 하는 것이 아래에게 위를 친애하게 하는 것이니, 〈이것이〉 자기의 올바른 道로 上下의 친애를 받는 것이다. 그리하여 箋에 더하여 '군주와 신하 상하가 〈서로〉 화합하게 한 것을 말한다.'라고 하였으니, 이 한 사람 자신이 다른 사람으로 하여금 상하 간에 〈서로〉 화합하게 한 것을 말한 것이다. 〈大雅 卷阿〉에 "천자를 친애하게 하네〔媚于天子〕"라고 하고, "백성을 친애하게 하네.〔媚於庶人〕"라고 하였는데, 이는 吉士 자신이 위로 〈임금을〉 친애하게 하고 아래로 〈백성을〉 친애하게 하는 것을 말한다. 여기 또한 자기 자신이 위로 친애하고 아래로 친애하는 것이 아님을 안 것은, 〈經文에서〉 특별히 "公이 친애하는 그대 公 따라가 사냥하네.〔公之媚子 從公于狩〕"라고 하였으니, 분명 매우 훌륭한 이는 타인을 和合하게 하여 서로 친애하게 할 수 있는 것이지, 자기 자신만이 남을 친애할 수 있는 것이 아니기 때문이다. 〈大雅 緜〉의 文王 四友〈를 이야기한 經文 중에〉 "아랫사람을 거느려 친애하게 하는 신하 있었네.〔予曰有疏附〕"라고 하였는데, 이는 疏遠한 자에게 친애하여 따르게 하는 것이니 바로 타인을 화합하게 함이니 그가 賢者이다. '媚子'라고 한 것에 대하여 王肅은 "卿大夫를 '子'라고 한 것이다."라고 하였다. '冬獵曰狩'는 ≪爾雅≫ 〈釋天〉의 글이다.

奉時辰牡(모)하니 **辰牡孔碩**이로다

제철 숫짐승 몰아오니
참으로 크기도 하네

【傳】 時는 是요 辰은 時也라 冬獻狼하고 夏獻麋하고 春秋獻鹿豕群獸라

時는 '이'이고, 辰은 '때'이다. 겨울에는 승냥이〔狼〕를 바치고, 여름에는 큰사슴〔麋〕을 바치며, 봄과 가을에는 사슴과 돼지 등의 여러 짐승을 바친다.

【箋】 箋云 奉是時牡者는 謂虞人也요 時牡甚肥大는 言禽獸得其所라

箋云 : 이 제철의 숫짐승을 몰아오는 이는 虞人을 말하고, 제철의 숫짐승이 매우 살지고 크다는 것은 짐승이 제 살 곳에서 잘 자랐음을 말한다.

公曰左之하라더니 **舍拔則獲**이로다

公 왼쪽으로 몰라 하더니
쏘는 살마다 명중하네

【傳】 拔은 矢末也라

拔은 화살의 오늬이다.

【箋】 箋云 左之者는 從禽之左射(석)之也라 拔은 括也라 舍拔則獲은 言公善射(사)라

箋云 : '左之'는 짐승의 왼쪽에서 맞추는 것이다. 拔은 '오늬'이다. '舍拔則獲'은 公이 활을 잘 쏘는 것을 말한다.

【疏】 '奉時'至'則獲' ○ 正義曰 : 言襄公田獵之時, 虞人, 奉是時節之牡獸, 謂驅以待公射之. 此時節之牡獸, 甚肥大矣, 公戒御者曰'從左而逐之.' 公乃親自射之, 舍放矢括, 則獲得其獸, 言公之善射.

經의 〔奉時〕에서 〔則獲〕까지

○ 正義曰 : 襄公이 사냥할 적에 虞人이 제철의 숫짐승을 몰아 온 것이니, 짐승을 몰

아 公이 활을 쏘도록 대비한 것을 말한다. 이 철의 숫짐승이 매우 살지고 컸는데, 公이 마부에게 타일러 '왼쪽에서 몰아라.'라고 하고, 公이 직접 활을 쏘아 화살의 오늬를 놓기만 하면 바로 짐승을 잡은 것이니, 公이 활을 잘 쏘는 것을 말한다.

【疏】 傳'時是'至'群獸' ○ 正義曰：'時是', 釋詁文. 釋訓云"不辰, 不時也." 是辰爲時也. '冬獻狼'以下, 皆天官獸人文, 所異者, 彼言'獸物', 此言'群獸'耳. 彼注云"狼膏聚, 麋膏散, 聚則溫, 散則涼, 以救時之苦也[1]. 獸物, 凡獸皆可獻, 及狐貍也." 然則獸之供食, 各有時節, 故謂之'時牡'.

1) 狼膏聚……以救時之苦也：계절에 따라 사냥하여 바치는 짐승이 다름을 설명한 것이다. 봄과 가을은 기온이 알맞기 때문에 모든 짐승의 고기를 다 올리지만, 날씨가 추운 겨울에는 기름이 엉겨서 따뜻한 이리 고기를 올려서 추위를 녹이고, 날씨가 더운 여름에는 기름이 엉기지 않는 큰사슴의 고기를 올려서 더위를 이기도록 한다는 것이다. 賈公彦은 疏에서 "이리는 산에서 사는 짐승〔山獸〕으로 산은 氣가 뭉친 곳이다. 그리하여 이리의 기름이 엉겨서 따뜻하므로 겨울에 바치고, 큰사슴은 늪지대에서 사는 짐승〔澤獸〕으로 늪은 氣가 흩어지는 곳이다. 그리하여 큰사슴의 기름은 풀어져서 시원하므로 여름에 바친다.〔狼山獸 山是聚 故狼膏聚 聚則溫 故冬獻之 麋是澤獸 澤主銷散 故麋膏散 散則涼 故夏獻之〕"라고 하였다.(≪周禮≫ 〈天官 獸人〉)

傳의 〔時是〕에서 〔群獸〕까지

○ 正義曰：'時 是'는 ≪爾雅≫ 〈釋詁〉의 글이다. ≪이아≫ 〈釋訓〉에 "不辰은 알맞은 때가 아니다."라고 하였으니, 이것이 辰이 時인 것이다. '冬獻狼' 이하의 글은 모두 ≪周禮≫ 〈天官 獸人〉의 글이다. 〈다만〉 다른 부분은 〈천관 수인〉에서는 '獸物'이라고 하고, 여기에서는 '群獸'라고 한 것뿐이다. 〈천관 수인〉의 注에 "이리의 기름은 엉기고 암사슴의 기름은 풀어지니, 엉기면 따뜻하고 풀어지면 서늘하므로 이것으로 계절의 괴로움을 구제하는 것이다. '獸物'은 바칠 수 있는 모든 짐승이니 여우와 살쾡이에까지 이른다."라고 하였다. 그러고 보면 짐승을 군주의 음식으로 제공함에 각각 제철이 있는 것이다. 그리하여 '제철의 숫 짐승〔時牡〕'이라고 한 것이다.

【疏】 箋'奉是'至'其所' ○ 正義曰：地官山虞云"若大田獵, 則萊山田之野, 及弊田, 植(치)虞旗于中, 以致禽." 然則田獵, 是虞人所掌, 必是虞人驅禽, 故知'奉是時牡', 謂虞人也. 案獸人所獻之獸以供膳, 傳引獸人所獻, 以證虞人奉之者, 以下句言'舍拔則獲', 此是獵

時之事, 故知是虞人奉之也. 獸人獻時節之獸以供膳, 故虞人亦驅時節之獸以待射, 虞人無奉獸之文, 故引獸人之文, 以解'時牡'耳.

箋의 〔奉是〕에서 〔其所〕까지

○ 正義曰 : ≪周禮≫ 〈地官 山虞〉에 "〈천자가〉 대규모 사냥을 하면 〈虞人이〉 山田의 들판 초목을 베어내고, 사냥이 끝나면 〈들판〉 가운데에 虞旗를 세워 잡은 짐승을 모은다."라고 하였다. 그렇다면 사냥은 바로 虞人이 관장하는 것이니, 반드시 虞人이 짐승을 몰아오는 것이다. 그리하여 '제철의 숫 짐승을 몰아온 자〔奉是時牡〕'가 虞人을 말한 것임을 안 것이다. 살펴보면 獸人이 바친 짐승을 〈군주의〉 음식에 제공하기 때문에 傳에서는 獸人이 바치는 것을 인용하였다. 그런데 〈箋에서 이것으로〉 虞人이 몰아오는 것임을 증명한 것은, 아래 句에서 '쏘는 살마다 명중하네〔舍拔則獲〕'라고 하였으니 이는 바로 사냥하는 때의 일이다. 그리하여 虞人이 몰아오는 것임을 안 것이다. 獸人이 제철의 짐승을 바쳐 〈군주의〉 음식에 제공한다. 그리하여 虞人도 제철의 짐승을 몰아 〈군주가〉 활을 쏘도록 대비하는 것이다. 〈다만〉 虞人이 짐승을 몰아오는 것에 대한 글은 없다. 그리하여 〈天官 獸人〉의 글을 인용하여 '時牡'를 풀이한 것이다.

【疏】 傳'拔 矢末' ○ 正義曰 : 言'舍拔則獲', 是放矢得獸, 故以拔爲'矢末', 以鏃爲首, 故拔爲末.

傳의 〔拔 矢末〕

○ 正義曰 : '舍拔則獲'이라는 것은 활을 쏘아 짐승을 잡는 것이다. 그리하여 拔을 '화살의 오늬이다.〔矢末〕'라고 한 것이니, 화살촉〔鏃〕을 앞〔首〕으로 여겼기 때문에 拔을 뒤쪽 끝〔末〕으로 여긴 것이다.

【疏】 箋'左之'至'善射' ○ 正義曰 : 王制云"佐車止則百姓田獵." 注云"佐車, 驅逆之車." 得不以'從左驅禽', 謂之佐車者. 彼驅逆之車, 依周禮田僕所設, 非君所乘, 此'公曰左之', 是公命御者, 從禽之左逐之, 欲從禽之左而射之也, 此是君所乘田車, 非彼驅逆之車也. 逐禽由左, 禮之常法, 必言'公曰左之'者, 公見獸, 乃命逐之, 故言'公曰'. 傳以拔爲'矢末', 不辯爲拔之處, 故申之云'拔 括也'. 家語, 孔子與子路論矢之事云"括而羽之, 鏃而礪之, 其入之不益深乎." 是謂'矢末'爲括也. 旣言'公曰', 則是公自舍之, 故云'公善射'也.

箋의 〔左之〕에서 〔善射〕까지

○ 正義曰：≪禮記≫ 〈王制〉에 "〈대부의〉 佐車가 멈추면 백성이 사냥을 한다."라고 하고, 注에 "佐車는 짐승을 맞은편에서 몰아가는 수레이다."라고 하였으니, '왼쪽으로 짐승을 모는 수레'를 '佐車'라고 하지 않을 수 있겠는가. 이 짐승을 맞은편에서 몰아가는 수레〔佐車〕는, ≪周禮≫ 〈夏官 田僕〉의 田僕이 수레를 설치하는 것임을 근거해 보면 君이 타는 것이 아니다. 〈이와 반대로〉 여기의 '公曰左之'는 公이 御者에게 짐승의 왼쪽으로 몰도록 命한 것이니, 짐승의 왼쪽에서 쏘고자 한 것이다. 〈그러니〉 이는 君이 타고 사냥하는 수레이지, 짐승을 맞은편에서 몰아가는 수레가 아니다. 짐승을 왼쪽으로 모는 것은 사냥하는 禮의 당연한 법이다. 그런데 반드시 '公曰左之'라고 한 것은 公이 짐승을 보고서 명하여 쫓게 한 것이다. 그리하여 '公曰'이라고 한 것이다. 傳은 拔을 '矢末'이라고만 하고 拔이 어느 부분인지를 분변하지 않았다. 그리하여 이를 밝혀 '拔은 오늬이다.〔拔 括也〕'라고 한 것이다. ≪孔子家語≫에 孔子가 子路와 화살을 논하면서 "화살의 오늬〔括〕에 깃털을 붙이고, 〈앞에〉 촉을 부착하여 날카롭게 간다면 더욱 깊이 박히지 않겠는가."라고 하였으니, 이것이 바로 '矢末'이 오늬임을 말한 것이다. '公曰'이라고 하였으니 그렇다면 이는 公이 스스로 쏘는 것이다. 그리하여 '公이 활을 잘 쏘는 것이다.〔公善射〕'라고 한 것이다.

遊于北園에 **四馬旣閑**이요

북쪽 園에서 사냥연습 할 때에
네 필 말 잘 길들여 있었고

【傳】 閑은 習也라

閑은 '길들임'이다.

【箋】 箋云 公所以田則克獲者는 乃遊于北園之時니 時則已習其四種之馬라

箋云：公이 사냥을 하면 잘 잡은 것은 바로 北園에서 사냥〈연습〉 할 때이니, 이때에는 네 種의 말이 잘 숙련되어 있었던 것이다.

輶(유)**車鸞鑣**(난표)요 **載獫歇**(험헐)**驕**러라

가벼운 수레에 방울 단 재갈

사냥개들 잘 훈련되었었네

【傳】 輶는 輕也라 獫歇驕는 田犬也니 長喙曰獫이요 短喙曰歇驕라

輶는 '가벼움'이다. '獫'과 '歇驕'는 사냥개이니, 주둥이가 긴 놈을 獫이라고 하고, 주둥이가 짧은 놈을 歇驕라고 한다.

【箋】 箋云 輕車는 驅逆之車也니 置鸞於鑣 異於乘車也라 載는 始也니 始田犬者는 謂達其搏噬(서) 始成之也라 此皆遊於北園時所爲也라

箋云：輕車는 짐승을 맞은편에서 몰아오는 수레이니, 재갈에 방울을 단 것이 乘車와 다르다. 載는 '처음'이니, '始田犬'은 〈개들이〉 사냥 방법을 잘 아는 것이 이전에 완성된 것임을 말한다. 이는 모두 北園에서 사냥〈연습〉 할 때에 한 일이다.

【疏】 '遊于'至'歇驕' ○ 正義曰：此則倒本未獵之前, 調習車馬之事, 言公遊于北園之時, 四種之馬, 旣已閑習之矣. 於是之時, 調試輕車, 置鸞於鑣, 以試之, 旣調和矣, 又始試習獫與歇驕之犬, 皆曉達搏噬之事, 遊于北園, 已試調習, 故今狩於囿中, 多所獲得也.

經의 〔遊于〕에서 〔歇驕〕까지

○ 正義曰：이는 본래 사냥하기 전에 수레와 말을 훈련시킨 일로 되돌아가, 公이 北園에서 사냥〈연습〉 할 때에 4種의 말이 잘 길들여진 것을 말한 것이다. 이때에 輕車와 잘 조화를 이루는지 시험해보고, 말의 재갈 〈양쪽〉에 방울을 달아 시험해보니 조화를 잘 이루었다. 또 비로소 獫과 歇驕의 사냥개가 잘 익히고 있는지 시험해보니 모두 덮치고 물어 잡는 기술을 숙달하고 있었으니, 이는 北園에서 사냥〈연습〉 할 때에 이미 잘 숙달된 것이다. 그리하여 지금 囿中에서 사냥할 때에 많이 잡은 것이다.

【疏】 傳'閑習' ○ 正義曰：釋詁文.

傳의 〔閑 習〕

○ 正義曰：≪爾雅≫ 〈釋詁〉의 글이다.

【疏】 箋'公所'至'之馬' ○ 正義曰：夏官校人, 辨六馬之屬, 種馬・戎馬・齊馬・道馬・田馬・駑馬, 天子馬六種, 諸侯四種. 鄭以隆殺(쇄)差之, 諸侯之馬, 無種・戎也. 此說

獵事, 止應調習田馬而已, 而云'四種之馬, 皆調之'者, 以其田獵所以敎戰, 諸馬皆須調習, 故作者因田馬調和, 廣言四種皆習也.

箋의 〔公所〕에서 〔之馬〕까지

○ 正義曰 : ≪周禮≫ 〈夏官 校人〉에 六馬의 종류를 구별하였으니 種馬・戎馬・齊馬・道馬・田馬・駑馬로, 천자는 말이 6種이고 제후는 4種이다. 鄭玄은 〈지위의 高下로〉 늘리고 줄여 차등을 두어 제후의 말에는 種馬와 戎馬가 없는 것으로 여긴 것이다. 여기는 사냥하는 일을 설명한 것이니 田馬만 숙달시키면 되는데, '四種의 말을 모두 조련시킨다.'라고 한 것은 사냥을 하는 것이 전투기술을 가르치기 위한 것이기 때문에 모든 말을 다 숙달시켜야 한다. 그리하여 作者가 田馬가 길든 것을 가지고 확장해서 4種의 〈말이〉 모두 숙달되었다고 한 것이다.

【疏】傳'輶輕'至'歇驕' ○ 正義曰 : '輶 輕', 釋言文. 此說獵事, 故知獫與歇驕皆田犬, 非守犬也, 故辨之. '長喙獫 短喙歇驕', 釋畜文, 李巡曰"分別犬喙長短之名."

傳의 〔輶輕〕에서 〔歇驕〕까지

○ 正義曰 : '輶 輕'은 ≪爾雅≫ 〈釋言〉의 글이다. 여기는 사냥하는 일을 말한 것이므로 獫과 歇驕가 모두 사냥개이고 집 지키는 개가 아님을 안 것이다. 그리하여 이를 구별한 것이다. '長喙獫 短喙歇驕'는 ≪이아≫ 〈釋畜〉의 글인데, 李巡은 "개의 주둥이가 길고 짧음을 분별하여 부르는 것이다."라고 하였다.

【疏】箋'輕車'至'所爲' ○ 正義曰 : 夏官田僕"掌設驅逆之車." 注云"驅, 驅禽使前趨獲, 逆, 御還之, 使不出圍." 然則田僕掌田而設驅逆之車, 故知輕車卽驅逆之車也. 若君所乘者, 則謂之田車, 不宜以輶輕爲名, 且下句說犬, 明是車驅之, 而犬獲之, 故知是驅逆之車, 非君車也. 冬官考工記云"乘車之輪, 崇六尺有六寸." 注云"乘車, 玉路・金路・象路也." 言'置鸞於鑣 異於乘車', 謂異於彼玉・金・象也. 夏官大馭 及玉藻・經解之注, 皆云"鸞在衡, 和在軾." 謂乘車之鸞也, 此云'鸞鑣', 則鸞在於鑣, 故異於乘車也.

箋의 〔輕車〕에서 〔所爲〕까지

○ 正義曰 : ≪周禮≫ 〈夏官 田僕〉에 "〈田僕은 짐승을〉 맞은편에서 몰아〔驅逆〕가는 수레를 설치하는 것을 관장한다."라고 하였는데, 注에 "驅는 짐승을 몰아 앞의 잡는 곳으로 가게 하는 것이고, 逆은 〈도망 나온〉 놈을 다시 몰아서 포위를 벗어나지 못하

게 하는 것이다."라고 하였다. 그렇다면 田僕이 사냥을 관장하여 짐승을 驅逆하는 수레를 설치하므로 輕車가 곧 짐승을 驅逆하는 수레임을 안 것이다. 만약 君이 타는 수레라면 田車라고 말하니 輶車나 輕車로 이름 붙이는 것은 마땅하지 않다. 또 下句에서 개를 설명하였으니, 분명 이 수레로 짐승을 몰아 사냥개가 잡는 것이다. 그리하여 이것이 짐승을 驅逆하는 수레이지 君이 타는 수레가 아님을 안 것이다. ≪周禮≫ 〈冬官 考工記〉에 "乘車의 바퀴는 높이가 6尺 6寸이다."라고 하였는데, 注에 "乘車는 玉路·金路·象路이다."라고 하였으니, '재갈에 방울을 단 것이 乘車와 다르다.〔置鸞於鑣 異於乘車〕'라고 한 것은 위의 玉路·金路·象路와 다름을 말한 것이다. ≪周禮≫ 〈夏官 大馭〉와 ≪禮記≫ 〈玉藻〉 및 〈經解〉 注에서 모두 "鸞 방울은 멍에〔衡〕에 있고 和 방울은 수레 앞턱 가로나무〔軾〕에 있다."라고 하였으니, 〈이 鸞은〉 乘車의 방울을 말하고, 여기에서 말한 '鸞鑣'는 방울이 재갈에 달려있는 것이다. 그리하여 乘車와 다른 것이다.

【疏】 鸞·和所在, 經無正文, 經解注, 引韓詩內傳曰"鸞在衡 和在軾." 又大戴禮保傅(부)篇文, 與韓詩說同, 故鄭依用之. 蓼蕭傳曰"在軾曰和, 在鑣曰鸞." 箋不易之, 異義(戴)〔載〕[1] 禮戴毛氏二說, 謹案云"經無明文, 且殷·周或異." 故鄭亦不駁. 商頌烈祖箋云"鸞在鑣." 以無明文, 且殷·周或異, 故鄭爲兩解. 釋詁云"哉, 始也." 哉·載義同, 故亦爲始.

1) (戴)〔載〕: 저본의 교감기에 따라 '載'로 번역하였다.

鸞과 和가 달려있는 곳에 대하여는 經文에 분명한 글이 없다. 〈鄭玄이〉 ≪禮記≫ 〈經解〉를 注하면서 ≪韓詩內傳≫에서 "鸞은 衡에 있고 和는 軾에 있다."라고 한 것을 인용하였는데, 또 ≪大戴禮≫ 〈保傅篇〉의 글이 ≪韓詩≫에서 말한 것과 같다. 그리하여 정현이 이를 의거하여 설명한 것이다. 〈小雅 蓼蕭〉의 傳에 "軾에 있는 것을 和라고 하고, 鑣에 있는 것을 鸞이라고 한다."라고 하였는데, 箋에서 이를 바꾸어 말하지 않았다. 〈許愼이〉 ≪五經異義≫에서 ≪대대례≫와 毛亨의 두 說을 거론하고서, 삼가 살펴보니 "經文에 분명한 글이 없고, 또 殷나라와 周나라의 제도가 다를 것이다."라고 하였다. 그리하여 정현 역시 〈許愼의 說을〉 논박하지 않은 것이다. 그러나 〈商頌 烈祖〉의 箋에서는 "鸞이 재갈에 있는 것이다."라고 하였는데, 〈이것도〉 분명한 글이 없고 또 殷나라와 周나라의 제도가 다르기 때문에 정현이 두 가지로 풀이한 것이다. ≪爾雅≫ 〈釋詁〉에 "哉는 '비로소'이다."라고 하였으니, 哉와 載는 뜻이 같다. 그리하여 또한 '始'라고 한 것이다.

【疏】釋訓云"暴虎, 徒搏也." 則搏者, 殺獸之名. 哀十二年左傳曰"國狗之(瘈)〔瘈(계)〕[1], 無不噬也." 則噬謂瘈也. 此小犬初成, 始解搏噬, 故云'始成之也'. 章首云'遊于北園', 知此遊北園時習也.

1) (瘈)〔瘈(계)〕: 저본의 교감기에 따라 '瘈'로 번역하였다.

≪爾雅≫ 〈釋訓〉에 "暴虎는 〈호랑이를〉 맨손으로 잡는 것이다.〔徒搏也〕"라고 하였으니, 搏은 짐승을 죽이는 명칭이다. ≪春秋左氏傳≫ 哀公 12년에 "나라의 개가 미치면 물리지 않는 사람이 없다."라고 하였으니, 噬는 '물다'이다. 이 〈詩〉는 어린 개가 다 자라서 비로소 사냥하는 방법을 숙달한 것이다. 그리하여 '비로소 완성된 것이다.〔始成之〕'라고 한 것이다. 章의 첫 머리에서 '遊于北園'이라고 하였으니, 이것이 北園에서 사냥〈연습〉 할 때에 익힌 것임을 안 것이다.

駟驖 三章이니 **章四句**라

〈駟驖〉 3章이니 章마다 4句이다.

小戎(소융)

【序】**小戎**은 **美襄公也**라 **備其兵甲**하여 **以討西戎**이러니 **西戎方彊**하여 **而征伐不休**로되 **國人則矜其車甲**하고 **婦人能閔其君子焉**이라

〈小戎〉은 秦 襄公을 찬미한 詩이다.

〈양공이〉 병기와 갑옷을 갖추어 西戎을 정벌하였는데, 서융이 한창 强盛하여 정벌이 그치지 않았지만 백성들은 자기의 수레와 갑옷이 훌륭함을 자부하고 婦人들은 남편을 걱정한 것이다.

【箋】**矜**은 **夸大也**라 **國人夸大其車甲之盛**은 **有樂之意也**요 **婦人閔其君子**는 **恩義之至也**라 **作者敍外內之志**하여 **所以美君政教之功**이라 ○ **小戎**은 **王云 駕兩馬者**라

矜은 '과시함'이다. 백성들이 수레와 병기가 훌륭함을 과시한 것은 즐거운 마음이

있어서이고, 婦人이 자기의 남편을 걱정한 것은 恩義가 지극해서이다. 作者가 夫婦의 생각을 서술하여 政教를 잘한 君主의 功을 찬미한 것이다.

○ '小戎'에 대해 王肅은 "두 마리의 말이 끄는 수레이다."라고 하였다.

【疏】'小戎(三章章十句)'至'君子' ○ 正義曰：作小戎詩者, 美襄公也. 襄公能備具其兵甲, 以征討西方之戎. 於是之時, 西戎方漸强盛, 而襄公征伐不休, 國人應苦其勞, 婦人應多怨曠, 襄公能說(세)以使之, 國人忘其軍旅之苦, 則矜夸其車甲之盛, 婦人無怨曠之志, 則能閔念其君子, 皆襄公使之得所, 故序外內之情以美之. 三章皆上六句, 是矜其車甲, 下四句, 是閔其君子.

序의 〔小戎〕에서 〔君子〕까지

○ 正義曰：〈小戎〉 詩를 지은 것은 襄公을 찬미한 것이다.

襄公이 병기를 잘 갖추어 西方의 戎을 정벌하였다. 이때에 西戎이 점점 강성하여 양공이 정벌을 그치지 않으니, 백성들은 당연히 노고를 괴로워하고 부인들은 홀로 남게 된 것을 크게 원망하기 마련이다. 그런데 양공이 잘 설득하여 〈병역을〉 시키자 백성들은 전쟁의 고통을 잊고 자기의 수레와 병기가 훌륭함을 자부하고, 부인들은 홀로 남게 된 것을 원망하는 마음이 없어져 자기의 남편을 걱정하였으니, 모두 양공이 제자리를 얻게 하였기 때문이다. 그리하여 夫婦의 심정을 서술하여 찬미한 것이다. 세 章 모두 위 6句는 '車甲'을 과시한 것이고, 아래 4句는 자기의 남편을 걱정한 것이다.

【疏】箋'矜 夸大' ○ 正義曰：僖九年公羊傳曰"葵丘之會, 桓公震而矜之, 叛者九國. 矜者何, 猶曰莫若我也." 班固云"矜夸官室[1]." 是矜爲夸大之義也.

1) 矜夸官室：班固가 〈兩都賦〉의 〈西都賦〉에서, 西都의 賓客이 漢 高祖가 애초에 東都(洛陽)에 도읍하려다가 西都(長安)로 변경한 사유를 말하자, 〈東都賦〉에서 東都의 주인이 漢 高祖가 공덕이 높아 그곳에 도읍한 것인데 후대의 過誤만 보고서 하는 말이니, 이는 '官室을 誇示하고〔矜夸官室〕 영토를 넓힌 秦나라 君主만 알고 한 말이다.'라고 꾸짖는 말에 나온다.(≪文選≫)

箋의 〔矜 夸大〕

○ 正義曰：≪春秋公羊傳≫ 僖公 9년에 "葵丘의 會盟에서 齊 桓公이 교만하여 자신을 과시〔震而矜〕하였는데, 〈천자의 命을〉 배반한 나라가 아홉 나라였다. '矜'은 무엇인

가. 나만한 이가 없다고 한 것과 같다."라고 하고, 班固가 "官室을 과시하고〔矜夸官室〕"라고 하였으니, 바로 矜이 夸大의 뜻이 되는 것이다.

小戎俴(천)收요 五楘(목)梁輈(주)로다

뒤턱 낮은 전투용 수레
굽은 끌채 다섯 곳 알록달록 묶었네

【傳】 小戎은 兵車也라 俴은 淺이요 收는 軫也라 五는 五束也요 楘은 歷錄也요 梁輈는 輈上句衡也니 一輈五束하여 束有歷錄이라

小戎은 兵車이다. 俴은 '낮음'이고, 收는 수레 상자 앞과 뒤턱에 가로로 댄 나무〔軫〕이다. 五는 다섯 곳을 묶은 것이고, 楘은 문채 나는 모습이며, 梁輈는 수레의 끌채가 위로 올라가면서 굽어 멍에에 연결된 것이니, 하나의 끌채에 다섯 곳을 〈가죽 끈으로〉 묶어, 묶는 곳 마다 알록달록한 것이다.

小戎(≪五經圖彙≫)

【箋】 箋云 此群臣之兵車라 故曰 小戎이라 ○ 收는 如字라 楘은 本又作(楘革)〔鞪(목)〕[1]하니 歷錄也니 曲輈上束也라 歷錄은 一本作歷祿이라

1) (楘革)〔鞪(목)〕: 저본의 교감기에 따라 '鞪'으로 번역하였다.

箋云 : 이는 신하들이 타는 兵車이다. 그리하여 小戎이라고 한 것이다.

○ 收는 本音대로 읽는다. 楘은 鞪으로 된 본도 있는데 알록달록한 것이니, 굽은 끌채 위를 묶은 것이다. 歷錄은 '歷祿'으로 되어 있는 본도 있다.

游環脅驅[1)]며 **陰靷鋈**(옥)**續**이며

1) 游環脅驅 : 游環은 가죽고리이다. 두 服馬의 등 위에 닿게 하여 앞뒤로 옮겨 다니고 일정한 위치가 없다. 두 驂馬의 바깥고삐를 그 가운데에 꿰어 잡아당겨 참마가 밖으로 나가지 못하게 하는 것이다. 脅驅도 가죽으로 만드는데, 앞은 衡의 양 끝에 매고 뒤는 軫의 양 끝에 매어서, 복마의 가슴 밖에 닿게 하여 참마가 안으로 들어오지 못하게 하는 것이다.(孔穎達의 疏)

游環이며 脅驅며

陰靷과 도금한 고리

【傳】 游環은 靷(인)環也니 游在背上하니 所以禦出也요 脅驅는 慎駕具니 所以止入也라 陰은 揜(軌)〔軓〕[1)]也요 靷은 所以引也라 鋈은 白金也요 續은 續靷也라

1) (軌)〔軓〕: 저본의 교감기에 따라 '軓'으로 번역하였다. 아래 箋도 같다. 軓은 軾의 앞에서 수레상자를 가리는 반원형태의 판자이다.

'游環'은 가죽 끈으로 만든 고리인데, 〈服馬의〉 등위에서 옮겨 다니게 설치하니 〈驂馬가〉 밖으로 벗어나는 것을 막기 위한 것이고, '脅驅'는 멍에를 안정시키는 도구이니 〈참마가〉 안으로 들어오는 것을 막기 위한 것이다. '陰'은 수레상자를 가리기 위하여 軾의 앞에 설치한 판자〔揜軓〕이고, '靷'은 수레를 끌기 위한 것이다. '鋈'은 白金으로 도금한 것이고, '續'은 靷을 묶는 곳이다.

【箋】 箋云 游環은 在背上하여 無常處하니 貫驂之外轡하여 以禁其出이요 脅驅者는 著(착)服馬之外脅하여 以止驂之入이라 揜(軌)〔軓〕은 在軾前이니 垂輈上이라 鋈續은 白金飾續靷之環이라 ○ 驅는 本亦作駈(구)라 續義如字라 靳(근)環은 本又作靷[1)]이라 沈云 舊本皆作靳하니 靳者는 言無常處하여 游在驂馬背上하니 以驂馬外轡貫之하여 以止驂之出이라하나 左傳云 如驂之有靳[2)]이라하여 無取於靷也라 慎은 或作順하니 義亦兩通이라 軾은 本亦作式이라

1) 靳(근)環 本又作靷 : 이는 저본에 '靷'으로 되어 있어 생략하여야 하지만, 바로 뒤에 沈重과 ≪春秋左氏傳≫의 글이 있어 그대로 두었다.

2) 如驂之有靳 : 靳은 뒤따르는 것을 말하니, 驂馬는 服馬의 가슴걸이 끈이 있는 곳을 기준으로 뒤따른다. 齊나라의 王猛이 '승리한 功'을 上官인 東郭書에게 양보하면서, '臣은 참마가 복마를 따라가는 것처럼 〈동곽서를〉 뒤따라갔습니다.'라고 한 말이다.

箋云 : '游環'은 말의 등 위에 두어 고정된 곳이 없으니 驂馬의 바깥 쪽 고삐를 꿰어 밖으로 벗어나는 것을 막는 것이고, '脅驅'는 服馬의 바깥 쪽 옆구리에 붙여 참마가 안으로 들어오는 것을 막는 것이다. '揜軓'은 〈수레상자를 가리기 위해〉 軾의 앞에 있는 것이니 끌채 위에 닿게 한다. '鋈續'은 靷을 묶은 고리를 白金으로 장식한 것이다.

○ 驅는 駈로 되어 있는 本도 있다. 續의 뜻은 本音으로 읽는다. 靳環의 〈靳은〉 靷으로 되어 있는 본도 있다. 沈重은 "舊本에는 모두 '靳'으로 되어 있는데, 靳은 일정하게 고정된 곳 없이 참마의 등 위에서 옮겨 다니게 하는데 참마의 바깥 고삐를 꿰어서 참마가 밖으로 벗어남을 막게 하는 것을 말한다."라고 하였다. 그러나 ≪春秋左氏傳≫ 定公 9년에는 "참마에 복마〔靳〕가 있는 것과 같다."라고 하여, 靷의 뜻을 취함이 없다. 愼은 順으로 되어 있기도 한데 뜻은 역시 둘 다 통한다. 軾은 式으로 되어 있는 本도 있다.

文茵暢轂(창곡)이요 駕我騏馵(기주)로다

虎皮무늬 깔개에 긴 굴대 축
騏馬와 馵馬가 함께 끄네

轂(≪三才圖會≫)

【傳】 文茵은 虎皮也라 暢轂은 長轂也라 騏는 (騏)〔綦〕[1]文也요 左足白曰馵라

1) (騏)〔綦〕: 저본의 교감기에 따라 '綦'로 번역하였다.

文茵은 호랑이 가죽이다. 暢轂은 긴 바퀴통이다. 騏는 털이 검푸른 무늬이고, 왼쪽 발이 흰 말을 '馵'라고 한다.

【箋】 箋云 此上六句者는 國人所矜이라 ○ 文茵은 以虎皮爲茵이니 茵은 車席也라

箋云 : 이 위의 6句는 백성들이 자부한 것이다.

○ 文茵은 호피로 만든 좌석이니, 茵은 수레의 좌석이다.

言念君子하니 溫其如玉이어늘

우리 님 생각해 보니
玉처럼 온화하였네

【箋】 箋云 言은 我也라 念君子之性하니 溫然如玉이라 玉有五德[1)]이라

1) 玉有五德：玉의 특성을 군자의 仁·智·義·禮·信 5德에 비유한 것이다.

箋云：言은 '나'이다. 군자의 性情을 생각해 보니, 玉처럼 온화하다는 것이다. 옥에는 五德이 있다.

在其板屋하니 亂我心曲이로다

지금 板屋에 거처하니
내 마음 산란케 하네

【傳】 西戎板屋이라

西戎의 판자 집이다.

【箋】 箋云 心曲은 心之委曲也니 憂則心亂也라 此上四句者는 婦人所用閔其君子라

箋云：'心曲'은 곡진한 마음이니, 걱정을 하면 마음이 어지럽게 된다. 이 위의 4句는 婦人이 남편을 걱정한 것이다.

【疏】 '小戎'至'心曲' ○ 正義曰：國人, 夸兵車之善云"我襄公群臣卑小之戎車, 既淺短其軫矣, 又五節束縛歷錄此梁輈, 使有文章矣. 貫驂馬之外轡, 則有游環, 以止驂馬之外出, 自衡至軫, 當服馬之外脅, 則有脅驅, 以止驂馬之內入. 陰板之前, 又有皮靷, 以白金飾其相續之處. 車上又有虎皮文章之茵蓐, 其車又是長轂之戎車, 又駕我之騏馬與騵馬. 車馬備具如是, 以此伐戎, 何有不克者乎." 又言"婦人閔其君子云'我念君子之德行, 其心性溫然其如玉, 無有瑕惡之處也. 今乃遠在其西戎板屋之中, 終我思而不得見之, 亂我心中委曲之事也.'"

經의 〔小戎〕에서 〔心曲〕까지

○ 正義曰：백성이 兵車가 훌륭한 것을 과시하면서 "우리 襄公의 지체 낮은 신하들이 타는 戎車는 수레 뒤턱〔軫〕이 낮고 짧으며, 게다가 梁輈에 가죽 끈으로 다섯 곳을 묶어 알록달록 아름답게 하였다. 驂馬의 바깥 고삐를 꿰었는데 이는 〈말등 위에서 이리 저리 옮겨 다니는〉 游環을 설치하여 참마가 밖으로 나가는 것을 막은 것이고, 앞의

가로대〔衡〕에서 뒤의 軫까지 〈매어〉 服馬의 바깥 옆구리에 닿게 하였는데, 이는 脅驅를 설치하여 참마가 안으로 들어오는 것을 막은 것이다. 수레의 상자를 가리는 板〔軓〕의 앞에는 또 가죽 靷을 매고, 맨 곳을 白金으로 장식하였다. 수레 위에는 또 호피 무늬의 깔개가 있고, 그 수레는 또 바퀴통이 긴 戎車이며, 또 우리의 騏馬와 馵馬가 끌고 있다. 車馬의 具備함이 이러하니, 이를 가지고 戎을 정벌하는데 어찌 이기지 못함이 있겠는가."라고 하고, 또 婦人이 자기의 남편을 걱정하면서 "내가 우리 남편의 德行을 생각해 보니 그의 心性이 옥과 같이 온화하여 흠잡을 것이 없었다. 그런데 지금은 멀리 西戎의 板屋에서 지내고 있어 그리워도 끝내 볼 수 없으니, 이는 곡진한 내 마음을 어지럽히는 일이다."라고 한 것이다.

【疏】傳'小戎'至'歷錄' ○ 正義曰：兵車, 兵戎之車, 小大應同, 而謂之'小戎'者, 六月云"元戎十乘, 以先啓行." 元, 大也. 先啓行之車謂之大戎, 從後行者謂之小戎, 故箋申之云'此群臣之兵車 故曰小戎', 言群臣在元戎之後故也. '俴 淺', 釋言文. '收 軫'者, 相傳爲然, 無正訓也. 軫者, (上)〔車〕[1]之前後兩端之橫木也. 蓋以爲此軫者所以收斂所載, 故名收焉.

1) (上)〔車〕：≪四庫全書本≫에 의거하여 '車'자로 바로잡아 번역하였다.

傳의 〔小戎〕에서 〔歷錄〕까지

○ 正義曰：兵車는 전투할 때 타는 수레이니, 그 크기가 당연히 〈모두 다〉 같다. 그런데 '小戎'이라고 한 것은, 〈小雅 六月〉에 "큰 戎車 열 대 선봉에서 돌격하네〔元戎十乘 以先啓行〕"라고 하였으니 元은 大이다. 〈따라서〉 선봉에서 〈진격하는〉 길을 터가는 수레는 '大戎'이라고 하고, 그 뒤를 따라 가는 수레는 '小戎'이라고 한다. 그리하여 箋에서 이를 밝혀 '이는 신하들이 타는 兵車이다. 그리하여 小戎이라고 한 것이다.〔此群臣之兵車 故曰小戎〕'라고 하였으니, 여러 신하들이 〈타는 수레가〉 元戎의 뒤에 있기 때문임을 말한 것이다. '俴 淺'은 ≪爾雅≫ 〈釋言〉의 글이다. 收가 '軫'이라는 것은 그렇게 전해진 것이지 분명하게 풀이한 것은 없다. '軫'은 수레 〈상자 아래의〉 앞뒤 양 끝에 가로로 댄 나무이니, 이를 軫이라고 여긴 것은 짐을 거두어 담기 때문이다. 그리하여 '收'라고 부른 것이다.

【疏】輈者, 轅也. 言'五楘梁輈', 五楘是轅上之飾, 故以五爲五束, 言以皮革五處束之. '楘 歷錄'者, 謂所束之處, 因以爲文章歷錄然, 歷錄, 蓋文章之貌也. 梁輈, 輈上曲句

衡, 衡者, 軛(액)也, 輈, 從軫以前, 稍曲而上至衡, 則居衡之上, 而轡下句之, 衡則橫居輈下, 如屋之梁然, 故謂之梁輈也. 考工記云"國馬之輈, 深四尺有七寸[1)]." 注云"馬高八尺, 兵車・乘車軹(지)[2)]崇三尺有三寸, 加軫與轐(복)七寸, 又幷此輈深, 衡高八尺七寸也, 除馬之高, 則餘七寸, 爲衡頸之間也." 是輈在衡上, 故頸間七寸也. 又解五是五道束之, 楘則歷錄之稱, 而謂之五楘者, 以一輈之上有五束, 每束皆有文章歷錄, 故謂之'五楘'也.

1) 深四尺有七寸 : 鄭司農(鄭衆)은 "輈이 가운데로 굽은 깊이이다.〔謂輈曲中〕"라고 하였으나, 鄭玄은 수레의 상자 위를 말한 것으로 여겼다.
2) 軹(지) : 鄭司農은 굴대 끝〔軎(세)〕이라고 하였으나, 鄭玄은 바퀴통의 끝〔轂末〕이라고 하였다.

輈는 수레의 끌채이다. 經文에서 말한 '五楘梁輈'의 五楘은 끌채 위를 꾸민 곳이다. 그리하여 五를 '五束'이라고 한 것이니, 皮革으로 다섯 곳을 감은 것을 말한다. 〈傳의〉 '楘 歷錄'은 감은 곳의 무늬가 알록달록한 것을 말하니, 歷錄은 문양의 모양이다. '梁輈'는 끌채가 위로 올라가면서 굽어 가로대〔衡〕에 연결된 것이니, 衡은 멍에에 부착한 가로대이다. 끌채〔輈〕는 軫에서부터 앞으로 차츰 굽어져 위로 올라가 衡에 닿으니 衡의 위에 있으면서 아래로 향하여 굽어 있고, 衡은 橫으로 끌채 아래에 있어 지붕의 들보와 비슷하다. 그리하여 '梁輈'라고 한 것이다. ≪周禮≫ 〈冬官 考工記〉에 "國馬〈가 끄는 수레〉의 끌채는 〈가로대에서 軫까지〉 깊이〔深〕가 4尺 7寸이다."라고 하였는데, 注에 "말의 키는 8尺이고, 兵車와 乘車는 바퀴통 끝〔軹〕까지의 높이가 3尺 3寸이다. 여기에 軫에서 〈수레바퀴통의 축에 설치한〉 伏兎〔轐〕까지의 7寸을 더하고, 또 이 끌채〔輈〕의 깊이를 더하면 衡의 높이는 8尺 7寸이 된다. 여기에서 말의 키 〈8尺을〉 빼면 7寸이 남으니, 〈이것이〉 衡과 〈말의〉 목 사이〈의 거리〉이다."라고 하였으니, 이것이 끌채〈의 앞쪽 끝이〉 衡의 위에 있는 것이다. 그리하여 〈말의〉 목과의 사이가 7寸인 것이다. 또 '五'는 다섯 곳을 묶은 것이고 楘은 歷錄의 명칭이라고 풀이하여 '五楘'이라고 한 것은, 하나의 끌채 위에 묶은 곳이 다섯 곳이고 묶은 곳마다 모두 문양이 알록달록하기 때문이다. 그리하여 '五楘'이라고 한 것이다.

【疏】 此言'俴收', 下言'暢轂', 皆謂兵車也. 兵車, 言淺軫・長轂者, 對大車・平地載任之車, 爲淺爲長也. 考工記云"兵車之輪, 崇六尺有六寸, 椁其漆內而中詘(굴)之, 以爲之轂

長." 注云"六尺六寸之輪, 漆內六尺四寸, 是爲轂長三尺二寸. 鄭司農云'椁者, 度(탁)兩漆之內相距之尺寸.'" 是兵車之轂長三尺(三)〔二〕[1]寸也. 考工記又說"車人爲車. 柯長三尺, 轂長半柯." 是大車之轂長尺半也, 兵車之轂, 比之爲長, 故謂之'長轂'.

1) (三)〔二〕: 欽定四庫全書本에 의거하여 '二'로 번역하였다.

여기에서 말한 '俴收'와 아래에서 말한 '暢轂'은 모두 병거를 두고 말한 것이다. 兵車가 軫이 얕고 轂이 길다고 한 것은, 大車와 평지에서 짐을 싣는 수레에 비하여 〈軫이〉 낮고 〈轂이〉 긴 것이다. ≪周禮≫ 〈冬官 考工記〉에 "兵車의 바퀴는 높이가 6尺 6寸이다. 〈바퀴의〉 칠한 안쪽 부분을 헤아려 중간을 구부려 轂의 길이로 삼는다."라고 하였다. 그 注에 "6尺 6寸의 바퀴는 칠한 안쪽 부분이 6尺 4寸이니, 轂의 길이는 〈안쪽 부분의 半인〉 3尺 2寸이다. 鄭司農은 '椁이라는 것은 양방향으로 칠한 안쪽 부분의 거리 치수를 헤아리는 것이다.' 하였다."라고 하였으니, 바로 兵車는 轂의 길이가 3尺 2寸인 것이다. 〈동관 고공기〉에 또 "車人이 수레를 만드는데, 도끼 자루〔柯〕는 길이가 3尺이고 轂의 길이는 柯의 반이다."라고 하였으니, 이는 大車의 轂이 길이가 1尺 半인 것을 말한다. 〈그런데〉 兵車의 轂은 大車에 비하여 길다. 그리하여 '長轂'이라고 한 것이다.

【疏】 考工記又云"輿人爲車, 輪崇, 車廣, 衡長, 參如一, 參分車廣, 去一以爲隧." 注云"兵車之隧, 四尺四寸, 鄭司農云'隧謂車輿深也.'" 則兵車當輿之內, 從前軫至後軫, 唯深四尺四寸也. 車人云"大車牝服(부), 二柯, 有參分柯之二." 注云"大車・平地載任之車, 牝服長八尺, 謂較也." 則大車之用內前軫至後軫, 其深八尺, 兵車之軫, 比之爲淺, 故謂之'淺軫'也. 人之升車也, 自後登之, 入於車內, 故以深淺言之, 名之曰隧. 隧者, 深也, 鄭司農云"隧謂車輿深." 玄謂"讀如邃宇之邃." 是軫有深淺之義, 故此言'淺軫'也.

〈冬官 考工記〉에 또 "輿人이 수레 상자를 만드는데, 바퀴의 높이와 수레 〈상자〉의 너비와 가로대의 길이 이 세 가지를 모두 같게 〈6尺 6寸이 되게〉 한다. 수레 상자의 너비를 삼등분하여 그 중 1을 감한 길이를 수레 상자의 깊이〔隧〕로 한다."라고 하였는데, 注에 "兵車의 隧는 4尺 4寸인데, 鄭司農(鄭衆)은 '隧는 수레 상자의 깊이를 말한다.' 하였다."라고 하였으니, 그렇다면 兵車는 상자 안의 깊이는 앞 軫에서 뒤의 軫까지 4尺 4寸일 뿐이다. 〈冬官 考工記 車人〉에 "大車의 수레 양변에 가로지른 나무〔牝服〕는 길이가 2柯(6尺)에 〈1柯의〉 3분의 2(2尺)가 더 있다."라고 하였는데, 注에 "大車와 平地에서 짐을 싣는 수레는 牝服의 길이가 8尺이니 較라고 한다."라고 하였으니, 大車

는 〈상자〉 안의 깊이가 앞 軫에서 뒤의 軫까지 8尺인 것을 사용하고, 兵車의 軫은 이보다 얕다. 그리하여 '淺軫'이라고 한 것이다. 사람이 수레를 탈 때에는 수레의 뒤로 올라 안으로 들어간다. 그리하여 深과 淺으로 말하고 '隧'라고 한 것이다. 隧는 깊다는 뜻이니, 정사농은 "隧는 수레 상자의 깊이다."라고 하였는데, 鄭玄은 "깊고 넓은 처마〔邃宇〕라고 할 때의 邃로 읽는다."라고 하였으니, 이 軫에 깊고 얕은 뜻이 있기 때문에 여기에서 '淺軫'이라고 한 것이다.

【疏】傳'游環'至'續靷' ○ 正義曰：'游環'者, 以環貫靷, 游在背上, 故謂之'靷環'也, 貫兩驂馬之外轡, 引轡爲環. 所束驂馬, 欲出此環牽之, 故所以禦出也. '脅驅'者, 以一條皮上繫於衡, 後繫於軫, 當服馬之脅, 愛慎乘駕之具也. 驂馬欲入, 則此皮約之, 所以止入也. '陰 揜軓'者, 謂輿下三面材, 以板木橫側車前, 所以陰映此軓, 故云'揜軓'也. 靷者, 以皮爲之, 繫於陰板之上, (今驂馬之引)〔令驂馬引之〕[1]. 何則, 此車衡之長, 唯六尺六寸, 止容二服而已, 驂馬頸不當衡, 別爲二靷以引車, 故云'所以引也'. 大叔于田云 "兩服齊首, 兩驂鴈行." 明驂馬之首不與服馬齊也.

1) (今驂馬之引)〔令驂馬引之〕: 저본의 교감기에 따라 '令驂馬引之'로 번역하였다.

傳의 〔游環〕에서 〔續靷〕까지

○ 正義曰：'游環'은 環은 靷을 꿰는 것이고 游는 〈말의〉 등 위에 있는 것이다. 그리하여 '靷環'이라고 한 것이니, 두 驂馬의 바깥 쪽 고삐를 꿰어 끌어당겨 고리를 만든 것이다. 참마의 고삐를 묶는 것은 〈참마가〉 벗어나려 하면 이 고리가 당겨지게 된다. 그리하여 이것으로 〈참마가〉 밖으로 벗어나는 것을 막는 것이다. '脅驅'는 한 가닥의 가죽으로 위로는 衡에 매고 뒤로는 軫에 매어 服馬의 옆구리에 닿게 한 것이니, 수레 끄는 〈말을〉 아끼고 통제하는 도구이다. 참마가 안쪽으로 들어가려 하면 이 가죽 〈끈이〉 제지하여 들어가는 것을 막는 것이다. '陰 揜軓'의 〈陰은〉 수레 상자 아래 3面의 목재이니, 板木으로 수레 상자의 앞에 가로로 비스듬하게 대어 이 軓을 가리게 하는 것이다. 그리하여 '揜軓'이라고 한 것이다. 靷은 가죽으로 만드는데, 陰板의 위에 매어 참마가 끌게 하는 것이다. 왜 그러한가. 이는 수레의 衡이 길이가 6尺 6寸뿐이기 때문에 두 복마에만 할 수 있고, 참마의 목에는 衡이 닫지 않는다. 〈이 때문에〉 따로 두 개의 靷을 만들어 수레를 끌게 하는 것이다. 그리하여 '〈靷은〉 수레를 끌기 위한 것이다.〔所以引也〕'라고 한 것이다. 〈鄭風 大叔于田〉에 "두 복마 머리 나란하고 두 참마 기

러기처럼 따르네.〔兩服齊首 兩驂鴈行〕"라고 하였으니, 분명 참마의 머리는 복마와 나란하지 않은 것이다.

【疏】 襄十四年左傳稱"庾公差追衛獻公, 射(석)兩軥而還." 服虔云"軥, 車軛也, 兩(軛叉)〔邊叉〕[1]馬頸者." 是一衡之下, 唯有服馬二頸也. 哀二年左傳稱"郵無恤, 說己之御云'兩靷將絶, 吾能止之.' 駕而乘材, 兩靷皆絶." 是橫軓之前, 別有驂馬二靷也. 釋器云"白金, 謂之銀, 其美者謂之鐐(료)." 然則白金不名鋈, 言'鋈 白金'者, 鋈非白金之名, 謂銷此白金, 以沃灌靷環, 非訓鋈爲白金也. 金・銀・銅・鐵摠名爲金, 此說兵車之飾, 或是白銅・白鐵, 未必皆白銀也. 劉熙釋名云"游環, 在服馬背上, 驂馬之外轡貫之, 游移前卻, 無定處也." 脅驅, 當服馬脅也. 陰, 蔭也, 橫側車前, 所以蔭(荃)〔笭〕[2]也. 靷, 所以引車也, 鋈, 沃也, (治)〔冶〕[3]白金以沃灌靷環也. 續, 續靷端也.

1) (軛叉)〔邊叉〕: 저본의 교감기에 따라 '邊叉'로 번역하였다.
2) (荃)〔笭〕: 저본의 교감기에 따라 '笭'으로 번역하였다.
3) (治)〔冶〕: 저본의 교감기에 따라 '冶'로 번역하였다.

≪春秋左氏傳≫ 襄公 14년에 "庾公差가 衛 獻公을 쫓아가서 軥에 화살 두 대를 쏘고 돌아왔다."라고 하였는데, 服虔은 "軥는 멍에〔車軛〕인데, 양 갈래를 말의 목에 끼우는〔叉〕 것이다."라고 하였으니, 이는 하나의 衡 아래에는 두 服馬의 목만 있는 것이다. ≪춘추좌씨전≫ 哀公 2년에 郵無恤이 자기가 말을 몰았음을 자랑하면서 "'두 靷이 끊어지려 하였는데 내가 말을 잘 몰아 끊어지지 않았다.'라고 하고는 〈말에〉 수레를 매고 작은 목재를 실으니 두 靷이 모두 끊어졌다."라고 하였으니, 이것이 軓의 앞에 가로댄 〈陰板〉에 驂馬의 두 靷이 따로 있는 것이다. ≪爾雅≫ 〈釋器〉에 "白金을 銀이라고 하고, 銀 중에서 질이 좋은 것을 鐐라고 한다."라고 하였다. 그렇다면 白金을 鋈이라고 한 것이 아니다. 그런데 '鋈 白金'이라는 것은, 鋈이 白金의 이름이 아니고 白金을 녹여서 靷環에 입힌 것을 말하니, 鋈이 白金이라고 풀이한 것이 아니다. 金과 銀과 銅과 鐵을 총칭하여 金이라고 한다. 여기는 兵車의 꾸밈을 말한 것이니, 白銅이나 白鐵로도 하고 반드시 모두 白銀으로 하지는 않는다. 劉熙의 ≪釋名≫에 "游環은 복마의 등 위에 있는데, 참마의 바깥 쪽 고삐를 여기에 꿰어 앞과 뒤로 움직이게 하여 고정된 곳이 없다."라고 하였다. '脅驅'는 복마의 옆구리에 닿게 한 것이다. 陰은 가리는 것이니, 판자로 수레 〈상자의〉 앞에 비스듬하게 부착하니 이는 수레의 상자를 가리기

위한 것이다. 靷은 수레를 끌기 위한 것이고 鋈은 沃이니, 白金을 녹여 靷環에 입힌 것이다. 續은 靷의 끝을 묶은 것이다.

【疏】箋'游環'至'之環' ○ 正義曰：此經所陳, 皆爲驂馬設之, 故箋申明毛禦出止入之意, 言所以禁止驂馬也. 輈在軓前, 横木映軓, 故知'垂輈上', 謂陰板垂輈上也. 靷言鋈續, 則是作環相接, 故云'白金飾續靷之環'.

箋의 〔游環〕에서 〔之環〕까지

○ 正義曰 : 여기의 經文에서 말한 것은 모두 驂馬에 관련하여 설정한 것이다. 그리하여 箋에서 毛亨이 〈참마가〉 밖으로 벗어나는 것을 막고 안으로 들어는 것을 저지한 것이라고 한 뜻을 거듭 밝혀 참마를 制止하기 위한 것임을 말한 것이다. 끌채〔輈〕는 軓의 앞에 있는데 横木으로 軓을 가린다. 그리하여 '垂輈上'이 陰板을 輈의 위에까지 닿게 댄 것을 말하는 것임을 안 것이다. 靷에서 鋈續을 말하였으니, 이는 고리를 만들어 서로 연결한 것이다. 그리하여 '〈鋈續은〉 白金으로 靷을 묶어 만든 고리를 꾸민 것이다.〔白金飾續靷之環〕'라고 한 것이다.

【疏】傳'文茵'至'曰馵' ○ 正義曰：茵者, 車上之褥, 用皮爲之, 言文茵, 則皮有文采, 故知虎皮也. 劉熙釋名云"文茵, 車中所坐也, 用虎皮有文采." 是也. 暢訓爲長, 故爲'長轂', 言長於大車之轂也. 色之青黑者名爲綦, 馬名爲騏, 知其色作綦文. 釋畜云"馬後右足白, 驤, 左白, 馵." 樊光云"後右足白曰驤, 左(足)[1]白曰馵." 然則左足白者, 謂後左足也. 釋畜又云"膝上皆白, 惟馵." 郭璞曰"馬膝上皆白爲惟馵, 後左脚白者直名馵." 意亦同也.

1) (足) : 저본의 교감기에 따라 衍字로 처리하였다.

傳의 〔文茵〕에서 〔曰馵〕까지

○ 正義曰 : 茵은 수레 위의 자리이니 가죽으로 만든다. '文茵'이라고 하였으니 바로 가죽에 문양이 있는 것이다. 그리하여 '虎皮'임을 안 것이다. 劉熙의 ≪釋名≫에 "文茵은 수레의 앉는 곳이니, 무늬가 있는 虎皮를 사용한다."라고 한 것이 이것이다. 暢의 뜻은 長이다. 그리하여 '長轂'이라고 한 것이니, 大車의 轂보다 긴 것임을 말한다. 青黑色을 '綦'라고 하고 〈이〉 말의 이름을 '騏'라고 하니, 털의 色에 青黑〔綦〕의 문양이 있음을 안 것이다. ≪爾雅≫ 〈釋畜〉에 "말의 오른쪽 뒷발이 흰색인 것이 驤이고, 왼쪽 발이 흰 것이 馵이다."라고 하였는데, 樊光은 "오른쪽 뒷발이 흰색인 것을 驤이라고 하

고, 왼쪽 발이 흰 것을 馵라고 한다."라고 하였다. 그렇다면 왼쪽 발이 희다는 것은 뒤의 왼쪽 발을 말한다. 〈석축〉에 또 "무릎 위가 모두 흰 것은 馵뿐이다."라고 하였는데, 郭璞은 "말의 무릎 위가 모두 흰 것은 馵뿐이라는 것은, 뒤쪽 발의 왼쪽 정강이가 흰 것만을 馵라고 한 것이다."라고 하였으니 뜻이 역시 같다.

【疏】 箋'言我'至'五德' ○ 正義曰：'言 我', 釋詁文. 聘義云"君子比德於玉焉, 溫潤而澤, 仁也, 縝密以栗, 知也, 廉而不劌(귀), 義也, 垂之如墜, 禮也, 孚尹旁達, 信也." 卽引詩云'言念君子 溫其如玉', 有五德也. (沈)〔彼〕[1]文又云"叩之其聲淸越以長, 其終詘然, 樂(악)也, 瑕不揜瑜, 瑜不揜瑕, 忠也, 氣如白虹, 天也, 精神見(현)于山川, 地也, 圭璋特達, 德也.[2]" 凡十德, 唯言五德者, 以仁・義・禮・智・信五者人之常, 故擧五常之德言之耳.

1) (沈)〔彼〕: 저본의 교감기에 따라 '彼'로 번역하였다.

2) 圭璋特達 德也：使臣이 聘禮를 擧行할 때에 잡는 圭璋의 특별함이, 마치 사람에게 德이 있는 것과 같다는 뜻이다. ≪禮記≫ 〈聘義〉의 疏에 "聘禮를 거행할 때에 오직 圭璋을 잡으면 특별하여 모든 禮에 통하니 나머지 폐백이 필요 없는 것이, 마치 사람에게 덕이 있으면 역시 통하지 않는 일이 없어 다른 사람의 힘을 빌리지 않고도 일을 이루는 것을 말하여, 圭璋의 특별함이 사람에게 덕이 있는 것과 같음을 말하였다. 그리하여 '德'이라고 한 것이다.〔行聘之時 唯執圭璋 特得通達 不加餘幣 言人之有德 亦無事不通 不須假他物而成 言圭璋之特 同人之有德 故云德也〕"라고 하였다.

箋의 〔言我〕에서 〔五德〕까지

○ 正義曰：'言 我'는 ≪爾雅≫ 〈釋詁〉의 글이다. ≪禮記≫ 〈聘義〉에서 "君子의 德을 玉에 비유하면 〈玉이〉 溫和하고 潤澤한 것은 〈君子의〉 仁이고, 치밀하고 굳센 것은 智이고, 모나면서도 손상하지 않음은 義이고, 아래로 드리우면 떨어질듯 함은 禮이고, 〈속의〉 아름다움이 사방에 드러남은 信이다."라고 하고는 이 詩에서 말한 "우리 님 생각해 보니 玉처럼 온화하였네〔言念君子 溫其如玉〕"를 인용하였으니, 〈玉에〉 5德이 있어서이다. 〈빙의〉의 글에 또 "〈玉은〉 두드리면 소리가 맑아 멀리까지 들리고 끝남에는 바로 멎으니 이는 樂이고, 옥의 흠결이 옥의 광채를 가리지 않고 옥의 광채가 옥의 흠결을 가리지 않으니 이는 忠이고, 氣가 〈하늘의〉 흰 무지개와 같으니 이는 天이고, 精氣가 山川에 드러나니 이는 地이고, 〈使臣이〉 圭璋을 잡으면 특별하게 드러나 〈다른 幣物은 잡을 필요가 없으〉니 이는 德이다."라고 하였으니, 모두 10德인데 5德만을 말

한 것은, 仁·義·禮·智·信 다섯 가지가 사람의 常德이기 때문이다. 그리하여 五常의 德만을 들어 말한 것이다.

【疏】 傳'西戎板屋' ○ 正義曰：地理志云"天水隴西, 山多林木, 民以板爲屋, 故秦詩云'在其板屋.'" 然則秦之西垂, 民亦板屋, 言'西戎板屋'者, 此言亂我心曲, 則是君子伐戎, 其妻在家思之, 故知板屋謂西戎板屋, 念想君子伐得而居之也.

傳의 〔西戎板屋〕

○ 正義曰：≪漢書≫〈地理志〉에 "天水 隴西縣은 산에 나무가 많기 때문에 사람들이 판자로 집을 지었다. 그래서 秦詩에서 '板屋에서 지내네〔在其板屋〕'라고 한 것이다."라고 하였다. 그렇다면 秦의 서쪽 변방에서도 사람들이 판옥에서 지냈을 것이다. '西戎의 판자 집〔西戎板屋〕'이라고 한 것은, 經文에서 "내 마음 산란케 하네"라고 하였으니 곧 남편이 戎을 정벌하러 나가 있어 그 처가 집에서 그리워한 것이다. 그리하여 판옥이 서융의 판옥을 말한 것임을 안 것이니, 남편이 정벌하여 판옥을 차지하여 그곳에 거처하고 있으리라 생각한 것이다.

四牡孔阜하고 **六轡在手**하니 **騏**駵(류)**是中**이요 **騧驪**(과려)**是驂**이로다

네 마리 수말 참으로 크고
여섯 고삐 잡고만 있는데
복마는 騏馬와 駵馬이고
참마는 騧馬와 驪馬이네

【傳】 黃馬黑喙曰騧라

주둥이가 검은 황색 말을 '騧'라고 한다.

【箋】 箋云 赤身黑鬣(렵)曰駵라 中은 中服也요 驂은 兩騑也라 ○ 鬣은 本又作鱲(렵)이라

箋云：몸통은 적색이고 갈기는 흑색인 말을 '駵'라고 한다. 中은 안의 服馬이고, 驂은 양쪽의 곁마이다.

○ 鬣은 鱲으로 되어 있는 본도 있다.

龍盾之合이요 鋈(옥)以觼軜(결납)이로다

龍 그린 방패 쌍으로 세우고
고삐의 고리 백금으로 꾸몄네

【傳】 龍盾은 畫龍其盾也라 合은 合而載之라 軜은 驂內轡也라

'龍盾'은 방패에 용을 그린 것이다. 合은 짝으로 세운 것이다. 軜은 驂馬의 안쪽 고삐이다.

【箋】 箋云 鋈以觼軜은 軜之觼을 以白金爲飾也니 軜은 繫於軾前이라 ○ 軜은 內(납)也라

箋云 : '鋈以觼軜'은 驂馬의 안쪽 고삐의 고리를 白金으로 꾸민 것이니, 軜은 軾의 앞에 맨 〈참마의 안쪽 고삐〉이다.

○ 軜은 '묶는 것'이다.

言念君子하니 溫其在邑이로다

우리 그이 생각해보니
온화했던 그이 敵邑에 있네

【傳】 在敵邑也라

敵의 邑에 있는 것이다.

方何爲期오 胡然我念之아

어느 때나 돌아올까
어찌하여 나를 그립게 하는가

【箋】 箋云 方今以何時爲還期乎오 何以然了不來니 言望之也라

箋云 : 이제 어느 때에나 돌아올 것인가. 어찌하여 이토록 돌아오지 않는가라고 한 것이니, 그리워함을 말한다.

【疏】'四牡'至'念之' ○ 正義曰：此國人夸馬之善云"我君之兵車所駕四牡之馬甚肥大也. 馬旣肥大而又良善, 御人執其六轡在手而已, 不假控制之也. 此四牡之馬何等毛色. 騏馬・駵馬是其中, 謂爲中服也, 騧馬・驪馬是其驂, 謂爲外驂也. 其車上所載攻戰之具, 則有龍盾之合, 畫龍於盾, 合而載之以蔽車也. 其驂馬內轡之末, 鋈金以爲觼, 軜之於軾前, 車馬備具如是, 以此伐戎, 豈有不克者乎." 又云婦人閔其君子云"我念君子, 其體性溫然. 其在敵人之邑, 方欲以何時爲還期乎, 何爲了然不來, 而使我念之也."

經의 〔四牡〕에서 〔念之〕까지

○ 正義曰：이는 백성들이 매우 좋은 말임을 자부하면서 "우리 임금〔襄公〕의 〈臣下들이 탄〉 兵車를 끄는 네 마리의 수말은 매우 살찌고 건장하다. 말이 매우 살찌고 건장한데다 길이 잘 들어 御人이 여섯 고삐를 잡고만 있을 뿐 따로 통제할 필요가 없다. 이 네 마리 수말은 털이 어떤 색인가. 騏馬와 駵馬가 가운데 말이니 안의 服馬임을 말하고, 騧馬와 驪馬가 驂馬이니 밖의 곁마임을 말한다. 수레에 실은 전투 장비 중에는 龍盾이 짝으로 있으니, 방패에 용을 그려 짝으로 세워 수레를 가린 것이다. 참마의 안쪽 고삐의 끝은 쇠를 녹여 고리를 만들어 軾의 앞부분에 매어 있다. 車馬의 장비가 이와 같으니, 이로서 戎을 공격함에 어찌 이기지 못함이 있겠는가."라고 하고, 또 부인들이 자기의 남편을 걱정하면서 "내가 남편을 생각해 보니 심성이 온화하였다. 그런데 지금은 적진의 읍에 있으니, 어느 때나 돌아오려 할 것인가. 어찌 아직까지 돌아오지 않아 내가 그리워하도록 하는가."라고 한 것이다.

【疏】傳'黃馬黑喙曰騧' ○ 正義曰：釋畜云"馬黑喙騧." 不言身黃, 傳以爲黃馬者, 盖相傳爲然, 故郭璞云"今之淺黃色者爲騧馬."

傳의 〔黃馬黑喙曰騧〕

○ 正義曰：≪爾雅≫ 〈釋畜〉에 "주둥이가 검은 말이 騧이다."라고 하고 몸통이 黃色이라고는 말하지 않았는데, 傳에서 '黃馬'라고 한 것은 그렇게 전해진 것이다. 그리하여 郭璞이 "지금의 옅은 黃色인 말이 騧馬이다."라고 한 것이다.

【疏】箋'赤身'至'兩騑' ○ 正義曰：爾雅有"駵白 駁." "駵馬白腹 騵." 則駵是色名, 說者皆以駵爲赤色, 若身鬣俱赤, 則爲騂馬, 故爲赤身黑鬣, 今人猶謂此爲駵馬也. 車駕四馬, 在內兩馬謂之服, 在外兩馬謂之騑, 故云'中 中服 驂 兩騑也'. 春秋時, 鄭有公子騑, 字子駟, 是有騑乃成駟也.

箋의 〔赤身〕에서 〔兩騑〕까지

○ 正義曰 : ≪爾雅≫ 〈釋畜〉에 "駵馬에 흰점이 섞인 말은 駁이다."라고 하고, "駵馬에 배가 백색인 말은 騵이다."라고 하였으니, 駵는 이 色을 가지고 부른 것이다. 해설한 자들이 모두 駵를 赤色이라고 하니, 만약 몸통과 갈기가 모두 적색이라면 騂馬가 된다. 그래서 '몸통은 적색이고 갈기는 흑색〔赤身黑鬣〕'이라고 한 것인데, 지금 사람들은 여전히 이를 '駵馬'라고 부른다. 수레는 네 마리 말이 끄는데 안에 있는 두 말은 服馬라고 하고, 밖에 있는 두 말을 곁마라고 한다. 그리하여 '中은 안의 복마이고 驂은 양쪽의 곁마이다.〔中中服驂兩騑也〕'라고 한 것이다. 春秋 때에 鄭나라에 이름이 騑이고 字가 子駟인 公子가 있었는데, 〈字를 駟로 한 것은〉 騑馬(곁마)가 있어야 비로소 駟馬가 되기 때문이다.

【疏】傳'龍盾'至'內轡' ○ 正義曰 : 盾以木爲之, 而謂之'龍盾', 明是畫龍於盾也. 此說車馬之事, 盾則載於車上, 故云'合而載之', 王肅云"合而載之, 以爲車蔽也." 言'鋈以觼軜', 謂白金飾皮爲觼以納物也. 四馬八轡, 而經傳皆言六轡, 明有二轡當繫之. 馬之有轡者, 所以制馬之左右, 令之隨逐人意. 驂馬欲入, 則偪於脅驅, 內轡不須牽挽, 故知納者納驂內轡, 繫於軾前, 其繫之處, 以白金爲觼也.

傳의 〔龍盾〕에서 〔內轡〕까지

○ 正義曰 : 盾은 木板으로 만드는데, '龍盾'이라고 하였으니 분명 방패에 용을 그린 것이다. 이는 車馬에 관한 일을 말한 것인데 盾은 수레의 위에 세운다. 그리하여 '짝으로 세운 것이다.〔合而載之〕'라고 한 것이니, 王肅은 "짝으로 세워 수레의 가림막이로 삼은 것이다."라고 하였다. '鋈以觼軜'은 白金으로 가죽을 꾸며 고리를 만들어 물건을 끼우는 것을 말한다. 4馬는 8轡인데 經文과 傳 모두 6轡만을 말하였으니, 분명 2轡는 묶여 있는 것이다. 말에 고삐를 설치하는 것은 말을 左右로 제어하여 사람의 뜻에 따라 달리게 하기 위해서이다. 驂馬가 안으로 들어오려 하면 服馬의 脅驅에 닫기 때문에 참마의 안쪽 고삐는 끌어당길 필요가 없다. 그래서 納이 참마의 안쪽 고삐를 꿰어 軾의 앞에 매고 맨 곳을 백금으로 꾸며 고리를 만든 것임을 안 것이다.

俴駟孔群이어늘 厹(구)矛鋈錞(대)요 蒙伐有苑이로다

철갑 입힌 네 필 말 매우 잘 어울리는데

세모창은 물미를 도금하였고
새 깃 그린 방패 아름답네

【傳】 俴駟는 四介馬也요 孔은 甚也라 厹는 三隅矛也요 錞는 鐏(준)也라 蒙은 討羽也요 伐은 中干也요 苑은 文貌라

'俴駟'는 갑옷 입힌 네 마리 말이고, 孔은 '매우'이다. 厹는 세모진 창이고, 錞는 〈창대 끝의〉 물미이다. 蒙은 〈방패에 여러 가지〉 새의 깃을 그린 것이고, 伐은 중간 크기의 방패이며, 苑은 문채 나는 모양이다.

【箋】 箋云 俴은 淺也니 謂以薄金爲介之札(찰)이니 介는 甲也라 甚群者는 言和調也라 蒙은 厖也요 討는 雜也니 畫雜羽之文於伐이라 故曰厖伐이라 ○ 俴駟는 韓詩云 駟馬不著(착)甲曰俴駟라 厹는 說文云 矛戟下銅鐏이라 伐은 如字니 本或作瞂(벌)하니 音同이라 中은 干也요 介는 甲也라

箋云 : 俴은 '얇음'이니 얇은 쇠로 갑옷의 미늘을 만든 것을 말하니, 介는 갑옷이다. '甚群'은 잘 어울림을 말한다. 蒙은 '얼룩얼룩함'이고, 討는 '섞임'이니, 방패에 여러 가지 새 깃의 문양을 그린 것이다. 그리하여 '새 깃 그린 방패〔厖伐〕'라고 한 것이다.

○ 俴駟는 ≪韓詩≫에는 "駟馬에 갑옷을 입히지 않은 것을 '俴駟'라고 한다."라고 하였다. 厹는 ≪說文解字≫에는 "창대 끝의 銅으로 만든 물미이다."라고 하였다. 伐은 本音대로 읽는다. '瞂'로 되어 있는 본도 있는데 음이 같다. 中은 방패이고, 介는 갑옷이다.

虎韔(창)鏤膺이어늘 交韔二弓하니 竹閉緄縢(곤등)이로다

호피 활집에 장식한 뱃대끈인데
엇갈리게 꽂은 활 두 자루
대나무 도지개 끈으로 묶었네

【傳】 虎는 虎皮也요 韔은 弓室也라 膺은 馬帶也라 交韔은 交二弓於韔中也라 閉는 紲(설)이요 緄은 繩이요 縢은 約也라

虎는 虎皮이고 韔은 '활집'이다. 膺은 말의 뱃대끈이다. '交韔'은 두 자루 활을 활집에

엇갈리게 넣는 것이다. 閉는 '활의 도지개〔弓檠〕'이고, 緄은 '끈'이고, 縢은 묶는 것이다.

【箋】 箋云 鏤膺은 有刻金飾也라 ○ 韔은 本亦作暢이라 閉는 鄭注周禮云 弓檠(경)曰柲(비)니 弛則縛於弓裏하여 備頓傷也니 以竹爲之[1)]라

1) 鄭注周禮……以竹爲之 : ≪周禮≫에는 이 구절이 보이지 않고 ≪儀禮≫ 〈旣夕禮〉의 注에 보이는데, 그 注에는 '柲 弓檠'이라고 하여 여기의 '弓檠曰柲'라고 한 것과 다르다.

箋云 : '鏤膺'은 쇠를 아로새겨 장식한 부분이 있는 〈배때 끈〉이다.

○ 韔은 '暢'으로 되어 있는 본도 있다. 閉는 鄭玄의 ≪周禮≫ 注에 "弓檠을 柲라고 하니 활을 풀어 놓을 때에 활의 안쪽에 대고 묶어서 손상에 대비하는 것이니 대나무로 만든다."라고 하였다.

言念君子하니 載寢載興이로다 厭厭良人이여 秩秩德音이로다

우리 님 생각해 보니
잠자리 편안하지 않겠네
안정되어 훌륭한 님
말씀도 슬기로우셨네

【傳】 厭厭은 安靜也요 秩秩은 有知也라

'厭厭'은 안정된 것이고, '秩秩'은 슬기로운 것이다.

【箋】 箋云 此旣閔其君子寢起之勞하고 又思其性與德이라 ○ 知는 本亦作智라

箋云 : 이는 남편이 자고 일어날 때에 있을 수고를 안타까워하고, 또 그의 심성과 덕을 그리워한 것이다.

○ 知는 '智'로 되어 있는 본도 있다.

【疏】 '俴駟'至'德音' ○ 正義曰 : 此國人夸兵甲之善, 言"我有淺薄金甲以被四馬, 甚調和矣, 三隅之厹矛以白金爲其鐓矣, 繪畫雜羽所飾之盾, 其文章有苑然而美矣. 其弓則有虎皮之韜(도), 其馬則有金鏤之膺. 其未用之時, 備其折壞, 交韔二弓於韔之中, 以竹

爲閉, 置於弓隈, 然後以繩約之." 然則兵甲矛盾備具如是, 以此伐戎, 豈有不克者乎. 又言婦人閔其君子云"我念我之君子, 則有寢則有興之勞, 我此君子, 體性厭厭然安靜之善人, 秩秩然有哲知, 其德音遠聞." 如此善人, 今乃又供軍役, 故閔念之.

經의 〔俴駟〕에서 〔德音〕까지

○ 正義曰 : 이는 백성들이 병장기가 훌륭함을 자부하여 "우리에게는 얇은 쇠로 만든 미늘 갑옷을 입힌 네 마리의 말이 있는데 매우 잘 어울리고, 세모창은 白金으로 창대 끝을 만들었고, 여러 새의 깃을 그려 꾸민 방패는 문채가 알록달록 아름답다. 활에는 虎皮로 만든 활집이 있고, 말에는 금을 새겨 장식한 뱃대끈이 있다. 〈활은〉 사용하지 않을 때에 훼손에 대비하여 활 두 자루를 활집에 서로 엇갈리게 보관하되 대나무로 활 도지개를 만들어 활 손잡이의 구부러진 부분에 대고 끈으로 묶어 두었다."라고 한 것이다. 그렇다면 兵甲과 矛盾을 갖춤이 이와 같으니 이를 가지고 戎을 공격함에 어찌 이기지 못함이 있겠는가. 또 婦人이 자기 남편을 걱정한 것을 말하여 "내가 우리 남편을 생각해 보니 자고 일어날 때에 수고로움이 있을 것이다. 또 나의 남편은 천성이 차분하여 안정된 善人이고 슬기로워 총명한 지혜가 있어 훌륭한 명성이 먼 곳까지 난 사람이다."라고 한 것이다. 이와 같이 착한 사람이 지금 도리어 軍役에 나가 있으므로 걱정하고 그리워한 것이다.

【疏】 傳'俴駟'至'文貌' ○ 正義曰 : 俴訓爲淺, 駟是四馬, 是用淺薄之金, 以爲駟馬之甲, 故知'淺駟 四介馬也'. 成二年左傳說齊侯與晉戰云"不介馬而馳之." 是戰馬皆披甲也. '孔 甚', 釋言文. '厹矛 三隅矛', 刃有三角, 盖相傳爲然也. 曲禮曰"進戈者, 前其鐏, 後其刃, 進矛戟者, 前其鐓(대)." 是矛之下端當有鐓也. 彼注云"銳底曰鐏, 取其鐏地, 平底曰鐓, 取其鐓地." 則鐓[1]・鐏異物, 言'鐓 鐏'者, 取類相明, 非訓爲鐏也. 上言'龍盾', 是畫龍於盾, 則知'蒙伐', 是畫物於伐, 故以蒙爲'討羽', 謂畫雜鳥之羽以爲盾飾也. 夏官"司兵掌五盾, 各辨其等, 以待軍事." 注云"五盾, 干櫓之屬, 其名未盡聞也." 言辨其等, 則盾有大小. 襄十年左傳說"狄虒(사)彌建大車之輪, 而蒙之以甲, 以爲櫓." 櫓是大盾, 故以伐爲'中干', 干・伐, 皆盾之別名也. 蒙爲雜色, 知苑是文貌.

1) 鐓 : 經文에는 '錞'로 쓰고 여기에는 鐓로 썼는데, 두 글자는 음과 뜻이 같다.

傳의 〔俴駟〕에서 〔文貌〕까지

○ 正義曰：俴의 뜻은 '얇음'이고 駟는 四馬이니, 이는 얇은 쇠로 駟馬의 갑옷을 만든 것이다. 그리하여 '淺駟가 갑옷 입힌 네 마리 말〔淺駟 四介馬〕'임을 안 것이다. ≪春秋左氏傳≫ 成公 2년에 齊侯가 晉나라와 戰鬪한 일을 설명하면서 "〈齊侯가〉 말에 갑옷도 입히지 않고 달려갔다."라고 하였으니, 이것이 전투용 말은 모두 갑옷을 입히는 것이다. '孔 甚'은 ≪爾雅≫ 〈釋言〉의 글이다. '厹矛 三隅矛'는 창날이 삼각인 것이니 이는 그렇게 전해진 것이다. ≪禮記≫ 〈曲禮〉에 "戈를 바치는 자는 鐏을 앞으로 하고 창날은 뒤로 하며, 矛戟을 바치는 자는 鐓를 앞으로 한다."라고 하였으니, 이는 矛의 자루 끝에 당연히 鐓가 있는 것이다. 그 注에 "밑이 뾰족한 것을 鐏이라고 하니 鐏은 땅에 〈꽂을 수 있는 것에서 이름을 딴〉 것이고, 밑이 평평한 것을 鐓라고 하니 鐓는 잡아 땅에 〈세울 수 있는 것〔佩戴〕에서 이름을 딴〉 것이다."라고 하였으니, 鐓와 鐏은 다른 물건이다. 그런데 '鐓는 鐏이다.'라고 한 것은 같은 부류를 취하여 서로 밝힌 것이니 鐓가 鐏이라고 풀이한 것이 아니다. 위에서 '龍盾'이 방패에 龍을 그린 것이라고 하였으니, 그렇다면 '蒙伐'은 바로 伐에 사물을 그린 것임을 알 수 있다. 그리하여 蒙을 '討羽'라고 한 것이니, 여러 새의 깃을 그려 방패를 꾸민 것임을 말한다. ≪周禮≫ 〈夏官 司甲〉에 "司兵이 다섯 종류의 방패를 담당하니, 그 등급을 구분하여 軍事에 대비한다."라고 하였는데, 注에 "五盾은 작은 방패〔干〕와 큰 방패〔櫓〕의 종류인데, 그 이름에 대하여는 자세히 알지 못한다."라고 하였으니, 그 등급을 구분해 보면 盾에 크고 작은 것이 있음을 말한다. ≪춘추좌씨전≫ 襄公 10년에 "狄虒彌가 大車의 바퀴를 세워 갑옷을 덧씌워 櫓를 만들었다."라고 하였으니, 櫓는 바로 大盾이다. 그래서 伐을 '中干'이라고 한 것이니, 干과 伐은 모두 盾의 다른 명칭이다. 蒙은 雜色을 그린 것이므로 苑이 문채 나는 모양임을 안 것이다.

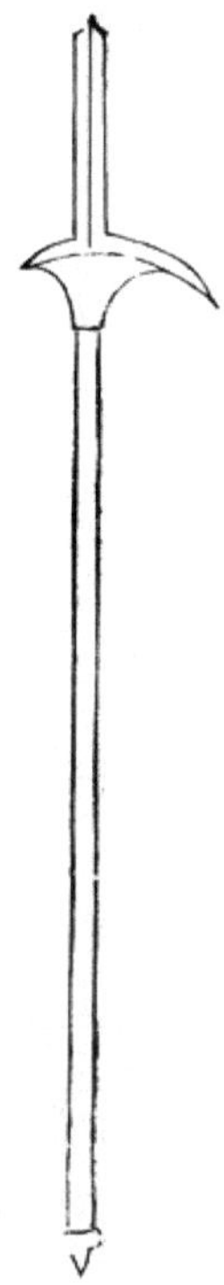

戈
(≪欽定周官義疏≫)

【疏】箋'俴淺'至'庬伐' ○ 正義曰：箋申明俴駟爲四介馬之意. 以馬無深淺之量, 而謂之'俴駟', 正謂以淺薄之金爲甲之札, 金厚則重, 知其薄也. 金甲堅剛, 則苦其不和, 故美其能甚群, 言和調也. 物不和則不得群聚, 故以和爲群也. 左傳及旄丘言'狐裘蒙茸(용)'[1], 皆庬·蒙同音. 周禮, 用牲用玉, 言庬者, 皆謂雜色[2], 故轉蒙爲庬, 明庬是雜羽, 畫雜羽

之文於伐, 故曰'厖伐'. 傳以蒙爲討, 箋轉討爲厖, 皆以義言之, 無正訓也.

1) 左傳及旄丘言狐裘蒙茸(용) : ≪春秋左氏傳≫ 僖公 5년에는 '狐裘尨茸'으로 되어 있고, 〈邶風 旄丘〉에는 '狐裘蒙戎'으로 되어 있는 것을 합하여 말한 것이다.
2) 用牲用玉……皆謂雜色 : 天子의 의식에는 犧牲과 玉을 純色을 사용하고, 大夫의 의식에는 '厖'도 무방하니, 이 '厖'이 雜色을 의미하는 것임을 말한다.(≪周禮≫ 〈冬官 考工記〉)

箋의 〔俴淺〕에서 〔厖伐〕까지

○ 正義曰 : 箋은 俴駟가 갑옷 입힌 네 마리 말이라는 뜻을 거듭 밝혔다. 말에 대하여는 깊고 얕음으로 헤아리는 경우가 없으니, '俴駟'라는 것은 바로 얇은 쇠로 갑옷의 미늘을 만든 것임을 말한다. 그런데 쇠가 두꺼우면 무겁기 때문에 그것이 얇은 것임을 안 것이다. 쇠로 만든 갑옷은 굳세고 강하니 잘 어울리지 못하는 것이 단점이다. 그리하여 무리 지을 수 있음을 찬미한 것이니, 조화로움을 말한다. 사물은 서로 화합하지 못하면 무리 지을 수 없다. 그리하여 和를 '群'이라고 한 것이다. ≪春秋左氏傳≫ 僖公 5년과 〈邶風 旄丘〉에 '狐裘蒙茸'으로 되어 있는데, 厖과 蒙은 음이 같다. ≪周禮≫에서 牲이나 玉을 사용할 때에 '厖'이라고 한 것은 모두 雜色을 이른다. 그리하여 〈鄭玄이〉 '蒙'字를 바꾸어 '厖'字로 한 것이니, 분명 厖은 바로 雜羽이니 여러 가지 새 깃 문양을 방패에 그려 꾸민 것이다. 그리하여 '새 깃 그린 방패〔厖伐〕'라고 한 것이다. 傳은 蒙을 '討'라고 하고 箋은 討를 바꾸어 '厖'이라고 하였는데, 이는 모두 뜻으로 말한 것이지 분명하게 풀이한 것은 없다.

【疏】傳'虎虎'至'縢約' ○ 正義曰 : 下句云"交韔二弓." 則虎韔是盛弓之物, 故知虎是虎皮, 韔爲弓室也. 弟子職曰"執箕膺(揭)〔擖(엽)〕[1]." 則膺是胸也. '鏤膺', 謂膺上有鏤, 明是以金飾帶, 故知膺是馬帶, 若今之婁胸也. 春官巾車說"五路之飾, 皆有樊(반)・纓." 注云"樊讀如(盤)〔鞶(반)〕[2]帶之鞶, 謂今馬大帶也." 彼謂在腹之帶, 與膺異也. '交二弓於韔中', 謂顚倒安置之. 旣夕記說明器之弓云"有柲." 注云"柲, 弓檠也, 弛則縛之於弓裏, 備損傷也, 以竹爲之." 引詩云'竹閉緄縢', 然則竹閉一名柲也. 言'閉 紲'者, 說文云"紲, 繫也." 謂置弓柲裏, 以繩紲之, 因名柲爲紲. 考工記弓人注云"紲, 弓柲也. 角長則送矢不疾[3], 若見紲於柲矣." 是紲爲繫名也. 所紲之事則緄縢, 是也, 故云'緄繩縢約', 謂以繩約弓, 然後內(납)之韔中也.

1) (揭)〔擖(엽)〕: 저본의 교감기에 따라 '擖'으로 번역하였다.
2) (盤)〔鞶(반)〕: 저본의 교감기에 따라 '鞶'으로 번역하였다.

3) 角長則迲矢不疾：角은 활의 손잡이에 붙여 장식하는 뿔을 말하니, 활의 몸체의 길이에 알맞게 부착하여야 한다. 만약 길게 부착하면 활을 당길 때 휘어지지 않아 마치 활이 도지개에 묶여져 있는 것처럼 화살이 빨리 나아가지 않는 것을 말한다.

傳의 〔虎虎〕에서 〔縢約〕까지

○ 正義曰：經文의 아래 句에 "활집에는 활 두 자루 엇갈리게 있네〔交韔二弓〕"라고 하였으니, 虎韔은 바로 弓을 담는 기물이다. 그리하여 虎가 虎皮이고, 韔이 활집인 것을 안 것이다. ≪禮記≫ 〈弟子職〉에 "쓰레받기〔箕〕를 잡을 때에 쓰레기를 담는 곳〔𢼒〕이 자신의 가슴〔膺〕을 향하도록 한다."라고 하였으니, 膺은 바로 가슴이다. '鏤膺'은 〈말의〉 가슴 위에 아로새긴 장식이 있는 것을 말하니, 이는 분명 쇠로 띠를 장식한 것이다. 그리하여 膺이 바로 '馬帶'임을 안 것이니, 지금의 '婁胸'과 같다. ≪周禮≫ 〈春官 巾車〉에 "五路의 장식에는 모두 樊과 纓이 있다."라고 하였는데, 注에 "樊은 〈≪周易≫ 訟卦 上九에서〉 '鞶帶〈를 준다.〉'라고 할 때의 鞶과 같은 뜻이니, 지금 말의 큰 띠를 말한다."라고 하였으니, 이는 〈말의〉 배에 있는 띠를 말하니 〈가슴이라는 뜻의〉 膺과는 다르다. '交二弓於韔中'은 〈활 두 자루를〉 엇갈리게 넣어 안전하게 둔 것을 말한다. ≪儀禮≫ 〈旣夕記〉에서 明器의 弓을 말하면서 "柲가 있다."라고 하였는데, 注에 "柲는 활을 바로잡는 도지개〔弓檠〕인데, 활을 풀어 놓을 때에는 활의 안쪽에 대고 〈끈으로 묶어〉 損傷에 대비하는 것이니 대나무로 만든다."라고 하고, 이 詩에서 말한 '대나무 도지개 끈으로 묶었네〔竹閉緄縢〕'를 인용하였다. 그렇다면 竹閉는 一名 柲이다. '閉 紲'이라는 것은 ≪說文解字≫에 "紲은 묶는 것이다."라고 하였으니, 활을 도지개의 안에 대고 끈으로 묶는 것을 말하니, 이에 따라 柲를 紲이라고 부른 것이다. ≪周禮≫ 〈冬官 考工記 弓人〉의 注에 "紲은 弓柲이다. 뿔이 길면 화살이 빠르게 나아가지 않아 마치 柲에 묶여 있는 것과 같다."라고 하였으니, 이것이 紲이 묶는 명칭이 되는 것이다. 묶는 일은 바로 끈으로 묶는 것〔緄縢〕이 이것이다. 그리하여 '緄은 繩이고 縢은 約이다.〔緄繩 縢約〕'라고 한 것이니, 끈으로 활을 묶은 뒤에 활집 안에 넣는 것을 말한다.

【疏】箋'鏤膺 有刻金飾' ○ 正義曰：釋器說治器之名云"金謂之鏤." 故知'鏤膺 有刻金之飾'. 巾車云"金路, 樊・纓九就, 同姓以封."[1] 則其車尊矣, 此謂兵車之飾得有金飾膺者. 周禮玉路・金路者, 以金・玉飾車, 故以金・玉爲名, 不由膺以金・玉飾也 故彼注云"玉路・金路・象路, 其樊及纓, 皆以五采罽(계)飾之, 革路, 樊・纓以絛絲飾之." 不言

馬帶用金・玉・象爲飾也. 此兵車馬帶用力尤多, 故用金爲膺飾, 取其堅牢. 金者, 銅・鐵皆是, 不必要黃金也. 且詩言金路, 皆云'鉤膺', 不作'鏤膺', 知此'鏤膺'非金路也.

1) 金路……同姓以封 : '九就'는 同母弟를 諸侯로 封할 때에 사용하는 수레〔金路〕의 '뱃대끈〔樊〕'과 '가슴걸이〔纓〕'의 꾸미는 것을 말하는데, 5色으로 염색한 짐승의 모직〔罽〕으로 한 번 꾸미는 것이 1成〔就〕이니 9회 꾸미는 것이 9就이다. ≪周禮≫ 〈春官 巾車〉 注에 "樊과 纓은 5색 모직으로 9회를 꾸며 완성한다.〔其樊及纓 以五彩罽飾之以九成〕"라고 하였는데, 疏에 "九成이란 위와 같이 염색한 모직으로 한 번 꾸민 것이 1成이니, 모두 9회 꾸민 것이 九成이다.〔九成者 亦如上 一采罽爲一成 凡九就 九成也〕"라고 하였다.

箋의 〔鏤膺 有刻金飾〕

○ 正義曰 : ≪爾雅≫ 〈釋器〉에서 器物을 다스리는 명칭을 설명하면서 "쇠에 〈새긴〉 것을 鏤라고 한다."라고 하였다. 그리하여 '鏤膺이 쇠에 아로새겨 장식함이 있는 것〔鏤膺 有刻金之飾〕'임을 안 것이다. ≪周禮≫ 〈春官 巾車〉에 "金路는 뱃대끈〔樊〕과 가슴걸이〔纓〕를 9就로 한 것이다. 同姓의 제후를 이것으로 封한다."라고 하였으니, 이 수레가 〈순위가〉 높은 것이다. 그러나 여기는 兵車의 장식 중에 쇠로 장식한 가슴 띠가 있음을 설명한 것이다. 〈春官 巾車〉에서는 玉路와 金路는 金과 玉으로 수레를 장식하기 때문에 金路와 玉路라고 부르고, 膺을 金과 玉으로 꾸미지 않기 때문에 그 注에서 "玉路와 金路와 象路는 樊과 纓을 모두 다섯 가지 문채 나는 모직물로 장식하고, 革路는 樊과 纓을 잡색 絲로 장식한다."라고 하고, 馬帶를 金과 玉과 象으로 장식한다고 하지 않은 것이다. 이 兵車는 馬帶가 쓰는 힘이 〈다른 수레에 비하여〉 더 많다. 그리하여 쇠로 膺을 장식하는 것이니, 견고함을 취한 것이다. 金은 銅과 鐵이 모두 이것이니 반드시 黃金일 필요는 없다. 또 詩에서 金路를 말할 때에는 모두 '鉤膺'이라 하고 '鏤膺'이라고 쓰지 않았으므로, 이 '鏤膺'이 金路에 쓰이는 것이 아님을 안 것이다.

【疏】 傳'厭厭'至'有知' ○ 正義曰 : 釋訓云"厭厭, 安也, 秩秩, 知也."

傳의 〔厭厭〕에서 〔有知〕까지

○ 正義曰 : ≪爾雅≫ 〈釋訓〉에 "厭厭은 '안정됨'이고, 秩秩은 '슬기로움'이다."라고 하였다.

小戎 三章이니 章十句라

〈小戎〉 3章이니 章마다 10句이다.

附 錄

〔附錄 1〕 – 地圖

〔附錄 2〕 – 參考資料

1. 15國風地理之圖(≪五經圖彙≫)

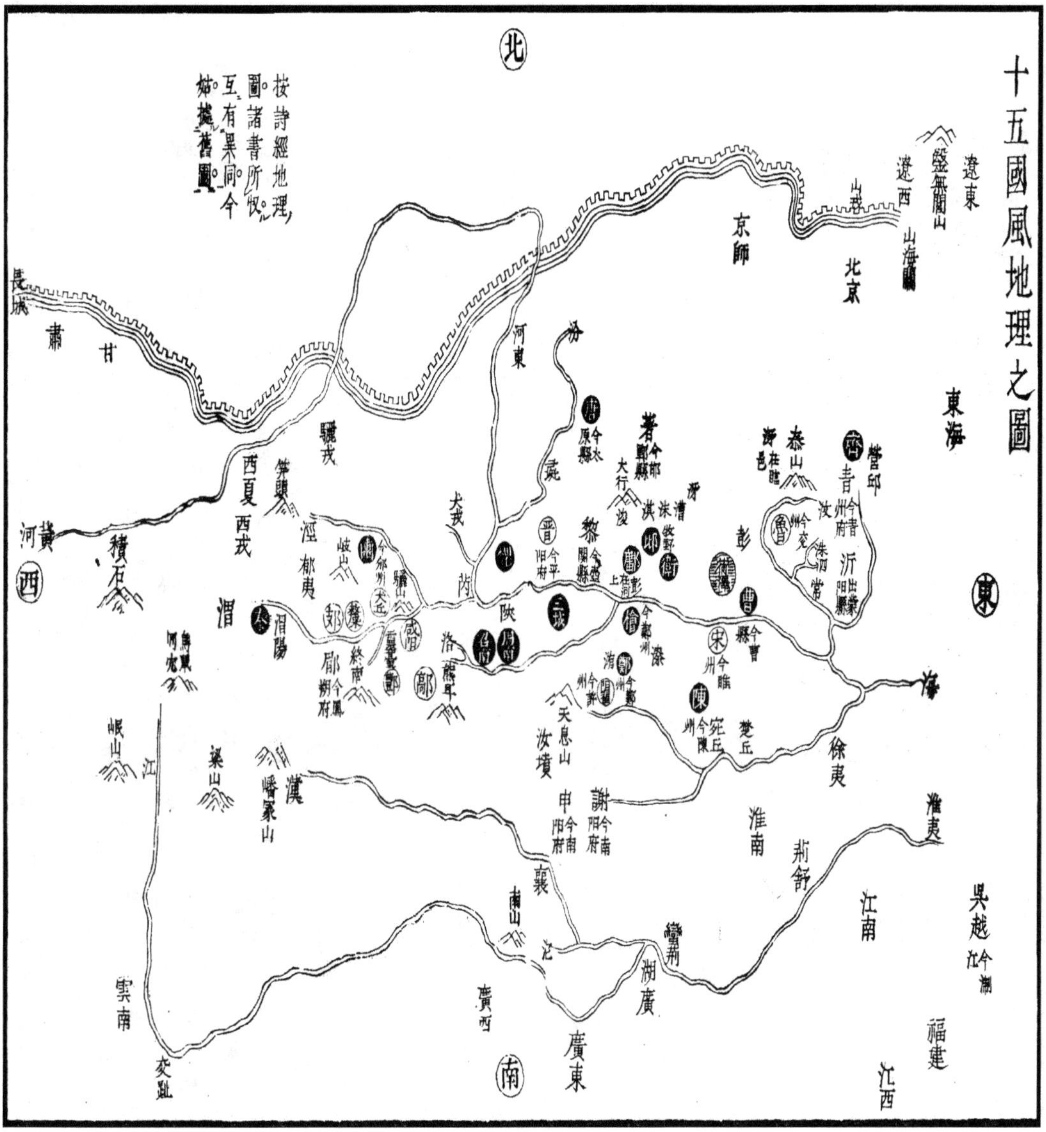

2. 春秋列國圖(左)(≪五經圖彙≫)

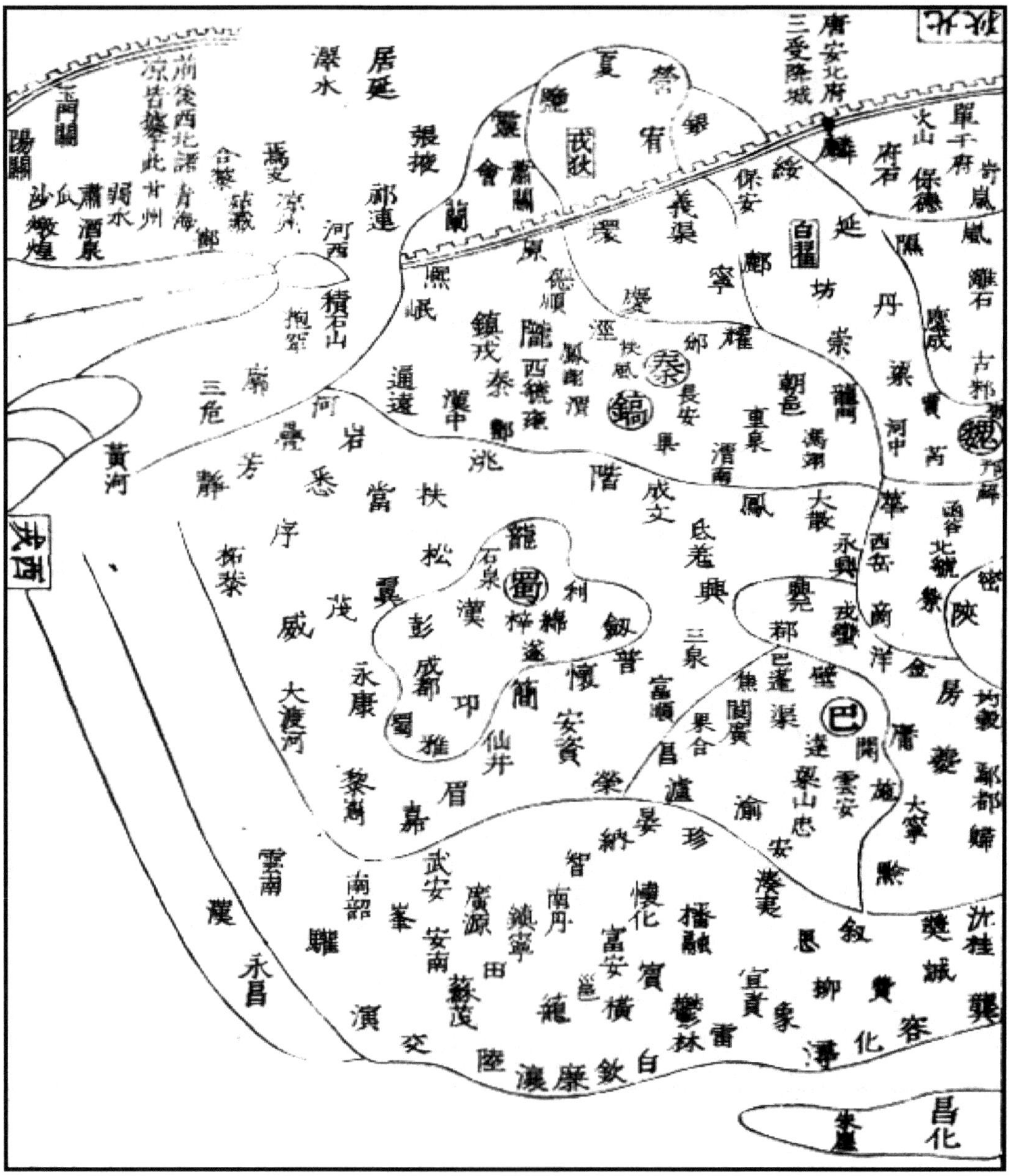

2. 春秋列國圖(右)(≪五經圖彙≫)

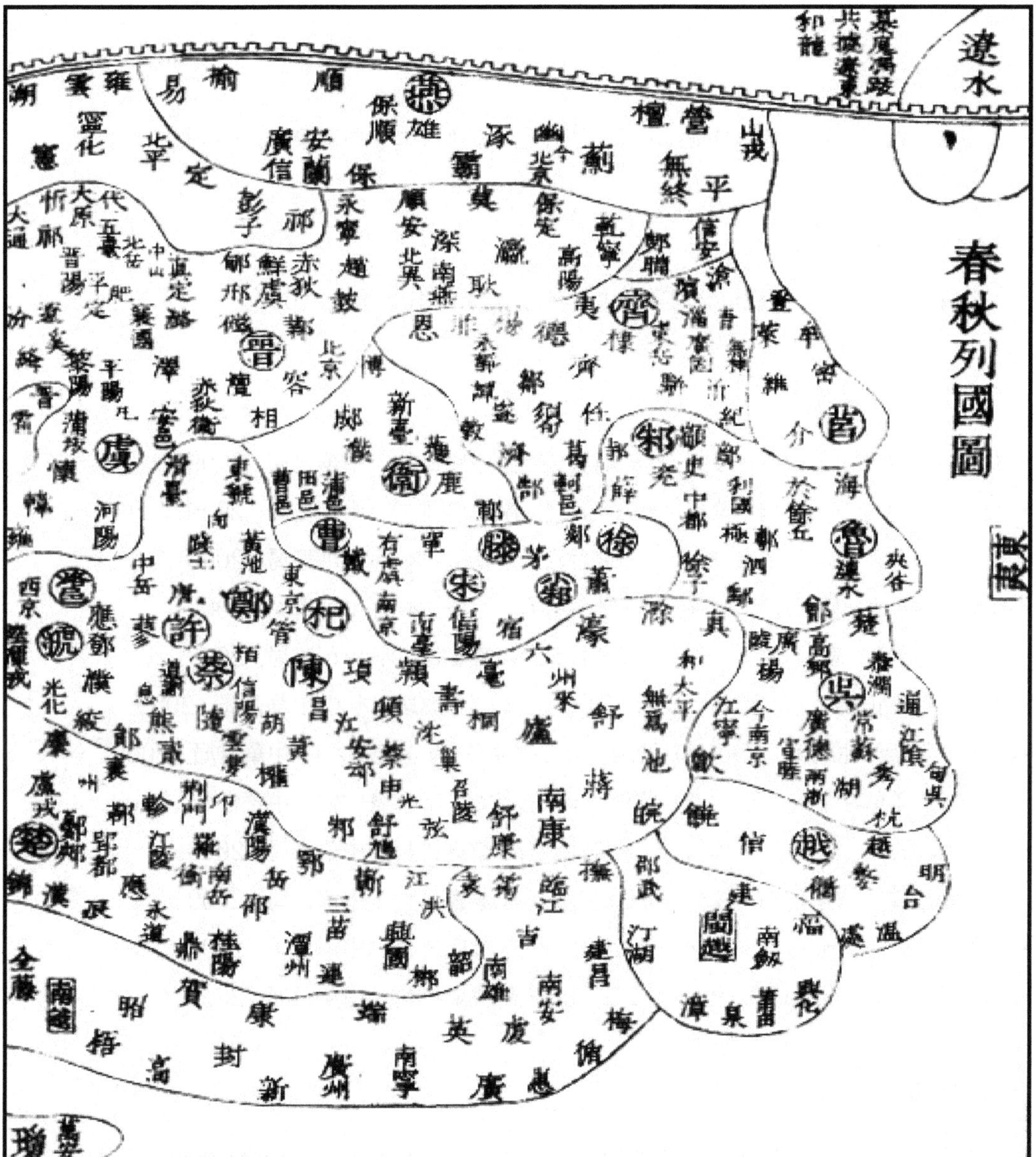

1. ≪毛詩正義 4≫ 參考書目

◇ 底本

• ≪毛詩正義≫, 阮元(淸) 校刻, 十三經注疏(淸 嘉慶刊本), 中華書局, 2009.

◇ 주요 참고본

• ≪毛詩正義≫, 十三經注疏整理委員會 整理, 北京大學出版社, 2000.

◇ 十三經注疏

• ≪周易正義≫, 阮元(淸) 校刻, 十三經注疏(淸 嘉慶刊本), 中華書局, 2009.
• ≪尙書正義≫, 阮元(淸) 校刻, 十三經注疏(淸 嘉慶刊本), 中華書局, 2009.
• ≪周禮注疏≫, 阮元(淸) 校刻, 十三經注疏(淸 嘉慶刊本), 中華書局, 2009.
• ≪儀禮注疏≫, 阮元(淸) 校刻, 十三經注疏(淸 嘉慶刊本), 中華書局, 2009.
• ≪禮記正義≫, 阮元(淸) 校刻, 十三經注疏(淸 嘉慶刊本), 中華書局, 2009.
• ≪春秋左傳正義≫, 阮元(淸) 校刻, 十三經注疏(淸 嘉慶刊本), 中華書局, 2009.
• ≪春秋穀梁傳注疏≫, 阮元(淸) 校刻, 十三經注疏(淸 嘉慶刊本), 中華書局, 2009.
• ≪春秋公羊傳注疏≫, 阮元(淸) 校刻, 十三經注疏(淸 嘉慶刊本), 中華書局, 2009.
• ≪論語注疏≫, 阮元(淸) 校刻, 十三經注疏(淸 嘉慶刊本), 中華書局, 2009.
• ≪爾雅注疏≫, 阮元(淸) 校刻, 十三經注疏(淸 嘉慶刊本), 中華書局, 2009.
• ≪孟子注疏≫, 阮元(淸) 校刻, 十三經注疏(淸 嘉慶刊本), 中華書局, 2009.
• ≪孝經注疏≫, 阮元(淸) 校刻, 十三經注疏(淸 嘉慶刊本), 中華書局, 2009.

◇ 原典 및 字典類

• ≪經典釋文≫, 陸德明(唐), 文淵閣四庫全書 182, 商務印書館, 1983.
• ≪文獻學大辭典≫, 趙國璋·潘樹廣 主編, 廣陵書社, 2005.

- 《本草綱目》, 李時珍(明), 文淵閣四庫全書 772~773, 商務印書館, 1983.
- 《四庫全書總目提要》, 紀昀(淸) 總纂, 孟蓬生 外 點校, 河北人民出版社, 2000.
- 《四庫提要辨證》, 余嘉錫, 雲南人民出版社, 2004.
- 《說文解字》, 許愼(後漢), 文淵閣四庫全書 223, 商務印書館, 1983.
- 《說文解字注》, 段玉裁(淸), 上海古籍出版社, 2011.
- 《詩經講義》, 丁若鏞(朝鮮), 韓國文集叢刊 282, 民族文化推進會, 2002.
- 《詩經講義補遺》, 丁若鏞(朝鮮), 韓國文集叢刊 282, 民族文化推進會, 2002.
- 《詩經原始》, 方玉潤(淸) 撰, 李先耕 點校, 中華書局, 2006.
- 《王力古漢語字典》, 王力, 中華書局, 2005.
- 《前漢書》, 班固(後漢), 文淵閣四庫全書 249~250, 商務印書館, 1983.
- 《周禮正義》, 孫貽讓(淸), 續修四庫全書 82~84, 上海古籍出版社, 1995.
- 《中國官制大辭典》, 兪鹿年, 黑龍江人民出版社, 1998.
- 《中國歷代人名大辭典》, 張撝之外 主編, 上海古籍出版社, 1999.
- 《中國歷史紀年表》, 方時銘, 上海人民出版社, 2007.
- 《中國歷史大事典》, 張海鵬 主編, 山東大學出版部, 2000.
- 《春秋考徵》, 丁若鏞(朝鮮), 韓國文集叢刊 283, 民族文化推進會, 2002.
- 《春秋傳服氏注》, 服虔(後漢), 續修四庫全書 117, 上海古籍出版社, 1995.
- 《漢書補注》, 王先謙(淸), 上海古籍出版社, 2008.
- 《韓詩外傳》, 韓嬰(前漢), 영인본, 學民文化社, 1999.
- 《漢詩原流字典》, 谷衍奎, 華夏出版社, 2003.
- 《漢語大詞典》, 羅竹風 主編, 漢語大詞典出版社, 1995.

◇ 單行本類

- 《經學歷史》, 皮錫瑞(淸), 河洛圖書出版社, 1974.
- 《古代漢語》, 王力, 中華書局, 2004.
- 《國語全譯》, 黃永堂 譯注, 貴州人民出版社. 1995.
- 《論鄭玄詩譜的貢獻》, 王洲明, 人民文學出版社, 1986.
- 《毛詩・尙書》, 漢文大系, 新文豐出版有限公司, 1996.
- 《毛詩李黃集解》, 李樗(宋)・黃櫄(宋), 編錄者 未詳, 文淵閣四庫全書, 臺灣商務印書館, 1982.
- 《毛詩傳箋通釋》, 馬瑞辰(淸) 撰, 陳金生 點校, 中華書局, 2004.

- ≪毛詩鄭箋≫, 鄭玄(後漢), 中華書局, 1979.
- ≪說文解字今釋≫ 上·下, 湯可敬, 岳鹿書社, 2002.
- ≪詩經名物新證≫, 揚之水, 北京古籍出版社, 2000.
- ≪詩經硏究史槪要≫, 夏傳才, 淸華大學出版社, 2007.
- ≪詩三家義集疏≫, 王先謙(淸), 中華書局, 1987.
- ≪詩集傳≫, 朱熹(宋), 臺灣中華書局, 1973.
- ≪鄭玄詩箋例釋≫, 周國瑞, 殷都學刊, 1989.

◇ 硏究論著 및 飜譯書

〔韓國〕

- 〈≪四書集註≫의 ≪詩經≫引用詩 註解와 ≪詩集傳≫註解 比較硏究〉, 박순철, ≪中國人文科學≫ 50집, 2012.
- ≪詩經≫의 음악성에 대한 조선시대 학자들의 논의와 활용〉, 김수경, ≪中國語文論叢≫ 5집, 2012.
- ≪詩經集傳≫, 成百曉 譯註, 傳統文化硏究會, 1999.
- 〈韓國 經學硏究의 回顧와 展望〉, 최석기, ≪大東漢文學≫ 19집, 2003.
- 〈한국의 시경론〉, 李炳燦, 단국대학교 박사학위논문, 2001.
- ≪漢文學과 詩經論≫, 沈慶昊, 一志社, 1999.
- 〈≪韓詩外傳≫에 관한 고찰(1)〉, 宋熹準, ≪중국어문학≫ 40집, 2002.
- 〈鄭衆의 ≪草木鳥獸, 皆興辭≫ 考察 : ≪毛詩傳≫·≪鄭箋≫과 ≪孔疏≫를 中心으로〉, 安性栽, ≪중국학≫ 39집, 2011.
- 〈鄭玄 ≪毛詩鄭箋≫ 釋例와 詩經學上의 貢獻〉, 李康範, ≪시경연구≫ 1집, 1999.
- 〈조선 실학시대 君臣間의 학문활동 : ≪詩經講義≫를 통해 본 正祖와 丁若鏞의경우〉, 한예원, ≪남명학연구≫ 6집, 2003.
- 〈朱熹 ≪詩集傳≫ 〈북풍〉 新舊傳 비교 연구(上)〉, 李再薰, ≪中國語文論叢≫ 26집, 2004.
- ≪春秋左氏傳≫, 鄭太鉉 譯註, 傳統文化硏究會, 2014.

〔中國〕

- ≪經學歷史≫, 皮錫瑞(淸), 河洛圖書出版社, 1974.

- ≪古代漢語≫, 王力, 中華書局, 2004.
- ≪國語全譯≫, 黃永堂 譯注, 貴州人民出版社. 1995.
- ≪論鄭玄詩譜的貢獻≫, 王洲明, 人民文學出版社, 1986.
- ≪毛詩・尙書≫, 漢文大系, 新文豐出版有限公司, 1996.
- ≪毛詩李黃集解≫, 李樗(宋)・黃櫄(宋), 編錄者 未詳, 文淵閣四庫全書, 臺灣商務印書館, 1982.
- ≪毛詩傳箋通釋≫, 馬瑞辰(淸) 撰, 陳金生 點校, 中華書局, 2004.
- ≪毛詩鄭箋≫, 鄭玄(後漢), 中華書局, 1979.
- ≪說文解字今釋≫ 上・下, 湯可敬, 岳鹿書社, 2002.
- ≪詩經名物新證≫, 揚之水, 北京古籍出版社, 2000.
- ≪詩經硏究史槪要≫, 夏傳才, 淸華大學出版社, 2007.
- ≪詩三家義集疏≫, 王先謙(淸), 中華書局, 1987.
- ≪詩集傳≫, 朱熹(宋), 臺灣中華書局, 1973.
- ≪鄭玄詩箋例釋≫, 周國瑞, 殷都學刊, 1989.

〔日本〕

- ≪『毛詩』の文獻學的硏究ー出土文獻との比較を中心に≫, 藪敏裕, 汲古書院, 2020
- ≪毛詩正義譯注≫1, 岡村繁, 中國書店, 1986.
- ≪毛詩正義硏究≫, 田中和夫, 白帝社, 2003
- 〈毛詩正義引書索引〉, 野間文史, 廣島大學大學院文學硏究科論集 66卷 特輯号 1, 廣島大學大學院文學硏究科, 2006
- ≪毛詩注疏譯注 小雅≫1,2,3 田中和夫, 白帝社, 2010/2013/2019.
- ≪『詩經』興詞硏究≫, 福本郁子, 硏文出版, 2012.

〔英美〕

- *A Guide to Chinese Literature,* Wilt L. Idema, University of Michigan Press, 1997.
- *Book of Songs (Shi-Jing): A New Translation of Selected Poems from the Ancient Chinese Anthology,*James Trapp, Amber Books Limited, 2021.
- *Chinese Theories of Reading and Writing : A Route to Hermeneutics and Open Poetics,* Ming Dong Gu, State University of New York Press, 2005.

• *Love and War in Ancient China: Voices from the Shijing,* William S-Y. WANG, City University of Hong Kong Press, 2013.
• *The Book of Songs,* Arthur Waley, Routledge, 2005.
• *The Language of the Book of Songs,* W. A. C. H. Dobson, University of Toronto Press, 1968.
• *The Making of Early Chinese Classical Poetry,* Stephen Owen, Harvard University Asia Center, 2006.
• *The Shaping of the Book of Songs: From Ritualization to Secularization,* Zhi Chen, Institut Monumenta Serica, 2007.

◇ 도판 자료

• ≪毛詩名物圖說≫, 徐鼎(淸), 辛卯年刊本.
• ≪毛詩品物圖攷≫, 岡元鳳(日) 纂輯, 新世紀出版社, 1975.
• ≪三才圖會≫, 王圻(明) 外, 上海古籍出版社, 2005.
• ≪宋板六經圖≫, 臺北：未詳, 1987.
• ≪新政三禮圖≫, 聶崇義(宋), 康熙 12年(1673) 通知堂刊本.
• ≪五經圖彙≫, 松本幻憲(日) 編, 寬政 3年(1791) 刊本.
• ≪禮器圖≫ - 漢文大系本.
• ≪六經圖≫ - 四庫全書本.
• ≪六經圖考≫ - 禮耕堂重訂本.
• ≪陸氏草木鳥獸蟲魚疏圖解≫, 淵在寬(日), 安永 8年(1779) 京都書肆刊本.

◇ 電子文獻 및 Web DB

• CD-ROM 中國基本古籍庫
• 동양고전종합DB (http://db.cyberseodang.or.kr)
• 상우천고 (http://www.s-sangwoo.kr)
• 이체자정보검색 (http://db.itkc.or.kr/DCH/)
• 電子版 文淵閣四庫全書, 上海古籍出版社.
• 한국고전종합DB (http://db.itkc.or.kr)

〔附錄 2〕

2. ≪毛詩正義 4≫ 參考圖版 目錄 및 出處

3. ≪毛詩正義≫ 總目次

QR코드를 스캔하면 ≪毛詩正義≫ 總目次를 볼 수 있습니다.

≪毛詩正義≫ 總目次

4. ≪毛詩正義≫ 解題

QR코드를 스캔하면 ≪毛詩正義≫ 解題를 볼 수 있습니다.

≪毛詩正義≫ 解題

責任飜譯者 略歷

朴小東

全南 求禮 光義 出生
蘭圃 徐漢奉 先生 師事

民族文化推進會 附設 國譯研修院 研修部 및 常任研究部 卒業
成均館大學校 儒學大學院 卒業
民族文化推進會 國譯室長・編纂室長・教務處長
韓國古典飜譯院 漢學教授
成均館大學校 漢文古典飜譯 碩・博士 統合科程 兼任教授
韓國古典飜譯院 名譽漢學教授(現)
成均館大學校 招聘教授(現)
國民勳章 冬栢章 受勳

論文 및 譯書

論文 〈古典國譯事業의 回顧와 展望〉, 〈禮와 樂舞의 상호관련성〉,
〈退溪 四書釋義의 經學的 特性에 관한 연구〉, 〈古典國譯의 實際〉,
〈朝鮮王朝儀軌 飜譯의 現況과 課題〉, 〈韓國古典 飜譯의 歷史〉
譯書 ≪嘉禮都監儀軌≫, ≪親耕·親蠶儀軌≫, ≪高宗壬寅進宴儀軌≫
共譯 ≪茶山詩文集 5≫, ≪宋子大全 6, 10≫, ≪弘齋全書 16≫, ≪中宗實錄 48≫,
≪明宗實錄 15≫, ≪宣祖實錄 13, 30, 38≫, ≪光海君日記 5, 14≫,
≪仁祖實錄 6, 17≫, ≪孝宗實錄 1≫
編書 ≪궁궐 밖의 역사≫ 외

共同飜譯者 略歷

金文順

경성대학교 한문학과 졸업
民族文化推進會 附設 研究部 卒業
漢學者 李泰吉 先生, 서정민 先生 師事
한국승정원일기연구소 연구위원(現)

譯書 및 潤文·校訂

共譯 ≪은대조례 참고자료집≫, ≪은대편고≫
潤文·校訂 ≪毛詩正義1,2≫

金容美

全北 淳昌 雙置 出生

東國大學校 文科大學 哲學科 卒業
民族文化推進會 附設 國譯研修院 研修部 및 一般研究部 卒業
古典資料電算化 校正・校閱委員
林園經濟研究所 研究員

譯書 및 潤文·校訂

共譯 ≪政院故事≫, ≪怡雲志≫, ≪鼎俎志≫
潤文·校訂 ≪保養志≫, ≪毛詩正義1,2≫

白廣寅

全南 長興 長平 出生
朝鮮大學校 商學科 卒業
中小企業銀行 審查部長 및 企銀캐피탈 副社長 歷任

晩翠 魏啓道 先生 師事
儒道會 附設 研修院 受學
民族文化推進會 附設 國譯研修院 研修部 및 一般研究部 卒業
國史編纂委員會 附設 古文書研究院 2年科程 修了
海東經史研究所 研究員(現)

譯書 및 潤文·校訂

共譯 ≪與猶堂全書≫ 詩文集·雜評
潤文·校正 ≪韓國行草序跋文選≫, ≪論語集註詳說≫, ≪毛詩正義 1,2≫ 등

全哲權

全北 鎭安 出生

全州大學 漢文教育科 卒業
民族文化推進會 附設 國譯研修院 研修部 및 一般研究部 卒業
海東經史研究所 研究委員(現)
韓國古典飜譯院 校點委員(現)

校勘標點 및 潤文·校訂

校勘標點 ≪東賢奏議≫, ≪新增東國輿地勝覽≫
潤文·校訂 ≪毛詩正義1,2≫

十三經注疏
譯註 毛詩正義 4 정가 33,000원

2021년 11월 30일 초판 발행
2024년 02월 15일 초판 3쇄

傳 毛亨 箋 鄭玄 疏 孔穎達

責任飜譯 朴小東
共同飜譯 金文順 金容美 白廣寅 全哲槿
企劃編輯 東洋古典飜譯編輯委員會
常任原文校閱 吳圭根
潤 文 南賢熙
校 訂 李承俊

發行人 郭成文

發行處 社團法人 傳統文化硏究會
서울시 종로구 삼일대로 428 낙원빌딩 411호
전화 : (02)762-8401 전송 : (02)747-0083
전자우편 : juntong@juntong.or.kr
사이버書堂 : cyberseodang.or.kr
온라인서점 : book.cyberseodang.or.kr
등록 : 1989. 7. 3. 제1-936호

인쇄처 : 한국법령정보주식회사(02-462-3860)
총 판 : 한국출판협동조합(070-7119-1750)

ISBN 979-11-5794-487-3 94140
978-89-91720-93-0 (세트)

※이 책은 2021년도 교육부 고전문헌 국역지원사업 지원비에 의해 초판(비매품) 간행.

전통문화연구회 도서목록

新編 基礎漢文教材·漢文讀解捷徑

新編 四字小學·推句 고전교육연구실 編譯 11,000원
新編 啓蒙篇·童蒙先習 고전교육연구실 編譯 11,000원
新編 明心寶鑑 李祉坤·元周用 譯註 15,000원
新編 擊蒙要訣 咸賢贊 譯註 12,000원
新編 註解千字文 李忠九 譯註 13,000원
新編 原文으로 읽는 故事成語 元周用 編譯 15,000원
新編 唐音註解選 權卿相 譯註 22,000원
漢文독해 기본패턴 고전교육연구실 著 15,000원
四書독해첩경 고전교육연구실 著 20,000원
한문독해첩경 文學篇 朴相水 李和春 李祉坤 元周用 著 15,000원
한문독해첩경 史學篇 朴相水 李和春 李祉坤 元周用 著 15,000원
한문독해첩경 哲學篇 朴相水 李和春 李祉坤 元周用 著 15,000원

東洋古典國譯叢書

大學·中庸集註 - 개정증보판 成百曉 譯註 10,000원
論語集註 - 개정증보판 成百曉 譯註 27,000원
孟子集註 - 개정증보판 成百曉 譯註 30,000원
詩經集傳 上·下 成百曉 譯註 各 35,000원
書經集傳 上·下 成百曉 譯註 各 35,000원
周易傳義 上·下 成百曉 譯註 各 40,000원
小學集註 成百曉 譯註 30,000원
古文眞寶 後集 成百曉 譯註 32,000원

五書五經讀本

論語集註 上·下 鄭太鉉 譯註 各 25,000원
孟子集註 上·下 田炳秀·金東柱 譯註 各 30,000원
大學·中庸集註 李光虎·田炳秀 譯註 15,000원
小學集註 上·下 李忠九 外 譯註 各 25,000원
詩經集傳 上·中·下 朴小東 譯註 各 30,000원
書經集傳 上·中·下 金東柱 譯註 各 30,000원
周易傳義 元·亨·利·貞 崔英辰 外 譯註 各 30,000원
詳說古文眞寶大全後集 上·下 李相夏 外 譯註 各 32,000원
春秋左氏傳 上·中·下 許鎬九 外 譯註 各 36,000원~38,000원
禮記 上·中·下 成百曉 外 譯註 各 30,000원

東洋古典譯註叢書

〈經部〉

十三經注疏
周易正義 1~4 成百曉·申相厚 譯註 各 30,000원~40,000원
尙書正義 1~7 金東柱 譯註 各 25,000원~36,000원
毛詩正義 1~8 朴小東 外 譯註 各 32,000원~37,000원
禮記正義 1~3, 中庸·大學 李光虎 外 譯註 各 20,000원~30,000원
論語注疏 1~3 鄭太鉉·李聖敏 譯註 各 25,000원~40,000원
孟子注疏 1~4 崔彩基·梁基正 譯註 各 29,000원~30,000원
孝經注疏 鄭太鉉·姜珉廷 譯註 35,000원
周禮注疏 1~4 金容天·朴禮慶 譯註 各 27,000원~34,000원
春秋左傳正義 1~2 許鎬九 外 譯註 各 27,000원~32,000원
春秋公羊傳注疏 1 宋基采 外 譯註 37,000원
春秋左氏傳 1~8 鄭太鉉 譯註 各 18,000원~35,000원
禮記集說大全 1~6 辛承云 外 譯註 各 25,000원~40,000원
東萊博議 1~5 鄭太鉉·金炳愛 譯註 各 25,000원~35,000원
韓詩外傳 1~2 許敬震 外 譯註 各 29,000원~33,000원
說文解字注 1~5 李忠九 外 譯註 各 32,000원~38,000원

〈史部〉

思政殿訓義 資治通鑑綱目 1~23 辛承云 外 譯註 各 18,000원~35,000원
通鑑節要 1~9 成百曉 譯註 各 18,000원~40,000원
唐陸宣公奏議 1~2 沈慶昊·金愚政 譯註 各 35,000원~45,000원
貞觀政要集論 1~4 李忠九 外 譯註 各 25,000원~32,000원
列女傳補注 1~2 崔秉準·孔勤植 譯註 各 30,000원~38,000원
歷代君鑑 1~4 洪起殷·全百燦 譯註 各 32,000원~35,000원

〈子部〉

孔子家語 1~2 許敬震 外 譯註 各 35,000원/36,000원
管子 1~4 李錫明·金帝蘭 譯註 各 30,000원~32,000원
近思錄集解 1~3 成百曉 譯註 各 25,000원/35,000원
老子道德經注 金是天 譯註 30,000원
大學衍義 1~5 辛承云 外 譯註 各 26,000원~30,000원
墨子閒詁 1~6 李相夏 外 譯註 各 32,000원~38,000원
說苑 1~2 許鎬九 譯註 各 25,000원
世說新語補 1~5 金鎭玉 外 譯註 各 29,000원~40,000원
荀子集解 1~7 宋基采 譯註 各 25,000원~38,000원
心經附註 成百曉 譯註 35,000원
顔氏家訓 1~2 鄭在書·盧載熙 譯註 各 22,000원/25,000원
揚子法言 1 朴勝珠 譯註 24,000원
列子鬳齋口義 崔秉準·孔勤植·權憲俊 共譯 34,000원
二程全書 1~6 崔錫起·姜導顯 譯註 各 30,000원~38,000원
莊子 1~4 安炳周·田好根 共譯 各 25,000원~30,000원
政經·牧民心鑑 洪起殷·全百燦 譯註 27,000원
韓非子集解 1~5 許鎬九 外 譯註 各 32,000원~38,000원
武經七書直解
孫武子直解·吳子直解 成百曉·李蘭洙 譯註 35,000원
六韜直解·三略直解 成百曉·李鍾德 譯註 26,000원
尉繚子直解·李衛公問對直解 成百曉·李蘭洙 譯註 26,000원
司馬法直解 成百曉·李蘭洙 譯註 26,000원

〈集部〉

古文眞寶 前集 成百曉 譯註 30,000원
唐詩三百首 1~3 宋載卲 外 譯註 各 25,000원~36,000원
唐宋八大家文抄 韓愈 1~3 鄭太鉉 譯註 各 22,000원/28,000원
〃 歐陽脩 1~7 李相夏 譯註 各 25,000원~35,000원
〃 王安石 1~2 申用浩·許鎬九 共譯 各 20,000원/25,000원
〃 蘇洵 李章佑 外 譯註 25,000원
〃 蘇軾 1~5 成百曉 譯註 各 22,000원
〃 蘇轍 1~3 金東柱 譯註 各 20,000원~22,000원
〃 曾鞏 宋基采 譯註 25,000원
〃 柳宗元 1~2 宋基采 譯註 各 22,000원
明淸八大家文鈔 1 歸有光·方苞 李相夏 外 譯註 35,000원
〃 2 劉大櫆·姚鼐 李相夏 外 譯註 35,000원
〃 3 梅曾亮·曾國藩 李相夏 外 譯註 38,000원
〃 4 張裕釗·吳汝綸 李相夏 外 譯註 근간

東洋古典新譯

당시선 송재소·최경렬·김영죽 편역 22,000원
손자병법 성백효 역주 14,000원
장자 안병주·전호근·김형석 역주 13,000원
고문진보 후집 신용호 번역 28,000원
노자도덕경 김시천 역주 15,000원
고문진보 전집 上·下 신용호 번역 각 22,000원
신식 비문척독 박상수 번역 25,000원
안씨가훈 김창진 번역 근간

동양문화총서

동양사상 해설과 원전 정규훈 外 저 22,000원
화합의 길 《중용》 읽기 금장태 저 20,000원
호설과 시장 신용호 저 20,000원
어느 노학자의 젊은 시절 - 《고문진보》 選譯 심재기 저 22,000원

문화문고

경전으로 본 세계종교 그리스도교 이정배 편저 10,000원
〃 도교 이강수 편역 10,000원
〃 천도교 윤석산·홍성엽 편저 10,000원
〃 힌두교 길희성 편역 10,000원
〃 유교 이기동 편저 10,000원
〃 불교 김용표 편저 10,000원
〃 이슬람 김영경 편역 10,000원
논어·대학·중용 / 맹자 조수익·박승주 공역 각 10,000원
소학 박승주·조수익 공역 10,000원
십구사략 1~2 정광호 저 각 12,000원
무경칠서 손자병법·오자병법 성백효 역 10,000원
〃 육도·삼략 성백효 역 10,000원
〃 사마법·울료자·이위공문대 성백효 역 10,000원
당시선 송재소·최경렬·김영죽 편역 10,000원
한문문법 이상진 저 10,000원
한자한문전통교재 조수익·이성민 공역 10,000원
士小節 선비 집안의 작은 예절 이동희 편역 12,000원
儒學이란 무엇인가 이동희 저 10,000원
동아시아의 유교와 전통문화 이동희 저 13,000원
현대인, 동양고전에서 길을 찾다 이동희 저 10,000원
100자에 담긴 한자문화 이야기 김경수 저 12,000원
우리 설화 1~2 김동주 편역 각 10,000원
대한민국 국무총리 이재원 저 10,000원
백운거사 이규보의 문학인생 신용호 저 14,000원